David Garland
Punishment and Modern Society
A Study in Social Theory

処罰と近代社会
社会理論の研究

デービッド・ガーランド=著
向井智哉=訳
藤野京子=監訳

現代人文社

Punishment and Modern Society was originally published in English in 1990.
This translation is published by arrangement with Oxford University Press.
Gendaijinbun-sha is solely responsible for this translation from the original work and Oxford University Press shall have no liability for any errors, omissions or inaccuracies or ambiguities in such translation or for any losses caused by reliance thereon.

訳者はしがき

　本書は、Garland, D. 1990 *Punishment and Modern Society: A Study in Social Theory* (Chicago: The University of Chicago Press) の全訳である。翻訳にあたっては、同出版社から1993年に出版されたペーパーバック版を使用した。
　本書は、アメリカ社会学会や社会問題研究学会 (Society for the Study of Social Problems) で賞を受けた名著であり、本書の前に出版された『処罰と福祉 (*Punishment and Welfare: The History of Penal Strategies*)』(1985)、本書の後に出版された『統制の文化 (*The Culture of Control: Crime and Social Order in Contemporary Society*)』(2001) と合わせてガーランドの三部作と言われている。
　本書の魅力は、それほど取り扱われることが多くない処罰を中心テーマにしていることに加えて、その処罰を所与のものと考えず、多方面から考えようとしているところである。
　通常私たちは、程度の差こそあれ、交通違反には何千円の罰金刑、窃盗には何年間の懲役刑、何人以上の殺人には死刑というように、ある犯罪に対して適切と考える処罰のイメージを持っている。そのイメージは、何らかの犯罪がテレビなどで報道されるたびに喚起され、私たちはそこで伝えられる犯罪と処罰のバランスが適切かどうかをそのつど判断する。しかしそのようなとき、この処罰のイメージがどのように形成されたのか、処罰は社会の中でどのような機能を果たしているのか、そもそも処罰はなぜ存在するのかと問うことはまれである。またかりにそのような疑問を持ったとしても、(研究者も含めて) 私たちの多くは、ただ一つの回答 (たとえば「処罰は犯罪を減らすために存在する」、「処罰は多くの人が望むから存在する」、「処罰は権力をもった人たちが権力をもたない人たちを支配するために存在する」など) で満足し、それ以上に突き詰めて考えようとはまずしない。しかし、本書では、以上のような傾向に異議を唱えている。
　本著者ガーランドは、処罰についての議論に、処罰の「唯一の原因」を求める還元主義的な傾向が見られることをとくに問題視する。そのような還元主義的な論調に対抗し、より「拡散的な」、つまり処罰に多様な目的や機能が存在すること

を認める「処罰の社会学」を構築する必要があると主張する。そして、「処罰の社会学」を精緻化する中で、デュルケム、ネオマルクス主義者、フーコー、ウェーバー、エリアスなどの著名な思想家の主張を再検討し、それらがどのようにして処罰についての理解を促進しうるかを考察する。最終的には、大衆が持つ集合的な心情（デュルケム）、階級間の闘争（ネオマルクス主義者）、規律権力としての処罰（フーコー）、合理化の進展（ウェーバー）、文明化の過程（エリアス）などの要素を抽出し、現代の刑罰制度は、その中のどれか一つの要因ではなく、多くの要因が複合的にあわさることによって形成されると主張する。またこの主張と関連して、これらの要因の配置が変化することがあれば刑罰制度もそれに応じて変動しうること、刑罰制度はそれらの要因によって影響されるだけではなく、逆にそれらに影響を及ぼしもすることを論じている。

　日本においても、刑罰制度についてさまざまな立場から研究がなされているが、本書ほどの大きなスケールで刑罰制度に関する理論を統合し、批判しようとする試みはきわめて数少ない。その意味でガーランドの著書は、刑罰制度を理解しようとする試みの準拠点となりうると評価できるだろう。また上述の簡単な要約からも明らかなように、本書は何よりもまず、刑罰制度がどのようにして形成され、維持され、変化するのかについて論じている。とはいえ、議論の中では、社会学、犯罪学、人類学、歴史学、哲学など、幅広い分野の知見が活用されており、そのような意味で、そこで展開される議論は単に刑罰制度に関する研究にとどまるものではなく、より広い制度一般に関する議論にも応用できる視座を提供する可能性を秘めたものであると思われる。

　著者ガーランドは、法社会学分野で世界を牽引する一人である。法領域に対して社会学的アプローチを試みる第一人者で、本書で展開するような処罰と犯罪統制について分析をしたり、犯罪学に対して歴史的分析を行ったりしている。つまり、処罰の社会学を進展させてきた先駆者であり、実際、雑誌「刑罰と社会（Punishment and Society）」の創立編集者でもある。アメリカ犯罪学会においてアメリカ人以外で活躍している研究者に贈られるセリン・グリュック賞を受賞し、また、同学会から犯罪理論研究への貢献をたたえるサザランド賞も受賞している。

　このようなガーランドの著作は、イタリア語、スペイン語、中国語など、広く翻訳されている。しかし、日本での紹介状況は限定的である。ピーター・ヤングとの共編『処罰する権力：今日の刑罰性と社会的分析(The Power to Punish, 1983)』（小

野坂弘監訳、西村書店、1986年）が翻訳されているが、そこでのガーランド自身の著作は一部にとどまっている。このほかには、彼がエディンバラ大学で行った刑罰学教授就任演説の内容を、三宅孝之氏の『D・ガーランド「処罰的社会」』（島根大学法文学部紀要39(3)、1995）が紹介している程度である。こうした状況において、この分野の先人であるガーランドの著書を邦訳出版することは非常に意味があり、日本の処罰現象を考察するにあたっての基礎的枠組を提供するものであろうと考え、翻訳を思い立った。

　翻訳に際しては、文意をくみ取りやすくするため、若干意訳した部分もある。訳語の選択に関しては、ガーランドの既訳に加え、特に刑罰学に関する用語について、『図説　世界監獄史事典』（重松一義、柏書房、2005年）を参考にした。また、すでに邦訳がある文献からの引用については、基本的にそれらの既訳にしたがったが、他との統一を図るため訳語を一部変更した箇所もある。原注は脚注に、訳注は各章末にそれぞれ付した。原著者が補った文章は [ ] で、訳者が補った文章は〔 〕で示した。また原文中イタリック表記で強調されている箇所は、ゴシック表記とした。

2016年10月
訳者

序　文

　犯罪者に対する処罰は、社会の一側面、それも奇妙なまでに動揺を引き起こし、困惑をもたらす一側面である。社会政策としての処罰は、失望の連続であり、その大きな目的の達成につねに失敗し、諸々の危機や矛盾のせいで信頼を失っているように見える。一方、道徳的あるいは政治的な問題としての処罰は、抑制のきかない感情、深刻に対立する利害、そして対処困難な意見の不一致を引き起こしてしまう。本書は、処罰というものが、きわめて社会的な問題を専門家制度の技術的な課題に変換しようと試みてきたせいで、困惑をもたらし期待を裏切るものになっているという確信のもとに書かれた。本書は、処罰が持つ社会的意味があまり理解されておらず、社会理念により一致するような形で処罰する方法を見出したいのであれば、処罰について検討する必要があると主張する。この目的に照らせば、本書は事実上、処罰の歴史的基礎、社会で果たす役割、文化的意義を説明しようと試みてきた社会理論家や歴史学者の研究に基づいた法的処罰の社会学である。

　つまり本書は、処罰への社会的アプローチを**擁護する**論考であり、ならびにその解説でもある。本書は近代刑罰学の制度枠組が、現象の知覚をどのように狭めてきたか、そして処罰が持つ社会への波及効果をどのようにして見えにくくしてきたかを示すことから始まる。それへの対処策の一環として、処罰の社会学への解釈学的アプローチが導入され、その主な原理が記述される。本書の対象とする領域で最も重要な理論的パースペクティヴや、それらが提示せざるを得なかった主張の展開に対する批判的論評が、本書の主な部分を占める。したがって本書は、一種の教科書でもあり、その意味での私の狙いは、単純化を避けながらも専門家でない人にもわかりやすく、これらの考えを明快かつ鮮烈に示すことである。個別の事例研究は増えているが、強固な一般的著述の面での不足が見られるこの領域で活躍する人びとが持つ考えを示すにあたっては、きわめて注意深い気配りが必要である。そのため、私自身の考えが元の研究とはまったく異なる場合も、それらの主張に忠実であろうとした。また、読者が、私に反論しながらも本書から学ぶことができるよう、元の主張の提示と私の批評とを分離するように心がけた。

以下で明らかになるように、本研究は、処罰の社会学を一貫した形で提示しようとするだけではない。処罰の社会学という学問分野が持つ説明範囲を拡張し、その解釈力を深めることで、それを発展させようとも試みている。この目的のために、研究の新たな流れを開拓し、他の研究者が大方見過ごしてきたテーマ分野をも探求しようと努力した。その分野とは、特に、処罰を基礎づける心理的態度やそれを内包する文化枠組に関するものである。処罰に対する社会からの支持や文化的意義がどのようなものであるかに着目することは、刑罰システムを多かれ少なかれ権力と統制の装置にすぎないと考える（フーコーとマルクスによって生み出された）近年の傾向から処罰の社会学を分離させ、刑法と刑事制度がたいていの場合、広く共有された道徳的価値観と感受性を内包しているということを（以前のデュルケム的伝統はこの点を強調しすぎていたとはいえ）認めようとする注意深い試みである。このように問題を設定するからといって、処罰が権力や統制の行使にしたがって進化するという明白で圧倒的な事実を否定しようとするわけではない。むしろ、どのような種類の権力が処罰に含まれるのか、その社会的意味、権威の源泉、社会からの支持の基礎とは何かと問おうとするのである。

　また、次のような累積的な主張、すなわち処罰を複合的に決定される多面的な社会制度とみなす多次元的な解釈学的アプローチの必要性を訴える主張が、本書を一貫して流れている。この考え方については、その理論的・実践的含意を議論する最終章で詳しく説明する。この考え方は、この研究領域の他の実務家に対して一定の疑念を提示するもの、少なくともちょっとした挑発を引き起こすものである。なぜなら、この考えは、実務家が依拠している枠組はしばしば部分的・限定的なものであって、より多元的なアプローチが必要だと主張するからである。おそらく、分析上の多元主義を求めるこの主張に驚く読者もいるだろう。また、まったくもって当たり前であるとの印象を持つ読者もいるだろう。だが私には、この分野に、単一的、還元主義的な解釈の危機が広がりつつあるように思われる。そして本研究の意図は、まさにこのような事態に対抗することである。

　本研究を通じて累積していく別の（今度は専門家以外の人に向けた）主張を、本書で十分に明らかにできなかった場合にそなえて、ここで明確にしておくべきだろう。本研究が提示する分析や解釈は、社会制度としての処罰が持つ内在的な難解さや複雑性を示し、処罰が社会理論の中心的な論点とされるに値することを示す形で行われる。このような示唆は、エミール・デュルケム（É. Durkheim）の

主張の繰り返しにならざるをえず、そのため、少なくとも社会学者にとっては、ある種の疑念を引き起こすだろう。デュルケムは、処罰は社会の持つ目に見えない道徳的紐帯の指標であり、社会的検討を与えられた対象である、と考えた。しかし、デュルケムとは対照的に、私の主張は、どのような意味においても処罰が特異なまでに多くのことを意味するものだとすることでも、処罰が現実の核心に多少なりとも触れるようなものだとすることでもない。そうではなく、処罰はその他の社会制度と同様に複雑な機能と豊かな意味を持っており、それらの機能と意味は、社会学の理解にとっての挑戦であり、社会的分析が行われるに十分なほどに複雑で豊かだ、ということである。処罰は、十分な配慮と注意をもって研究すれば、社会や処罰に関わる人びとについての驚くほど豊かな洞察や解明を生み出してくれる生活の一形態となるのである。

　この点で私が正しければ、そして本書が処罰はどのようにして発生したのかということを示唆できれば、処罰は将来、より主流の社会学が注意を払うに値する複雑な社会制度とみなされるようになり、犯罪学者のみの専門的な関心を集めるトピックではなくなるはずである。

献　辞

　私は非常に幸運なことに、過去5年間に三つの素晴らしい機関で知的な刺激と支援を受けてきており、それを伝える機会を持てたことを光栄に思う。1984年から1985年にかけてプリンストン大学歴史研究デービスセンターでの特別奨学期間は、私の思考を発展させる時間を与えてくれた。同センターの歴史学者の方々は、社会理論と歴史学が相互に活気を与えあう学問分野であるとし、私にもそうすることを勧めてくれた。私はカリフォルニア大学バークレー校の法学と社会政策のプログラムで1988年の春に一学期間教壇に立ったが、このことは、同校の学者たちのコミュニティの中で本書の主張を繰り返し、彼らの知見から法律の社会的基礎について考える好機となった。この両機関は、上記の点をはじめとして、本書を書き上げるに際して、きわめて大きな援助を与えてくれた。ここに謝意を表したい。とはいえ、最も感謝しなければならないのは、ここエディンバラの犯罪学・法社会哲学研究センターの友人や同僚に対してである。彼らの常日頃の励ましと批判、ならびに同センターの特徴である自由な意見交換と議論は、この種の研究をするにあたって、最も活気に満ち最も得るところの大きい状況を作り出してくれた。

　私はまた、本書の全部の草稿を読むという労をとってくださった多くの人に謝意を表したい。彼らの包括的な批判とコメントは、私がここで提供しているものの質を高めるのに大きく貢献してくれた。バーバリー・ブラウン、スタンレー・コーエン、リチャード・エリクソン、ジェームズ・B・ジェイコブズ、シェルドン・メッシンガー、ピーター・ヤングはこのような意味で助けてくれたが、それは二人の編集者もそうである。そして私はこれらすべての人に深謝する。リディア・ローソンもまた、彼女のタイプと草稿の改訂のスピードと迅速さに特別な感謝を捧げなければならない。

　最後に、そしていつものようにアンネ・ジョウェットに、助けと励ましのことで感謝を捧げたい。本書を彼女に捧げることができるのはとくに大きな喜びである。

　『イギリス社会学研究』と『アメリカ法曹財団研究』の編集者は、これらの研究誌に最初掲載した論文を本書の第2、6、7章に若干の変更を加えて再掲することを快く許可してくれた。

D. G.

目次

訳者はしがき……………………iii
序文……………………vi
献辞……………………ix

第1章
処罰の社会学と今日の処罰……………………3

1. 今日の処罰の問題……………………3
2. 処罰の社会学……………………12
3. 研究対象としての処罰……………………20

第2章
処罰と社会的連帯──エミール・デュルケムの著作……………………28

1. デュルケム社会学の紹介……………………28
2. 『社会分業論』における処罰理論……………………35
3. 刑罰進化の二法則……………………44
4. 道徳教育としての処罰……………………52

第3章
処罰と権威の構築──デュルケム的主題の再検討……………………59

1. 歴史の重要性……………………60
2. 集合意識の再考……………………62
3. 神聖なものという考え……………………69
4. 処罰の社会的必要性……………………74
5. 懲罰的な情念……………………77
6. 処罰という儀礼……………………85
7. 今日の公衆の関与と刑罰儀礼……………………89
8. 処罰の影響……………………94

第4章
処罰の政治経済
──ルッシェとキルヒハイマー、およびマルクス主義的伝統……………………103

1. マルクス主義的アプローチの基礎……………………105
2. マルクス主義と処罰……………………109
3. ルッシェとキルヒハイマーの理論枠組……………………110
4. ルッシェとキルヒハイマーの刑罰史……………………119
5. 『刑罰と社会構造』の再評価……………………131

x　処罰と近代社会

第5章
イデオロギーと階級統制としての処罰
──マルクス主義的テーマの変種……138
- 1. パシュカーニスと刑法の形態……139
- 2. 刑法のイデオロギー的機能……147
- 3. 刑罰形態と社会編成……156

第6章
処罰と権力技術──ミシェル・フーコーの著作……164
- 1. フーコーの理論の導入……164
- 2. 歴史的問題としての監獄の誕生……169
- 3. 根本的な概念──権力・知・身体……172
- 4. 断頭台の意味……174
- 5. 刑事司法に対する18世紀の批判……176
- 6. 改革者の刑罰理論……178
- 7. 監獄の「規律的」起源……179
- 8. 監獄の「失敗」……186
- 9. 牢獄連続体……189
- 10. フーコーの寄与……190

第7章
権力パースペクティヴを越えて
──処罰に関するフーコーの批判……195
- 1. 歴史についてのフーコーの主張……195
- 2. フーコーの処罰概念……201
- 3. 監獄の永続性と規律の拡大……205
- 4. 権力と価値……209
- 5. 権力と政治……212

第8章
処罰の合理化──ウェーバーの命題と近代刑罰……219
- 1. フーコーとウェーバー……219
- 2. 処罰の合理化……223
- 3. 合理化の限界……234

第9章
処罰と文化──文化形態と刑罰実務……239
- 1. 文化についての問い……239
- 2. 文化形態と刑罰実務……247
- 3. 宗教、人道主義、その他の文化形態……252
- 4. 刑罰文化と社会環境……259

第10章

処罰と感受性──「文明化された」制裁の系譜学……262

1. 感受性の社会的構築……262
2. ノルベルト・エリアスと文明化の進歩…266
3. シュピーレンブルクの刑罰の歴史…277
4. 感受性の歴史……282
5. 処罰の文明化……288
6. 懲罰に関する両価性と無意識の役割……292
7. 現代の処罰と近代的な感受性……297

第11章

文化的主体としての処罰──文化形成における刑罰の役割………305

1. 処罰と文化の生成……305
2. 刑罰は意味を伝達する……308
3. 刑罰はどのように記号付与を行うか…311
4. 聴衆に関する問い……319
5. 刑罰実務はどのような種類の意味を伝えるか 325
6. 処罰の意義……336

第12章

社会制度としての処罰……340

1. 理論の必要性……340
2. 刑罰という出来事と刑罰制度の多層決定…344
3. 社会制度としての処罰……346
4. 理論の限界……349
5. この概念のいくつかの帰結……353

引用文献……361
監訳者解説……374

処罰と近代社会
社会理論の研究

デービッド・ガーランド＝著
向井智哉＝訳
藤野京子＝監訳

David Garland
Punishment and Modern Society
A Study in Social Theory

第1章
処罰の社会学と今日の処罰

1．今日の処罰の問題

　本書の狙いは明確である。その狙いとは、近代社会の処罰に関してバランスのとれた社会学的説明を提示し、刑罰プロセスがどのようにして現在の形をとるようになったか、そしてどのような結果を招いたかを（少なくとも概略として）示すことである。この目標のために、社会理論が有する解釈のための道具や歴史研究からもたらされる情報や洞察、ならびに本流の刑罰学により関わりの深い資料を利用する[1]。

　このような狙い自体は理解しやすいものの、そこに含まれるある種の前提はそれほど理解しやすいものではない。最も重要なことは、司法による処罰が、それが普通に考えられているほどにわかりやすく相当に自明な犯罪統制の制度ではないと前提することである。もし司法による処罰がそのようなものであれば、本書のような研究はそれほど必要なかっただろう。自明なことを繰り返し述べる必要などほとんどないからである。だが実際のところ、処罰が現代社会で果たす役割は、全くもって自明でもなければ、よく理解されているわけでもない。今日の処罰は、深刻な問題を含み、ほとんど理解されていない社会生活の一側面であり、それが成立する根拠はどのような意味でも明らかではない。今日の処罰が深刻な問題を含んでいると認識されることはあまりないが、それは、既存の制度が持つ自らを見えにくくし安心させる効果の結果であり、刑罰実務それ自体が明らかに合理性を有していることの結果というわけではない。

　すべての習慣的な社会行動の傾向と同様に、近代処罰の構造は、その存在が不可避であるという認識と、現状が必然的に正当であるという認識を生み出した。

---

[1] 本分析は、主にイギリス、アメリカ、カナダに関する資料に依拠する。しかし、特定の刑罰の発展がこれらの異なる場所でつねに同様に説明できる、あるいはまったく同様の刑罰政策や適用の一般的傾向がこれらすべての場所で共有されていると示唆するわけではない。

当然とされる処罰の仕方が存在することによって、われわれは処罰について深く考える必要性から解放され、わずかに残された思考は、特定の狭く公式化された水路に沿うよう誘導される[2]。このようにしてわれわれは、現行の制度枠組に疑問を投げかけるよりも、それを当然とみなして刑罰政策を論じるよう導かれる。つまり、刑罰政策の方策がそもそもなぜ用いられるのかと問うのではなく、刑務所を運営し、仮釈放を組織し、罰金を科す最良の方法は何かと考えてしまうのである。処罰の制度は、もし処罰がなければ社会で犯罪が引き起こすであろう以下のような問いに対して、出来合いの手ごろな回答を提供してくれる。犯罪性とは何か。どのような制裁をそれに下すべきか。どの程度の処罰が適切なのか。どのような感情を表出することが許されるのか。誰が処罰を下すに値するのか。そのようなことを行う権威の根拠はどこにあるのか。処罰の制度はこれらのことを教えてくれる。その結果、これらの困難で面倒な問題は現れなくなる。問題は権威によって抑えられ、少なくとも原理的には完結した些末な事柄にすぎないもの、つまりそのような目的のための専門家制度に属する専門家や行政官に残された些末な事柄となる。

このように、問題、必要性、競合を含んだ複雑な領域が制度枠組によってひとたび覆い隠されると、その下にある基盤は視界から消え失せてしまう。この基盤は問題を含んでおり、しばしば不安定なものなのだが、その根拠があるはずの場所にじかに見ることができるのは、既存の制度が提示する認識枠組・形態のみである。このような根拠を覆い隠すための制度化された方法は、繰り返し用いられることや権威への尊敬を通して、独自の「真理の社会統治体制」を作り出すが、これは制度構造を支えると同時に、それを侵食しうる根本的な疑問を締め出しもする。刑罰システムが存在すること自体が、これらの問題に対して、別の回答が可能であること、そして制度の根拠は元から備わっていたものではなく、慣習に基づくものであることを忘れさせるのである。これらすべての理由から、処罰の制度は20世紀の大半を通じて、固有の適切さと明確さの感覚をつねにともなっていた。処罰についての問いは刑罰学者、つまりこの制度構造によって与えられた参照枠組に準拠する技術的な専門家の問題となったのである。

しかし、制度とその支配は、動揺しないものでも異議を受けないものでもなかっ

---

[2] 制度がどのようにわれわれの思考を導くかという問いに関しては、M. Douglas, *How Institutions Think* (Syracuse, NY), p. 69を参照。

た。足りないものを埋めること、紛争を解決すること、やっかいな疑問に必要十分とみなされるような方法で回答することに失敗するときには、とりわけそうだった。そして、制度が持つ耐性や19世紀初頭にさかのぼる歴史上の硬直性にもかかわらず、今日、近代的な刑罰実務をめぐって、疑惑感、不満感、激烈な困惑感が増大し始めている。現代という時代は、刑罰学の楽観主義が、近代的な刑罰制度の合理性と効率性についての執拗な懐疑主義に道を譲った時期である[3]。刑罰に対する態度がこのように変化したのは、1960年代の終わりにかけて、つまり犯罪率の上昇、刑務所内の騒動の増加、更生という理念への信頼の崩壊があいまって、「刑罰の進歩」への自信と「刑罰改革」の不可避性への自信を掘り崩した時期だった。新たな時代は、刑罰システムにおける継続的な危機と断絶の時代である。その新たな時期には、刑罰システムが元々依拠していた更生という価値観やイデオロギーは、もはや真剣に受け取られない。このような文脈の中では、現行の方法、中でも収監という方策を、「非合理的」、「機能不全的」、そしてまったく非生産的なものと考えることが、犯罪学者、刑罰学者、社会科学者の慣例的な認識となった。近年では、処罰が対処するはずの犯罪と同様に、処罰それ自体が慢性的な社会問題であるとみなされている。処罰は、いまや近代社会の生活においてきわめて大きな困惑を引き起こす永続的な「危機」であり、困難や不快な結果に満ちている。そして今のところ、その改革の助けとなりうる明確なプログラムは一つも存在しない。

　処罰の「失敗」についての最も有名な議論は、ミシェル・フーコー（M. Foucault）の著作に見出すことができる。フーコーは次のように主張した。刑罰学者の失敗は、近代的な監獄が当初から持つ持続的な、そしてたしかに「機能的な」特性である、と。フーコーほど前衛的ではないその他無数の論者の文書の中にも、監獄は失敗しているのではないかというフーコーと同様の推論を見出すことができ、その中には、フーコーの最も手厳しい批判者の一人だった歴史学者ローレンス・ストーン（L. Stone）の著作も含まれる。ストーンは、21世紀の刑務所に「人の虫垂よりもシステムの維持の役に立たない」「遺物のような制度」という特徴が認められることは明らかで議論の余地がない、としている。多くの人が共有するこの見

---

[3] 最も説明を必要とするのは、これまで実務家が頻発する失望や反省させるような経験をし続けていたにもかかわらず、処罰が犯罪者と社会善にとっての望ましい力として作用しうるという啓蒙時代からの信念の持続性かもしれない。この問いには本書第8章で再び戻る。

方にしたがえば、20世紀の刑務所は「それ自身が持つ疑似自律的な生命力に頼っていたがために」生き残り、そのような生命力は「刑務所の社会的機能不全を示す圧倒的な証拠を切り抜けることを可能にした」[4]。問題を抱えているのは、刑務所だけではない。「効果があるものは何もない」という現代の直感は、仮釈放、罰金、社会内処遇が持つ説得力へもほとんど同じように及んでいる。

　以下の章で示すように、「潜在機能」というフーコーのアプローチもストーンのいう「歴史の重荷」という示唆も、処罰の説明として、解決するよりも多くの問題を提起してしまう。しかし、ここでそれらの示唆に触れる理由は、近代処罰の方策が、明白でもなければ自明なほど合理的でもなく、むしろ逆に、切実に説明を必要としているという、社会学者のあいだで強まりつつある確信を示すためである。かつて刑罰制度は自明な成立根拠を示していたように思えた。だが20世紀後半には、その成立根拠は完全に自明なこととはみなされないようになってきており、近代的な刑罰制度が実社会に「適合し」、現実の自然な秩序に根拠を持つという考えは、ますます説得力を失っているように思える。かつて処罰の失敗や非合理性への批判の大半は、過去ないし間もなく消滅する現在に向けられており、それぞれの批判は、刑罰改革への希望、未来へのある種の賛歌でもあった。今日、処罰は将来像を欠いており、少なくとも現在の処罰とは異なる好ましいものになるという見通しすら欠いているように思われる[5]。

　問題の一部は、ストーンが「社会的機能不全を示す圧倒的な証拠」と呼んだもの、つまり今日周知の処罰の非効率性についての一覧表（犯罪率を実質的に減少させる方策としての罰金、保護観察、社会内処遇、保護的措置の失敗、刑務所が再犯を生み出す傾向、刑罰学的に非効率な方策がもたらす高額な社会的コスト）や刑事司法につきものの明白な非合理性のことである。しかし、これらの「失敗」は、なぜ処罰がますます問題を含んだものとみなされるようになったのかを部分的にしか説明できない。通常の状況であれば、既存の制度はその失敗を切り抜けること、つまりたとえば、より多くの資源、小さな改革、よりよいスタッフ、他の機関からのより多くの協力などが必要だという説明など、組織形態の基礎への疑問を引

---

[4] L. Stone, *The Past and the Present Revisited* (London, 1987), p. 10. 処罰の「失敗」については、S. Cohen, *Visions of Social Control* (Cambridge, 1985), p. 254; D. Rothman, 'Prisons: The Failure Model' (21 Dec. 1974), p. 647も参照。

[5] 刑罰イデオロギーの危機についてはA. E. Bottoms and R. H. Preston(eds.), *The Coming Penal Crisis* (Edinburgh, 1980); F. Allen, *The Decline of the Rehabilitative Ideal* (New Haven, 1981) を参照。

き起こすことのない観点から説明を行うことができる。最も重要なこととして、通常、制度はそれが将来とるべきプログラムを示すことができる（そのプログラムでは、これらの問題はもっと上手く対処され、制度が自主的に改革を行うとされる）。すべての社会制度には、失敗や非効率性という余剰部分があるが、通常これらの余剰部分は、程度の差こそあれ許容され、制度自体が問いに付されることはない。もし制度が通常の期待に応えており、その全体的な方向性や基本的な正統性に異議が唱えられなければ、このような失敗は重大な帰結を招くことはないのである。

　しかし、近代処罰の場合、（拘禁のためのものにせよそうでないものにせよ）既存の原理に基づく自明性や制度の用語で問題を再定義する能力は、現在、失われている。1970年代、1980年代を通して、イギリス、アメリカ、その他の西洋諸国の刑罰制度は、自己定義の危機にさらされている。通常の状況では、刑罰システムの行政官や職員は、既存のイデオロギー枠組を用いて、自らの行為を理解し正当化する。これが任務イデオロギーである。この職務上のイデオロギーは、一連の認識枠組、記号、象徴であり、処罰はそれらを通して処罰がどのようなものかを自他に示す。たいていの場合、このイデオロギーは、高度に発達したレトリック資源を有しており、刑罰政策の名のもとに行われる多量の事柄を正当化し、それに一貫性を与えるために用いられる。それらのレトリック資源を用いることは、失敗を説明し（あるいは言い逃れ）、失敗が再発することを妨げうると期待される戦略を示す手段を与えてくれるだけではない。20世紀の大半において、「更生」という用語は、職務上のイデオロギーと制度上のレトリックの重要な要素だった。この「更生」という多くの意味を含んだ記号は、目的や正当化の感覚を刑罰実務に付与し、多様な観衆に対して、処罰を意味あるものと見せかけた。しかし、今日、この統合的で顕揚的な用語は、もはやかつてのような錦の御旗にも似た拠りどころではなくなっている。強い批判を受けた後、更生という考えは、良くて問題を含んだもの、悪くすれば危険で実行不可能なものとみなされるようになった。多くの裁判区で、更生という用語やそれが暗示する枠組は、公式の語彙から取り除かれ、他の裁判区では、効果的な代替語が存在しないという理由から、注意深く、そして自信なさげに用いられている。このように刑罰制度は、近代処罰が自己定義の根拠としていた慣用句、そして事実上の神話を奪われてしまったのである[6]。およ

---

[6] 処遇を重視する時代に発展した正常化の仕組、個別化、分類の探求が、更生という理念の放棄と同時に廃棄されなかったということは、付記に値する。これについてはCohen, *Visions of Social Control*を参照。

そこの20年間、刑務所、保護観察所、刑罰運用に従事している人びとは、処罰についての「新たな哲学」、あるいは新たな「成立根拠」を空しく探してきた。彼らは自分が行っていることを再考するよう、そして刑罰制裁の正統性や目的についての根本的な疑問を再び提起するよう強いられた。しかし、これまでのところ、制度のアイデンティティを再建できるような適切な用語は見つけられていない[7]。

もしこれが職務上のレトリックのみに関する問題であれば、あるいは刑罰の目的がまさにどのような形態をとるべきかのみに関する問題であれば、その答えはもっと容易に見つかったかもしれない。結局のところ、刑罰政策とは、多数の競合するテーマや要素、原理、反原理をつねに内包する豊かで柔軟な伝統である。だからこそ過去150年にわたって、刑罰政策の重要用語は発展し続けたのである。それは固定的であるよりも流動的であり、刑罰制裁が行うことについての多くの記述(「道徳改良」、「訓練」、「処遇」、「矯正」、「更生」、「抑止」、「無害化」)を生み出してきた。だが現在は、ほとんどの形態の矯正主義が失敗したと認められた後の時期、すなわち啓蒙主義による社会改良がまったくの時代遅れになった時期である。そこで今日問題とされるようになっているのは、近代処罰の基本原理、すなわち犯罪と逸脱は、技術制度的な解決策が存在しうる社会問題だ、という前提である。このような刑罰についての自信が危機に瀕していることを最もよく示すスローガンが「効果があるものは何もない」という文句だったことは、確かにきわめて重要である。というのも、処罰を「道具的目的のための処罰」とみなす考え方が近代の特徴だったが、このスローガンは、そのような考え方を明確に伝えているからである[8]。19世紀初頭の監獄の発展以来、そして特に19世紀後半の刑罰に関わる

---

[7] 過去20年、新たな刑罰方針の枠組への無数の提言がなされてきた。その中でもっとも重要なものは、判決の「公正モデル」、収監の「人道主義的封じこめ」概念、そして処遇ではなく「扶助」と「援助」としての保護観察とコミュニティ監視という概念である。N. Morris, *The Future of Imprisonment* (Chicago, 1974); A. von Hirsch, *Doing Justice* (New York, 1976); R. King and R. Morgan, *The Future if the Prison System* (Aldershot, 1980); A. E. Bottoms and W. McWilliams, 'A Non-Treatment Paradigm for Probation Practice', *British Journal of Social Work,* 9 (1979), 159-202. 他の提案には、「選択的無害化」、修正版の更生アプローチ、刑事司法の「最小化」アプローチ、さらには「廃止」アプローチなどがある。P. Greenwood, *Selective Incapacitation* (Santa Monica, 1982); F. T. Cullen and K. E. Gilbert, *Reaffirming Rehabilitation* (Cincinnati, 1982); N. Christie, *Limits to Pain* (Oxford, 1982); H. Bianchi and R. van Swanningen (eds), *Abolitionism: Towards a Non-Repressive Approach to Crime* (Amsterdam, 1986) を参照。

[8] このスローガンは、マーティンソンの有名な論文からのものである。この論文は処遇研究についての先行研究を調査し、刑罰が行われている場において処遇プログラムが一般にあまり効果がないという結論に到達した。R. Martinson, 'What Works? – Questions and Answers about Prison Reform', *The Public Interest,* 35 (1974) を参照。イギリスにおける同様の否定的な証拠についてはS. R. Brody, 'The Effectiveness of Sentencing,' *Home Office Research Unit Study,* 35 (London, 1976) を参照。

職業の出現以来、処罰と逸脱の統制という課題は、専門的な技術装置によってより望ましい形で扱われうるという明確な主張、そしてその後にはそのような大衆の期待が存在してきた。だが今日、このような根底的な主張が、問いに付されているように私には思われる。

　今日提起されている問いは、制度の適合性や改革についての問いではない。処罰という社会プロセスと処罰が社会に及ぼす波及効果が、何らかの制度に内包しきれるかどうかという、より根底的な問いである。これはある意味で、刑罰学における近代主義の危機であり、啓蒙時代に生まれた刑罰プロジェクト、つまり処罰はよい社会を構築し人類を完全なものにすることを狙って制度を組織立てるための一つの手段であると考える刑罰プロジェクトについての懐疑である。2世紀以上にもわたる合理的楽観主義の後、「専門家」ですら社会改良の限界や社会秩序の悪い側面を認め始めた。改良されたはずの世界は、その不完全さに直面し、それほど楽観的ではなくなり、自信を失っていった。1980年代の刑罰をめぐる議論の中で、ほぼ2世紀ぶりに道徳や組織についての根本的な問いの出現を再び目にすることになった。この時期の議論の大半は、新しい語彙を欠き、近代制度自身が持つ用語に不満を感じつつ、近代刑罰時代の直前、すなわち18世紀を回顧していた。現代の「公正モデル」あるいは「一般抑止」の支持者は、18世紀の法理学で見られたリベラル言説を復活させた。この言説は、処罰する権利、国家権力の制限、犯罪者の責任と尊厳、犯罪性の特質、人間性の描写などについての根底的な問いを提起した。また現代の言説には、制度による操作によって以前は沈黙させられてきた問いの再導入という重要な試みが見られた。それはたとえば、被害者の役割、あるいは犯罪性の原因や予防におけるコミュニティの責任などについての問いである。同様に注目すべきことに、（矯正的な処罰の反義語としての）懲罰的な手段は犯罪に対する適切でまっとうな反応だと主張する道徳的な主張が、再び出現した。以上のような思考形態は、20世紀の刑罰についての大半の言説では著しく欠如していたものである。

　処罰についての思考が、このように復活したことは重要である。しかしそれが重要であるのは、それが現在の不快感に対する解決策となるからではなく、その不快感がどれほどのものであるのかを示すからである。道徳・政治についての根底的な問いを考え直そうとする中で、これらの議論は、その実務を当然のものであると思わせ、自らの用語で世界を描写するという刑罰制度の能力が失われつつある

ことを示している。今日、処罰の意味についての問いが、制度上のイデオロギーの既存の用語へと直ちに翻訳されることはない。むしろ既存の用語は、問題を含んでおり、不安定なものとみなされている。もちろんこのような状況においては、そのような問いが現われる頻度はますます高まっている。

　このように近年、近代的な処罰様式の基盤と成立根拠を疑うようになっているのは、社会科学者だけではない。刑事司法制度に従事する当の職員も、彼らが何のために存在しているのかについて、ますます当惑を覚えるようになっている。したがって、今日存在する刑罰方策の根拠、形態、効果を理解しようとするときに尋ねられる問いは、些末なものでも「学問的」なものでもない。それはむしろ喫緊の実践的な問題である。

　このように、すべての著作と同様に、本書はそれが書かれた時代と状況の産物である。この20年間は、われわれが処罰の分野における特定の形の思考や行動の限界に直面するようになった時期である。多くの人と同様に、私は刑罰政策を改良し洗練させる仕事に就くかわりに、刑罰政策の根底、社会への波及効果を考察してきた。刑罰学が残念ながら下り坂になってしまった時期にあっても、このような根本についての考察は、ややもすると狭く不安定な研究分野の中で、関心を引き寄せ続けている。この約10年間に、処罰についての歴史学と社会学で急速な発展が見られた。これは、現在問題を抱え、変化しつつある分野である刑罰学に、強く引きつけられたからであることは間違いない。確かに、処罰の基礎についてのこの新しい著作群は、以前行われていたものとは著しく対照的である。アメリカにおける矯正時代の絶頂だった1950年代の中盤、ドナルド・クレッシー（D. Cressey）は処罰の社会学がなぜこれほどに無視された研究分野なのかと問いかけていた[9]。モンテスキュー（B. de Montesquieu）、トクヴィル（A. de Tocqueville）、デュルケムといった以前の著作家によってなされた記念碑的な貢献を考慮に入れていれば、彼は「とりわけ」という語を付け加えて、「なぜこの研究分野が、とりわけこの時期に無視されているのか」と尋ねていたかもしれない。その30年後の後知恵でもって、次のように答えることができよう。その時代には、制度の中で作動する技術的刑罰学がこの分野を支配し、どのような疑問が適切で問うに値するかを制限することができたからである、と。その時期は、（公理や問題が、

---

[9] D. R. Cressey, 'Hypothesis in the Sociology of Punishment', *Sociology and Social Research,* 39 (1955), 394-400.

権威によって設定される状況の中で作動していた)「通常科学」の時代であり、制度上の仕組の詳細を検討し微調整をすることだけが残されていた時代だった。しかし刑罰学者が、刑罰制度でのプロジェクトへの信頼を失い、批判的かつ自己反省的になった今日、彼らは処罰がよってたつ公理を再び評価しようとし始めている。この課題においては、刑罰学よりも社会理論と歴史学の方が有用であり、それらは次第に、活用される探求の形態になりつつある。

　上で描写したいくつかの問題に直面したときにとられる一つの反応は、正当性の問題に再び向き合い、処罰の哲学が提出する規範についての議論を再検討するというものだろう。確かにこれは、本分野における多くの著作家が採用した方向性である。彼らは、道徳哲学、特にリベラル寄りの道徳哲学の注意深い読解が、刑罰政策の新しく、より許容可能なプログラムの指導綱領を示してくれるだろうと感じていた[10]。しかし私の視点からすると、このような試みが時期尚早で、方向を誤っていると考える理由がいくつかある。現在われわれは、処罰の性質、社会制度としてのその性質、社会生活におけるその役割についての詳細な理解を欠いていると私には思われるのである。少なくともその伝統的な形態の処罰についての哲学は、理念化された一次元的な処罰のイメージ、つまり国家は個人とどのように関わるべきかという古典リベラル的な難問の変奏として処罰の問題を提示するイメージに頼ってしまっている[11]。しかし私が考えるように、もしこのようなイメージが貧弱であり、処罰の全次元と複雑性を捉え損ねているのであれば、哲学によって示される解決策が制度の抱える問題と一致するとは考えにくい。今必要とされているのは、まったく予備的な哲学、すなわち処罰の社会的基礎、近代処罰の特徴的な形態、その社会的意義を基礎づける記述的な予備研究である。この複雑な制度の規範問題に適切に言及する哲学は、このような基礎のもとでのみ発展できる。要するに、処罰が何になりうるか、そして何になるべきかを考えるためには、処罰が何であるのかを知らなければならないのである。

---

[10] たとえば、von Hirsch, *Doing Justice* (New York, 1976); P. Bean, *Punishment* (Oxford, 1981) を参照。
[11] 処罰の哲学とリベラリズムの政治哲学の関連に関してはL. Lacey, *State Punishment* (London, 1988) を参照。処罰への現行の哲学的アプローチの欠陥に関してはD. Garland, 'Philosophical Argument and Ideological Effect', *Contemporary Crises*, 7 (1983), 79-85 を参照。

2．処罰の社会学

　本研究は、したがって、処罰の社会学、あるいはより正確には、刑法・刑事司法・刑罰制裁の社会学についての著作である[12]。それは、近代社会の刑罰に関わる現象が問題を含んでおり、上手く理解されていないという前提から出発し、処罰の社会的基礎についての根本的な問いを切り開き、その機能と効果を明示しようとしながら、多種多様な視角から刑罰の圏域を研究しようとする。本研究の究極の狙いは、近代処罰が実際に作用する社会行動の構造と文化的意味の網目を明らかにすること、そしてそれによって刑罰政策に関する規範的な判断の適切な基礎となる根拠を提示することである。

　私は広義の処罰の社会学を以下のように捉える。処罰の社会学は、処罰と社会の関係を探求する思考の集積であり、処罰を社会的な現象と理解し、社会生活におけるその役割を探求することをその目的とする。処罰と刑罰制度を考えるという点で、処罰の社会学はその考察対象を「刑罰学」と共有するが、処罰の社会学が対象とする変数が幅広いという点で、処罰の社会学は刑罰学から区別される。刑罰学は、刑罰制度の中に自らを位置づけ、制度が持つ内在的な「刑罰学的」機能についての知識に到達しようとする（19世紀中、「刑罰学」は「刑務所科学」の同義語だった）。それに対して、処罰の社会学は、制度をいわば外から眺める。そして、制度の役割は刑罰学が考えるよりも幅広い社会のネットワークの中にある一連の特徴的な社会プロセスであると考えるのである。

　社会学の形をとる後者の著作は、少なくとも18世紀中ごろから存在する。これらはちょうど今日のように、処罰を司る既存の制度が批判にさらされたときに出現した。『法の精神』でモンテスキューは、処罰の形態を、特徴的なまでに明らかな仕方で統治形態と結びつける構造と信念のつながりを指摘している。「すべての、あるいは、ほとんどすべてのヨーロッパの国々において、人が自由に近づいたり、

---

[12] 残念なことに現在われわれは、私が扱いたいと思っている犯罪化と刑罰化の全過程を有用に記述するために広く使われる一般用語を欠いている。以前の著作では、この領域に含まれる法・過程・言説・制度の複合体を指すために「刑罰」という用語を用いた。そして、本研究でも、このような広い意味で、法的処罰の同義語として「刑罰」という用語を用いる。いくつかの現代の文献では、「社会統制」が類似した仕方で使用されるにいたっている。Cohen, *Visions of Social Control*, p. 3を参照。しかし私は、この使用法を避けた。「社会統制」はたいていの場合、はるかに広い範囲におよぶ実務を指すからであり、以下で見るように、私は「処罰」が純粋に「統制」という観点から考えられるべきではないと主張したいからである。

遠ざかったりするにつれて、刑罰が減少したり、増加したりしたということを証明するのは容易であろう」と彼は記している[13]。ここから彼は、これらのつながりを生み出す政治的・心理的力動の見取り図を描き出し、それによって彼の結論に社会学的・規範的な性質を添えている。「刑罰の厳しさは、名誉や徳をバネとしてもつ君主政や共和制よりも、怖れを原理とする専制政体により適している」[14]。約1世紀後のアレクシス・ド・トクヴィルも、この流れに属している（もっともアメリカの州立刑務所システムについての彼の研究は、政治的リベラリズムと刑罰規律が持つ複雑で皮肉なつながりを示唆してはいるが）。彼は、1830年代に「アメリカの社会は最も広汎な自由の例示となる一方で、その同じ国の州立刑務所は最も完全な専制主義の光景を呈している」と述べ[15]、その後、ロスマン（D. Rothman）やフーコーなどの著述家が再発見した皮肉な状況を指摘した。彼の次の著書『アメリカのデモクラシー』では、処罰から導かれた上のような社会的洞察を基礎として、アメリカ社会全体で作用する自由と抑制の複雑な弁証法を示した。処罰はどのようにして文化一般の一部分をなすのか。文化をどのように形作るのか。文化によってどのように形作られるのか。これらの相互に関連する洞察は、この種の著作における到達点であり続けている。モンテスキューとトクヴィルによって提起された問題は、今日にいたるまで議論され研究され続けているのである[16]。

だがこれら初期の示唆に富む著作があるとはいえ、処罰の社会学は、社会についての思想の中で発展を遂げた分野になってはいない。収監に関する制度研究という有力な社会学的研究の伝統という部分的な例外を除けば[17]、著作の集積は乏しく、玉石混交であり、広汎な同意を得て探究を刺激する共同研究計画をまったく欠いている。そのかわりに存在するのは、多種多様な試みや知的伝統から生まれた一連の研究である。これらは、処罰の研究にきわめて多様な視角からアプローチする、独立した、他の研究と関連づけられていない研究である。このような研究

---

[13] Baron de Montesquieu, *The Spirit of the Laws* (Edinburgh, 1762), p. 88.〔邦訳（上）p. 174〕
[14] Ibid.〔邦訳（上）p. 174〕
[15] G. de Beaumont and A. de Tocqueville, *On the Penitentiary System in the United States* (Philadelphia, 1833), p. 47.
[16] たとえばT. L. Dunn, *Democracy and Punishment: Disciplinary Origins of the United States* (Madison, 1987) を参照。
[17] D. Clemmer, *The Prison Community* (New York, 1940); R. Cloward *et al.*, *Theoretical Studies in Social Organisation of the Prison* (New York, 1960); G. Sykes, *The Society of Captives* (Princeton, 1958); T. Morris, *Pentonville* (London, 1963); J. B. Jacobs, *Stateville: The Penitentiary in Mass Society* (Chicago, 1977); E. Goffman, *Asylums* (Garden City, NY, 1961) を参照。

には、たとえばエミール・デュルケム、ミシェル・フーコー、ジョージ・ハーバート・ミード (G. H. Mead) の研究のような著名な著作や、ルッシェ (G. Rusche) とキルヒハイマー (O. Kirchheimer)、マイケル・イグナティエフ (M. Ignatieff)、ダグラス・ヘイ (D. Hay) などの著述家によって書かれた重要な研究もある。これらはすべて、以後の研究・批判・膨大な二次研究を刺激したが、(処罰を主題とし、刑罰という現象に関する社会学的説明や特徴づけを提示しているという事実はあるものの) それらはどのような意味においても一貫した研究体系ではない。むしろ逆に、処罰の社会学は、現在、多様な「パースペクティヴ」で構成されており、それぞれが他の「パースペクティヴ」の手法をほとんど無視した上で研究を進めている。処罰の社会学は、それぞれの研究が行われるごとに事実上新たに考案されて、その時々に、研究される現象についての新たな概念や提起するにふさわしい疑問を提示することになってしまっている。

　パースペクティヴの不一致と安定したパラダイムの不在は、多かれ少なかれ社会学すべてにおける固有の特徴であり、それらは、その研究対象が「解釈された」ものであるというやっかいな性質と関わっている。しかし、このような状況が処罰の社会学でとりわけ著しい理由がいくつかある。まず、処罰は宗教、産業、家族といった社会生活の他の分野と異なり、注目を集める社会学的探究の場ではなかったし、近代学問が通常内包していた学問分野を変革するという合理化プロセスにさらされてこなかった。また、処罰の社会学には、この分野の研究を導いたり、特定の研究を集約的な学問分野内に位置づけたりする、確立された教科書なり研究科目の描写なりもなかった。これに関連して、この領域での先進的な研究の多くが処罰の社会学自体への寄与のためにではなく、より大きな別の研究プロジェクトの一視点として行われたという事実がある。たとえばデュルケムとフーコーの両者にとって、処罰は、社会的連帯の性質や西洋的理性の規律的性質といった、より大きな文化上の文脈を明るみに出す鍵だった。彼らの関心は、処罰の包括的な理解を発展させることではなく、たとえ彼らが処罰についての理解に実際に寄与したとしても、それは彼らの中心的な目的というよりも研究の副産物だった。この分野の主要な著述家のうちで共同的な試みに参加しているとか、基礎的な関心を共有していると考える人はほとんどおらず、したがって研究を統一したり、総合したりという試みはほとんどなかった。また、処罰の社会学には、ある一つのパースペクティヴを他のパースペクティヴと完全に対立するものとみなす傾向、あるい

はそのように自らみなす傾向があった。この折り合いのつかなさという感覚は、処罰の特定の分析がマルクス主義、デュルケム的な機能主義などの普遍的な社会理論から引き出された際、最も頻繁に現れた。それらの社会理論は、当然のことながら、社会やその力動に関する上位概念であるとされ、他の社会理論と相互に対立するものとされた。さらに、あるパースペクティヴと他のパースペクティヴが対立するとき、分析の差異はしばしばイデオロギー的曲解の様相を呈し、パースペクティヴ間のコミュニケーションをありえないものとしたのである。

　これらの多かれ少なかれ異なるアプローチが、社会的世界と、処罰が社会的世界の中で占める場所についての深刻で、互いに歩み寄ることのできない不同意を示すものであるのは確かである。学問上の共同作業がどれほど行われようとも、社会学の対象が本質的に競合的で相互に対立する解釈に対して開かれているという事実を消し去ることはないだろう。だが処罰の社会学の現状では、鍵となる不同意がどこにあるかすら明らかでなく、異なるパースペクティヴが少なくとも分析のある水準では競合せずにすむのか、そして実際どの程度補完的であるのかも明らかではない。これに関して、二つの点を指摘する必要がある。一つは理論の性質についての指摘であり、もう一つは分析の水準についての指摘である。

　処罰の社会学には、それぞれ異なる理論的パースペクティヴが少なくとも四つ存在すると言える。そのうち三つはすでに確立されたものであり、四つ目は今日出現しつつあるものである。デュルケム主義的伝統は、連帯形成効果とされるものを強調すると同時に、処罰の根底には道徳的・社会心理的なものが存在すると強調する。マルクス主義的研究は、社会経済的規制の階級に基づくプロセスの中で処罰が果たす役割に光を当てる。ミシェル・フーコーの著作は、規律的な処罰が支配と臣従化という、より広い戦略内での権力 - 知のメカニズムとして作用すると主張する。一方、ノルベルト・エリアス（N. Elias）の著作は、感受性の変化や文化上の心性の分析の中に処罰を位置づけるよう、シュピーレンブルク（P. Spierenburg）のような著述家を導いた。これらの解釈パースペクティヴはどれも理に適ったもので、長所を持っている。それらは研究の対象について重要な指摘を行っているということで、大きな関心を集めている。さらに、上の簡潔な特徴の記述だけからでも示唆されるように、新たな視点、すなわち複雑な刑罰現象群について異なった視点を持ちこもうともしている。この視点のそれぞれは、ややもすると込み入った多面的な現実の特定の側面を見えるようにし、それらの見方をよ

り広い社会プロセスと接続する力を持っている。しかし、これらの探究のそれぞれの様式は、特定の仕方で処罰を定義し、ある見方に光を当てて処罰の特定のイメージを形成してしまっており、そのため必然的に他のイメージを見えにくくしたり、無視してしまったりしている。

　もしこのような解釈を多様なパースペクティヴを表わすものとして、つまりそれぞれの解釈が別のアプローチと別個の焦点を持っているものとして取り扱うのであれば、多様な見方と関係する複雑な対象を理解するために、それらのパースペクティヴを統合してはならないという原理的な理由は存在しない。しかし、いくつもの回答に対して開かれている解釈についての問いが、存在論や原因の優先順位についての問いとして理解されるということは、きわめてよく見られることである。そのような場合には、たった一つの回答のみが求められることになる。もしこのようなことが起これば、そしてすべての理論が「処罰の本質とは何か」や「処罰の**その原因**とは何か」という問いに答えようとしていると考えてしまえば、つねに一つの理論的説明を選択するよう強いられることになってしまう。その結果、その理解において、不必要なまでに還元主義的で一次元的な傾向を持つアプローチが生じてしまうのである[18]。

　私の主張は要するに、上のような哲学的本質主義を回避すれば、一つの理論的説明を選ぶという選択を必ずしもしなくてよくなる、ということである。理論とは、情報を解釈し敷衍するための思考の道具である。理論は、同じデータについての代替的で相互に矛盾する説明が提示されたときにのみ競合する。同じ量のデータと問題を他の理論よりも妥当な形で説明したときにのみ、ある理論は他の理論にとってかわる。そのため、処罰についての多様な理論がそれぞれどのような関係にあるかは、いかなる意味でも明らかではない。処罰の社会学では、そのような形で理論が交代するよりも、別の理論が流行するという理由で、忘れ去られてしまうことの方が多いのは確かである。

　分析の水準について指摘したいことも、上の主張といくぶん似ている。マルクス、デュルケム、エリアスの発展させた壮大な社会理論が、社会生活の中心的な力動について相互に矛盾する説明をしているというのは、確かにその通りである（フー

---

[18] ウィリアム・ガスは「あらゆる人間活動を哲学的に考えようとするとき、われわれは説明の中心として一つの側面を選び出し、それを王位につけ、他のあらゆる要素を廷臣、女官、奉公人としてしまう傾向がある」と述べた。W. Gass, 'Painting as an Art', *New York Review of Books*, 25: 15 (13 Oct. 1988), p. 48.

コーの著書は、普遍的な水準を対象とした理論の妥当性を否定しているという別の理由で、マルクス、デュルケム、エリアスの研究と対立する)。かりにこれらの多様な伝統から生まれた処罰についての分析が、より大きな包括理論の縮小版にすぎないならば、包括理論の水準に見られるすべての相互矛盾は、それより下位の水準においても再生産されることになる。しかし、現実はそのようなものではない。ある公理群から出発した分析は、一般理論の専制のせいで、他の公理群から生まれる問いとは異なった問いを投げかけ、研究対象となる現象についての特定の見方にのみ焦点を絞ることが多い。しかし、このような方法でなされた発見は、包括的な社会理論の単なる再生産にしかならないだろう。そのようにする際、われわれは演繹法という教条に従っており、理論は「適用される」のではなく、単に繰り返されるだけになってしまう。

　処罰などの社会生活の具体的な領域は、一般理論が描き出す社会構造そのままの小宇宙というわけでは決してない。すべてのモナド的原子が全体の本質の現われであるとするライプニッツ哲学から一歩外に出れば、社会のそれぞれ特定の部門は、それ独自のメカニズムと力動を示すとみなすことができる。そして、経験的な情報に開かれた理論解釈プロセスにおいて、現象の具体的な特徴は、分析の結果を定める助けとなるだけではなく、探究の前提となる公理群の価値を見定める助けともなる。もしこのことが正しければ、あらゆる理論が処罰に関して見出してきたことは、異なる解釈パースペクティヴ内から生まれた発見と矛盾することもあればしないこともある、ということになる。それらの関係についての問いは、つねに経験的なものであり、前もって決定されているものではない。したがってたとえば、マルクス主義的分析が、刑罰実務が階級分裂と支配階級の支配を強化する仕方を発見するのに対して、デュルケム主義的研究は、階級関係とは無関係の心情の表出や連帯の強化を示すような刑罰プロセスを発見するかもしれない。刑罰実務が単一の統一的な意味を持つものだとみなさないかぎり、つまり、刑罰実務は階級のみの問題だと、あるいは階級内での連帯のみの問題だとみなさないかぎり、どちらかの理論を手放してしまう理由はない。必要とされるのは、これら二つの視点が、刑罰領域を作り上げる複雑な実務の中でどのように共存しているかを検討する、より綿密で徹底的な分析である。以下では、そのような問題を探求し、今日存在する特定の解釈をもとに、より包括的な社会学をどの程度構築できるのかを理解しようとする。

近代社会における処罰の構造と意味について包括的に検討しようとする際、処罰の社会学には、そのような探究の手助けとなる出来合いの一般的な枠組は存在しないようである。そのかわりに見出されるのは、散乱した解釈の伝統である。それぞれの伝統は、処罰について微妙に異なるイメージや処罰とその他の社会的世界のつながりを描き出しているものの、それぞれの伝統同士の関係は、いまだに確定されていない。このような状況を考えると、少なくとも手始めとしての最良の戦略は、包含的であることを狙った戦略、そして統合に対して開かれた戦略ということになろう。したがって私の意図は、今日存在する理論的伝統を順に検討すること、そしてそれぞれの伝統をすでに確立されたモデルや包括的な説明としてではなく、一つのパースペクティヴ、あるいは部分的な解釈のための資源として取り扱うことである。私の方法は、それぞれの伝統が提示するそれ特有の問いを特定し探求すること、処罰の基礎や機能や効果についてそれらが何を述べているかを検討すること、私の方法がどのようにして今日の処罰についての理解を助けるかを検討することである。これはそれぞれの伝統の単なる提示にとどまらない。というのも、処罰に関する理論のほとんどは、細かな歴史叙述の中に埋もれており、拡張と洗練を必要とするほど初歩的な形態で存在しているからである。さらに私は、既存の理論が不適切に思えるときには、元の理論の限界を越えて議論や分析を行うよう主張し、解釈の新たな形態を描き出すことにする。このようなアプローチの狙いは、可能なかぎり多くの処罰の側面に光を当てること、異なる解釈を他の解釈と対話させようとすることにある。そうすることで、それぞれの理論の相違点が正確に特定され、それを補完する視点が示されることになるだろう。その結果、処罰の社会学が提示するバランスのとれた概説、これらの考えがどのようにして今日の処罰の性質を理解する助けとなるかという示唆が期待できるはずである。

　処罰についてわれわれが現在手にしている社会学的説明は、処罰の特定の視点や側面を孤立させ抽象化し、それに基づいて強力な分析を提示している。時として、このような解釈は見事なまでに多くのことを明らかにしてくれ、洞察に富むものではあるが、それらは部分的で、ややもすると一面的になってしまう。このことがもたらす悪影響の一つは、理論に**反して**著述を行おうとする傾向である。処罰についての歴史学者には、そのような傾向がある。彼らは、ある時点で運用されている制度に関するバランスのとれた認識を伝えようとしつつ、理論は融通のきかない解釈であり、良くて不完全、悪くすればまったく擁護できないものであるとす

る。しかし、彼らの不満が本当に意味することは、歴史学者にとって理論が不要だということではない。彼らが指摘するのは、狭い範囲でしか通用しない理論は、端的に言って理解の妨げとなり、歴史学者の課題にもっと適合する理論によって置き換えられる必要があるということである。抽象化という手段は、あらゆる複雑な現象の分析にとって必要不可欠な第一歩であり、その発展の初期段階においては、説明のための抽象概念や単一原因の競合が、ある知識の領域を特徴づけることが多い。だが研究は、具体的なものに戻ることや、現実世界に存在する対象が多層的に決定される様子を理論の中に写し出し、それらの複雑な全体性がどのようなものであるのかを推定させるような仕方で異なる抽象概念を統一し統合することを、究極的な目的としなければならない。今日、処罰の社会学は、熟した段階へと到達したよう私には思われる。そうであるならば、処罰の社会学は、統一的で多元的な解釈、つまり歴史学者と現代の刑罰学者が繰り返し出会ってきた複雑さと多彩な細部の説明へといっそう近づけるような解釈を目指して努力しなければならない[19]。

　以上のように、本研究の試みは、処罰の社会学を現在形成している解釈に用いられる資料の範囲を拡張し統合する試みであり、近代社会において、処罰がどのように理解されうるかについて、より完全な見取り図を作る試みである。フーコー、マルクス、デュルケム、エリアスの著作は、説明しようとしたテーマについて一貫して根気強い探究を行ったという点で、つまり思考の様式をその限界まで一貫して進ませようとした点で優れている。何かを明らかにするための手段として、あるいは新たな解釈的洞察を生産する方法として、このような方法は最良といって大方よいだろうが、ここまで見てきたように、ある種の周辺部分や文脈への盲目性が、集中的で焦点を絞った見方の代償となることもある。しかし、本研究では、これらの理論とは異なる方法と価値観を前面に出す。本研究の関心は、バランスがとれかつ明晰であること、統合的でありかつ包括的であることであり、そのような作業を進めていくことで、これらの理論家の主張を修正し、それらの説明の限界を示

---

[19] そのような試みは、解釈に関する議論を一度にすべて解決してくれるわけではないにしても、それらの議論により正確な焦点を当て、より生産的なものにしてくれるはずである。クリフォード・ギアーツは文化人類学について次のように述べる。文化人類学は、「完全な意見の一致によるよりも議論をみがきあげることによって進歩が示されるような学問である。よりよくなるものは、我々が前より正確に論議するようになるという、その正確さなのである」。C. Geertz, 'Thick Description: Toward an Interpretive Theory of Culture', in C. Geertz *The Interpretation of Cultures* (New York, 1973), p. 29.〔邦訳 p. 50〕

唆せざるをえなくもなるだろう。しかし、本書がそれらの理論家の限界についてのものではないことは、強調しておくべきかもしれない。本書は、彼らの専心的な理論構築によって可能となった建設的な試みについての著作なのである。

3. 研究対象としての処罰

ここまで、処罰に関して採用された多様な解釈的立場を論じてきた。そろそろ処罰それ自体について論じるべきだろう。ここで最初に指摘しておかなければならないのは、「処罰」は、それが一つの一般名詞であるからといって、単一の実体ではないということである。処罰の社会学で解釈の結果がばらばらになってしまうのは、そこでとられる分析プロセスのせいというよりも、分析されるものの性質に関わるようである。われわれは、われわれがあまりにも単純に「処罰」と呼んでいる現象が、その実、均質な物体や出来事ではなく、相互に関連する一連の複雑なプロセスと制度であることを繰り返し想起しなければならない。注意深く観察すれば、異なる解釈パースペクティヴは、多面的なプロセスのまったく異なる視点や段階に焦点を当てる傾向にあることが明らかになる。つまりパシュカーニス（E. Pashukanis）が刑法のイデオロギー形態を議論する一方で、デュルケムは非難的な儀礼に焦点を当てる。フーコーは制度の日常業務に関心を向け、シュピーレンブルクは処罰に含まれる感受性について指摘する。これらの議論は実際のところ、同じ物事についての異なる解釈というよりも、刑罰プロセスの異なる段階についての解釈である。だが不幸なことに、分析が具体性を欠いていることや、他の理論家の解釈の文脈に研究を位置づけられなかったせいで、このような焦点の相違点はしばしば覆い隠されてしまっていた。統合を求めるという本研究の関心を考えると、この問題を詳細に論じるところから本書を始めること、そして以下の分析では、「処罰」をあたかもそれが単一のものであるかのようにして議論する傾向を回避することが肝要である。

ここでは、フリードリッヒ・ニーチェ（F. Nietzsche）による次のような観察が議論の役に立つ。

処罰におけるあのもう一つの要素、一時的なもの、すなわち処罰の「意味」について言えば、きわめて後期の開化状態（例えば今日のヨーロッパ）においては、

「処罰」の概念は実際上もはやまったく単一の意味を表わしていず、むしろ「諸他の意味」の完全な綜合を表わしている。一般に従来の刑罰史、すなわちきわめて多様な目的に対する処罰の用途の歴史は、結局において、分解しがたい、分析しがたい、かつ——これは特に強調しなければならないことであるが——まったく定義しがたい異種の統一体に結晶する。……経過の全体を症候学的に総括するすべての概念は定義することはできない。定義することのできるのは、歴史をもたないものだけである[20]。

以上のように、処罰を、単一の意味や単一の目的に還元することはできず、それに論理的な定義や紋切型の定義を与えることは許されない（処罰についての哲学者の中にはそうしてしまう人もいるが）。というのも、処罰は、多様な目的や深く蓄積された歴史的意味を体現し、「凝縮する」社会制度だからである。特定の時期における「処罰」を理解するためには、ニーチェが述べているように、そこに含まれる多くの力と動きを検討し、現在それが有している意味と行動の回路の複雑な見取り図をつくらなければならない。本研究で行おうとしているのは、まさにこのことである。しかし、もしそのような調査を行うならば、実証的探究の代替物としてではなくそれを導くものとして、研究に含まれるいくつかの変数や座標点を述べなければならないことは明らかである。研究の対象を以下のように特定し提示するのは、このような意味においてである。

ここでの処罰とは、それによって刑法犯が特定の法的な認識枠組や手続きにしたがって非難され制裁を受ける法的プロセスを指す。このプロセスには、権威や非難、処罰を科すための儀礼的手続き、刑罰プロセスがその多様な観衆に対して示す諸々の刑罰制裁、制度、イメージなどの広汎な枠組が含まれるが、そのプロセスは、処罰と同様、それ自体、複雑で分化したものであり、法の制定、有罪宣告、量刑判断といった相互に関連するプロセスおよび刑罰の運用によって形成される。このように処罰がその内部において分化しているという事実からは、二つのことが言えるだろう。第一に、「処罰」についての議論は、多様な部分を参照物とすることが可能であり、そのそれぞれの部分もまたこの制度の複合体の一部だということである。第二に、刑罰プロセスは、断片化されているというその特徴ゆえに、そ

---

[20] F. Nietzsche, *The Genealogy of Morals* (New York, 1956), p. 212.〔邦訳 pp. 119-120〕

の内部での競合や曖昧さを示しやすいということである。上で述べたように、私は「刑罰」という一般名詞を、処罰という領域を形成する法、プロセス、言説、表現、制度に言及するものとするよう提言し、このような内部での複合性を捉えようとしてきた。そして広義の「刑罰」という用語を、「処罰」の完全な同義語として用いることにする。

処罰は学校、家族、仕事場、軍隊などの法システムの外部でも行われるため、このように刑法犯に対する法的処罰に焦点を絞ることは、本研究から、法システムの外部の場で処罰を科す形の実務の大半を除外することになる。これらの何らかの形態の処罰が存在することは、おそらくあらゆる安定した形態の集団につねに見られる性質であり、これらの多様な社会状況での処罰を検討することからは、多くのことが学べるだろう。近代社会の法に関わるすべての領域が主権的法秩序からの権威の委譲に依拠してはいるものの、これらの多様な社会状況での処罰の諸形態は、それぞれ別個のものであり、そのような社会状況での処罰は、国家による処罰の単なる模倣ではない。しかし本書では、法以外の多様な社会状況でなされる処罰については、それらを論じることが処罰の法秩序についての理解を進めるとき以外は触れず、直接の主題とはしない[21]。また本研究は、(それ自体が法で定められたものでないにしても) 現代の刑事司法でしばしば見られる刑罰の日常業務的な形態に集中することもない。つまりたとえばある警察の仕事に含まれる恥をかかせるという非公式な儀礼や、訴訟プロセスに含まれる暗黙の刑罰などに焦点を当てることはない。というのも、私の第一の関心は、法によって権威づけられた処罰だからである[22]。警察、検察官、公務員の非公式の行動が明らかに犯罪統制で大きな役割を果たしており、国家権力の重要な一側面である以上、このような形態の処罰を除外することは、深刻な問題であると考えられるかもしれない。しかし、ここでの私の関心は、法的な処罰やその社会的基礎を理解することであり、使用されている抑止方略の一覧を描き出すことでも、刑事司法という装置を通して国家権力が行使されるすべての形態を明らかにすることでもない。

国家による処罰は、他の処罰以上に法的な秩序の中に存在するが、この地位は、

---

[21] 刑法外の領域で処罰がどのように用いられるかを観察しつつ、より広い視点で処罰を研究しようとしたものとしてはC. Harding and R. W. Ireland, *Punishment: Rhetoric, Rule and Practice* (London, 1989) を参照。A. Freiberg, 'Reconceptualizing Sanctions', *Criminology*, 25 (1987), 223-55も参照。

[22] これに関してはM. Feeley, *The Process is the Punishment* (Beverly Hills, 1979); J. Skolnick, *Justice Without Trial* (New York, 1966) を参照。

他の社会状況における処罰には見られない際立った特性を国家による処罰に与えている。たとえば、法が主権に基づくとの主張は、法的処罰に、義務的で命令的で究極的な特質を与えている。これは、他の社会状況では見られないことである。同様に、法の形態、認識枠組、原理は、法についての言説や手続きを形作る点で重要である。これについては、第5章でパシュカーニスの著作について議論する際に触れる。とはいえ、刑務所などの刑事施設は、たとえば規則違反に対する尋問における適正手続きについて、通常の司法の場での基準に達していない手続きを採用することを法的に権威づけられることもあるということは強調しておく必要がある。このように、法秩序内でどのような位置を占めるかは、処罰の形態と機能を決定する要因の一つである。だがそれは、どのような意味でも唯一の決定要因ではない。

　法的処罰は多様な狙いを持つと理解されているが、その第一の目的は、通常、犯罪率を減少あるいは抑止するという道具的目的であるとされる。このように、所与の目的のための単なる手段として処罰を理解すること、つまり犯罪統制という課題を促進するよう計画された法的に認められた方法と考えることは可能である。このような考え方は、処罰についての珍しい認識でもなければ、とりわけ不適当な認識というわけでもない。確かに、犯罪の統制は刑罰実務の決定要因であり、この「目的 - 手段」という考え方は、刑罰学者と処罰の哲学者の双方に広く受け入れられている。しかし、この道具的な「犯罪統制としての処罰」という概念は、処罰の社会学者にとっては魅力的でない。通常これらの社会学者は、処罰の意義や社会機能が犯罪統制という狭い領域にとどまらないと認識しており、そのような道具的な考え方は研究の領域を正当化できないほどに狭めると考える。確かにある状況で一部の理論家は、刑罰が犯罪統制という特定の目的のために採用されるのではなく、したがって、その特徴を説明するためには他の目的があるはずだと主張し、処罰の犯罪統制機能を全面的に否定するにいたっている。その最も有名な例は、エミール・デュルケムの「犯罪が病理的なものでないならば、処罰の目的は犯罪を治すことではありえない」という宣言だが、ミード、ルッシェとキルヒハイマー、より近年ではミシェル・フーコーなどの著述家も同様の命題を述べている。これらの著述家は、その現象を理解する代替案を論じるどころか、犯罪統制の一方策として処罰の「失敗」を指摘し、処罰はそもそもこの犯罪統制という目的のために採られているわけではないと主張している。

この種のアプローチは、ある意味で、処罰について考えたいと願う人びとを自由にしてくれる。そのような考えにおいては、処罰を「刑罰学的な」用語で考える必要がなくなり、刑罰の他の社会機能について問うことが可能になるからである。しかし、このような立場は明らかに魅力的ではあるものの、重大な問題を抱えている。その問題の一つは、このような立場が、処罰を目的のための手段とみなしたままであるということである。もし「犯罪統制」が目的ではないならば、社会の連帯（デュルケム）や政治的支配（フーコー）を処罰の最終目的にしよう、というわけである。しかし、社会制度についてのこの「目的的」あるいは目的論的な概念は、社会学にふさわしくない。それは、ニーチェが指摘するように、歴史的に発展してきた制度が作用する範囲の中で分離した目標・目的を単一の目標・目的へと凝縮してしまう可能性が高いというだけではない。制度は、純粋な「目的」という観点からだけでは、決して説明しきれない。刑務所、罰金、ギロチンなどの制度は、特定の刑罰学上の目標のための手段であると同時に、より広い文化的認識枠組を体現し再現する社会的な構築物である。処罰は、その目的という観点から完全に説明し尽くすことはできない。どのような社会的な構築物も、そのようには説明できないからである。処罰は、建築、食生活、服装、テーブルマナーと同様に、道具的な目的を持つと同時に、文化様式や歴史的伝統を有しており、「制度的、技術的、広汎な条件」に基づいている[23]。そのような構築物を理解しようとするならば、それを、社会的で文化的な実体、そして注意深い分析と綿密な検討によってのみ解明できる意味を持った実体として考えなければならない。生活のすべての場面でそうであるように、何かを必要とするということは技術上の反応を引き起こす。しかし、それだけではなく、歴史的で文化的な生成の全プロセスは、「技術」自体を生み出すにいたるのである。

　多様な形態の犯罪を統制し、犯罪者の違反行為に対処する必要があるということは、刑罰制度を形成する要因の一つにすぎないが、それは疑いなく重要な要因である。たとえば、アメリカが経験した犯罪の水準、そしてそれに続く社会・政治的な帰結に留意せずにアメリカの刑罰政策を分析することにはあまり意味がない。

---

[23] この引用文はP. Q. Hirst, *Law, Socialism and Democracy* (London, 1986), p. 152 からである。ハーストはそこで次のように主張する。「……処罰という手段は、技術やすでに制定された実務のような他の構築物がそうであるのと同じ意味で、**社会組織の構築物**、つまり一定の制度的で技術的でとりとめもない条件の産物である。構築物は、その個別の『目的』のみでは説明しきれず、そのような構築や形態が可能となる諸条件によって説明することができるものである。」

しかし、もし「真の」犯罪率を、警察活動、犯罪化、処罰プロセス（これらを通じてわれわれは犯罪についての知識——そしてそこには少なくともいくばくかの犯罪の実情が含まれている——を得る）から分離できたとしても、社会がどのような種類の刑罰活動を採用するかを犯罪行為が決定するわけでないのは明らかである。要因の一つとして、犯罪に関わる政策決定に最も大きな影響を与えるのは、「犯罪」ではなく、犯罪学の知識ですらもない。「犯罪問題」が公式にどのように認識されるか、そして、その認識に応じて変わる政治的立場が、最も大きな影響を与えるのである。また、別の要因として、警察活動、裁判、処罰の特定の形態、制裁の厳しさや制裁の使用頻度、制度の支配秩序、弾劾の枠組などがあるが、これらすべては、犯罪性がどのようなものであるかによってではなく、社会慣習や伝統によって決定される。したがって、刑罰システムが犯罪統制という問題を処理するとき、刑罰システムがなす決定は、文化慣習、経済資源、制度の力動、政治的議論といったそれぞれ別個の考慮事項によって大きく媒介されるのである[24]。

　このように、処罰を多様な目的のための社会的構築物として、そして社会的な力の集積として考えることは、その刑罰学上の目的と効果を見失わずに、処罰を社会学的な用語で考察することを可能にする。またそれは、犯罪統制の用語のみによって処罰を考えるという罠に陥ることなく、処罰が犯罪と何も関係がないかのように考えるという不条理を回避させてもくれる。したがってわれわれは、処罰が確かに犯罪の統制に向けられているということ、そしてそのような志向性によって処罰が部分的に決定されているということを認めはするが、別の決定要因や別の力動が存在するとも主張する。処罰を完全に理解するためには、これらを考慮に入れなくてはならない。

　したがって処罰は、他の要因によって制限される法的プロセスであるが、その存在と作用は、その他の幅広い社会的な力や条件に左右される。これらの条件の状況は、多様な形態をとる。そのうちのいくつかは、この分野における歴史学や社会学の研究によって明らかにされている。したがって、たとえば近代的な監獄は、ある特定の建築形態、保安設備、規律技術、時空間を組織立てる発展した統治

---

[24] 刑罰政策に対する犯罪率の影響を分離しようとした研究の試みについての議論は、W. Young, 'Influences Upon the Use of Imprisonment: A review of the Literature', *The Howard Journal*, 25 (1986), 125-36. を参照。ダウンズはオランダ、イギリスの刑罰政策の比較研究において、両国の犯罪率が上昇している時期に、イギリスは収容率を上昇させた一方で、オランダは実質的な非収容化を達成したということを示した。D. Downes, *Contrasts in Tolerance* (Oxford, 1988).

体制とならんで、そのような複雑な組織を金銭的に管理し、建築し、運用する社会的手段を前提とする[25]。そして近年の研究が示すように、処罰の特定の形態は、社会的・歴史的な状況がもたらす処罰への支持にも左右される。そのような状況は（あまりはっきりとしたものではないが）、政治的言説や知識の特定の形態[26]、法的・道徳的・文化的な認識枠組[27]、特定形態の精神の組織形態や感受性[28]などを含んでいる。処罰は、役人によって運用される法的な制度であるにしても、幅広い知識、判断、行為に基づく必要があり、その正統性や運用が社会に根ざしているか、そして社会に支持されるかどうかに左右される。また、それは歴史によっても左右される。すべての社会制度と同様に、近代処罰は歴史の所産である。それは現代の状況に不完全な形で受け継がれたにすぎない。とはいえ近代処罰は、伝統の産物であるだけではなく現在の政策の産物でもある。したがって、刑罰制度を理解するためには、それを発展面から見るパースペクティヴと機能面から見るパースペクティヴが必要である。処罰をこのような幅広い生活の形態や歴史という背景に照らして見るときにのみ、刑罰実務を基礎づける非公式の論理を理解できるようになる。そのような背景に照らして見た結果、この刑罰実務の「論理」は、特定の目標を達成するために採用された技術的な手段を追求するという純粋に道具的な論理ではなく、競合的であると同時に調和的な力の集積を基礎とする、複雑な制度の社会的な論理であることが明らかになるだろう。

　私が提示した概略的な定義、あるいはそれに類似したものは、処罰の社会学的分析の大半では述べられていない出発点である。それぞれの解釈の伝統は、現象の異なる側面を取り上げ、私が整然とした用語で素描してきたつながりや関係が持つ諸々の実質的な内容を満たすことに熱意を注いでいる。私自身の主張は、これらの多様な解釈が必ずしもすべての面で競合するわけではないという前提から始まる。刑罰という社会制度の複雑性を考えると、現在、解釈の競合のように見えるものが、「競合的な」制度それ自体の特徴を反映している可能性は十分にある。私の意図は、これらの多様なパースペクティヴを乗り越えること、それらの主張の

---

[25] M. Foucault, *Discipline and Punish* (London, 1977); R. Evans, *The Fabrication of Virtue* (Cambridge, 1982); G. Rusche and O. Kirchheimer, *Punishment and Social Structure* (New York, 1939, 1968) を参照。
[26] Foucault, *Discipline and Punish*; D. Garland, *Punishment and Welfare* (Aldershot, 1985).
[27] J. Langbein, *Torture and the Law of Proof* (Chicago, 1976); J. Bender, *Imagining the Penitentiary* (Chicago, 1987).
[28] P. Spierenburg, *The Spectacle of Suffering* (Cambridge, 1984); D. Garland, 'The Punitive Mentality: Its Socio-Historical Development and Decline', *Contemporary Crisis,* 10 (1986), 305-20.

価値を測ること、そして競合する解釈を現在の場面に適用してみることによって、刑罰とそれへの社会的支持についての分野における、より包括的でわかりやすい見取り図を描き出すことである。現在の解釈パースペクティヴが、重要だと思える処罰の側面に触れ損ねているときには、必要に応じて、他の社会理論家の著作を参考にしながら私自身の解釈を行うよう試みる。同様に、文献に著されてはいるものの不適当で不正確だと判断した解釈上の立場について、長々と議論するつもりはない。私の第一の狙いは、処罰の現実を理解することであり、その周りに積み上げられた文献の完全な説明を行うことではないからである。

　この試みを始める前に、最後にもう一つ指摘しておかなければならない。大半の処罰の社会学は、鍵となる問いがつねに処罰の社会的・歴史的決定要因に関わるものであるかのように、「刑罰方策はその社会・歴史的な文脈によってどのように形作られたのか」と問いかける。私から見れば、これは議論の半分でしかない。本書で私は、社会環境が刑罰を形作るのと同様に、刑罰がその社会環境を形作るそのあり方を強調したい。刑罰制裁あるいは刑罰制度は、社会上の因果関係の有限な連なりの端にある単純な従属変数ではない。すべての社会制度と同様に、処罰は、その環境と関わり合い、相互に構築し合い、社会を作り上げる構成要素である。すべての古典的な社会学の著作は、デュルケムからフーコーにいたるまでこの点を明確にしており、本研究では、このような弁証法を強調することになる。この点こそが、処罰の社会学的研究が価値あるものとなるかもしれない理由の一つである。処罰の社会学は、秩序を守らない人や社会秩序への脅威に対して、いかに反応すればよいのかを教えてくれる。しかし同時に、そしてより重要なことに、処罰の社会学は、個人・社会秩序がそもそもどのようにして構築されるにいたったかを明らかにできるのである。

第2章

処罰と社会的連帯
エミール・デュルケムの著作

　処罰の社会学にとって、エミール・デュルケムの遺産は両義的である。一方でデュルケムは、誰よりも処罰についての社会学的説明を発展させ、刑罰制度が社会において重要であることを強調した。しかしその一方で、彼が行った解釈の多くは、重要な点で欠陥があるように思われ、少なくとも近年では、彼が分析した現象についてのより影響力のある説明が登場したことで、彼の解釈の多くは顧みられることが少なくなっている。本章と次章の意図は、彼の遺産には欠陥があるものの重要な洞察を与えてきたことを示し、それを再検討することにある。デュルケムの理論や、その理論を表現するための概念上の語彙には、欠陥があると論じたい。しかし、それにもかかわらず、彼の研究は新たなパースペクティヴを開拓し、処罰の基礎と処罰の社会機能・意味の一部に関連があるということを指し示した。この考え方は、われわれ処罰の研究者の意見を一致させる助けとなってくれる。したがって、デュルケムに関する私の議論は、それ自体で完結するものではなく、刑罰の分析のためのより適切な枠組を構築するための最初の一歩として行われる。

1．デュルケム社会学の紹介

　デュルケムほど、処罰を社会学的分析の中心的な対象とみなし、理論枠組の中で処罰に特権的な位置を割り当てた社会理論家はいない。そして彼は、その生涯の中で何度も、処罰の研究へと戻っていった。処罰を分析しようというこの関心は、処罰がデュルケムにとって、社会の核心にかかわる制度であるということから生まれた。刑罰制裁は彼にとって、現在まさに機能している社会的な価値観を表出し再生成する「集合意識」の明白な例示だった。彼は、処罰の形態と機能を分析することを通じて、そうでもしなければ描写できなかった道徳生活の核心についての体系的な洞察を手に入れることができた。コミュニティと社会的連帯は、その道

徳生活を中心として形成される。このような洞察によって、刑罰のプロセスと儀礼の中に、社会それ自体を分析する鍵を見出したとデュルケムは主張したのである。

もちろんデュルケムは、社会についてきわめて具体的な概念を持っており、ある一連の社会学的探求を行っていた。彼の探求とは、何にもまして、社会的連帯の源泉を見出すことであった。社会的連帯は、彼にとって、集合的生活や社会的凝集性の根本的な条件である。彼にとって、社会やその共同的な相互作用のパターン化された形態は、意味や道徳について共有された枠組がまず存在することで、はじめて機能するものだった。そのような枠組を持たない社会生活など想像もつかない。個人間の最も初歩的な交換ですら、同意された規範群を必要とするからである。交換は、この規範群の中で行われる。これらの社会上の規範や「集合的表象」は偶然によるものでも自ら決定するものでもなく、あらゆる時代に存在する社会の組織形態や相互作用の一側面である。デュルケムが述べているように、「各国民の道徳は、それが実践する国民の社会構造と直接的な関係をもっている」のである[1]。

あらゆる社会が持つ文化や倫理は、特定の社会の組織形態に基づき、その社会の組織形態を用いて、機能する全体社会を形成する。当時出現しつつあった社会的相互作用の一般的傾向は、共有された分類、すなわち意識と良心を集団生活の現実と一致するように構築された分類をも、同時に形成した。これらの当時現われつつあった認識枠組は、転じて集合的枠組を形作った。それを通じて社会生活は規定通りに存在することができ、個人は相互に、そして社会と密接に結合する。デュルケムの考えでは、社会はこのように生活の物質的形態によって構成されるものである。その物質的形態は、自らが生んだ文化的な認識枠組を通じて理解され、制裁を受けたり神聖なものとみなされるようになったりする。集団生活の道徳的（あるいは精神的）側面と社会的（あるいは物質的）側面は、相互に条件づけ構築するものとされる。そして、通常の状況では、それらの側面は凝集的な全体社会の異なる次元としてともに機能する。

デュルケムの著作を社会科学であると同時に「倫理の科学」へと高めているのは、以上のような特徴的な考えである。彼の社会学は、何にもまして、人間生活の真に社会的な側面を構成する特徴的な道徳的紐帯についてのものであり、デュルケ

---

[1] É, Durkheim, *Moral Education* (New York, 1973), p. 87.〔邦訳 p. 164〕

ムの根本的な分析対象は、社会的道徳とそれが存在するための条件である。これはまた、彼がとった社会への「全体論的」アプローチ、ならびに社会全体にとっての機能的意義という点から社会生活が持つ側面を理解しようという彼の関心の基礎をなすものでもある。そして最後に、道徳的なものと社会的なものが同じコインの表裏であるという彼の考え方は、処罰などの特殊な社会慣行を、道徳生活の回路の中で作用する道徳的現象とみなすこと、そしてより日常的な社会的・刑罰的な機能を果たしているものであると捉え、そのようにみなすことを可能にした。

　社会についてのこのような全般的な理解の中で、デュルケムが持っていたさらに具体的な関心とは、変化しつつある連帯の形態と何らかの形で折り合いをつけることだった。この連帯は、社会が進化するにつれて、そして社会の基本的な構造や組織形態が変化し始めるにつれて出現した。具体的に言うと、彼は、近代社会における連帯の源泉を理解しようしたのである。近代社会は、個人主義の勃興、社会機能の分業化、普遍的な宗教信仰の没落によって、共有する認識枠組を持たない世界という印象を与えるものとなっていた。この近代的状況についての彼の解釈は、社会保守主義者とは大きく異なっていた。保守主義者は、個人の利害の不一致によって社会がばらばらになる運命にあると恐れ、伝統的な形態の道徳や宗教信仰の再来を願っていた。一方、デュルケムもまた、私的で個人的な利害が集合的な福祉と安定性を生み出すのだから、近代社会が存続するためには集合的な道徳など必要ないと主張したハーバート・スペンサー（H. Spencer）のような社会功利主義の見方には反対した。デュルケムは、これらの見方に対して、確かに社会は道徳的枠組を必要とするが、その形態と内容は社会の組織形態の現在の条件を反映するはずだと断言した。労働の分業自体が、それに見合った近代的な道徳を大部分生み出しており、その道徳は、個人の崇拝や自由、合理性、寛容という関連しあう一群の価値観を中心としていると述べた。これらの道徳的な考え方は、産業化、専門化、世俗化によって引き起こされた社会の再編とともに発生した。実際、近代社会はそれが必要とする道徳を生み出したが、意識的にそうしたわけではなく、社会生活の新しい条件が完全に考察され、社会の倫理においてその条件が意味あるものとされるためには、さらなる道徳の発達が必要とされるとデュルケムは考えた[2]。デュルケムの見方では、社会学の役割とは、このような近代的自己意識を生み出すこと、つまり近代社会が誕生させた道徳の形態を特定し、その完全な発展を助けることであった。したがって、社会学の課題は、社

会の健康さの源泉を特定し、社会組織体の最善の機能を高めるにはどのような行動が必要かを示すことだったのである。

　近代社会を含む社会についてのデュルケムの見方は、このように道徳秩序やそれが社会生活の中で果たすきわめて重要な役割についての考えを中心に据えていた。このような道徳秩序は、個人と関係性を構成するにあたって、どのように機能するか。どのようにして道徳秩序は、凝集性の基礎となる象徴的中心になるか。道徳秩序は、社会の労働分業や集団生活の物質的条件の展開と折りあいをつけるために、どのように変化したのか。彼の関心は、このような点にあった。だが道徳秩序という観念はもちろん抽象概念であり、コミュニティの成員によって共有される多くの直観や認識枠組を示す一般用語である。それは「社会的事実」ではあるが、科学的な様式で直接に観察したり研究したりできる事実ではない。そのためデュルケムは、このきわめて重要な道徳的実体を間接的に、つまり何か他の感知でき、道徳秩序の痕跡を残しており、最も密接に道徳秩序と関連する社会的事実を分析するしかなかった。彼は、単純社会に関する後期の著作で、実際に連帯が表出される形態を通して連帯を研究する手段として、宗教的儀礼や原初的分類(訳注1)へと目を向けた。しかし、彼が最初に採用し、近代社会の分析において最も重要だと考えた「目に見える指標」は、法に関連する指標、とりわけそれぞれの法が含んでいる特定の種類の**制裁**に関連する指標だった[3]。

　デュルケムは彼の古典的著作である『社会分業論』やその後に書かれた論文や講演録の中で、処罰は、社会が持つ道徳秩序の直截的な体現であり、その秩序がどのように表現され維持されるかを示す実例であると考えていた。したがってデュルケムは、刑罰実務の側面を社会生活の本質的な構成成分やプロセスとつねに結びつけながら、(『社会分業論』や『道徳教育論』において) 処罰の機能や道徳的意義についての詳細な説明、ならびに (「刑罰進化の二法則」において) 処罰の歴史的進化や社会類型とのつながりを示した。つまり、彼の一般社会理論を実証し洗練させるという関心が生み出したある種の副産物として、処罰についての多量な社会学的説明を提示したのである。さらに、彼の研究は、多くの点ですぐれ

2　É. Durkheim, *The Division of Labor in Society* (New York, 1933), p. 228.〔邦訳 pp. 221-222〕を参照。
3　Durkheim, *The Division of Labor,* p. 64.〔邦訳 p. 65〕を参照。デュルケムは、「抑止的法律」で特徴づけられる刑罰制裁は、強力な集合意識と機械的連帯の現われであると主張する。一方、「復元的」法律の非刑罰制裁は、発達した労働分業にともなう有機的連帯の徴候である。

た研究であり、社会にとっての道徳的重大性や機能的重要性という性質を処罰に割り当てたという点でとりわけ重要である。処罰が持つこれらの性質は、犯罪を統制するための手段として役に立つという性質よりも、はるかに重要である。

　処罰についてのこのようなデュルケムの考えは、社会学的・刑罰学的研究において、その最も単純な形においてならばよく知られている。しかし、近代社会における処罰の形態を解釈する手段として、きわめて真剣に取り上げられることはほとんどない。これにはいくつかの理由がある。まず、デュルケムの処罰についての説明は、明らかに彼の一般社会理論から生み出されたものであり、いくつもの重要な点でそれに依拠している。この一般理論は今では、鍵となる点で大きな問題を抱えていることが広く認められており、この枠組についての不満から、処罰を研究するにあたって、デュルケム的アプローチをしりぞける人が多い[4]。第二に、処罰に関するデュルケムの議論は、刑法の歴史についての進化的説明を暗示し、ある箇所では明示している。その後の歴史研究は、デュルケムの記述した刑罰史が不適切で誤解を招きやすい史料に基づいており、少なくともある点ではまったく擁護できないほどに誤った処罰の発展経過を提示していることを示してきている。最後に、処罰についてのデュルケムの説明は、少なくとも一瞥したところでは、近代社会ではなく「原始的な」社会についてのものであるように見える。刑罰学に関して彼が用いる資料のほとんどは、大昔の社会あるいは小規模の社会からのもの（彼はアボリジニ、マヌ法典、古代ヘブライに言及している）であり、刑罰の発展経過の特徴であると彼が指摘したことは、前近代の世界に依拠しているように見える。したがって彼の説明において処罰は、激しい集団現象として記述され、非合理的・感情的な力が処罰を引き起こし、社会成員はその力のせいで道徳的激怒の情念にすっかりのみ込まれてしまうとされる。その情念がかき立てられる手順は、紛れもなく宗教的な色彩を帯びた儀式的儀礼、つまり集団の連帯を再確認し、犯罪者によって侵害された神聖な道徳秩序の再生のために行われる儀式的儀礼として描かれる。近代を生きる読者にとって、これらの光景は距離があり、今日の刑罰実務について語っているというよりも、別世界について、つまりややもすると原始的で「人類学の対象となるような」世界について語っているように感じられる。き

---

[4] 'Durkheim's Theory of Punishment: A Critique' in D. Garland and P. Young (eds.), *The Power to Punish* (London, 1983) を参照。これは、デュルケムの著作の有用な側面を強調してはいるものの、デュルケムの枠組をし却下することを試みたものである。

わめて功利主義的、官僚制的、専門的、世俗的な処罰の制度というわれわれの世界の日常が持つ相貌を考えると、デュルケムの見方は、不適当にすら思えるのである。

このような思考すべてのせいで、処罰についてのデュルケムの解釈は、良く知られてはいるものの、ほとんど用いられることのない考えになりがちだった。そして研究や真剣な議論の中でというよりもむしろ教科書の中で生き残ったすべての理論と同様に、この重要な解釈もまた、時の経過とともにますます簡略化されていった。ここで行おうとしているデュルケムの著作について包括的な議論は、彼の処罰理論が持つ綿密さや洞察を再び捉える試みであり、現在の理解と関連するような仕方で、その理論を提示する試みである。前章で述べたように、私が行うデュルケムの処罰理論の探求は、それが彼の一般社会理論によって全面的に決定されているわけではなく、したがってその視点は、一般社会理論を対象とした批判を越えて維持できると前提する。私の立論は、デュルケムが投げかけた以下のような問いは、彼の答え自体には納得いかないものの、詳細な注意を払うに値する、というものである。その問いとは、刑法の道徳的基礎、刑罰プロセスにおける傍観者の関わり、刑罰儀礼が持つ象徴的な意味、刑罰制度と公衆心情の関係についてのものである。また私は、デュルケムの理論が主として法的処罰の歴史的発展についての説明ではなく、それに付随する動機、機能、意義についての説明であると前提する。そのようにすることによって、彼の歴史的な説明を受け入れないようにしながらも彼の理論の重要な側面を維持することが完全に可能となる。そして最後に、処罰に関するデュルケムの解釈を大昔についての説明ではなく、**今日**の処罰、つまり近代社会の処罰を理解するための手段と考え、彼の解釈に接近し評価することにする。

デュルケムの解釈が現代と直接関連することを疑わせる主な理由は、確かにいくつか存在する。今日われわれは、労働分業が発展し、集合的な公的儀礼がもはやそれほど目立った位置を占めていない相互競合的な道徳秩序の中で生きている。もはや「社会」は（「社会」がかつて罰していたことがあるのかはわからないが）罰しない。その代わりに、社会の周縁に位置する国家装置や専門家制度にこの機能を委譲している。復讐という感情的行為は、長い間少なくとも公的な行為としてはタブーとされており、犯罪統制の合理的なプロセスと言われるものにかわった。このような例は、他にも挙げることができる。だがこれらの不一致は、彼の解釈に

対する論駁というよりも挑戦である。つまりそれらの不一致は、デュルケムの理論の適用領域を通じて考え抜くことができれば、到達できるはずの地点を示すのである。デュルケムは、単純社会と先進社会との相違点によく気づいていた。彼の全生涯をかけた研究は、このような変化を理解することに捧げられていた。そして彼は、これらの相違点を確実に意識しており、彼の処罰の解釈は、原始的な社会のみならず近代的な社会においても有効であると主張した。彼の主張は、近代処罰が持つ外見にもかかわらず、そしてそこに属する管理者の意図に反するとしても、彼が原始社会で発見した基本的な特徴は実務を支え、そしてそれに真の意味を与えるというものだった。デュルケムは、われわれやわれわれの社会について語りながらも、彼の同時代人であるジグムント・フロイト（S. Freud）が疑われたのと同様に、人びとが彼の命題に抵抗しそれを奇妙に思うだろうと気づいていた。

　以下では、デュルケムの著作の中で展開された処罰の理論を提示し、その後、この一般的な説明を構成する個別のテーマや要素をより詳細に検討する。本章の残りでデュルケムの理論を提示するにあたっては、その理論のままの文言にあくまで忠実であろうとし、その意味を再構成しようと努めながら、彼の著作の正確な言い換えを行う。だが次章では、今日その理論が持つ妥当性や重要性を検討するために、他の理論家ならびに処罰に関する現代の資料を利用しながら、より探索的にデュルケムが立てた問いや分析を検討する。

　処罰はデュルケムの著作の多くの箇所で論じられているが、彼の理論を大方示している主要な著作が三つある。『社会分業論』（1895）、「刑罰進化の二法則」（1902）、大学での講義をもとにした『道徳教育論』（1902-3）である。これらの著作は、それぞれわずかに異なる視点から問題に接近し、それぞれの仕方で理論を展開し洗練するが、根底を流れる処罰理論の本質は一貫して提示されており、それらを通じて不変である。それらに加えて、デュルケムが書いた他の著作の多く、特に『宗教生活の基本形態』や『分類の未開形態』も、彼の処罰についての説明に含まれる基本的な要素を明らかにし、両者に共通する要素について（たとえば、聖性の性質、儀礼的実務、集合的表象について）の議論を含んでいる。後者の著作が助けになるときには、デュルケムの初期の概念を敷衍し拡張するために、それらを使用することにしたい。

2.『社会分業論』における処罰理論

　『社会分業論』は、文字通りの意味でデュルケムの代表作である。これは、彼が生涯をかけた研究となる根本的な問題を提示し、分析のために必要不可欠な学問上の道具を提示した初期の著作である。その中で、デュルケムの中心となる関心は、社会的道徳や社会的連帯の変化しつつある性質であり、彼の処罰についての幅広い議論は、より大きな問題を照らし出すための手段として行われた。

　デュルケムは処罰を徹頭徹尾、道徳と社会的連帯に関わる社会制度として見る。道徳的連帯という強力な結束が存在することは、処罰が行われる条件であり、処罰はまさにその社会的結束の再確認と強化のために行われる。もちろんデュルケムは、これらの道徳的側面が刑罰実務という社会経験の中で最も重要なものというわけではないと気づいてはいた。大半の制度と同様に、処罰は一般的に日常的で道具的な課題、つまり犯罪の統制、法の執行、犯罪者の抑制などの視点から理解される。だがそのように理解してしまえば、社会的連帯のほとんどは語られず、暗黙裡に当然のものとみなされるようになると、デュルケムは考えた。確かに、個人を結びつける道徳的紐帯が相互依存の中に体現されるということは近代社会の特徴であり、表面的にはこの相互依存は、契約、交換、合理的な自己利益にのみ関わる問題であるように見える。このような点で処罰についてのデュルケムの分析は、彼が行った労働分業自体についての分析と同様に、これらの隠された道徳を目に見えるようにし、処罰が持つ道徳的な意義や道徳強化という社会機能を解明するための注意深く反直観的な試みである。上で見たように、道具的行為に含まれる道徳的内容を指摘するというデュルケムの関心は、この道徳を人びとに気づかせ、それによって道徳をよりよく維持し発展させるためのものだったが、このような課題は刑罰の領域でとりわけ急務だった。デュルケムが繰り返し述べるように、1900年前後の刑罰学者は、道徳的な非難の痕跡を刑法から完全に除外しようと考え、処遇や更生のための単なる技術という特性を刑法に与えようとしていたからである。

　それでは、どのようにすれば処罰を道徳的形態をとる社会行動として理解できるだろうか。処罰は一体どのような意味で、社会的連帯の原因であり結果であるのだろうか。デュルケムは処罰についての議論を、犯罪についての分析から始める。彼が指摘するところによれば、犯罪とはそれに対して社会が反応するというだ

けの「所与の」あるいは「自然な」認識枠組ではない。そのような認識枠組の内容物は、場所や時間に応じて変化するものであり、社会規範や慣習の産物でもある。さらに犯罪という行為は、いつでもどこでも社会に害をなし、公的な利害に反する行為というわけでもない。つまり犯罪とは、合理的な社会防衛という目的のためにのみ禁止されるものではない。かわりにデュルケムは、犯罪とは社会が持つ集合意識を深刻に侵害する行為のことだと主張する[5]。犯罪は本質的に、社会が神聖だと考える根本的な道徳規範の侵害であり、そのような理由から処罰を喚起する。それが集合意識という神聖な規範を侵害するため、犯罪行為は**懲罰的**な反応を引き起こすのである。それほど根本的でない性質を持つ社会規則が侵害されたときには、犯罪者は他の手段、たとえば復元的法律や抑止的法律という手段によって制裁を受けることもある。しかし事実上、犯罪とはすべての「健康な意識」を「傷つけ」るものであり、より弱い社会的反応ではなく、処罰を求める要求を引き起こすものなのである[6]。

　ここまでデュルケムは、犯罪にきわめて大きな道徳的意義を与え、懲罰的な反応を必要とするのは、神聖な事柄と基本的な価値観のつながりであると主張してきた。この段階で彼は、一つの重要な点で議論を修正し、次のように指摘する。大半の刑法違反が、重んじられる道徳的価値観の目に見える侵害であるとはいえ、憤激を引き起こすほどにすべての「健康な意識」を傷つけるわけではないが、それでも多かれ少なかれ犯罪的とみなされる犯罪行動が存在する、と。ここで問題になる犯罪は、国家に対する違反、つまり彼によれば「世論でつよく非難される以上にきびしく罰せられる」犯罪である[7]。このような犯罪が存在することは、デュルケムの理論に問題を提起するように思われる。なぜなら、このことはすべての犯罪が集合意識に対する違反というわけではないと示唆するからである。彼が指摘するように、そのような行為が犯罪であるとか処罰することができると定義することは、

---

[5] デュルケムは、「集合意識または共同意識」を、「同じ社会の成員たちの平均に共通な諸信念と諸感情の総体は、固有の生命をもつ一定の体系を形成する」ものと定義している。Durkheim, *The Division of Labor,* p. 79.〔邦訳 p. 80〕これについての議論としてS. Lukes, *Émile Durkheim: His Life and Work* (London, 1973), pp. 4-6を参照。S. Lukes and A. Scull (eds.), *Durkheim and the Law* (Oxford, 1983) introd.も参照。

[6] Durkheim, *The Division of Labor,* p. 73.〔邦訳 p. 75〕デュルケムはここで犯罪行為の存在が社会の特色であると単純にみなしている。彼の著書である『社会学的方法の基準』で社会規範を破る行為は、あらゆる社会でつねに見られる特色であると主張する。これが有名な「犯罪は通常のものである」という主張である。この考えは、ここで展開されたものと通底している。

[7] Durkheim, *The Division of Labor,* p. 82.〔邦訳 p. 83〕

集団的心情やデュルケムが仮定する法的処罰と集合的な道徳との絶対的な結びつきとは別個に作用する政治権力の行動であると考えることもできる。だが彼は、国家が実際上、集合的心情の守護者であると主張することによって、この困難を解決する。国家の「第一のまた主な機能は、信念、伝統、集合的実務を畏敬させること、すなわち、内外のあらゆる敵から共同意識を守ること」にある[8]。このような理由から国家は、神聖な価値観や信仰を守ることをその職責とする、ある種の世俗的な聖職者と考えられる。国家は、社会が持つ集合的な信念の「象徴……いきいきした表現」、つまり「集合的類型の化身そのもの」となり、そのことによって国家権力に対する違反は、集合意識それ自体への違反とみなされるようになる[9]。処罰と集合的心情とのつながりは、そのようにして依然無傷のままでありつづける。

しかし、集合的心情への違反は、つねに懲罰的な反応を引き起こすのだろうかと問わなければならない。犯罪を他の方法で扱うのではなく、**処罰される**よう導くものは何なのだろうか。デュルケムは神聖な事柄の性質、道徳的激怒の心理、社会慣習に力や権威を与える社会心理学的なメカニズムについての複雑で大変興味深い議論を行っている。だからわれわれは、彼が実際に述べていることを把握するのに慎重にならなくてはならない。彼の議論の出発点は、少なくともいくつかの刑法は単なる慣習や規制という地位だけでなく、広く行き渡った同意を命じる神聖な禁止という地位にあるという強い主張である。「刑法の本来的な性質を作り上げているものは、制裁を加えうるという非日常的な権威が諸準則にあるというところにある」[10]。デュルケムによれば、神聖な価値への違反は、つねに激怒という反応を引き起こす。犯罪行為は、社会のほとんどの成員に深く根付いた心情や感情を侵害し、健康な意識を傷つける。そしてこの違反は、直接巻き込まれていない人びとにも強力な心理的反応を呼び起こす。それは、激怒、怒り、憤激、復讐を求める情念的な欲求の感覚を喚起するのである。

したがって刑法は、少なくとも部分的には、犯罪者が行った神聖なものの脱聖化によって引き起こされた共有的な感情的反応に基づいている。だがデュルケムの理論にとって、この点は重要であるにもかかわらず、このような反応についての彼の説明は、実際のところいくぶんおざなりである。彼はこのような集合的価値に

---

8 Ibid. 84.〔邦訳 p. 85〕
9 Ibid.〔邦訳 p. 85〕
10 Ibid. 141.〔邦訳 p. 138〕

対する関与が、きわめて根強い宗教的関与のような性質を持っていることを強調する。それらは意識に「深く刻まれ」、「大事にされ」、「深く感じられる」。そしてそれらは精神上の組織形態の奥底にあり、それによってわれわれが何者であるかを示す根拠となる。表層的な水準でのみ関与し、その水準で矛盾を許容することができる抽象的な考えとは異なり、これらのより深い道徳的な気持ちには、どのような不同意をも許容しない力と重要性がある。「この葛藤が、われわれに親しい信念におこったばあいには、他人がみだりに手をふれることを許さないし、また許すこともできない。こうしたたいせつな信念にむけられた侵犯は、多かれ少なかれ激しい情緒的反作用をひきおこし、この反作用は加害者にふりむけられる」[11]。

　犯罪とは、社会が持つ神聖な道徳秩序に対する違反であり、その道徳秩序は、社会の個別成員が根強く持っている心情に対応する。したがって犯罪は、社会が有する道徳への侵害である**と同時に**、すべての「健康な」個人が感じる個人的な激怒でもある。その結果が、犯罪者を処罰するよう要求する社会の側の情念的・敵対的な反応である。このようなことから、デュルケムにとって「情念」とは、「処罰のいのち」であり、復讐こそが懲罰的行動を下から支える主要な動機なのである[12]。

　この立論を補強するために、デュルケムは多様な社会が持つ実際の刑罰実務へと目を向け、そのような復讐を望む情念がどのようにして表われるのかを示す。あまり文明化されていない社会は、復讐を望むこのような特性を十分明確に示していると彼は述べる。なぜならそれらの社会は、「罰するために罰し」、「罪人に課する責苦から自分たちのためになんの利益も期待していない」からである[13]。そのような社会では、処罰は何か他のことを考慮することによっては妨げられず、すべての情念が使い切られるまで続けられる。しばしば犯罪者の死それ自体を越えてさまよい、さもなければ、犯罪者の家族や隣人といった無実の人びとに処罰を科すところにまで及ぶ。その一方で、近代的な社会でこのような復讐を望む情念の作用を見て取るためには、懲罰的行動をもっとよく観察してみなくてはならない。なぜならそのような感情は公式には否定され、より思慮深くで功利主義的な関心に変わっているからである。近年われわれは「抑止を決定するものは、もはや怒りで

---

[11]　Ibid. 97-98.〔邦訳 p. 96〕
[12]　Ibid. 86.〔邦訳 p. 86〕
[13]　Ibid. 85-86.〔邦訳 p. 86〕

はなく、慎重な用心である」と言う[14]。だがデュルケムは、変化したのは現実ではなく、処罰についての理解だけだと断言する。「ある実務の性質は、それを採用する人びとの意識的な意図が変わったからといって、必ずしも変化するものではない。実際には、現存の実務はかつても同じ役割を果たしていたのであるが、人びとがそれに気づかなかっただけである」[15]。彼は近代処罰においても復讐の役割が継続している証拠として、処罰を犯罪に見合ったものにするという応報的な関心の存続、ならびに公的な弾劾についての強い関心を表明しつづける「法廷用語」があると指摘する[16]。近代刑罰システムは、功利主義的な目標を達成し、合理的かつ非感情的に振る舞おうとしてきたかもしれない。だがその奥底には、復讐的で人びとを動機づける情念が存在しており、それが処罰を導き、処罰に力を与えている。デュルケムによれば、「処罰の本質は依然として変化していない」。ここまでのことをまとめると、以下のようになる。

　　ここでいえることのすべては、復讐の要求が、かつてよりもこんにちのほうがはるかによく制御されているということである。めざめた予見の精神は、もはや情念の盲目的な活動に、かつてほど自由な領域を与えてはいない。この予見の精神は情念をある限度内にくいとめ、不条理な暴力、存在理由のない破壊にたちむかう。この情念は、啓発されるほど、めくら滅法にひろがるようなことはなくなる。ところかまわずにみずからを満たそうとして、罪のないものたちにほこ先をむけるようなことは、もはやみられない。にもかかわらず、この情念はいぜんとして処罰の魂である[17]。

このようにデュルケムは、近代的な社会と原始的な社会の両方について、説得力のある独自の処罰の解釈を示した。処罰が行為を統制するための合理的で計算された道具だと考えてしまうことは、その本質的な特徴を見逃すこと、その真の内容を表層的な形態と見間違うことである。処罰の本質は、合理性や道具的統制ではない。これらの目的も重要ではあるが、処罰の本質は、神聖なものとそれへの

---

[14] この文章についてはシンプソンの訳ではなくW. D. ホールによる訳によった。他の箇所ではシンプソンの版によった〔邦訳 p. 87〕。
[15] Durkheim, *The Division of Labor*, p. 87.〔邦訳 p. 87〕
[16] Ibid. 88.〔邦訳 p. 88〕
[17] Ibid. 90.〔邦訳 p. 90〕

第2章　処罰と社会的連帯

侵害の認識によって定められる非合理的で、非思考的な感情である。情念が処罰の核心にある。われわれがきわめて重んじる社会心情が破られたときにかき立てられるのが、感情的反応である。そして、制度上での日常業務がこれらの憤怒の及ぶ範囲を修正するとしても、また生産的な仕方でそれらを使用するように抑制するとしても、処罰の持つ力動的で人びとを動機づける力は、感情的で非熟考的であり、まさしく激怒の行為を生み出すことになる。処罰の力とエネルギー、そしてその一般的な方向性は、このようにして心情という根底、すなわち個人によって神聖な集合的価値が侵害されたときに通常感じられる精神的な反応という根底から生まれてくる。そこで、近代国家が刑罰という暴力と刑罰運用の統制をほぼ独占しているとしても、多くの人びとは処罰のプロセスに関わっていると感じる。そして、国家による処罰が行われるのは社会的支持や価値づけという文脈においてであるが、人びとはそのような文脈をも与えている[18]。処罰についての説明の中には、処罰に関与する当事者を二者、すなわち統制者と被統制者しか見ていないものもあるのに対して、以上のようにデュルケムは、きわめて重要な第三の要素があると強く主張している。その要素が傍観者であり、傍観者の激怒の心情が懲罰的な反応に動機を与える原動力なのである。

　処罰に関するデュルケムのここまでの説明は、神聖な社会的価値についての理論の中にこれらの精神的な要素を位置づけたとはいえ、その説明は何よりもまず動機に関わるものであり心理学的なものだった。彼の説明は、処罰を表出的なメカニズム、すなわち社会的価値の表出や精神的エネルギーの解放のための圏域として描き出した。厳密に言えば、処罰にはどのような「目的」も「意図された到達点」もない。それは、目的のための手段ではない。処罰は、端的に現実の性質にしたがって発生する。それは（ちょうど電気回路を切断したときに飛び散る火花のように）強力な心情への違反によってはじける集合的反応である。しかし、これらのことは、デュルケムの説明の半分でしかない。彼が本当に社会学的な説明へと移行し、これらの個別の情念がどのようにして集合的なかたちで、強力で有益な社会的影響を引き起こすかを記述するのは、ここからだからである。

---

[18] Ibid. 102.「この反作用の社会的特質は、そこなわれた諸感情の社会的特質から由来する。このような感情は、すべての意識のうちにみられるものであるから、犯罪がおこなわれると、それを目撃しそれを知っている者すべてが、同じような憤怒の念にかられる。すべての者が襲われたのであるから、すべての者がこの攻撃にたいして一歩もゆずらない」。〔邦訳 p. 100〕

犯罪によってかき立てられた情念は、(その近接的な源泉について言えば) 個人の自然な反応である。だが、集合的に、そして同時に表現されることによって、これらの反応は、相互に強化し合い、社会に重要な影響を及ぼす。実際、「犯罪は、誠実な諸意識を近づけさせ、集中させる」[19]。犯罪は、共有された道徳的情念の集合的表出のための機会となり、この集合的表象は、共有された情念を相互的な強化と再確認を通して強めるのに有用である[20]。実際、道徳秩序の社会的な実在性は、集合的で懲罰的な反応によって示され、それによってさらに強められる。デュルケムがここで行っている重要な指摘とは、社会の道徳秩序と社会的連帯は、社会における慣習の中で行われる制裁に全面的に依拠するということである。社会生活の規範を侵害する犯罪が発生したとき、これらの規範は弱まり、結束を導く力は普遍的ではないことが明らかになる。だが、そのような犯罪に対する集合的で情念的な反応が増加することの効果は、規範を支える真の力が存在することを強く証明することであり、それによって個別の成員が持つ意識を再確認することである。この機能的な影響によって、犯罪が誘発した徳性の回路は効果的に成立する。このような神聖な道徳秩序の存在は、個別の心情や情念的な反応を引き起こすが、それらはその神聖な道徳秩序の存在を証明し、その力を強化する。デュルケムにとって犯罪と処罰は、この道徳的な動的循環を整えるという点で、重要なのである。

　このように、デュルケムは、処罰の根底には、感情的で表出的で非功利主義的なものが存在すると強調することから始まり、その後、高次有用性のパラドックスとでも呼べるような考えを導入する。彼は、結局のところ、処罰はある目標・目的を達成すると論じ始める。しかし、その目標・目的とは、処罰を有益なものにするという社会の統制者の狭量な計算だけではない。これらの試みは、彼らの統制や改革という野心を達成するという点から見ると、ほとんど成功しない。そうではなく、その目標とは、自然に機能的な効果を果たす激怒を共同的に表出することである。共通の心情のこれらの噴出は、処罰という儀式に集中しその中で組織され、自動

---

[19] Ibid. 102.〔邦訳 p. 100〕
[20] 「ことに小さな町で、道徳的に破廉恥な行為がおこなわれたときに、どんなことがおこるかをみただけでいい。人びとは路傍にたたずみ、訪れあい、適当な場所で出あって事件を語り、ともに憤慨する。おたがいに交わされる似かよった印象のすべてから、たがいに示しあうすべての怒りから、ばあいに応じて多少の違いはあるが、唯ひとつの怒りがひきだされる。この怒りは、特定個人の怒りではない。すべてのひとの怒りである。これは公憤である」。Ibid. 102.〔邦訳 p. 100〕

第2章　処罰と社会的連帯

的に生まれる連帯、つまり社会的紐帯を強める助けとなる相互的な信念や関係性を自然に再確認する。

　処罰は、たといそれがまったく機械的な反作用から生じようと、情念的な、大半が無分別な運動から生じようと、ある有用な役割を果たさぬわけではない。ただこの役割は、通常人びとの目にはとまらない。犯罪は、罪人を矯正したり、犯罪をまねるおそれのある者をおどかしたりすることに役だつのではない。仮に役だつとしても、まったく付随的にそうであるのにすぎない。この矯正と威嚇という二点から見るかぎり、処罰の有効性はまったく疑わしいし、いずれにせよ、たいした効果はない。処罰の本当の機能は、共同意識にその全生命力を保たせて、社会的凝集を無疵のままに確保しておくことである[21]。

　このように処罰には、すべての道徳的な現象（人類それ自体という道徳の行為者も含めて）と同様に、二重の特徴がある[22]。処罰は、個人的で精神的な感情の問題であり、それと同時に、集合的な社会的道徳の問題でもある。これらの二つの側面は、社会的な連帯を創造し再創造する機能的な連鎖の中に共存している。これはデュルケムにとって、近代的であろうと原始的であろうと、すべての社会において処罰が持つ特徴である。

　バランスをとるために、処罰は、どのような意味でも社会的凝集性にとって有益な唯一のプロセスというわけではない、と強調しなければならない。宗教儀礼、家族生活、教育、経済交換のすべてが、処罰と類似した結果を生むからである。そしてデュルケム自身が指摘するように[23]、「処罰を通した連帯」が、ある社会では明らかにいっそう重要であることも注目に値する。刑法やそれが強化する共同意識が単純社会の凝集性を高めるのに中心的な役割を果たすということが、『社会分業論』のテーマである。それは実際のところ、機械的連帯のまさに基盤である。その一方で、近代的で有機的な社会では、労働の分業が連帯の支配的な源泉、つまり「社会的集合に統一性をもたしめる」ものとなり、刑法や共有価値ははるかに

21　Durkheim, *The Division of Labor*, p. 108.〔邦訳 pp. 105〕
22　人間性の二重性に関するデュルケムの考えについては 'The Dualism of Human Nature and its Social Conditions' in K. H. Wolff (ed.), *Essays on Sociology and Philosophy* (New York, 1964) を参照。
23　「この連帯が社会の一般的統合に果たす役割は、あきらかに共同意識が包括し規制する社会生活の大きさの大小によってきまる」。Durkheim, *The Division of Labor*, p. 109.〔邦訳 p. 106〕

少ないが、それでも本質的な役割を果たすようになる[24]。事実、近代社会の集合意識は、生活のすべての圏域で宗教的な服従を要求する広く行き渡った集中的な力ではなくなったが、それは依然として、「自由」や「個人主義」といった重要な価値の守護者として作用しながら、(はるかに表層的ではあるものの) 重要な圏域を占めている。デュルケムは次のように述べる。「右のことは、共同意識が全面的に消えさってしまうかもしれぬということを意味するのではない。ただ、共同意識は、しだいにきわめて一般的かつ不確定の思考と感情の様式から成るに至ること、それはいや増す無数の個人の分裂に自由な場を残すようになること、以上のことをあらわしているだけである」[25]。そしてこのような意味で、「機械的連帯が最高級の社会においてまで生きつづけて」おり、この連帯とならんで、法という事実や犯罪への懲罰的な反応という現実も存続している[26]。

『社会分業論』における処罰に関する最後の論点は、このような集合的で懲罰的な反応の**組織化された**性質に注意を促す。デュルケムは、激怒を感じているコミュニティの自発的な社会行動が、どのように、法廷や法に関わる装置という形態、すなわち公衆の気持ちの表出や処罰の遂行それ自体を執り行う装置という形態へと制度化されるようになるかを記述する。この政府機関がひとたび制度化されると、共同意識はそれに力と権威を与え続ける。政府機関が持つ力は、このように公衆の気持ちから生まれ、それに依拠する。しかし同時に、制度化という事実は、重要な帰結を生む。すなわち制度化は、道徳秩序を「合理化」することによって、実務的・持続的な仕方で道徳秩序をさらに強力にすると同時に、犯罪性に対する適切な道徳的反応を引き起こす日常業務の手順と公式な機会の存在を確実なものとし、一方で、道徳的情念の表出を和らげ、それらを適切な形で使用させる。しかし、これらの発展を計算、合理性、運用形態による感情の置き換えと解釈している理論家もいる中で、デュルケムは異なる視点からこれらの制度を眺め、処罰に関する彼の見方を維持している。彼にとって、刑罰制度は、道具的な合理性の形態として機能するというよりも、宗教信仰のための儀礼や儀式のように、一種の日常的な感情表出として機能するものなのである。

---

[24] Ibid. 173.〔邦訳 p. 168〕
[25] Ibid. 172.〔邦訳 p. 167〕
[26] Ibid. 186.〔邦訳 p. 182〕

3．刑罰進化の二法則

　『社会分業論』で示された処罰に関する議論は、「刑法」の源泉・機能・社会的意義について、幅広い説明を与えてくれる。だが『社会分業論』は、処罰の実際の**形態**、つまり装置、制度、「懲罰的反応」を具体化するための実体的な手段について教えてくれることもなければ、処罰の歴史を示してくれることもない。近代的な社会は処罰という行為について慎重で、以前のように「物質的な粗雑なやり方」で処罰することはないと指摘していることを除けば、歴史についての議論は少しも行っていない[27]。実際のところ、デュルケムが『社会分業論』のこの箇所でそのような歴史的問題について持っていたのは、否定的な関心だけだった。彼は刑罰の機能やその本質的で基底的な特徴に関して、歴史の重要性を熱心に否定し、その外観がどのようなものであろうとも、「処罰は、われわれの父祖の時代にそうであったように、われわれにとってもいぜん変わりはない」と熱心に主張した[28]。

　歴史的な変遷に触れず、刑罰の形態について何も述べない処罰の理論は、あまりに多くの問いを残してしまう。したがって、デュルケムがその数年後の1902年に初版が発行された「刑罰進化の二法則」でこれらの問題に戻ることになったのは、驚くことではない。明確に述べているわけではないが、その論文は本質的には、処罰に関する以前の理論をより包括的なものにするという試みであり、どのようにすれば刑罰史の事実が以前の理論の用語の中に導入でき、それと一致するように解釈できるかを示している。したがってその論文は、初期の著作の拡張と実証であり、理論が持つ説明力のある種の実証的証明である。絶対主義的政府が処罰に与える影響に関する一つの重要な変更を除けば、その含意や洞察はかなり拡張されているとはいえ、以前の基本的な理論枠組は元のまま残されている。

　デュルケムのその論文は、基本的に一つのパラドックスに言及している。その論文は処罰の明確な歴史性を対象とする（時間の経過とともに刑罰方策が相当に変化したことを示す豊富な証拠がある）が、またそれは他方で、社会プロセスとしての処罰が、非歴史的で不動の特徴を持つと断言する見解を維持してもいる。この問題の解決策は、社会の組織形態や集合意識は時間とともに変化するため、そのような変動は犯罪によって喚起される多種の心情や情念を相当に変化させるとい

---

[27]　Ibid. 89.〔邦訳 p. 89〕
[28]　Ibid.〔邦訳 p.89〕

うものである。異なる情念と社会における異なる組織形態は、異なる刑罰形態を生む。そのため、処罰が依然として集合的心情の表出、そして集合的心情を強化する手段だったとしても、処罰がとる**形態**はそれらにともなって全面的に変化することになるだろう。デュルケムの命題は、処罰の形態と機能を区別することによって、このように相当に洗練された。事実上ここで彼は、処罰の基底的なメカニズムと機能は一定であるが、その一方で、処罰の制度的形態は歴史的に変動するという見解を述べる。しかし、この立場に到達するために、デュルケムは異なる形態の集合的道徳が異なる形態の処罰をどのように生み出したのかを正確に証明しなくてはならなかった。この証明がこの論文の骨子をなしている。

　デュルケムによれば、刑罰史が示す主な変動には二種類ある。社会が進展し、それと同時に収監による自由の剥奪がより好ましい処罰の形態とされるにつれて、処罰の強度はより弱くなり、以前存在していた死刑や身体刑という方法にとってかわった。したがって、彼が記述する進化の一般的な傾向は、刑罰の厳しさが減り、監獄にますます依存するようになるという傾向であり、この二つの動きは並行的に、そして「単純な」社会類型から「先進的な」社会類型へという広範囲にわたる社会の進化とともに進行した。しかしこの一般的な傾向は、定型のものでも、妨げられないものでもなかった。それぞれの社会は異なるペースで発展し、異なる出発点から発展し始めるので、「諸社会の連続は単一の直線的な系列を形成しない」と彼は慎重に指摘する[29]。またもっと重要なこととして、彼は別個の要因、つまり政治権力の性質が独立して処罰に影響し、処罰形態を退行的な方向へと変動させるとも主張した。この「外的な」影響については後で論じるが、まずは、その一般的な傾向がどのようにして説明されているかを見ることが必要である。

　デュルケムは、歴史について彼の同時代人たちが持っていた従来の意見を承認する。その意見とは、「強力」で「厳しい」処罰は、一般的にいって単純社会の特徴であり、今日の社会の刑罰方策ははるかに寛容であるというものである。その裏づけとして、彼は多くの古代社会の刑法典が科した残酷な処罰や苦痛の例を示す（もっともこれは、実証的証明によってというよりも、単なる記述のような仕方で行われているのであるが）。その典型例は、「シリアのいくつかの民族では、犯

---

[29] É, Durkheim, 'Two Laws of Penal Evolution', *Année sociologique,* 4 (1901), 65-95. この論文は 'The Evolution of Punishment', in Lukes and Scull (eds.), *Durkheim and the Law,* ch. 4に再録されている。本文中の引用はLukes and Scull, p.103.〔邦訳 p. 294〕。

罪者を投石によって殺したり、矢で刺し殺したり、しばり首にしたり、磔にしたり、あばらと内臓を松明で焼いたり、四つ裂きにしたり、岩壁から突き落したり……動物に踏みつぶさせたりした等々」というものである[30]。この例だけでは、シリアの刑罰慣行を適切に理解するのに十分に正確ではない（すべての犯罪者がそのように扱われたのか、その他のもっと軽微な方策も使われたのか、どの制裁が一番普通だったのか、などと問いたくなるだろう）。しかし、19世紀後期のフランスで過剰・野蛮とされた処罰の使用法を示しているという点で、この例は従来の見方をある程度支持している。

　デュルケムによれば、単純社会に広く流布している集合意識は強力であるため、きわめて厳格な刑罰方策を有している。そのような社会に特徴的な社会的道徳は、それ自体苛酷で厳格であり、あまりに多くのことを要求する。そのような社会が持つすべての規則は、全面的に宗教的で、神によって権威づけられた超越的な法として示される。そのような社会では、個人は社会的規則が神聖な特質を持っているという認識を心の奥底まで吹き込まれ、規則への服従は熱狂的に監視される神聖な義務とされる。単純社会での社会的連帯が確かに集合的な信念の共有にもとづいている（単純社会には有機的連帯を生み出す広範囲にわたる労働分業が存在しないからである）という理由から、デュルケムは、そのような社会の存否それ自体がそれらの集合的信念を厳格に履行するかどうかに左右されると示唆している。このような状況において、共同意識のあらゆる侵害は、社会への重大な脅威となり、根底的な宗教信念に敵対することとなる。結果として侵害は、極度に暴力的な反応を呼び起こし、その暴力的な反応はそれに見合った暴力的な暴力形態をとることになる。したがって、初期の刑罰システムの激烈さとそれが犯罪者に与える激痛は、復讐をもたらす神と社会の崩壊への恐怖のせいで、反論を許容できない宗教的道徳の産物なのである。

　対照的に、より先進的な社会に見られる集合的心情は、それほど多くのことを要求せず、社会生活においてそれほど重要な位置を占めるわけではない。前に見たように、近代的な有機的社会は、多様な道徳や互いに協力しあう個人の相互依存を特徴とし、個人は一定程度分化され、それぞれ異なっている。これらの個人が共有する集合的な信念は、厳格な戒律によって生活の全圏域を規制する強固

---

[30] Ibid. 108.〔邦訳 p. 300〕

で宗教的な禁止を特徴とするわけではない。そのかわりに、彼らの共通信念は、何よりもまず、個人の価値と自由、人間の尊厳、理性、寛容、多様性という相互に関連する美徳を強調する。そのような価値は、集合的であり社会生活の基礎に置かれ、いまだにある種の超越論的な地位を占め、個人の意識の中できわめて重んじられている。しかし、これらの心情を取り巻く雰囲気や心情の質は、厳しい宗教的な制裁を科す初期の信仰とは大きく異なる。まさにこの新しい道徳的な信仰が持つ性質によって、倫理の問題は熟慮や合理的な考慮事項を含むようになり、それらの考慮事項は、もはや有無を言わずに従うしかない神の命じる意思ではなくなる。その結果、社会的道徳は、以前とは異なる心理的な傾向を持つように、つまり精神構造で異なる位置を占めるようになり、その教義が侵害されたときに引き起こされる反応はそれほど大きなものではなくなる。

　デュルケムは、このきわめて重要な相違点を、「宗教的な犯罪性」と「人間的な犯罪性」を区別することで示した。単純社会で集合意識に対する違反がなされれば、その違反は大方「宗教的な犯罪性」になるが、これは敬虔な傍観者たちのあいだに大きな恐怖を呼び起こす。この醜行に対して敬虔な傍観者たちが感じる反感、そしてその結果として感じる恐怖は、犯罪者に対して暴力的な手段を講じるよう傍観者を駆り立てる。したがって、宗教的な情念は残酷な処罰の源泉である。確かに、そのように残酷な処罰は、犯罪者の苦痛への関心をほとんど示さないように見える。それは、そのような醜行が神性に対する攻撃だという理由からである。つまり「神をなだめることが問題である時、個人の苦痛などはなにものでもないのである」[31]。これと対照的に、世俗的で近代的な社会に見られる犯罪性は、「人間的な犯罪性」、すなわち人格や彼らの所有物に対する違反である。そのような犯罪も強力な反応をかき立て、処罰を求める公衆の要求を引き起こす。だが前に見たように、このような反応に含まれる心情は、「宗教的な犯罪性」のそれとは質的に異なる。「人の人に対する違反は人の神に対する違反と同じ憤激を引き起こしはしない」からである[32]。さらに人道主義と個人主義の台頭にともない、新たな弁証法が処罰へと入りこんだ。デュルケムが指摘するように、違反が行われたとき、人に激怒をもたらす道徳的心情は、犯罪者が苦痛をもって処罰されるのを見て感じる同情へと変わった。その結果、「禁止的装置を発動させる原因自体が、今度はこ

31　Ibid. 124.〔邦訳 p. 316〕
32　Ibid. 125.〔邦訳 p. 318〕

れを止めようとする。処罰を科そうとするのも、手加減しようとするのも、我々の同じ精神状態なのである。だから、減刑への力をどうしても感じないわけにはいかなかった」のである[33]。これらの相互に関連する変動があわさった結果、近代的な社会における処罰の平均的な強度は、以前そうだったよりもはるかに弱まった。

このように、処罰の強度は、集合意識の性質の直接的な帰結とされ、近代的で世俗的な道徳は、刑罰方策の全般的な強度を必然的に減少させるとされる。デュルケムはこの進化が集合的心情の単なる弱まりではなく、その質的変動を示すことを強調する。「犯罪者の価値とは比較にならぬほどの大きな価値の存在に対する憤激が引き起こすのは、もはやあの強烈で急激な爆発、あの意表を突かれた怒りではなく、互いに同等な者のあいだでの違反が引き起こすもっと穏やかでより熟慮された感情に近いものである」[34]。近代的な社会が持つ集合的心情は、以前の道徳を水で薄めたようなものではない。それらは、まったく異なる精神性や以前の道徳とは別個の実務がもたらした帰結である。

デュルケムが進化の説明に導入した主な変更を理解できるのも、集合的心情の質や、刑罰方策に対して集合的心情が果たす影響という観点からである。彼は社会類型と処罰の強度との関連は、別の独立した要因によって複雑になると指摘する。その要因とはつまり、絶対主義的な統治体制の出現である。絶対主義的政府の特徴は、権力の限界を定める抑制の不在、社会の他の部分への優越を前提できる能力、そして個々人を市民ではなく国家の所有物として取り扱う傾向などであるが、このような政府形態は、どのような社会類型にでも出現する可能性がある。そのため、社会をより有機的にし、処罰が寛容になるよう導く一般的な変動傾向とは独立している。この議論に絶対主義が関連するのは、絶対主義的な政府が用いる処罰がきわめて厳格であり、そのことで悪名を馳せていたからである。デュルケムが述べているように、「絶対君主制の最盛期は抑圧の最盛期でもある」[35]。

このように、単純社会の集合的心情が処罰に対して及ぼしたのと同様の影響を、絶対主義は処罰に対して及ぼす。そのため、絶対主義と単純社会の集合的心情が別個に存在しているように見えても、デュルケムはこの問題を同じ結果の異なる原因と考えざるをえなかった。結果的に、彼が与えた解決案は無邪気なまでに

33　Ibid. p. 126.〔邦訳 p. 318〕
34　Ibid. p. 130.〔邦訳 p. 323〕
35　Ibid. p. 112.〔邦訳 p. 304〕

単純だった。彼は、絶対的支配者が持つ権力とカリスマが、この一見超人間的な権力を取りまくある種の宗教的オーラを生んだと主張する。宗教的語句の再興は、法の神聖な性質の徴候であり、それらへの違反が持つ瀆聖的な性質は、犯罪を処罰するときに用いられる暴力を増大させるのである。

　　政府がこの統治形態にあるところではどこでも、権力を行使する者は人びとには神のように見える。権力者が特別の神とされない場合でも、少なくとも彼に授けられた権威は神的権威の発現と見なされる。以来、この宗教性は必ず処罰に通常の定まった影響を及ぼす[36]。

このように処罰は、ほとんどつねに集合的心情の性質という観点から理解される。とはいえ集合的な信念は、政府の形態や社会の組織形態と道徳の構造によって形作られるのかもしれない。先進社会における絶対主義的な政府は、この二重の条件を示す明確な例であるが、デュルケムはまた、古代ヘブライについての議論の中で、それと対応する例を描き出す。ここで彼は、ヘブライの刑法典は、そのような発展していないとされる社会類型よりも寛容なものであると述べ、その社会には非絶対主義的な政治組織があったと指摘することで、それを説明する。そして「人びとの精神は非常に民主的なままであり続けた」という事実を述べる[37]。デュルケムは、はるかに発展した理論をもとに、民主制と処罰の寛容さを、そして暴君性と苛烈さを関連づけることで、これらのつながりがどのように形成されるかについて論じてはいる。とはいえ、彼は事実上、モンテスキューの処罰の政治学についての学説を再び述べているだけである。

刑罰方策の形態変動についてのここまでのデュルケムの議論は、当該の処罰の「強度」あるいは「質」のみに関わるものだった。ありとあらゆる技法、配置、象徴的な意味を含む大規模でまったく多様な古代の処罰は、「苛酷な」処罰の単なる例としてしか扱われない一方で、近代処罰の多様な形態、特に収監は「寛容さ」の例へと還元される。これは驚くべきことではない。デュルケムの理論は、復讐を求める感情を処罰の直接的な源泉とみなすため、それらが示すように見える暴力的な情念の量という観点から刑罰形態を見ざるをえなかった。だが刑罰方策がとる

---

[36] Ibid. p. 129.〔邦訳 p. 322〕
[37] Ibid. p. 109.〔邦訳 p. 301〕

形態に含まれる別の次元、つまり情念の量以外の次元につねに目を向けなければならない。刑罰制裁には、つねに特定の組織形態と特定の制度形態がある。それらは特定の技法や特徴的な手続き、そして自らを特定の仕方で呈示するための特定の象徴形態を用いて、特定の仕方で苦痛を科す。具体的な制裁は、どの程度の強度を持つかというだけの問題では決してない。

デュルケムの二つ目の「刑罰進化の法則」は、処罰の「量」の問題ではなく「質」の問題に触れることから始まる。その法則は、「罪の重さにおうじてある一定の期間、自由を、そしてただ自由だけを剥奪する刑は、次第に社会統制の通常的形態となっていく」というものである[38]。しかし、彼は多くの箇所で、監獄を一定の属性を持つ特定の刑罰方策としてよりも、近代処罰の寛容さの例として扱う傾向にある。彼は、社会が発展するにつれてますます寛容になるという諸傾向の影響によって、社会は処刑、四肢切断、拷問などといった実務をやめ、そしてそれほど残酷でない方策に置き換えざるをえなくなったと指摘し、二つ目の法則を説明し始める。以前の残酷さにとってかわりつつあった新たな制度、つまり監獄もまた、デュルケムによれば、処罰の強度を減少させるプロセスの産物である。未分化社会の崩壊や個人主義の発展は、集合的責任の倫理を終わらせ、社会内での移動を増加させ、また裁判を待つ犯罪者のための留置の場の使用を要請した。同時に、別の社会プロセス、つまり政府機関の分化が、軍事的・行政的能力の発展という形態をとって出現した。結果的にこの発展は、機能的な建物の建造(荘園の城、王宮、砦、市壁、門)や、収容に必要な建築・運営上の条件を整えた。このようにして留置の場を求める社会的要請は、そのような制度の物質的条件と同時に（そして同様の原因によって）現われた。ひとたび制度化されると、監獄は純粋に予防的・保護的な特徴を失い、それがまさに処罰のために存在するという特徴をますます目立たせるようになる。デュルケムは、監獄が少しずつ「消えていく他の処罰すべての自然で必然的な代役」となったと述べている[39]。

このような説明は、多くの点で、主要な近代的制度の興隆と社会的基礎についての限定的で失望させるような説明である。監獄の組織形態と近代的な道徳の形態とのつながりについてのデュルケムの議論はもっと鋭いものになると期待されてしかるべきだが、実際述べられる議論は、表層的であり、むしろ自明すぎるもの

---

[38] Ibid. p. 114.〔邦訳 p. 306〕
[39] Ibid. p. 120.〔邦訳 p. 312〕

である。「自由」を処罰の対象とすること、監獄の居室にいる個々人のみに焦点を絞ること、監獄統治体制が行った道徳的改革の努力、あるいは確実にリベラルで民主主義的な社会が監獄統治体制という専制的な暴君性を生み出すように導いたというトクヴィルの皮肉。これらすべての問題は、明白で喫緊の問いを提示するようにみえる。その問いは、少なくとも原理的には、デュルケムの理論枠組の中で完全に説明することができるが、デュルケムの著作の中では、触れられてすらいない。

デュルケムは、歴史についてのこの論文を、過去についての文章ではなく現在についての文章で終えている。刑罰形態が社会的道徳の進化にともなって変動するという議論を再び示しながら、この変動のプロセスは、「あらゆる文明民族において、刑法が直面している危機的状態を説明する」と示唆する[40]。さらに、少し迂遠にではあるが、収監（これは論文を通じて近代処罰の典型として示される）が、現代生活の枠組に追いついていない時代遅れの骨董品になりつつあると示唆してもいる。「我々は過去の刑罰制度が消滅してしまったか、あるいは習慣の力によってのみ生きながらえている時点に到達したのであるが、道徳意識の新しい渇望によりよく答えるような別の刑罰制度はまだ生まれていない」[41]。デュルケムが、この文で何を本当に意味しているかは、それ以降の論文からも明らかでない。彼は現代の処罰の形態（おそらく自由の剥奪のことを言っているのだろうが）が新たな道徳的意識とどのような意味で一致していないのか述べておらず、また、これらの集合的心情をよりよく表出する新たな刑罰方策を指摘してもいない。これらの重要な問いを提起することで、デュルケムが、刑罰の形態と社会心情とのつながりを維持するもの、あるいは維持するであろうものを綿密に特定するのに彼自身失敗していたことを際立たせてしまっているのは確かである。

実際、デュルケムは、異なる文脈と異なる外観においてではあるが、その後すぐに、この問いに戻ってくる。道徳教育に関する1902年から1903年のソルボンヌでの一連の講義で、彼は個人を社会化するにあたって学校が果たす役割について論じ、そのような課題にふさわしいと思われる適切な処罰の形態を考えた。その議論の中で、デュルケムは処罰の理論をさらに洗練させ、刑罰方策がとるべき形態について、より正確に詳述した。ここでわれわれが最後に向かうのは、この議論

---

[40] Ibid. p. 131.〔邦訳 p. 324〕
[41] Ibid. p. 131.〔邦訳 p. 324〕

である。

4. 道徳教育としての処罰

　デュルケムが処罰に関して行った最も詳細で具体的な議論は、逆説的なことに、社会学者たちや刑罰学者たちに最も知られていないものでもある。デュルケムや処罰に関する文献の中で、処罰に関する最終的な理論的宣言とも考えられるこの『道徳教育論』は、ほとんど引用されていない。この宣言は、彼が書いた『道徳教育論』の約三章を占め、懲罰的方策が持つ道徳的重要性と効果についての最も完全に発展した綿密な説明を示している。この議論のための状況設定は、以前の著作と比べてはるかに具体的である。ここでデュルケムは、教室での教育の原理と模範を描写しようとしているが、実際これは、彼の理論研究に含まれるある示唆を示すのに最適な状況設定となっている。彼が理解していたように、近代教育の課題は、世俗的で合理的な道徳を発展させ、この新しい集合意識へと子どもを社会化してゆく最適な手段を見つけることだった。したがって、このような状況設定における処罰の役割は、社会一般におけるその役割とまったく同様のもの（その役割とは社会的道徳の表出と強化である）であり、教室における処罰についての彼の議論は、以前の著作で展開した理論を拡張するために行われた。

　デュルケムの議論の重要な側面は、近代的な世俗的道徳が、一見合理的な議論を許容し、宗教の特徴である神秘主義や盲目の信仰に依拠していないとはいえ、ある意味「神聖」で「超越的」と感じられているということだった。近代社会において、「あたかも宗教界が、瀆神者に対して防塞を築いているのとまったく同様に、道徳界も、犯罪者を寄せつけぬ神秘的なバリケードをめぐらしているのである。その内は、神聖な領域である」[42]。デュルケムの見方によれば、「超越性」の感覚とは、個人が感じる社会と慣習の権威のことであるが、これは、「人によってつくられた」ものであるというより、神聖なものと知覚されるほどに強力なものである。そのような信念や信条が個人を超越したものと感じられるというまさにその理由から、規則に対するあらゆる違反や侵害は、「瀆神者に対する信者の」暴力的な反発の念を「惹起する」[43]。デュルケムが以前示したように、社会の神聖な領域に対する違反

---

[42] Durkheim, *Moral Education*, p. 10.〔邦訳 p. 56〕
[43] Ibid. 9.〔邦訳 p. 55〕

は、情念的で懲罰的な反応をかき立てる。だが彼がこの文脈においていっそう明確に指摘するように、処罰は、自ら道徳的権威を**作り出す**ことはできず、権威がすでに存在しており、それが破られたということを暗示する[44]。そのような権威と神聖なものの感覚の形成は、実のところ、道徳的訓練と、家族・学校・社会の中の他の場所で行われる感化のための作業である。処罰は、他の手段を通してすでによく制定されたものを守り、再生成することしかできない。処罰は道徳教育にとっては付随的なものであり、その中心的な部分ではない。

　だが処罰は、社会的道徳の中心ではないにしても、あらゆる道徳秩序にとって、本質的で必要不可欠な要素である。デュルケムが力を尽くして指摘するように、処罰は、道徳的権威の崩壊を予防するという決定的に重要な役割を果たしているからである。処罰はひとたび制度化されると、権威への信頼を奪う一つひとつの違反が道徳秩序を破壊することから、道徳秩序を守る。このように、処罰は、逸脱や不服従が持つ「道徳弱化」の効果を抑制するための方策である。この点に関して彼は「処罰が規律を権威あるものとするわけでは決してない。規律は権威を失うのを防ぐものである。その権威は、違反行為が罰せられぬままに放置されれば、いずれ侵食されてしまうだろう」と述べている[45]。処罰の役割は、道徳的命令が現実に存在し、道徳的力が実際に存在すると証明することにある。慣習的な規則は、違反が確実に罰せられ、道徳秩序が直接的な攻撃に耐える力を持っていると示されるときにのみ、慣習的な規則が神聖な事柄であることに由来する特権と権威を受け入れさせることができる。したがって社会関係は、このような点で信用関係に似ている。それは信頼に依拠し、権力を持つ機関によって担保され保証されることに基づく。信頼の破棄あるいは信頼の保証者の能力への疑いは、信用システムを速やかに崩壊させる。したがって、違反はすべて罰せられなければならない。それらが罰せられなくてはならない理由は、違反が個別の損害をもたらすからではなく、道徳秩序それ自体に悪影響をもたらすからである。そのような意味で、処罰を求めるある種の「システムによる要請」が存在する。これは、教室において最も顕著である。というのも、教室は、道徳秩序が脆弱で、教師の働きに依拠す

---

[44] ケネディが指摘するように、すでに制度化されている規則や権威の形態がなければ、「処罰」は存在せず、それは単なる復讐的な損害となる。M. Kennedy, 'Beyond Incrimination: Some Neglected Aspects of the Theory of Punishment', in W. J. Chambliss and M. Mankoff (eds.), *Whose Law? What Order?* (New York, 1976) を参照。
[45] Durkheim, *Moral Education*, p. 167.〔邦訳 p. 282-283〕

る場所だからである。観察したり証拠を示したりすることは難しいかもしれないが、社会一般にも同様の要請が存在する。デュルケムは、次のように述べる。

　　道徳違反は、道徳を弱める……。たとえ侵されても、外見はさておき法はあくまでも法であって、法としての効力や権威を失うことは決してないことを、法みずからが証拠立てねばならない。換言すれば、法は、これを侵すものにたいして自己を主張し、己れが受けた攻撃力に対抗しうるだけの力を明示して、相手に立ち向かわねばならないのである。そしてまさに処罰こそは、このような意味深い示威以外の何物でもないと言わねばならない[46]。

　デュルケムは、道徳秩序をこのように再確認することが、教室でも法廷でも処罰の第一義的な機能であると強く主張する。しかし、システムという水準でのこのような機能上の効果は、ある意味で自動的であり、処罰の管理者（それが教師であろうと刑事法廷の裁判官であろうと）がそれをつねによく理解しているわけではないということに、彼は気づいていた。したがって、デュルケムは、道徳的な力のこの「意義深い実演」は、処罰を科す第一義的な機能であると同時に、処罰を科す第一義的な**目標**であると主張しようとする。それはつまり、処罰を科す人びとが、処罰が実際どのような道徳的機能を果たすのかを理解し、それを処罰を科すという試みの中心にすえることを、デュルケムが望んでいたということである。そうであるがゆえに、彼は、（前著での論点だった）処罰の社会的機能についての抽象概念から、特定の場合にどのように罰しなければならないかについての具体的な細部へと移行していく議論を提示したのである。

　デュルケムは、処罰が個別の行為を強制的に統制できる抑止のための道具であるとする従来の考えを拒否するところから、この議論を始める。彼は「処罰に付与される予防的効力が事実をはるかに誇張していること」を示す証拠があり、それがなぜかを理解することは簡単だと述べる[47]。不愉快な帰結〔つまり処罰〕という脅威は、それ自体では道徳的な要素を持たない。それらは犯罪者の欲望を邪魔する現実問題としての障害になるだけである。したがって、その不愉快な帰結は、「犯罪者という経歴につきまとう職業的危険」にすぎない[48]。もちろん犯罪のせいでも

---

[46] Ibid. p. 166.〔邦訳 p. 281〕
[47] Ibid. p. 162.〔邦訳 p. 274〕

たらされる処罰という結果はわずらわしいものともなるが、誘惑に抵抗し自らの義務を果たすのもきわめて困難なことである。そのため、利益を非道徳的な形で計算することだけが問題となっているならば、その誘惑はしばしば不愉快な結果が起こるのではという予測に打ち勝つことになるだろう。この種の功利主義的な規制は、よく限定的な統制形態として役に立つだけであり、「警察のやり方は……外的物的な適法性の確保でしかない」[49]。そのような脅威は「外部から人間の外面に」働きかけるものであるがゆえに、「道徳生活の核心に触れることはまずない」[50]。さらに、この種の非道徳的な処罰は、実際のところ反生産的である。つまりそのような処罰は、「不健康な感情を惹起」する危険があり、関わる人の道徳的性質を改善する役には立たない[51]。

　デュルケムは、これらの考察をもとに、処罰を功利主義的な道具だと考えるのをやめ、かわりに道徳的行為の表出というその真の役割について考えるべきだと論じる[52]。処罰にふさわしい課題とは、すべての違反を譴責することによって道徳的感受性を鼓舞することである。処罰は、本質的には道徳メッセージを伝える手段であり、その背後にある気持ちの強さを示す道具である。その要点とは、「苦痛を与えることにより犯罪者に罪を償わせたり、他人がこれを真似るのを、威嚇によって制したりすることではない。思うに、規範の侵犯が良心のうちにも必然的に脅かさずにはおかぬところの、規則にたいする信念を補強すること」である[53]。これが処罰の本当の目的であることが理解されれば、具体的な制裁についての理解も大きく変わる。つまり、たとえば「苦痛はあくまでも処罰の及ぼす余波にすぎず、ゆえに処罰にとって本質的なものとはいいがたい」ということが明確になるのである[54]。犯罪者は様々な苦痛や困難を与えられるが、それは、その苦痛自体がなす何かのためではなく、処罰によって伝えられる道徳メッセージの力を表わすために行われる。したがって、デュルケムにとって、身体的な損害、監獄の独房、金銭的処罰、

---

[48] Ibid. p. 162.〔邦訳 p. 275〕
[49] Ibid. p. 161.〔邦訳 p. 274〕抑止とその限定的な効力に関する近年の議論にはG. Hawkins and F. Zimring, *Deterrence: The Legal Threat in Crime Control* (Chicago, 1973); D. Beyleveld, A Bibliography on General Research (Westmead, 1980) を参照。
[50] Ibid. p. 161.〔邦訳 p. 274〕
[51] Durkheim, *Moral Education*, p. 163.〔邦訳 p. 276〕
[52] 刑罰の表出的機能に関する議論にはJ. Feinberg, *Doing and Deserving* (Princeton, 1970), ch. 5 を参照。
[53] Durkheim, *Moral Education*, p. 167.〔邦訳 p. 282〕
[54] Durkheim, *Moral Education*, p. 167.〔邦訳 p. 283〕

スティグマの付与は、不支持、叱責、道徳秩序の力を表出するための具体的な多数の記号である。ある重要な意味において、「処罰はあくまでも意志表示のための具体的な手掛りにすぎない。それは、社会の公的意識なり、あるいは学校教師の意識なりが、悪しき行為から受けた不快の感情を表明するための記号であり、言葉なのである」[55]。

処罰のこの実務的な言語、つまり制裁を具体化する特定の装置が、叱責メッセージを伝えなくてはならないのだとすれば、処罰は、苦痛に満ちた不快な形態をとらざるをえない。だがデュルケムは、これらの懲罰装置が処罰の単なる付随物にすぎないと強調する。その装置は、道徳的非難を表出するための手段であり、何にもましてその目的の役に立つようつくられていなければならない。したがって、適切な道徳的非難をこのように表出できない刑罰形態や、抑止のために効果的、あるいは苦痛を最大化するのに効果的であることを目指して計画された形態の刑罰は、不適切なのである。それらの形態の刑罰は、処罰の真の目的を捻じ曲げてしまうため、使用されるべきではない。簡単に言えば、デュルケムの要点は、方策がメッセージを切り詰めてはならない、ということである。刑罰制裁が不快であるのはやむをえない。しかし、苦痛のこのような側面は最小限に減じられるべきである。

ここでデュルケムは、新たな考慮事項を彼の処罰理論に導入することになる。以前彼は、懲罰的反応の力は、違反によってかき立てられた情念によって決定されるとしていた。しかし、処罰についての考えを**伝達**という新しい比喩に言い換えることで、デュルケムは作用する別の要素について考えるようになる。それが、観客の受容性である[56]。もし強制的な道徳的叱責が伝達されるものであるならば、その観客はその意味を理解し、その力を感じなければならない。刑罰の言語は、参加者たちに適合するものでなければならず、彼らに理解できるものでなければならない。したがって、処罰の実務的な言語、あるいは道徳的叱責を現実のものとする具体的な制裁は、当該の社会の**感受性**の程度によるはずである。ある社会では「個々人の感受性が乏しく」、「非難は……暴力に訴えるという手荒いかたちで表現されねばならなかったかもしれない」とデュルケムは指摘する[57]。しかし、

---

[55] Durkheim, *Moral Education*, p. 176.〔邦訳 pp. 295-296〕
[56] 道徳的伝達としての処罰に関してはA. Duff, *Trials and Punishment* (Cambridge, 1986) を参照。ダフの議論は、デュルケムの社会学のかわりにカントの哲学にその基礎をおいている。J. R. Lucas, *On Justice* (Oxford, 1980), pp. 131-4 も参照。
[57] Durkheim, *Moral Education*, p. 182.〔邦訳 pp. 304-305〕

洗練された感受性を有する先進社会では、「観念や感情はこの粗暴な方法で表出される必要はない」[58]。この点に関してデュルケムは、高度に文明化された社会での身体刑は、道徳感覚を持つには幼すぎる乳幼児の訓練を除けば、常識はずれなものであると主張する。個人に「ものをわからせる」手段としての身体刑は不必要である。なぜなら、われわれの近代的な感受性は「わずかな刺激にも感応するデリケートな神経系」をわれわれ近代人に与えたからである[59]。さらに身体刑は、明確な道徳メッセージを伝えることができない。なぜならその方策をとるというまさにそのことが、中心的な道徳的価値、つまり人格への尊敬を侵害するからである。したがって、この種の制裁は「一方で強化しようとしている感情を、他方で弱めることにほかならない」のである[60]。

『道徳教育論』で見られる処罰についてのこの説明は、重要であり意義深い。その説明は処罰の機能についてのデュルケムの説明を洗練し、彼の理論が刑罰制裁の実務的使用や計画とどのように関連するかを示している。また、感受性の歴史と集合意識の歴史をつなげようという試みはなされていないとはいえ、処罰の形態を規定するのに重要であるとされた感受性の変動への関心も導入している。そしてこの説明は、処罰のための実際の装置や道具立てについて、なぜデュルケムが触れることがこれほど少なかったのかを明らかにしているという点で意義深い。この説明は、彼がなぜ処罰の外的な形態（これは公衆に向けられた記号であり、道徳を強化する記号である）についてのみ議論し、内的な形態（これは被収容者や犯罪者のみと関係し、道徳に関わるものというよりも大部分は統制に向けられたものである）について議論しなかったのかを示している。デュルケムの関心は、処罰をそのすべての側面において理解することではなく、道徳的な要素や道徳を強化するという処罰の社会的効果を指摘することにあった。彼にとって、威嚇、禁止、経済的処罰などの刑罰という強制装置は、道徳的情念や道徳メッセージを伝えるかぎりにおいて、興味深いものだった。監獄は今でも比較的寛容な装置として、ある特定の道徳的心情を伝えているが、それが示唆する心情は、どちらかと言えば人道主義的で近代的なものになった。その一方で、石打ち、四肢切断、拷問は、

---

[58] Ibid. p. 182.〔邦訳 p. 305〕感受性の変化という論点は、デュルケムの著作ではこれ以上追求されていない。しかし、その論点は、ノルベルト・エリアスの著作と処罰の研究に与えるその含意を扱うときにある程度詳細に議論されるだろう。
[59] Ibid. p. 182.〔邦訳 p. 305〕
[60] Ibid. p. 183.〔邦訳 p. 305〕

監獄が示唆する心情とは異なる性質の感情を表出し、その背後により原始的・宗教的な心性を表出している。これらの刑罰方策が規律統治を維持するための具体的な装置、あるいは行動統制の直接的な形態になれば、もはやそれらの刑罰方策は道徳的な現象ではなくなり、デュルケムの分析の水準から抜け落ちることになる。デュルケムが理想とする処罰とは、純粋な表出、つまり、それ以外の目的を追求することなく非難を表出する道徳的宣言だった。彼が述べるように、「非難を最大の表現力をもって、もっとも効果的に示すもの——これこそが最良の処罰」なのである[61]。

それよりもさらに重要なことに、処罰に関する彼の分析のすべてが、この理想の姿に沿って組織立てられていることを、ここでわれわれは理解できる。彼の理論は、処罰が道徳的な現象であるときにのみ、処罰に注意を払う。その理論は、処罰が持つ道徳的な要素やその道徳的な結果の説明を目指し、処罰がどのようにして道徳生活の回路の中で機能するかを問う。処罰が**それ以外**の意味、源泉、影響を持つにしても、デュルケムの著作はそれらについてほとんど、あるいはまったく何も述べていない。そのような意味で、デュルケムは、処罰の記号論（処罰の伝達的な傾向、処罰の象徴的反響、他の事柄について語る処罰の比喩的な能力など）や処罰が依拠する文化的基盤に関して、新しい重要な問いを提起したものの、彼自身が行ったこれらの現象についての読解は、皮肉なことに、これらの問いが提起された理論枠組によって、大きく制限されていたのである。

このような結論は、驚くべきことではないだろう。本章の冒頭で指摘したように、デュルケムは社会の道徳生活とその作用の様式を知るための手段として、処罰を探求した。彼は処罰の包括的な理論を提示したと主張することはなかったし、それはそもそも彼の関心事でなかった。にもかかわらず、デュルケムが処罰について**述べたこと**は重要であり、しばしば説得的である。われわれは、彼の解釈（それが部分的であるとしても）がどの程度、今日の刑罰について理解する助けとなるかを考える必要がある。

(訳注1)「原始社会」に見られる認識枠組であるカテゴリーのこと。社会学者に転身する以前はカント派の哲学者だったデュルケムは、認識枠組であるカテゴリーに関心を持っていた。カントの認識論では、人間の認識はア・プリオリなカテゴリーによって行われるとされるが、その理論に満足しなかったデュルケムはオーストラリアの未開社会を題材にし、この「原初的分類」がどのように形成されるのかを分析した。

---

61 Durkheim, *Moral Education,* at p. xviでの編集者による序言から引用。これは原著*L' éducation moral* (Paris, 1925), p. 232.〔邦訳 p. 303〕からの翻訳である。

第3章
処罰と権威の構築
デュルケム的主題の再検討

　ここまでで、デュルケムの理論が、処罰の社会的意味に関して特徴的で、時には反直観的な見解を示していることが明らかになっただろう。デュルケムは、刑罰を、額面通りに犯罪統制のための道具と考えるのではなく、処罰に含まれる隠された道徳的要素を探った。そして、この道徳的次元を見つけ詳述し、それが社会の刑罰実務の奥底に存在することを示した。デュルケムにとって処罰とは、何よりもまず道徳的プロセスである。それは道徳的心情によって駆り立てられ、その形態は道徳的な判断を象徴化して表出する。そしてその効果は、何よりもまず道徳秩序を再確認することである。実際、処罰はある種の道徳的回路を立ち上げ、自己保全的で社会的に結合された再確認の回路へと集合的心情のエネルギーを導く。それは、いくつもある社会的連帯の複雑な回路の一つなのである。

　この「道徳的プロセスとしての処罰」という理論は、それぞれ異なる多数の要素によって構成されている。デュルケムの見方では、これらの要素は相互依存的でお互いに維持し合うものだったが、私はこれらをひとつずつ議論していくことにする。その要素とは、神聖なものという考え（これは集合的心情へと応用される）、神聖な心情を維持するにあたっての処罰の必要不可欠な役割、処罰を引き起こしそれに社会的支持を与える情念、これらの情念を表出し刑罰方策を制定する儀礼、処罰におけるコミュニティの集合的関与、最後に処罰が生み出すとされる社会効果、である。これらの要素をまとめると、社会組織における処罰の機能的役割についての特殊な理論ができる。以下では、この理論的主張に決定的に重要な関心を払っていく。

　デュルケムの理論のこれらそれぞれの要素は、理解と適用にあたって困難な問題を抱えている。多くの場合、デュルケム自身の公式は、許容できないものであるか修正を必要とするものであり、彼の概念が現代の解釈にとって重要であるかは、一見不明瞭である。とはいえ、処罰についての彼の見解は、多くの問題点を抱え

ているものの、刑罰という複合体の重要な側面を開拓し、もし開拓がなされないままであれば見えなかったであろう力動や次元を明らかにしている。これらの洞察を維持し、この課題を様々な方向へと展開させながら、現代にまで適用できるよう拡張する必要があろう。したがって、以下では、彼の理論の無意味さを主張するというよりも、肯定的で建設的なものである。以下の議論は、デュルケムの議論を必要なときには修正し再構築しようとするが、それは、彼の概念が現代に対して持つ重要性を検討するためであり、刑罰についてのより包括的な説明を生み出すために、彼の公式のどの部分がさらなる考察を必要としているかを示すためである。

1．歴史の重要性

　デュルケムの理論の中心的な要素の議論に進む前に、議論を方向づけるのに有益な予備的観察を行っておくことが有用であろう。彼の処罰理論に対しては、刑罰進化の歴史に関する説明に多数の重大な誤りがあるという批判が最も多く、そのような批判は頻繁に行われている。一連の研究は、デュルケムが「抑止的」法律の重要性を初期の社会でははるかに過大評価し、先進社会ではその役割を過小評価していると指摘している[1]。これに関連するのは、原始社会に見られる規範枠組についての誤解である。それらの枠組の多くは、彼が考えたように苛烈な宗教的服従に基づくものではなく、柔軟な互恵性や協力に基づいていた[2]。歴史的記録について彼がとった時代区分も多く批判されている。なぜなら、彼は、「原始的」と「先進的」のあいだの中間段階という概念を欠いており、その結果、ほとんどの点でまったく異なる社会を一緒に分類してしまっているからである。最も示唆的なことに、社会関係と刑罰方策に関するかなり異なる枠組が同時に働くことがあり、同様の社会編成の中で互いに競合することがあると示されている。したがって、たとえば、ヨーロッパの歴史の近世には、「共同体法」の伝統（そしてその法が持って

---

[1] S. Spitzer, 'Punishment and Social Organization: A Study of Durkheim's Theory of Evolution', *Law and Society Review,* 9 (1975), 613-37; R. D. Schwartz and J. C. Miller, 'Legal Evolution and Social Complexity', *American Journal of Sociology,* 70 (1964), 159-69; L. S. Sheleff, 'From Restitutive Law to Repressive Law: Durkheim's *The Division of Labor in Society* Revisited', (eds.), *Durkheim and the Law, introd.*; P. A. Sorokin, *Sociocultural Dynamics,* ii (New York, 1937); P. N. Grabowsky, 'Theory and Research on Variations in Penal Severity', *British Journal of Law and Society,* 5 (1978), 103-14を参照。
[2] たとえばB. Malinowski, *Crime and Custom in Savage Society* (Totowa, NJ, 1966); *Argonauts of the Western Pacific* (London, 1922) を参照。

いた制裁の復元的で、和解的で、補償に基づく形態）が、（抑止的制裁や懲罰的正義を強調する）「国家法」という新しく出現した伝統としばらく競合していた。これらの伝統の競合は、新しいものが古いものに単純にかわるという問題ではない。デュルケムの進化主義が示唆するように、それは社会的・法的生活をどのように組織立てるかをめぐる根本的で広範囲にわたる闘争である[3]。

　このように懲罰的形態の歴史的発展は、デュルケムが示唆するような軌道をとることはなかったし、その力動は彼が描写したものとは異なっていた。刑罰形態は、連帯の進化という新しく出現した特性ではなく、異なる社会の力や異なる社会観のあいだに起こる継続的な闘争の競合の末に生み出された結果である。これは近代における刑罰変化の歴史によって確証されている[4]。歴史は、政治的な力が社会関係や信念を作り直そうと闘争する場であるが、「絶対権力」や処罰の進化におけるその「独立的な」役割についてのデュルケムの議論は、いくつかの点でこの歴史の方向についてのヒントとして受け取ることができるかもしれない。だがデュルケムは、実のところ、絶対主義のイデオロギー的主張と、ある社会の集合意識が一致しない可能性を見落としていた。彼がこの可能性を見落としたのは、これら二つが統合的で一貫した権威と信念の体制を、何らかの形でともに形成すると前提してしまっていたからである。デュルケムは、歴史が滑らかに進化し、機能的に適合していると説明するが、この説明はどう見ても事実に適合しない。

　以上のように、デュルケムの著作への歴史的批判は概して繰り返し行われており、反論できない。しかし、理解すべき重要ないくつかの理由から、この歴史的観点からの批判はデュルケムの処罰理論に限定的な影響しか与えない。それらの批判は、デュルケムが歴史的な実例を使用することで彼の機能主義的理論を実証するのに失敗したことを示してはいるが、そのような実証を成し遂げることが原理的に不可能であることを示しているわけではない。デュルケムの主要な関心は、刑罰の変動に含まれる具体的なプロセスを詳述することではなく、制度化された社会秩序内での処罰の道徳的機能を説明することだったのは明らかである。少なくと

---

[3]　「……[国家法]が[コミュニティ法]に徐々にとってかわることは、ヨーロッパ史の（最も無視されてはいるが）中心的な発展の一つだった。これは、10世紀に始まり19世紀まで継続し、法的方策と社会統制の技法における革命的な変化を生んだ」. B. Lenman and G. Parker, 'The State, the Community and the Criminal Law in Early Modern Europe', in V. A. C. Gatrell, B. Lenman, and G. Parker, *Crime and the Law: The Social History of Crime in Western Europe since 1500* (London, 1980), p. 23.
[4]　M. Ignatieff, *A Just Measure of Pain: The Penitentiary in the Industrial Revolution* (London, 1978); Garland, *Punishment and Welfare*を参照。

も彼が強調するところによれば、彼の分析は「歴史的」というよりも「機能的」であり、通時的であるよりも共時的^(訳注1)である。彼が描く刑罰進化の「歴史」は、実際、少なくともプロセス・変動・移行を強調する普通の意味での歴史ではまったくない。その「歴史」は、歴史的に連続する二つの社会類型、すなわち機械的社会と有機的社会についての議論である。それぞれの類型は、統合された機能的な実体として論じられるが、これらはそれ自体として完結したものであり、それらには独特の形態の連帯と刑罰がある。彼の関心は、これら二つの社会類型間の移行がどのように起こったかを示すことではなく（関心がそこにはなかったからこそ、彼はそのあいだにあるすべての段階を無視した）、異なる形態の連帯は異なる形態の処罰を生み出すという社会学的な論点を提示しようとしたのである。デュルケムがこれらの異なる社会の正確な性質に関して、それぞれの社会の特定の刑罰・社会形態の特徴に関して、そして歴史的変動の軌道の点で、「誤っていた」という事実は、処罰の形態を連帯の形態と結びつける機能的な説明を与えたという彼の主たる主張を妨げるものではないのである。

　しかし、このような歴史学からの批判がデュルケムの著作の核心を捉えることに失敗するというまさにこの事実が、その理論のことを最も明らかにしている。というのも、この事実は、デュルケムの理論が本当の歴史的意識と社会的競合の本当の意味をどれほど欠いているかを示しているからである。以下の議論で見るように、とくに集合意識という中心概念に関する彼の分析は、その集合意識が社会生活の所与で非競合的な事実であるかのように進行することがあまりに多い。これらの歴史的な論点についての簡潔な考察は、あらゆる社会の「道徳秩序」あるいは「法システム」が、実際のところ、歴史的闘争と交渉や競合という継続的なプロセスの結果であることを明らかにしている。それらの形態は、内部に葛藤や矛盾をしばしば含む競合的な社会集団や生活形態との闘争の末、勝ち取られた不安定な結果である。社会の特定の形態が単に「出現する」のではないという事実を、社会的事実についてのデュルケムの実証主義的態度や進化論的機能主義が隠してしまってはならない。

2．集合意識の再考

　デュルケムの処罰理論の根底にあるのは、共通の道徳秩序という概念であり、

彼はこれを集合意識と名づけた。この「共同的な意識」は、何が犯罪的で何が犯罪的でないかを定義する。それは処罰を動機づける情念的な反応の究極的な源泉であり、犯罪への社会的反応のおかげで強められ再確認されるという点で、懲罰プロセスの受益者でもある。集合意識という概念は彼の議論で決定的に重要な位置を占めているものの、デュルケムの議論の中で完全な形で一度も詳述されていない。集合意識は所与の社会的事実、すなわち他の社会的現象が依拠する根本的な実体という地位にある。集合意識は、「同じ社会の成員たちの平均に共通な諸信念と諸感情の総体」であり、それは「固有の生命をもつ一定の体系」を形成するとされる[5]。残念ながら、そしてデュルケムの全体的な議論の形式と同様、この集合意識がどのようにして存在するようになるのかは述べられておらず、われわれはこの決定的に重要な実体の出現の歴史や条件について何も知ることができない。デュルケムは、共通的心性の歴史的生成を検討するかわりに、これが端的に制度化され機能するあらゆる社会の必要不可欠な要素だと考える。これが彼の探求の出発点であり、それゆえ探究それ自体からは除外される。集合意識をこのように前提してしまうことは、デュルケムの社会についての考えの中で、最も議論の余地があり問題を含んだ点である。そしてそのことが、彼の処罰理論に明らかな影響を与えている。本書の目的を考えれば、われわれは以下のように問う必要がある。近代社会における集合意識について語ることは、もしそれに少しでも意味があるとすれば、どのような点で意味があるのだろうか、そして近代処罰は、そのような用語で理解できるのだろうか。

最初に示されるべき論点は、規律正しく遵法的な行為の水準が社会に存在するからといって、共有された道徳的規範への大衆的な関与がその根底にあるとは限らないということである。多くの批判者が指摘しているように、多くの遵法的な行為は、その性質において非倫理的であったり「功利主義的」であったりする。つまり、遵法的な行為は、制裁が強化する道徳への関与よりも、制裁の回避に依拠している[6]。これは法がある特定の集団の利益と熱望を体現しているせいで社会的葛藤が起きている状況において、とりわけ当てはまる。デュルケムにとって、功利主義的な服従や利益に基づく法は、道徳の弱化や移行の徴候だった。全社会の集合的心情を代表しない国家は、彼の見方によれば、「病理的」であり、長く存

---

[5] Durkheim, *The Division of Labor,* p. 79.〔邦訳 p. 80〕
[6] A. Giddens, *Durkheim* (Hassocks, Sussex, 1978), ch. 6を参照。

続できない。だが現在の世界で見られる実例は、それと正反対のことを示唆している。長期間にわたる集団間の葛藤、つまり階級、民族、性別、宗教的アイデンティティ、イデオロギーによる葛藤は、近代的な社会のすべてではないにしても、ほとんどの社会に一貫して見られる性質である。しかし、これらの社会は機能し、時間がたっても存続し、再生産されている。したがって、道徳秩序への普遍的な関与がまったく存在しなくても、秩序の水準が保たれることは完全に可能なのである。

　もちろんデュルケムは、社会が完全な意見の一致や社会的葛藤の不在を示していると示唆しているわけではない。彼にとって近代社会の典型的な特色の一つは、社会が分化したこと、そして継続的に利害を適合させ葛藤を解決しなければならないということである。彼の意図はむしろ、利害と社会上の相違の不一致という表層の下に、競合的な利害をまとめ、解決の基礎となるような道徳的枠組が働いていると示すことだった。集合意識が存在するのは、このより深い水準での同意においてであり、刑法がつねに重要であるのは刑法がそれらの基礎的な価値観を体現し、それらが持つ力を象徴するからである。デュルケムは、社会が基本的に最低限の相互的同意を要請するというまさにその考えを前提にしたという点で、確かに正しかった。メアリー・ダグラス (M. Douglas) が述べているように、「バス一杯の乗客や偶然居合わせた群衆がいるからといって、それだけで社会という名に値するようになるのではない。社会には、成員間に類似した考え方や感じ方が存在しなければならない」のである[7]。しかし、道徳的信念のこのようなより深層的な水準に関しても、デュルケムの議論を疑い、彼が引き出した結論を修正するべき説得的な理由が存在する。

　デュルケムは、共有された心情という深層的な枠組が、社会の組織形態に新たに出現した特性であると主張する。社会生活の特定の形態（それが未発達の組織であれ、専門化された労働分業であれ）は、個人を相互に、そして慣習や制度と結びつける道徳的枠組をもたらす。デュルケムにとっての社会秩序の主要な問題とは、新しい世代の個人を、生活やそれを支える道徳構造のあり方に合わせて社会化することである（副次的な問題は、道徳秩序が社会の組織形態によく適合できるよう保証することである）。したがって、個人を「社会」へと社会化することは、デュルケムにとっての重要な問題領域であり、彼の社会学は犯罪、自殺、アノミー、

7　M. Douglas, *How Institutions* Think, p. 9.

道徳の弱化、社会的権威の崩壊などの個人の社会化の失敗から発生する問題に集中している。だがデュルケムは、社会と個人のこのような接合点に焦点を当てることで、社会生活と社会的葛藤の別の主要な軸を無視することになった。その軸とは、競合する集団間の葛藤である。最も単純なかたちの社会を除けば、それぞれの社会集団は、他の集団とともに存在し、自らの社会生活の見方や自らにとって都合のよい組織形態を現実のものとするために他の集団と闘争してきた。したがって、ある特定の社会において支配的な社会関係と道徳的信念の形態は、闘争と交渉という継続的なプロセスの結果である。それらの形態は、特定の社会類型の所与の特徴でもなければ、機能的進化の不可避的な産物でもない。もし社会や集合的心情のある特定の形態が、歴史のある一点で制定されたときには、それは競合的な権力や力のあいだの闘争の（もしかすると一時的な）結果とみなされるべきであり、そのような形態にとっての「適切な」、あるいは「機能的な」条件の結果とみなされるべきではない。さらに、支配的な社会集団がすべての敵対集団を滅ぼしてしまわないかぎり、新しい集団や力は発生し続け、既存の秩序に何らかの点で異議を唱えるだろう。したがって、継続的に交渉し競合するということは、社会秩序の特徴である。社会を安定させることは、逸脱的な個人を社会化するという問題だけにとどまらず、きわめて重要なことに、競合する社会運動や社会集団を抑えるという問題でもある。

　この根本的な点は、デュルケムの説明にとって重要な帰結をもたらす。第一の点として、ほとんどの社会において集合意識は、デュルケムが認めたよりも多くの問題を含んだ認識枠組であること、そして既存の道徳秩序が存在するにしても、それは競合的な秩序形態との闘争が上手く解決されたおかげで存在できているということである。われわれは、集合意識についてではなく、「支配道徳」あるいは「支配的な道徳秩序」について語るべきなのかもしれない。第二の点として、集合意識が社会の所与の、あるいは必然的な特性でないならば、それがなぜある特定の形態をとって現われるのかを知る必要がある。歴史はこうして道徳秩序の理解にとって本質的なものとなり、形態の変動を示す補完的な例ではなくなる。存在しえたかもしれない代替的な可能性との競合の末に、この道徳秩序をこの特定の形態で生み出した力を理解する必要がある。

　このような仕方で歴史性を再導入することは、あらゆる「所与の」道徳秩序が、実際のところ、競合的で代替的な力という文脈の中で社会的な力によって能動的

に構築されているという事実を指摘するのに有用である。したがって、歴史性の再導入は、特定の道徳秩序が支配的であり続けるためになされるべきイデオロギー上の任務に注意を向ける。それはつまり、支配的な考え方は説得力を持つ必要があり、敵対的な価値体系を抑えてヘゲモニー^(訳注2)を獲得する必要があるということである。デュルケムは、道徳強化という任務の必要性を明確に認識していた。集合意識は違反に対して反応し、集合意識の主張を再確認し、その権威を維持しなければならない。しかし、彼にとってこの作業の要点は、「道徳の弱化」や道徳的権威の崩壊を回避することであり、そこで彼は、競合する道徳や競合する社会集団からの異議を避けるという権威の側にある関心を見逃していた。これは権威にとって、「道徳の弱化」の回避と同じくらいに持続的な関心事である。われわれはこのことを、デュルケムが集合意識という観点から国家の役割について議論するとき、最も明瞭に理解できる。前述のとおり、デュルケムは、国家を人びとの慣習を維持するものであるとする。つまり、人びとの中にすでに存在する集合的心情を保護し維持するための保全的な力とみなしている。このような描写は、ゆるやかに組織立てられた制度構造を持つ原始的な社会にならばあてはまるかもしれない（もっとも、そのような社会においてすら疑わしく思えるが）。だがデュルケムの描写を、1789年以降のフランス、1917年のロシアで樹立されたような革命政府どころか、1980年代のサッチャー、レーガン、ゴルバチョフの政府にすら、いかに適用できるかを知ることは困難である。指導的な社会集団は、国家や民間制度を通じて活動することで、政治的活動の特定の綱領と一致する社会関係や集合的心情をつねに再形成しようとしている。これらの活発な勢力は一般に、人びとの心情あるいはその国の真の慣習や伝統を代表していると主張する。しかし、そのような主張は政治的説得の凡庸なレトリックであり、デュルケムのような仕方で公然と認めるには、あまりに疑わしい。

　そこでわれわれは、集合意識を「全体としての社会」に新しく出現した特性として描写するのではなく、社会の特定の力によって歴史的に制度化された支配的な道徳秩序として理解しなければならない。これはまさに「支配的イデオロギー」や「ヘゲモニー」という用語によって表されるものである。これらの用語は、一義的にはこのような問題に対処するためにマルクス主義的伝統の中で発展した。これらの概念は、政治的決定要因や社会的道徳の効果をよりよく導き出してくれるかもしれない。しかし、一つのアプローチから別のアプローチへと切り替える前に、翻訳

の中で何か重要なものが失われていないかを確かめるべきだろう。というのも、デュルケムの概念は、多くの欠陥を抱えているとはいえ、きわめて貴重な事実を指摘しているが、この事実はマルクス主義の概念をかわりに用いるときには、見失われがちになってしまうからである。

　第一の点は、社会的道徳は特定の社会集団によって能動的に強化されるが、これらの規範的統治体制は異質なものの全面的な押しつけではないと主張した点で、デュルケムは確かに正しいということである。それらの道徳は、一部の普通の人びとが固く持っている信念と部分的には一致する。少なくとも安定した社会、つまり革命が行われているわけでも内戦状態にあるわけでもない社会では、法や既存の道徳規範は、社会の個別の成員によって多かれ少なかれ共有される価値や認識枠組に基づいて形成される。近代的な民主主義政治において、支配的な道徳は、上からの異質なものの押しつけでもなければ、下からの価値観の完全な表出でもない。これらの両極のあいだのどこかに位置する妥協の産物である。優位な地位を占める社会的エリートが、先走った認識枠組を法や制度上の実務のために法制化しようとしても、例外的な状況を除けば、彼らは大衆が持つ道徳文化を無視することはないだろう。道徳文化を無視することは、根強い抵抗と敵意を招き寄せ、権威が安定するために必要な大衆の自発的な協力を弱めることになる。デュルケムが主張するように、このように独裁的な支配者ですら、ある部分では集合的心情に縛られている。政府が代議制であり、効果的で大規模な公民権制に従属しているかぎり、依然として習慣的な信念を侵害する余地は小さいままである。しかし、市民を統治するエリートが市民の心の中に位置する価値観を無視したりくつがえしたりできないとしても、彼らは、たいていの場合、市民の価値観を特定の方向へと変化させたり捻じ曲げたりできる地位にある。実際、政治では、いまある社会関係や道徳を新しい方向へと導き、特定の政治に一致するよう形作ることが課題になっている[8]。この変動プロセスは、あらゆる社会の集合意識が、きわめて明瞭に分節化された道徳規則の体系というよりもむしろ、漠然と規定された一連の中核的な価値観であるという事実によって促進される。これらの中核的な価値観は、多様に解釈されるかもしれず、人ごとに異なって理解されるだろう。しかしそのため、政治的変動の技法は、皆が持つ価値に基づくと主張しながらも新し

---

[8] G. Stedman Jones, *Language of Class* (Cambridge, 1982)を参照。

い道徳を作り上げる技法となる。したがって、法や公式実務が、社会の成員が持つ現在の心情やそれとは無関係に存在する心情とどれほど一致しているように見えるかは、国家が道徳の再形成を行おうとする野心をどれほど持っているか、あるいは国家が大衆の支持をどれほど必要とするかによってだけではなく、国家がとる行動を伝統的な用語でどれほどうまく表現できるかによっても異なってくるだろう。

　デュルケムは、「平均的な意識」が持つ心情は、通常、社会の法や道徳規範に現われ、これらの心情は権威を支持し正統化する大衆的な力を与えると主張した点で、確かに正しかった。このような意味で、集合的心情は個人が持つ感情的で道徳的な構えをもとにし、社会のきわめて重要な力として作用する真の実体である。集合的心情を分析から除外したり、社会政治や社会行動を形成するのに効果がないと考えたりするべきではない。だがデュルケムが見逃したのは、これらの根強い心情が、政治的闘争の歴史的なプロセスの対象であり結果であるということである。規則や国家の行動は、そのような心情を単純に「表出する」ものではない。規則や国家は、社会の特定の見方に一致するよう心情を変更し、再形成しようともしている。そのような変動は、それが起こるときにはしばしばゆっくりとした歩みで進み、イデオロギーによる大規模な働きかけを必要とする。しかし、個人が内面化した道徳的心情は、新しい規律規範が法として制定され、新しい世代がそれに合わせて社会化されるのにしたがって、時間の経過とともに確実に変化する。

　これらすべてのことを考慮に入れて、法と法的制裁が、集合意識と呼ばれるものの「目に見える象徴」であり、信頼するに足る表出であるというデュルケムの主張を真剣に問いに付さなくてはならない。大衆の心情は拡散的で多義的であるかもしれないが、その心情は立法や法的決定の直接的な決定要因としてよりは、それらに対する政治的な前提条件として作用する。したがって、法と集合的な感情のあいだの「一致」は、つねに緩く不完全なものにとどまる。社会心情の「指標」となる法も確かにあるかもしれないが、社会心情とは無関係の法もあるだろう。さらにより重要なこととして、おそらく、法が制定されるということは、法における集合的価値の単なる表出や表現ではないだろう。なぜなら、法はそれ自体が集合的価値を形成し組織立てる重要な力だからである。一般に、社会心情と法は、原因と結果として関係するものというよりも、事実上相互に作用し合い条件づけ合うものなのである。

3．神聖なものという考え

　デュルケムの議論の別の側面には、「神聖なもの」という重要な考えがあるが、その用語ではなく、「イデオロギー」や「ヘゲモニー」という用語によって考えると困惑してしまうだろう。彼は「神聖なもの」という考えを、集合意識の描写やそれを象徴する法と結びつけた。ここでの彼の議論は、原始的で「機械的な」社会を対象としている。そのような社会では、法や集合的な感情は、宗教的な語句の中で枠組を与えられ、神聖な戒律によって形成されるよう定められている。だが彼のこの議論は、先進的で世俗的な社会にも適用できる。そのような社会でも神聖なものという考えは、道徳秩序とその表出の本質的な側面であり続けているからである。デュルケムは、超越的な性質は近代社会の根本的な価値の中でも認められ、社会の成員は、世俗的な合理主義が宗教信念にとってかわったはるか後にも、その力を感じていると強く主張した。今日、道徳は、（学問上の水準では）社会慣習や利便性の産物だとみなされる。だが道徳は、（少なくとも感情的には）深遠で超自然的であり、存在のさらなる高みに置かれた力と性質を持ったものだという印象を人びとに与え続けている。そのような「神聖な」実体に対してとられる態度は、日々の功利主義的な計算による態度ではない。それらの実体は、その他の単なる規則、つまり合理的に理解され道具的に服従する単なる規則ではない。そのかわりに、「神聖な」実体は、個人に勝るものであるかのような印象を与え、深い尊敬、畏敬の念、愛情、恐怖の気持ちすらをも呼び起こす。これらの対象に対してとられる態度は、信仰者が信じる神に対してとる態度とまったく同じであり、そのため、世俗的な分化された近代社会においても、絶対的で考えの及ばない信仰という心理上の一般的傾向や感情的献身が見られることになる。

　神聖さ、あるいはそれによく似た性質を持つものが、近代社会においても確かに存在し、社会的・法的権威の作用において重要な要素を形成していると信じる確実な理由がある。社会学者の中には、しばしばそのようなものがあることに同意してきた者がいるのは確かである。まったく別の社会学のパースペクティヴから行われた研究で、たとえばマックス・ウェーバー（M. Weber）は、正当な権威は「カリスマ」の要素を持たなければ存在できないと主張した。カリスマとは、特定の個人や制度に広く認められる超常の力や慈悲という性質を指すウェーバーの用語で

あり、ここではデュルケムの「神聖さ」と同じ意味である。しかし、この超越的な力、そしてその社会的含意の源泉についてのデュルケムの理解に疑問を呈する向きもあるかもしれない。デュルケムは、この神聖な性質が、「社会」は優越的な力であると主張する人が持つ（大部分無意識的な）認識に基づくものだと考えた。彼の見方では、「神聖さ」は、個人と社会とのあいだの畏敬の念を呼び起こすような隔たりから生まれ、その社会の存在にとって根本的な認識枠組に固着することになるものである。一方、エドワード・シルズ（E. Shils）やクリフォード・ギアーツ（C. Geertz）などの他の社会学者たちは、これらの大部分に同意しながらも、「神聖さ」あるいは「カリスマ」の源泉が「社会それ自体」にあるのではなく、社会の名のもとに行動していると主張する支配的エリートや権力保持者が行う実務や自己呈示にあるというまったく別の考え方を見出した。

たとえばシルズは、カリスマが社会の象徴的中心に含まれる行為に付随するものだと主張した[9]。この「中心」とは、社会の支配的な力や指導的な制度が集まる場所（人が行動する場所であり、個人の生活に最も大きな影響を与える出来事が発生する場所）を指すシルズの用語である。基本的にカリスマは、「社会」ではなく権力に付随する。クリフォード・ギアーツによる「主権権力に固有の神聖さ」に関する研究も、同じ方向に向かう[10]。多くの支配者が採用した象徴的な外観や自己呈示の形態についての彼のエスノグラフィーは、「神聖さ」が、権力の儀礼的顕示において生成され、認識される性質であること、そして神聖な認識枠組が社会の物質的なモノよりも語句の選択や権力の象徴作用により多くを負うということを明確に示している。

> 複雑な組織を持つすべての社会……の政治的中心には、支配者エリートと彼らが真の支配者であるという事実を表現する一組の象徴的形式とが存在する。エリートたちは、どのように民主的に選ばれていようとも……彼らが継承した——あるいはより革命的な状況ではでっち上げられた——一群の叙述や儀式や記章や形式や付属品によって彼らの存在を正当化し、彼らの行為を秩序づける。中心を中心として特徴づけ、そこで起こっていることがらに、それが単に重要で

---

9 E. Shills, *The Constitution of Society* (Chicago, 1982), part 2. 'The Sacred in Society'.
10 C. Geertz, 'Centers, Kings and Charisma: Reflections on the Symbolics of Power', in Geertz., *Local Knowledge: Further Essays in Interpretive Anthropology* (New York, 1983).

あるばかりかいささか奇妙な仕方で世界の成り立ちと関係しているという雰囲気を付与するのは、これらのもの——王冠と戴冠式、リムジンと会議など——である[11]。

このことからわかるように、デュルケムが社会道徳の周りに「アウラ」、あるいは彼の言葉では「神秘的なバリケード」を見たこと、そしてその効果の心理的・社会的現実性を強調したことは正しかった[12]。だがこの「神聖さ」は、「社会」の道徳的基礎に付随するのではなく、権力の規範や儀礼に付随する。これらは、社会秩序の特定の形態が存在するにあたって決定的に重要である。

デュルケムが近代社会の集合意識について論じるとき、そして神聖なものの圏域について議論するとき、彼は以前よりもはるかに挟まってしまった圏域に言及していた。彼が明確に認識していたように、われわれの近代的な行為の規則や法的規定は、労働分業やそれが内包する無数の相互作用や交換の調和的な働きを維持するよう計画された慣習的な規範にすぎない。これらの「復元的」規範や法の規則は、それが神聖な実体の力だという印象をわれわれに与えることはない。規範や規則は、われわれの感情的直観や倫理的直観に基づかず、そのため、「われわれのうちのいかなる感情にも対応しない」[13]。デュルケムは、これらのような規範や規則が出現することを労働分業の当然の結果とみなしたが、これらが相互的依存と双方的依存に基づく連帯の形態を生み出すことは確かである。だがこの有機的連帯は、人びとが共通して持ち続ける根深い道徳的心情によって、つまり、決定的に重要な意味で人びとを集合させ、互いの多様性を許すという共通性によって、つねに支えられている。したがって、共同意識は近代的な分化的社会の出現とともに消滅するわけではない。そうではなく、共同意識はその形態を変化させ、有機的連帯の道徳を保証するのである。前章で見たように、この新しい道徳枠組の中で重要な意味を持つ価値は、古い社会の宗教規範のようにきめ細かく高度に具体的な価値ではなく、個人への尊敬、自由、理性、寛容などの包括的で根本的な価値によって構成される。だが、これらの心情は多様性を広く許容するとはいえ、それらの心情を侵害すれば処罰を受けることになる。以前と同様、集合意識は刑

---

[11] Ibid. 124.〔邦訳 p. 215-216〕
[12] Durkheim, *Moral Education*, p. 10.〔邦訳 p. 56〕
[13] Durkheim, *The Division of Labor*, p. 112.〔邦訳 p. 112〕

法の厳しい規範によって守られている。そしてその刑法は、近代社会のほとんどの法と異なり、根深い感情と神聖なものという感覚を**確かにかき立てる**。したがって、世俗的な多様性をもった世界において、処罰は神聖な価値という地位を守り続け、この事実から力と意義を引き出すのである。

　われわれは、デュルケムの集合意識という概念が問題を含んでおり、法の制定を、共有された道徳秩序が存在することを示す信頼に足る指標とはできないことを見てきた。しかし、われわれはこの限界を受けて、何を理解できるだろうか。刑法の侵害は、真に共有され深く感じられる心情を攻撃するということだろうか。刑法典は人びとが持つ神聖の感覚を真に表現するのだろうか。これに対する回答は、前節と同様に、ここで問題になっている刑法典が妥協の産物だということである。これはある時点での、人びとが持つ主観的な必要性と心情を部分的に反映し、支配的エリートの戦略的な利害や競合を部分的に表現している。もちろん、それぞれの刑法典が何を代表するかは変動するが、一般的に言って、支配的エリートは、市民層の道徳的関心を選び出し特定の形で捻じ曲げるか、あるいは、実際それほど共有されているわけではない行為と結びつけ、ある行為を禁止する。刑法典は、治安、個人的な安全、個人の自由、所有物の保護などの社会秩序の基本的な要求を保護するが、それらの価値は、確かに深く根づき広く共有されている。その意味で、刑法と人びとが持つ心情のあいだには概して基本的な一致が存在する。しかし、刑法典のそれぞれの規定は、これらの基本的な価値を特定の仕方で解釈し、「すべての健康な意識を傷つけない」行為の形態までをも禁止するよう拡大することもある。強姦、殺人、強盗、不法侵入は、道徳的な嫌悪感を引き起こすものであり、禁止されるべきだという基本的な同意が存在する。しかし、これらの違反を処罰する適切な方法についてはほとんど同意されておらず、別の種類の違反（飲酒運転、ホワイトカラー犯罪、家庭内暴力、脱税など）については、ほとんどあるいはまったく合意にいたっていない。それは、それらの基本的な違反の厳密な解釈（たとえば交通事故による死、嬰児殺、中絶は殺人に含まれるべきか）についても同様である。そして「本質的な」同意は、具体の水準での決定とはまったく異なっている。というのも、刑法は、行為の犯罪性、違反の深刻さ、ある特定の処罰の適切さといった具体的な決定をめぐるものだからである。

　このようなこと、つまり社会心情と法の制定の関係が一方向的であるよりも相互作用的であるということは、法の別の領域でも同じである。特定の行為に対す

る法的な禁止と処罰は、時間の経過とともに人びとが持つ心情の変化を引き起こすことがあり、公衆によって以前は許容できると思われたことが道徳的・感情的に弾劾されるようになるかもしれない。したがって、刑法は「世論」を導くと同時に、「世論」に従いもする。より重要なことに（というのもそれがより頻繁だからだが）、刑法典は人びとの心情を劇的に変化させるよりも、特定の秩序形態や組織形態を押しつけることの方が多い。刑罰儀礼についての議論で見るように、処罰を科すという日常業務は、公衆全般の道徳的な気持ちを実践的に教育する。ある違反を終身刑で処罰し別の違反に罰金を科すといった、特定の犯罪に判決を下すことは、特定の犯罪に対してどのような道徳反応を公的に提示することが期待されるかを鮮やかに示す。実直さや道徳的な生真面目さの雰囲気をまとった支配的な制度が公衆の反応を表出していると主張するまさにそのとき、これらの決定は、公衆の反応の傾向を定めている。そして、裁判官や立法者がときに彼らの行為を測り損ねて、大規模な不同意の揺れ戻しを呼び起こすことがあるにせよ、たいていは、裁判官や立法者の行為は大衆の心情と同じであるかのようにして、人びとの心情に定義を与える。そうでもしなければ、人びとの心情の定義は欠けたままになってしまう。ジェームズ・フィッツジェームズ・スティーヴン（J. F. Stephen）がかつて指摘したように「法の判決と公衆の道徳的心情の関係は、印章と溶けた蝋との関係のようなもの」なのである[14]。

　処罰という法的行為の中でも圧倒的に多くの人びとの同意を受け、法と共通心情の密接な適合を示唆するものは、最も自明な種類の凶悪な犯罪行為に対する処罰である。子どもを殺した犯罪者、連続強姦魔、テロ爆弾魔やそれに類する凶悪犯は、広範で真正な激怒を呼び起こすものの、このような激怒が権威によって方向づけられる必要はほとんどない。だが比較的まれな（しかし広く報道される）事件によって発生する集合的な激怒や心情の高まりを、他のすべての事例における同意であると見誤ってはならない。刑法と共通心情の関係は、ここまで言及した多くの変数関係の中で変わる。そしてそのため、その関係はつねに実証的探究の問題となる。刑法と共通心情の二つが完全に独立なものであるとするあらゆる示唆は誤解を招きかねないとはいえ、デュルケムは、刑法と共通心情の二つは通常同一だとみなした点で、まったくもって誤っていたのである。

---

[14] J. Feinberg and H. Gross, *Philosophy of Law* (Encino, Calif. 1975), p. 543より引用。

4．処罰の社会的必要性

　社会の神聖な道徳秩序が処罰を規定するというのがデュルケムの理論であるが、彼はここである重要な点を暗示していた。それは、処罰が社会に必要だという主張である。ここでの彼の議論は、処罰は即時的な犯罪統制機能だけではなく、社会学的な用語で言えば、より本質的な体制維持機能を果たすので、特定の犯罪やそれが引き起こした直接的な危害に対する反応以上のものだ、ということである。特定の犯罪に反応することによって、処罰は社会のすみずみにまで行き渡った道徳秩序を維持し、その弱体化と崩壊を防ぐという課題を負っている。そのため、ある違反を罰するためのコストがそれによって生じた直接的な危害よりも大きいように思われるときでさえ、秤には直接的な危害以外の考察対象も掛けられ、処罰が必要とされていると示す方向へと秤を傾けるのである。

　デュルケムの指摘について、処罰の社会プロセスは**統治**の問題であり、**管理**だけの問題ではないと考えてみることは有益である。フィリップ・セルズニック（P. Selznik）は、次のように主張する。「管理は、合理的・効率志向的・目標追求的な組織であり、政治決定の領域というよりも行政的な領域である。その目標は、所与のものとみなされる特徴があり、すべての行為は、それらの目標に対してなされた寄与によって正当化される。それ以外はすべて障害物である」[15]。一方、「統治」は、一つの好都合な目的の追及なり狭く定義された目標なりに限定して行われることができないものである。統治は、社会組織の全般的な維持というより広い責任を負う。その要求は、より複雑で、より政治的である。「統治は、ある試みの妥当性、能力、道徳的特徴に影響するすべての利害を考慮に入れる。統治の戦略は、基本的には政治的である。その戦略は、世論を作り上げること、利害を順応させること、どのような目標が選ばれるべきか、そしてどのような手段によって追究されるべきであるかを決定することである」[16]。

　シャーリング（C. Shearing）とステニング（P. Stenning）が主張するように、民間の警備会社や保安会社が、国家や公衆の利害ではなくその雇用者の企業利益のために、都合がよく費用対効果がよいときにのみ処罰を科すという非倫理的で

15　P. Selznick, *The Moral Commonwealth,* 未刊行, MS (Feb. 1988), p. 663.
16　Ibid. 664.

管理的な処罰の使用を追求することはありえる[17]。また、警察などの特定の国家機関が決定を行う際、財源不足やすぐに眼に見える「結果」が必要だという圧力のせいで、時として管理的な「犯罪統制」アプローチへと引き寄せられるということも真実である[18]。しかし、デュルケムは、犯罪者を罰する社会プロセスが概して統治の問題として行われると考えた点で正しかったように思われ、道徳秩序や法的権威の維持はそれぞれの決定が基づかなくてはならない広範な文脈だと考えた。

　デュルケムの見方では、集合意識への違反を処罰し損ねることは、社会道徳の集合的な力を弱め、市民の道徳を弱化させる危険をおかすことになる。これまでの議論を踏まえて、私はこの点を、処罰することに大きく失敗することが、特定の法的・道徳秩序とそれを支える支配的な権力の主権性と権威性を弱める可能性があるというように修正する[19]。このように修正したとしても、日々適用される処罰が犯罪統制の道具以上のものだという論点は残る。処罰はまた、権威が十分統制できていること、犯罪が異常な行為であること、社会生活を支配する慣習が影響力と活力を維持していることを示す徴候でもある。犯罪者を罰することに失敗したり、結局は同じことであるが、たとえば北アイルランド、レバノンなどのような特定の地域や、アメリカの大規模な都市部のいくつかで見られるように、効果的な合法的秩序を科すことに失敗したりすれば、政治的権威は速やかに弱まることになる[20]。法的秩序は、犯罪者を罰するに際して、犯罪者の行為を抑制すると同時に、それが持つ権力の普遍性を再確認してもいるのである。

　しかし、「権威の記号」機能と犯罪統制機能が何らかの形で別個で無関係であるとみなすことは、慎重に避けなければならない。もし処罰（や処罰の脅威）が日常的に科されるものの犯罪抑制にまったく効果的でないとすれば、このことは道徳秩序の申し立てや道徳秩序の守護者を自称する政治権力を弱めることにもなる。ラルフ・ダーレンドルフ（R. Dahrendorf）は、デュルケム的な主題がうかがえる

---

[17] C. Shearing and P. Stenning, 'From the Panopticon to Disney World: The Development of Discipline', in A. Doob and E. Greenspan (eds.), *Perspectives in Criminal Law* (Aurora, 1984).
[18] たとえばSkolnick, *Justice Without Trial*; A. Blumberg, *Criminal Justice* (Chicago, 1967) を参照。
[19] 実際には、ほとんどの犯罪者は、捕まらないので処罰されない。そして近代国家の安定性は、このことによってあまり困難にさらされてはいないようである。目立つ事件とは、その特徴と頻度という理由から公衆の注意を集め、「安全」と「秩序」をもたらす国家の力量に対して含意を持つような事件である。
[20] ウィルソンとケリングの論文「割れ窓（Broken Windows）」は、高い犯罪率と効果的な警察活動があまり存在しないことに苦しむ近隣環境で見られるプロセスを検討している。J. Q. Wilson and G. Kelling, 'Broken Windows' *Atlantic Monthly,* March 1982, pp. 29-38.

主張を近年行い、制裁が体制維持効果を持つためには、一定の力や効果性がなければならないとわれわれに想起させた。ダーレンドルフは、第二次世界大戦以来、ヨーロッパや北アメリカで逸脱者に対して使用される制裁、とくに青少年や初犯の犯罪者に対して使用される制裁は、権威的な社会秩序の崩壊の原因となるほどに「骨抜きにされ」、甘くなっていると主張する。彼によれば、この制裁の弱体化は、デュルケムによって予測されたまったくアノミー的な「無罰」の段階、つまり制裁がないのと変わらないくらい制裁が弱まった段階にまで進んでいる。ダーレンドルフの言葉を用いれば、「無罰あるいは制裁の体系的撤回は、犯罪と権威の遂行を結び合わせる。この結合は、われわれに、秩序の正統性について教えてくれる。それは解体の徴候である……」[21]。

　ダーレンドルフの主張が少なくとも部分的に示唆するのは、社会的・道徳的権威を近代社会において回復させるには、処罰を「厳しくすること」が必要不可欠だということである。そしてダーレンドルフは彼の見方を補強するために、デュルケムの命題に大きく依拠している。だが実際のところ、ダーレンドルフはこの点に関して言えば、デュルケムよりもはるか先を行っている。そして、権威の生産における処罰と刑罰の厳しさに、デュルケムの理論がかつて行ったよりも、顕著な役割を割り当てている。デュルケムにとって、処罰は最後の手段として必要なものであり、他の手法で服従が誘発されないときに使用されるべきものだった。だが彼の理論は、必要とされる処罰の量や強度について、具体的なことは何も言っていない。というのも、これはつねに状況によって左右されるものだからである。明らかに、制裁の力と形態は、「権威」が統制能力を持つというメッセージを伝えるに足るものでなければならない。だがデュルケムは、処罰それ自体では、権威を**生み出す**ことができないと強く主張する。どれほど強く罰しようとも、処罰はすでに厳然と**そこに存在する**道徳秩序を強化することしかできないのである。したがって、権威と処罰の相互作用は複雑なものであり、処罰は権威が最も弱いときに最も頻繁に使用されるが、そのような場合、処罰の効果はほとんどない。逆に、強力な正統性を持った道徳秩序は、自ら回復することができ、犯罪者に対処するためには名ばかりの制裁しか必要としない。ニーチェは自らに自信を持つ「権力意識をもった」社会は、犯罪者を罰せずにおくことができると主張した[22]。デュルケムは、ニーチェほ

21　R. Dahrendorf, *Law and Order* (London, 1985), p. 20.
22　Nietzsche, *The Genealogy of Morals*, p. 205.〔邦訳 p. 107〕

ど主張を進めているわけではない。だがデュルケムは、権威がすでに強力でないかぎり、処罰はたいてい効果的でないと明らかに示唆している。これらのことから、政治-道徳秩序がより権威をもち、より安定的で正統的なものであればあるほど、処罰を恐怖政治的に、そして力を誇示するように使用する必要はなくなる。

　処罰の「社会的必要性」についてデュルケムが行った主張は、このように限定的なものであり、そのように理解されなくてはならない。この主張は、社会の中での処罰の使用について満足のいくものではないだろうし、処罰を「社会にとってよい」ものであると（最後の手段としての能力を持っているのでないかぎり）捉えさせるものでもないだろう。デュルケムが気づいていたように、刑罰制裁の決定と使用は、つねに政治の問題でなければならない。これは権威、正統性、寛容性ならびに感受性や改革のエネルギーに依拠している。彼が『社会分業論』で述べたように、「現存する処罰は、その存在理由をもっているとはいっても、われわれはそれが完全なものとも、改善の余地がないものとも思ってはいない。……ここでは、大体の弁明だけが問題なのである」[23]。

5．懲罰的な情念

　デュルケムは、処罰に関して、機能的に要請され社会秩序の水準において有用であるが、実際のところ、機械的かつ非目的的に生み出されると述べた。処罰は、まず、戦略的な計画ではなく、集合的で道徳的な激怒によって引き起こされる。その動機は、上から来るのではなく、むしろ「下から」来る[24]。実際、デュルケムは、国家や国家の刑罰制度が近年にはこの自然発生的な情念を「卒業し」、そのエネルギーをより意識的な効率性の追求へと方向づけていると認めたときに、この「ボトムアップ式」の処罰の力動についての説明を修正するにいたった。しかし、「健康な意識」によって感じられる激怒と憤激の情念が、主要な動機エネルギーを供給し続けていることに関しては、譲らなかった。このエネルギーが法的処罰を駆り立て、指示する。刑罰プロセスは別のところにある何かに基づいており、国家はその刑罰プロセスを統制しているだけなのである。

---

[23]　Durkheim, *The Division of Labor*, p. 109.〔邦訳 p. 110〕
[24]　私的利益と公的善の幸福な一致は、アダム・スミスの『道徳感情論』(Oxford, 1976 初版1759年) でも記されている。

デュルケムは、処罰が人びとの感情を原動力とすると強調したが、この点は、この現象についての他の社会学的説明ではそれほど繰り返し述べられていない。フーコーあるいはルッシェとキルヒハイマーの著作や1970年代、1980年代の多量の「支配の社会学」についての文献では、このような問題はほとんどまったく議論されていない。かわりに、処罰は、国家によって行われる戦術的手段であるとみなされ、議論の焦点は、刑罰実務が伝える人びとの情動ではなく、刑罰実務の底を流れる政治上の計算に当てられている。その理由の一つは、これらの批判的な説明が示そうとしていたことは、国家、支配階級、規律の仕組が処罰する主体であること、そして刑罰制裁が一般国民の現実的な同意や支持を受けていないことだった。「人びと」がこれに従ってしまうのであれば、これは虚偽意識や怒りの誤誘導の問題、つまり処罰の真の源泉は支配的エリートであるという問題として見られることになる。だがこのような示唆は、少なくともその単純な形態では、明らかに妥当ではない。犯罪や処罰に関する深く根ざした心情は、間違いなく人びとのあいだに存在し、強力かつ頻繁に表出される。これらが「真正」で自己生成的なものであると判断するか、「虚偽」イデオロギーによって構築されたものであると判断するかは、現実と社会の力から見れば同じことである。また、そのような心情が存在するという事実を無視することは、刑罰の批判者にとって有益ではない。というのも、もしそのような心情が確かに存在するならば、そして現在の刑罰実務に支持を与えているならば、そして真の変化を起こしたいと刑罰の改革者が意図するならば、彼らは人びとの心情へと直接的に働きかけなければならないはずだからである。

　前章で見たように、デュルケムは、処罰を動機づける心情を、恐怖、道徳的激怒、正当な憤激という多かれ少なかれ生き生きとした感情によって構成されるものとして描き出した。これらの感情は、信者のコミュニティが動揺したときに現われる反応であり、強力な不敬や冒瀆の行為に直面したときに発生する。そしてその反応は、激怒の力と、価値への献身という奥深いところから湧きあがるエネルギーを有している。このようにその感情は、強力で攻撃的であるが、道徳的な傾向と正当さの性質も持っている。それらは社会的に導き出されたものであり、ある意味で人びとの根底的な直観というよりむしろ「利他的な」心情である。アダム・スミス（A. Smith）は、道徳的心情と人間が持つ「同情」という性質についての議論の中で、懲罰的な情念について説明している。この説明はデュルケムのそれと密接に関係しており、いくつかの点において、デュルケムの記述を重要な方向へと拡張してい

る。スミスはデュルケムと同様、「怒り」、「嫌悪」、「忌避」、復讐を求める心に言及する。犯罪行為はこれらの心情をコミュニティの他の成員の心に呼び起こすが、彼は処罰を求める行動の鍵となる力動としての心情が持つ単一の性質を見定めることによって、この記述を拡張する。「罰してやりたいと反射的に思わせる感情」とは、「復讐心」であると彼は言う[25]。

　復讐心とは、スミスによれば、間違った行いによる犠牲者の苦しみを聞き知ったときに、「中立の観察者」を通して感じられる同情の心情のことである。適切な道徳的心情に駆り立てられるという点で、復讐心は単なる憎しみや嫌悪とは区別される。そして実際のところ、それらのどちらよりも能動的な情動である。復讐心は不正義を正すための行動をとらなければならないと「無関心な傍観者」に強く感じさせる。手短かにいうと、「何かをしなければならない」と強く感じさせるのである。もちろん、スミスは、この社会プロセスの説明に個人主義的なひねりを加え、社会正義へと傍観者を駆り立てるものは、デュルケム的な社会法則への尊敬ではなく同情だという。だがスミスは、デュルケムと同様に、単なる復讐や個人的攻撃と区別するため、復讐心に注意深く道徳的性質を付与する。スミスは、復讐心が「あらゆる情念の中で最もいやなもの」であるという従来の見方を否定し、適切な復讐心は、つねに犠牲者の苦痛に沿うものであり、それと等しいものであると主張する。この正義への適度な欲求を越えてなされる懲罰的な反応は、それ自体、そのコミュニティの分別のある成員に復讐心をかき立てるだろう[26]。実際問題として、スミスは、「人類の大部分はこの適度さを保てず」、「野蛮」で「規律をもたない」暴力へとあまりに傾いていると考えた。しかし、文明化された社会では、その任にある人びとが、復讐心と呼ばれる特徴的な道徳的心情によって動機づけられつつ、判決や処罰を科すのである。

　近代のフロイト後の想像力をもってすれば、懲罰的情動のこれらの説明はあまりにも潔癖すぎて、基本的欲求から離れすぎていると思われるだろう。つまり、この著者たちは、処罰が社会を健全なものにするために働くことを示そうという関心を持っていたせいで、懲罰を求める心情が「健全」で「道徳的」なものであると、あまりにも安易に前提としてしまっているのではないかという疑念が残る。これに対する一種の解毒剤として、フリードリッヒ・ニーチェの著作について考えるべきだ

---

[25] A. Smith, *The Theory of Moral Sentiments*, p. 68.〔邦訳 p. 133〕
[26] Ibid. 76.〔邦訳 p. 150〕

ろう。彼が書いた『道徳の系譜』は、懲罰的な正義を動機づける心情について、はるかに陰鬱な解釈を示している。ニーチェが見るところでは、処罰という事実の中には、義務的な道徳的心情以上のもの、つまり積極的な快楽が存在している。他人を罰することは、他人の権力に優越しようという意志が、人間の心理の中で生み出すサディズムや残酷さの衝動を満足させる。彼は、「苦しむのを見ることは快適である。苦しませることは更に一層快適である——これは一つの冷酷な命題だ。しかも一つの古い、力強い、人間的な、余りに人間的な根本命題だ」と述べる[27]。ニーチェのいつもの見方のように、この最も高貴でない心情は、庶民、低階級、「畜群」のあいだに見られるとされる。だが処罰の場合、この残酷な喜びがなぜそのような形で社会的に分配されるかについて、具体的な説明がされている。その理由は、処罰するという行為は、行われることが少ないほど、その喜びが大きくなる権力の一手法だからである。「債権者は債務者に『処罰』を加えることによって一種の『主人権』に参与する。ついには彼もまた、人を『目下』として軽蔑し虐待しうるという優越感に到達する——あるいは少なくとも、実際の懲罰権、すなわち行刑がすでに『お上』の手に移っている場合には、人の軽蔑され虐待されるのを見るという優越感に到達する」のである[28]。

この引用における最後の文が示すように、今日、処罰の快楽は、直接的なものであるよりも代理的なものである。というのも、近代社会で懲罰の仕組を目的や功利のために使用するのが、国家だからである。だがニーチェは、国家権力の道具としてであっても、処罰は残酷さを示す無言の祝祭であり続けると主張する。そこにおいて人びとは、彼らが持つ根底的な感情や権力の間接的な楽しみに没頭するのである。もちろん、近代社会の司法制度は、自らが残酷であることを認めない。そして、高尚な精神を持った道徳家たちは、人口に膾炙したサディズムに眉をひそめる。だがニーチェは、これらの情念が、このような偽善、あるいはフロイトであれば無意識と呼ぶかもしれないものの下に、存在しつづけていると断言する。「残忍に対する快楽は今日でも本当に跡を絶ったわけではない。我々のより大きな礼儀正しさを受け、その快楽はある醇化を通過しなければならなくなっただけである」。その残酷さは「最も繊細で最も偽善的な良心にすら疑念を起こさせないために、想像的な精神的なものに翻訳されなければならない」[29]。

---

[27] Nietzsche, *The Genealogy of Morals,* p. 198.〔邦訳 pp. 96-97〕
[28] Ibid. 196-197.〔邦訳 pp. 93-94〕

これらの文章は気に障るかもしれないが、これらの心情やそれとよく似た何かが、近代処罰を取りまく感情の中で、いまだに場所を占めていることを否定するのは難しいだろう[30]。とはいえ、ニーチェの説明は、デュルケムやスミスのそれと同じように、部分的で一面的であることも明らかに思われる。改革者、司法関係者、多様な分野の公衆によってよく示される心情を検討すれば、犯罪者への処罰が、共感、同情、怒り、憤激という多様な気持ちを呼び起こすことが、すぐに明らかになる。感情のこの複雑な多様性に直面すると、この多様性を単一の心情や気持ちの傾向に還元することには、あまり意味がない。そしてまた、支配的な心情が、ある道徳的階層秩序の中で高いか低いかを議論することも有益ではないと思われる。というのも、この圏域での他の多くのものと同様に、感情生活の鍵となる側面は両義性という事実、つまり同じ対象に対して矛盾する衝動や感情が共存するという事実である。心理的な態度は、高度な道徳的心情と言外の動機という不道徳なものの融合であることが多い。したがって、懲罰を求める感情が単純で単一なものだろうと考えることは、われわれが最もしてはならないことなのである。

　ジョージ・ハーバート・ミードは、「懲罰的正義の心理学（The Psychology of Punitive Justice）」という分析で、犯罪者に対する公衆の反応が持つ複雑な心理的側面を探求し始めた。彼は、犯罪者に対して社会の成員が感じる正当な憤激は、実際のところ、自己主張的な直観の文化的昇華であり、社会的協同と競争の背後にある破壊的な敵意であると主張する。彼の言葉では、「泥棒や殺人者のうめき声は、〔人道主義的であろうとする〕人びとの努力という上辺の下に隠された深遠な複雑性と一致する」[31]。通常このような敵意は、社会生活を成り立たせる内面化された社会的禁止によって抑制される。だが犯罪に関わる手続きという儀礼は、それらを解放してもよいとする権威づけられた機会を与える。人びとが持つ攻撃性とならんで内集団への同一視や利益への危機感は、犯罪的な残虐行為に対して「社会の利益を守る」という感情的防衛をともないつつ、「アウトサイダー」に対してかき立てられ強化される。ミードによれば、懲罰を求める感情に特徴的な熱狂

---

[29] Ibid. 200.〔邦訳 p. 99〕。「恐らく我々は、残忍に対するあの快感も本当は跡を絶つには及ばなかったのかもしれないということを認めてさえよいだろう。ただしその快感も、今日では苦痛が一層酷くこたえるという事情に応じて、一種の醇化と精錬とを必要とした。それはとくに想像的な精神的なものに翻訳されて立ち現われ、また最も繊細で最も偽善的な良心にすら疑念を起こさせないほどにまったくさり気ない名称で飾らなければならなくなった」
[30] 本書10章の議論を参照。
[31] G. H. Mead, 'The Psychology of Punitive Justice', *American Journal of Sociology*, 23 (1918), p. 591.

とエネルギーを与えるものは、集団が同一視を強化するというこのプロセスと、攻撃性の解放というプロセスである。禁止が一時的に消失することは、「抵抗や摩擦の除去を意味し、人間の衝動の中でも最も強力なものの一つである活気と熱狂の表出を加える」[32]。そしてこれは、集団への際限のない愛情とその敵への抑制された憎しみを可能にする。もちろんこのミード流の分析は、犯罪者に対する敵意が市民間の連帯と愛を高める助けとなるという建設的な心理的視点をとっている点で、デュルケムの分析にきわめて近い。しかしミードが、処罰に感情的エネルギーを供給しその形態を特徴づけるのは、根底的な相互的敵意という精神的な力と自己主張であると強調した点で、二つの説明は異なっている。

懲罰感情を義務的な道徳的憤激としてというよりも、社会に置換され、抑制を解かれた攻撃として描き出す際にミードがほのめかす両価性は、処罰の心理学についての大半のフロイト派の説明の中核でもある。精神分析学派にとっての本能のメカニズム、禁止、抑圧、解放は、ミードが描き出したものと酷似しており、処罰は「自らの攻撃性の社会的に許容されたはけぐち」となる。このような見方にしたがえば、「処罰の制度は、いわばその人自身のサディズムに対して課した抑制の補償であり、義憤を感じているコミュニティの成員がコミュニティの処罰機能と同一化することは、自らの攻撃性を望ましい仕方で発散させてくれる」[33]。言い換えれば、ここでわれわれはニーチェが提示した立場に戻ることになる。しかし、少なくとも一部のフロイト派にとって、正当な市民の関心を犯罪者や処罰に引きつける心的関与には、別の位相もある。たとえば、身勝手な犯罪が公衆の多くにとって魅力的であるのは、社会化された市民が宿し続けている抑圧された攻撃性や性的欲望を満足させるからである。これは、大衆が犯罪について読んだり見たりすることを好むこと、そして犯罪のニュースをやむことなく渇望することに示されている。そのような欲望を実際に満たしているように見える犯罪者がかき立てる気持ちには、恐怖や嫌悪感に加えて、同一視や代理的満足が含まれる。確かに、ある個人が犯罪者に示す懲罰エネルギーは、犯罪者の身勝手な行いへの同一化を空想する彼ら自身の傾向に対する罪悪感やマゾヒスティックな反応と解釈できる[34]。

---

[32] Ibid. 598.
[33] F. Alexander and J. Staub, *The Criminal, the Judge and the Public* (London, 1931), p. 221.
[34] 歴史的な事例研究でのこの現象の綿密な議論にはL. Faller, *Turned to Account: The Forms and Functions of Criminal Biography in Late Seventeenth and Early Eighteenth Century England* (Cambridge, 1987), ch. 1を参照。

このような解釈は、当初から議論を呼び、信頼できる臨床的証拠に基づく個別の事例史を除けば、ほとんど影響力を持っていない。そして、私はここで、これらの解釈を一般化しようとしているわけではない。しかし、深層心理学が示唆する葛藤的な感情と両価性は、この領域に含まれる感情の広がりと複雑性を示す助けにはなる。魅力、強力な好奇心、罪悪感をともなった快楽、憤激による攻撃性は、たとえ公然と表出される心情ではないにしても、犯罪への通常の反応の一部を形づくるのかもしれない。

　また、フロイトや昇華された欲望への言及することで、この昇華をもたらし、敵意的な態度と対比される「文明化された心情」を忘れてしまってはならない[35]。近代的な刑罰制度を形成し、また刑罰政策を形成しつづけている西洋のユダヤ-キリスト教的文化は、きわめて高尚な心情や道徳的態度をも活用している。刑罰制度あるいは宗教的・人間的動向という刑罰学の教示にともなう慈善的で人類愛的な実務を見れば、そこに何か他の心情が含まれているにせよ、それが同情、愛、憐憫といった心情を表明しており、善意、許し、慈悲という態度を促進していることが理解できる。そしてデュルケムの導きに従い、刑罰実務が生まれる感情的文脈を探求するならば、彼が示唆した単一の集合的情念ではなく、複雑で両価的な力の領域に直面していることを明確にしておくべきである。

　しかし、これらの感情の特徴と源泉をどのように理解するにしても（この点は後の章で再び触れる）、現代社会で犯罪行為が感情的反応を生み出し続けており、少なくとも心理的な観点において、犯罪や処罰という営為が集合的関与と公衆の関心を引き寄せ続けていることは明らかだろう。犯罪報道や判決のテレビ中継は、大衆誌やメディアで多くのスペースを占めている。「法と秩序」の問題は、有権者間に強い気持ちをかき立てる。怒った群衆や単に好奇心を持った人びとは、凶悪な犯罪者が捕まえられている警察署や裁判所の周りに群がる。歓喜に満ち、他人の不幸を見て喜ぶ群衆が、司法による死刑の行われている刑務所の外に集まることは、よく知られている。そしてそのような「大衆感情」が示されるときにはいつでも、手ぐすねひいたジャーナリストが、他の場所にいる（興味を持ってはいるが）より受動的な読者層にそれを伝えるのである。以上のように、処罰は「感情の問題」であり続けている。しかし、その実、政治家たちが述べるように、われわれの文化は

35　本書10章を参照。

そのような感情を強く抑制し、その表出の形態や可能性が注意深く構造化され統制されるよう保証している。たとえば、もはや「復讐」は、このような文脈で口に出されることを許容される心情ではない。スーザン・ジャコビー（S. Jacoby）や他の人びとが示したように、19世紀には、報復への復讐的な要求が文明化されておらず価値のないものとされるようになり、それによって、犯罪者に向けられた怒りが話題にされるときには、より礼儀正しい形で表出されねばならなくなった[36]。実際20世紀には、「懲罰性」自体が、少なくとも教養あるエリートのあいだでは、むしろ恥ずべき心情となった。それによって、刑務所の条件、判決の厳しさ、死刑判決についての議論は、「有用な効果」ではなく厳しい処遇が明らかに求められる場合でも、功利主義的な観点から表現されることが多くなった。

　表出の可能性について言えば、処罰に関する大衆心情は、近代的な処罰プロセスの中では、リンチを行う暴徒が刑罰制裁の国家独占を無視するときを除けば、直接的な役割を持たなかった。厳密に限定された上で陪審員と参審裁判という形で大衆心情が役割を得たことを例外とすれば、「世論」や「コミュニティの気持ち」は、迂遠な仕方でのみ、司法プロセスに取り込まれた。それらは、存在する法と制度への、あるいは有権者の是認に依拠する新しい方策への支持の一般的な文脈を提供し、政策形成や個別の判決における適切な「検討対象」として参照される。公衆は、自ら行動に出ることよりも、参照されかき立てられることの方が多く、そのような意味で、刑事司法プロセスの中で、ある種の舞台組織として機能している。つまり、社会心情は、刑罰制度が作用する特定の「意見の風土」あるいは心性を形作るのであるが、それらは特定の処罰行為の特定の原因というよりもむしろ、一般的な構造文脈なのである。しかし、このような広汎な構造の重要性を認めるよう修正を行わなければならないとしても、これまで見たように、公衆心情と国家によって行われる実務の関係性は、相互作用的である。心情は、それが支える当のものである制度上の実務によって、表出されかき立てられ、訓練され組織立てられるのである。

---

[36] S. Jacoby, *Wild Justice: The Evolution of Revenge* (London, 1985).

6. 処罰という儀礼

　それぞれの社会心情に命が吹き込まれ、特定の焦点へと向けられるようになるこのプロセスを理解しようとするには、刑罰儀礼と社会組織の研究へと目を向けなければならない。デュルケムが宗教と処罰についての研究で述べるように、社会心情がその力と妥当性を維持するのは、周期的な儀礼的実務を通じてである。これらの儀礼は、通常の社会生活を中断し、大衆感情を表出させ解放させるためのある枠組を提供する。デュルケムにとって、法廷での裁判、判決の宣告、処罰の執行といった刑事司法という儀礼は、実際のところ、集合意識の公式化された体現であり制定である。判決を下し犯罪者を処遇するにあたって、これらの手続きは、コミュニティの気持ちが公式に表出されうる場でもある。そしてそのような仕方で表出されることによって、これらの気持ちは強められるとともに満たされる。したがって、デュルケムにとって刑罰儀礼は、すでに存在する道徳を提示し、強化する手段である。だが人類学者の中には、それよりも先に進み、心情という観点から儀礼の**創造的**効果にいっそう大きな重点を置く者もいる[37]。儀礼は、感情を「表出」するだけではなく、感情を引き起こし、その内容を組織立てもする。そして、何を感じ、どのように反応し、その状況でどの心情が要請されているかを、傍観者に教えるある種の教訓的な劇場となる。儀礼（これには刑事司法の儀礼も含まれる）は、感情の操作を通じて、参加者と観衆の側では特定の価値への関与を誘発し、ある種の心情教育として機能する儀式であり、特定の心性と特定の感受性を生産し再生産する儀式である。儀礼的な要素は、最もありふれた「流れ作業式の」手続きにさえ含まれているとはいえ、もちろん、すべての刑事事件がこれを行うわけではない。だが、「ショーケース」的な裁判・処罰とでも呼べるものが存在する。これは、高いドラマ性と現実の重要性を持つ厳粛で感情的に負荷がかけられた事件であり、正義の意味を示すため、公衆に向けたメディアによって報道されやすいものである。

　今日の公衆は、処罰の指示や運用に直接関わるわけではない。むしろ公衆は、刑罰儀礼の対象となる観衆となり、転じて公衆は、感情的関与と支持をもって（あ

---

[37] たとえばV. Turner, *The Ritual Process* (Ithaca, NY, 1977); C. Geertz, *Negara: The Theatre State in Nineteenth Century Bali* (Princeton, NJ, 1980); K. Thomas, *Religion and the Decline of Magic* (London, 1971) を参照。

るいは、それほど頻繁ではないが、批判と抗議をもって）反応する。このようにして、これらの儀礼的状況は、犯罪に関する公衆の雰囲気を構成する拡散した配慮、心配、感情の焦点となる。人びとは、そのような手続きを、問題となっている一人の犯罪者を扱う道具的メカニズムとしてのみではなく、犯罪が傍観者の生活に持ちこんだ無力感、無秩序感、不安感に対処する助けとなる秩序や権威を象徴的に再主張するものとして捉える。直接的にであれ、二次的な報告を通してであれ、市民が刑罰儀礼を目撃する際には、犯罪という感情的ドラマや処罰による解決を自ら感じるよう導かれる。社会状況は個人的な心情を構造化すると同時に、カタルシスを感じるような解放を与えるのである。

　言い換えれば、刑罰プロセスは、犯罪者を管理するための道具的手続きであると同時に、情念をかき立て、表出し、修正する手段として考えられなければならない。犯罪統制について言えば、刑罰儀礼は、「物事を終わらせる」ことと並んで、公衆という観衆を教育し安心させるための手段として、象徴形態を操作するように配慮されている。これらの儀式で喚起される象徴は、すべての公的な象徴と同様に、「知覚（意味・感情・概念・態度）を組織する際に、……具体的に状況において……機能する」、そしてそれによって、文化上のエートスや私秘的な感受性を形づくるようにして機能する[38]。このようにして処罰は、「非難」、「責任付与」、逸脱について考えるという習慣的な言説や実務を構造化する助けとなる。それらは道徳的な導き、識別の一般的傾向、非難の言葉を提供する。そしてそれらは、生活のすべての局面での行動を組織立てるにあたって、より広い社会的効果を持つと同時に、既存の処罰制度への支持をより直接的にフィードバックするという役割を持つのである[39]。

　社会心理学の文献は、刑罰儀礼についてのいくつかの分析を提示している。それらは、これらの儀式が持つ公式の組織や手続きが、どのように象徴的・感情的効果を生み出す助けとなるかを示唆している。ハロルド・ガーフィンケル（H. Garfinkel）の法廷儀礼についての古典的説明は、法廷儀礼が「格下げの儀式」で

---

[38] C. Geertz, 'Deep Play: Notes on the Balinese Cockfight' in id., *The Interpretation of Cultures* (New York, 1973), p. 449.〔邦訳 p. 458〕

[39] 公衆の知覚を形成するに際しての刑罰儀礼の重要性は、近代社会で「ホワイトカラー」犯罪と「企業」犯罪がなぜこれほど寛大に扱われるかに関するエドウィン・サザランドの説明において強調されている。彼は、そのような違反に対する公憤が大部分組織されず焦点を当てられないままでいるのは、それらが刑法という刑罰儀礼によってではなく、民法手続きによって扱われていたからであると主張した。E. H. Sutherland, *White-Collar Crime* (New York, 1949) を参照。

あると解釈している。その儀式では、被告人を事実上、人民やその最終的な価値観の敵と定義することによって「道徳的憤激は、告発された人の儀礼的破壊をもたらす助けとなる」[40]。この分析をその後パット・カーレン（P. Carlen）が拡張した。法廷についての彼の研究は、その空間的組織、時間に関する日常業務、言語規範のすべてがどのようにして、関係者の地位や出来事の象徴的意味を構造化するかを示した[41]。ジョージ・ハーバート・ミードの説明では、法廷の手続きは、「法への尊敬」と「犯罪的攻撃者への嫌悪」という二重の感情を観衆にかき立てるよう計画されている。

　裁判所の手続きは、この感情的態度を強調する。検察官は有罪判決を求める。被告人は、この攻撃から自分を守らなくてはならない。不当に傷つけられた人やコミュニティは、この検察官という政府職員を彼らの代弁者だと考える。法的な闘いが、逮捕のための身体的な闘争にとってかわる。叫ばれる感情とは、闘いの感情なのである[42]。

そして最後に、アレキサンダー（F. Alexander）とスタウブ（J. Staub）は次のように付け加えた。「しばしば裁判所の裁判、とくに主要犯罪の裁判は、公的なパフォーマンスの特徴をもち、われわれの攻撃性のはけ口として役に立っている。古代ローマの剣闘士の闘いや近代のある種のラテン系の闘犬もまた、同様の目的のために役立った」[43]。

　この種の議論は、刑事司法手続きによって一般的に保持される儀礼的性質や効果を示すために提示されている。しかし、もちろん、儀礼はつねに高度に特殊な社会的出来事である。それらはつねに、そのコミュニティの社会関係、権威、伝統の中にその実務の根拠を持ち、ある特定の信念コミュニティ内で作用する。同様に、儀礼が用いる象徴形態は、つねに普遍的で認識可能なのではなく、その使用の具体的な状況から意味と重要性を引き出す。処罰の歴史的研究は、このことを十分明確に示してくれる。ダグラス・ヘイが描き出した19世紀イングランドの裁判所の

---

[40] H. Garfinkel, 'Conditions of Successful Degradation Ceremonies', *The American Journal of Sociology*, 61 (1956), 420-4.
[41] P. Carlen, *Magistrates' Justice* (Oxford, 1976).
[42] Mead, 'The Psychology of Punitive Justice', p. 586.
[43] Alexander and Staub, *The Criminal, the Judge and the Public*, p. 222.

光景は、つねに不変の法の威厳と犯罪の極悪さを喚起するだけではない。これらの洗練された儀礼に含まれるのは、宗教の権力、階層秩序の重要性、地位、服従、パターナリズムの特定の関係、そしてもちろん国家とその役人が大衆を導き指導し処罰する権力の象徴的な賞揚である。ここで行われていた多くの行ないと手続きは、近代の裁判所の道具的行為の中にも認められる。しかし、使用される言語、あらゆる記号や意志表示が意味することは、イングランドに固有なものであり、局地的であり、歴史的に見て特殊である。アムステルダムでシュピーレンブルクによって、フランスでフーコーによって、アメリカでマスール（L. Masur）よって描かれた処刑の儀式について、あるいはまたゼーマン（T. Zeman）がピューリタンのマサチューセッツで描き出した判決における政治宗教的儀礼についても、同様の点が指摘できる。これらすべては、それを見た観衆には特殊な意味を伝えていたが、歴史学者はその意味が具体的にどのようなものだったかを再構成することに困難を抱えている[44]。

　これらの例から、刑罰儀礼の象徴的な言語が、刑事司法や法執行の普遍的要求に関するものというより、むしろ特定の時間と空間における特定のコミュニティについてのものであることは明らかだろう。さらにまた、これらの儀礼から生まれる意味と支持は、裁判所を越えた外部、つまり社会秩序自体やそれを構成する特定の関係、階層秩序、イデオロギーと関わり合う。そのような意味で、刑罰儀礼は刑罰にとどまるだけではなく、デュルケムが考えたように、より大きな規模での社会的儀礼でもあり続ける。つまり、適切な感情と公衆の反応をかき立てるという刑罰プロセスが成功するかどうかは、手近な個別事例の判決にのみ左右されるわけではなく、決定的に重要なことに、それを取りまく社会秩序の一貫性（あるいは分裂性）に左右されもする。コミュニティが完全に均質でないところではどこでも、（それはつまり実質的にはすべての場所ということだが、）そのような公的儀式に対して、異なる観衆や異なる反応が存在するだろう。信仰の認知、特定、強化を経験する参加者や傍観者がいる一方で、権威ではなく弾圧を、共有信念ではなく異質な権力を明らかにしていると見る人びともいるかもしれない。そしてもちろん、その

---

[44] D. Hay, 'Property, Authority and the Criminal Law', id. *et al., Albion's Fatal Tree* (Harmondsworth, 1975); Spierenburg, *The Spectacle of Suffering*; Foucault, *Discipline and Punish*; L. Masur, *Rites of Execution: Capital Punishment and the Transformation of American Culture, 1776-1865* (New York, 1989); T. Zeman, 'Order, Crime and Punishment: The American Criminological Tradition', Ph.D. Diss., University of California (Santa Cruz, June 1981).

儀礼が不適切に観察されたり、社会秩序のより広汎な葛藤のせいで、公的儀礼が暴発し、意図しない効果を生み出してしまったりすることはつねにありうる。死刑執行人が仕事をやり損ねるかもしれない。判事が不公正に行動するかもしれない。法が不人気で、被告人が群衆を同情へと動かすかもしれない。これらのことは、権威との連帯よりも、それへの悲しみ、抗議や憤激をかき立てるのである。

7．今日の公衆の関与と刑罰儀礼

　現代社会で作用している刑罰儀礼について、何が言えるだろう。儀礼的状況とは何か。それには誰がどのように参加するのか。彼らはどのような表現を使うのか、そしてどのような心情がかき立てられるのか。一般に、それらが与える影響とは何か。儀礼化された手続きは、規制的手段や道具的規律によってとってかわられつつあるとの見方をするミシェル・フーコーなどの批評家もいる。彼らによれば、近代社会は、見世物よりもむしろ監視に基づき、したがって、そこでは公的儀式よりむしろ個別化された統治が問題になっている[45]。また、近代文化の多様性、そしてとりわけ広範囲に及ぶ信念コミュニティの不在が、意義ある公的儀礼の挙行を不可能にし、この水準での現実的な伝達の基礎を破壊したとも示唆される。私には、それらの見方は近代社会の重要な真実を指摘しているとはいえ、誇大な主張であると思われる。イギリス王室の戴冠式やアメリカ政治の党大会を見たことのある人なら誰でも気づくように、公的儀礼、儀式、見世物は、重要な社会的影響として作用し続け、影響力を保っている。しかし、そのような状況の形態、そして社会秩序の支持と維持における相対的な位置は変化しつつある。フーコーやその他の人びとが、統制や規制の巧妙な仕組、すなわち今日の生活のほとんどの圏域に広がっており、社会行為や関係を規範化し規範化する仕組が存在すると指摘したことは正しい。そしてこの大規模な運用能力は、初期の近代国家が嫉妬するような安定性と秩序性の水準を保証していることは疑いない。しかし、前に論じたように、心情、感情、関与がどのように組織立てられるかは、あらゆる統治の正統性の重要な側面であり続けている。そして公的儀礼は、観衆が分割されており、その語彙が必然的に世俗的なものになったとはいえ、近代世界で位置を占め続けている（社

---

[45] Foucault, *Discipline and Punish*.

会統制を運用する仕組が儀礼や象徴的意義をまったく欠いていると考えるべきでもない。第11章で論じるように、官僚制度の行動や技術的言語には、それ自体、意志表示やレトリックに関わる側面がある）。

　現代の刑罰儀礼の詳細を分析する試みが、ここでなされるわけではない。そのような解釈は、綿密で詳細な分析を必要とし、個別の事例研究を通して対処されるのが最良である。そのかわりに私は、儀礼プロセスが近代的な刑事司法に占める位置を指し示すことだけを行いたい。これに関して注目すべき第一の点は、刑罰プロセスの儀礼的側面は今日では、法廷や有罪宣告と判決というプロセスのみに限定される傾向があることである。したがって、公的な関心の焦点と儀礼的提示の中枢は、「私秘化された」状況において、公衆の視野の外で遂行されることの多い刑罰プロセスそれ自体にあるというより、むしろ処罰の**公示**にある[46]。この状況は、以前の刑罰システムとはきわめて対照的である。以前の刑罰システムでは判決の執行は、拡大された公的なドラマの最高点であり、集まった群衆の目の前で行われていた。この違いは、ある重要な社会的帰結をもたらす[47]。近代社会の刑罰プロセスは、断片化され分化された出来事の連なりとなり、そこでは特定の側面が公衆による綿密な検討と関与の対象とされ、他の側面は専門家の管理に任されるようになる。その専門家の可視性はたいてい低く、自らについての情報が流出することを統制する[48]。裁判所は、「判決が下される」場となることが多く、公衆の関心はそこに向けられる。その一方で、他の刑事施設は、技術的装置、つまり「統治」よりも「管理」に関心が向けられたものとみなされるようになりつつある。

---

[46] 近代においてこのように関心が分配されたことは、刑事司法を取りまく報道の一般的傾向に反映されている。「……報道という目的から見れば刑務所は、比較的閉じられた制度であり、『刑務所担当』のリポーターを見つけるのはまれなことである。……刑務所は外的な検討や応答責任という観点からというよりも運用上の裁量という観点から運営されている。そしてこの運用上の慎み深さというベールは、報道メディアを効果的に締め出してきた。この観察は、刑務所で生まれる叙述、あるいは刑務所についての叙述が裁判所のそれやとりわけ警察のそれと比べて統計的に少ないということを示すという意図から生まれた」。R. V. Ericson, P.M. Baranek, J. B. L. Chan, *Negotiating Control: A Study of News Source* (Toronto, 1989), p. 11.

[47] E. Canetti, *Crowds and Power* (Harmondsworth, 1973), p. 59〔邦訳 p. 62〕を参照。そこでカネッティは近代的な「群衆」が、新聞を読む公衆によって構成されると論じる。「今日では、誰もが、新聞を通じて公開処刑に加担しているのである。しかしながら、他の一切のものと同様、それも昔よりはずっと快適になっている。我々は家で、平和な気持ちに浸りながら……たくさんの記事のなかから、特別のスリルを提供するものを選んで、暇をつぶすことができる。……我々は……事件を見るために、何時間も歩き、現場に何時間も立ちつくし、結局ほんの僅かしか見れなかった祖先よりも、我々は事件について、はるかに多くのことを知っている」。

[48] 情報を閉ざすというこの関心事がつねに成功するというわけではない。この関心事は、処罰の現実を「舞台裏」から引きずり出し、刑罰制度で発生するあらゆる残酷さや手続きの不適切さを暴き出そうとする批評家やジャーナリストの試みによってとりわけ反撃される。

刑罰システムにある二つの側面の形式と手続きを見れば、この分化の影響を理解できる。法廷は、新聞と公衆に開かれており、公的儀礼と象徴提示にふさわしい入念な公式さと儀式的手続きを保持し続けている。犯罪がありふれたものであり同じような判決が繰り返されるだけの下級の裁判所においてすらも、正義という象徴の喚起やそれを見る公衆に向けられた示唆的な言及が存在する。そして、より深刻な犯罪に対処し、より頻繁に報道される上級裁判所は、道徳的レトリックの伝統的な言語で話し続け、過失性、罪悪感、犯罪者の処遇に関心を払い、感情的・道徳的な用語で問題を表現し、激しい弾劾と公開の非難に訴える。被告人側と検察官側同士との応酬や判事の判断の中で、「コミュニティの利益」と「コミュニティの気持ち」は繰り返し喚起され、傍観者は出来事の単なる見物人というよりもむしろ対処されるべき象徴的な参加者となり、陪審員裁判で扱われる事例の場合には、公衆から選ばれた成員が有罪宣告のプロセスにおいて、実際に役割を果たすことになる。同様に、判決が告げられるときに意味されることは、その判決が、判決を下す者の判断というよりも、コミュニティの判断を表現しているということである。このように、法廷は、社会が全体として参加しているように見える儀礼である。裁判所が1950年代、1960年代の処遇の絶頂期においてすらも「懲罰的」であり続けたのは、この儀礼的構造と道徳的レトリックが原因である。アセスメントと矯正のための技術的道具となるかわりに、裁判所は、心情の表出と公衆の非難に居場所を与えつづけている。

　それとは対照的に、刑事司法システムの他の部分は、それほど秩序立って作用してはおらず、公的儀礼よりも控えめな処遇に向けられている。刑務所、保護観察や仮釈放の職員、ソーシャルワークの部署、罰金徴収者といった判決を実際に遂行する刑事施設は、公衆や新聞に対して閉ざされることが多く、少なくともそれらがどの程度開かれるかを統制している。それらの施設は、中立的・技術的な用語でそれらの働きを表現し、道徳的な姿勢ではなく、管理的な姿勢をとっている。これらの施設の中で、犯罪者は、多数の管理対象として処遇される。すなわち、悪い行いをした「犯罪者」としてよりも、良い受刑者か悪い受刑者か、リスクが低いか高いかという管理的な用語で評価される。公衆心情とコミュニティの強い気持ちは、この施設のプロセス内では、注意深く緩和される。施設の職員は、自らを

---

[49] Jacobs, *Stateville*; J. J. DiLulio, *Governing Prisons: A Comparative Study of Correctional Management* (New York, 1987) を参照。

道徳的な弾劾者ではなく不偏不党の管理者とみなし、非感情的な行動や官僚制的支配に身を捧げる[49]。そして、刑事施設が懲罰的・感情的な文脈の内部に存在し、時として懲罰的な要求に屈せざるをえない中で、施設の職員は、その要求を環境的な制限や矛盾として、彼らの仕事を構成するより破壊するものとして経験する。

　もちろん、収監やさらには非拘禁的な制裁と関わる施設内での儀礼が存在する。その例は、新しく入ってきた被収容者が、彼自身の服や所有物を取り上げられ、入浴させられ、処遇され、施設によって与えられたアイデンティティへと割り振られる加入プロセスである。しかし、このような通過儀礼は、内部の観衆や内部の目的のために行われる。その第一の狙いは、施設の統制能力を確保することであり、見物する公衆のための見世物にすることではない。同様に、刑罰に携わる行政官の言語は、圧倒的なまでに技術的で管理的で、かなり科学的である。それは専門家の遂行や専門的課題に向けられ、公開性と懲罰性を高めるよりもむしろ、それを除外する[50]。このことはまた、不可避的に、ある種のレトリックとして機能し、公衆あるいは情報を与えられることを望む公衆へと明確なイメージ作用と象徴作用を伝える。しかし、法廷での象徴作用とは異なり、この刑罰的レトリックは、効率的な統制、費用効果、官僚制的合理性といった功利主義的な関心に主要な位置を与える。道徳的非難は、支配的なイメージであるよりむしろ、覆い隠されたイメージとなるのである。

　処罰の制度が公衆から、そして道徳の舞台からこのように除外されたことが、まさしくミシェル・フーコーの歴史研究の主題である。これについては後に詳述するが、ここで指摘する必要があるのは、今日、処罰の執行への人びとの関与には（人びとが述べることに反して）、限定的で抽象的な性質があるということである。処罰の制度は、多かれ少なかれ、公衆による綿密な検討を逃れている。新しい制度が発展するときや大きな改革が行われるとき、これらの制度が公衆の暗黙の支持を得るような仕方で表現されることは、政治的に必要不可欠である。少なくとも、政治的に活動的な公衆の一部の反発を招くことは、回避しなければならない。しかし、制度構造がひとたび定められると、選択される制裁は、慣習的なものとなり、

50　とりわけ1970年代以降多くの裁判区では、犯罪者を処遇し定着させるという職務に「コミュニティ」を関与させようという努力がなされている。多くのボランティアの機関や個人が参加している。それにもかかわらず、概して処遇は、大多数の公衆の視界の外で行われる専門的な課題のままである。

迅速に日常業務化され技術的な問題となる。現存の制裁が、現代の感受性に広く合致する仕方で懲罰的効果を伝えているように見えているかぎり、処罰が実際にどう行われるかについての詳細な興味関心は、限定的で道徳的なものになることが多い。公衆の興味関心と感情強度の焦点は、裁判所での儀礼と判決の公示のみに注がれることになる。それにともない、犯罪者やそれ以外の刑罰プロセスは、公衆の視界の外に出される。その結果、処罰の制度は、その方向性において道徳的に表出的なものであるよりもむしろ、道具的なものとなる傾向にある。それらは、社会的・道徳的なより広い道徳的価値ではなく、治安、統制、費用対効果などの狭い範囲の技術的目標に焦点を絞るようになり、社会的価値、道徳、正義についての配慮は、制度の壁を通り抜け細かな実務を導くのではなく、これらの制度の外的環境を形作るにとどまることが多い。これらの詳細が公衆の検討に開かれるのは、スキャンダルが起こったときや改革者が現在の実務をスキャンダル的なものであると示したときのみである。そしてそのようなことが示されたときにおいてすら、費用対効果や手続き的適切性についての配慮は、他のすべての評価形態よりもしばしば優先されるのである。

　このような状況を考えると、処罰は集合的心情を表出し、それによって形作られるというデュルケムの主張は、きわめて限定的な形でのみ受け入れることができる。公衆の心情は、きわめて広範で文脈依存的な仕方でのみ、刑罰方策を支える。刑罰システムは公衆の感受性に広く合致しなければならず、その制裁は十分で適切な仕方で非難を伝えているように見えなければならないということは確実である。しかし、刑罰実務の日々の業務は、公衆にはなかなか見えず、「情念的な」興味関心の焦点にはならない。そのような刑罰実務がどのようなものであるかは、公衆の心情、さらにはメディアによってこしらえられる「世論」の表出によって決定されるのではなく、立法上の仕組や管理者によって決定されており、公衆の大多数の視界の外で行われている。それらの働きは改革や公的スキャンダルの場合を除けば、たいてい公衆の検討から遠く離れたところにある。コミュニティの気持ちの通常の焦点は、刑罰実務の範囲についてではなく、従来の範囲の中で個別の犯罪者が適切に判決を受けるかどうかである。公衆が持つ処罰についての関心、そして「情念的反応」の増減は、刑事施設で何が行われているかについての詳細ではなく、利用可能な制裁の配置（誰がどのような制裁を受けるか）を中心とするのである。

8. 処罰の影響

　処罰の機能についてのデュルケムの分析は、刑罰方策が対象とする人びとやこれらの方策が持つ効果についての通常の理解を逆転させる。従来、処罰は、社会の道から外れた少数の逸脱者を統制するための必要不可欠で、多かれ少なかれ効果的な方法とみなされてきた。しかし、デュルケムはこの見方をしりぞける。彼は、犯罪者や違反しがちな人びとに対して刑罰制裁が及ぼす影響は、「事実をはるかに誇張して」おり、実際のところ「大幅に限定されて」いると主張する[51]。これまでに見てきたように、そのような場合における処罰の限定的な効果性は、それが真に道徳的な影響を及ぼすことに失敗しているという原因から発生する。ほとんどの犯罪者は、「健全な」道徳的良心を欠いており、したがって、彼らにとって処罰とは、威嚇の単なる一形態でしかない。処罰は、良くて「公然と皮相な通り一遍の処理」を行い、ある種の治安維持メカニズムとして振る舞う。しかし、個人が持つ反社会的な行動への傾性を変えることはない。デュルケムは処罰が頻繁に使用されればされるほど、処罰はいっそう効果的でなくなると確かに主張した。というのも、処罰は個人に残存している何らかの恥や道徳的な気持ちを破壊する傾向にあるからである。

　この最後の点は正当であり、近代刑罰システムの特徴であるきわめて高い再犯率を説明してくれる。処罰が、道徳的非難を含んでいるものの道徳的な愛着をそれ自体で生み出せないというまさにそのことによって、処罰は、犯罪者の行為を改善するよりもむしろ、彼らをさらに疎外することになる。道徳的叱責は、犯罪者がすでに法によって示される道徳的コミュニティの成員である場合にのみ、罪悪感、良心の呵責、改善をもたらす。そして、そのような場合、自己叱責は、公式の処罰を多かれ少なかれ不要にする。だがコミュニティへの愛着が弱く自己叱責が乏しい場合、処罰は逆の方向の影響を及ぼすことが多い。フリードリッヒ・ニーチェは次のように述べた。「大体から言って、処罰は人を無情にし、冷酷にする。集中せしめる。疎隔の感情を鋭くする。抵抗力を強くする」[52]と。そのような場合、「処罰の結果としてもたらされるものは、人間においても動物においても、恐怖心の増大

---

[51] Durkheim, *Moral Education*, p. 162.〔邦訳 p. 274〕
[52] Nietzsche, *The Genealogy of Morals*, p. 214.〔邦訳 p. 123〕
[53] Ibid. 216.〔邦訳 p. 126〕

であり、思慮の綿密化であり、欲望の制御である。してみれば、処罰は人間を手なずけはしても、人間を『より善く』はしない。まだしもその反対のことを主張する方が一層正しいと言えるかもしれない」[53]。

デュルケムにとって、威嚇を通じたこの種の社会的抑制は、民主化された社会の特徴である。彼にとって、人びとをつなぎとめ、彼らの行動を制御する真の絆とは、つねに道徳的絆であり、共有された心情と道徳の紐帯である。そこから、「単なる」統制の重要性をしりぞける彼の傾向が生まれる。しかし、近代社会においては、「単なる」統制と治安維持がかつてデュルケムが洞察したよりもはるかに強まっていると考えるに十分な理由がある。近代社会では、道徳的コミュニティがしばしば欠けているか断片化しており、人びとの集まりは支配的な道徳秩序を順守することに単に受動的であるか両価的であり、支配的な道徳秩序に対して強い不信を示す集団もいる。このような社会の集合意識の外部に存在するのは、時として道徳を弱化することのある個人ではない。ある程度疎外され、義務的な道徳的関与ではなく恐怖の結果として権威との共同を行う全集団と全階級が、社会の集合意識の外部に存在することになる。そのような状況において、効果的な治安維持、広汎な統制、執行能力の増大は、デュルケムの分析が示唆するよりも、社会秩序の維持にとって、重要な側面となるにいたっている。

この点は、道徳的訴えより行動の統制を前提とする刑罰制裁の運用形態の発展と、道徳的コミュニティの没落とのあいだにある密接なつながりを示すという点で重要である。人口の多く、そして中でも犯罪者が主に生まれてくる低い地位にある人びとが、支配的な道徳の外部に生活し、それと両価的な関係にあるというまさにその理由から、処罰は、より公的なものでなくなり、より公然と道徳的な色彩を帯びることがなくなっている[54]。近代的な刑罰政策は、脅威、刑罰、行動の訓練、心理の調節、環境の操作によって、犯罪者の行為を改善しようと努めてきており、道徳的説得よりもむしろ技術的手段によって、改善し矯正しようとする。ここまで見たように、これらの方策は社会の周縁に対して、公衆の視界の外で、そして公衆をその作用に関わらせることなく行われる。たとえば、刑罰方策がコミュニティ

---

54 道徳的離反と両価性の次元についての刑法に関する議論にはDahrendorf, *Law and Order*を参照。近代世界のあらゆる道徳的語彙の限界に関する一般的な問いにはA. MacIntyre, *After Virtue* (Notre Dame, Ind., 1981) を参照。
55 ピューリタンの流れに沿って組織立てられた刑事司法の説明にはZeman, 'Order, Crime and Punishment'を参照。

生活の一側面とみなされ、犯罪者の道徳的再統合を目指すピューリタン的な処罰とは異なり、近代刑罰は、管理の問題とされ、十中八九真の統合が及ばない逸脱的な集団の封じ込めを目指している[55]。今でも処罰は、コミュニティの中にいる真っ当な人びと（つまり正直な人びと）にとっては道徳的なものであり、裁判所や司法プロセスという圏域で儀礼的に表出されるではないか、という人はいるだろう。しかし、所有物、キャリア、地位が与える遵法的な動機を欠いており、あるいは欠いているように感じている、法の外部に生活する大勢の下層階級の人びとに対しての刑罰や政策の実務は、よりビジネスライクで道具的なアプローチを採用した道徳的な外観を示すものであるよりも、効果的な統制を促すものであることに注意が向けられている。以下の章で見るように、ミシェル・フーコーの研究は、近代処罰が持つこれらの道具性をきわめて綿密に探求し、それによって、デュルケムの一面的なアプローチに対する重要な修正と補完を行っている。

　しかし、デュルケムがきわめて重視した処罰の道徳的側面はどうなったのだろうか。刑罰儀礼は、デュルケムが強く主張したような効果を、それが処罰の社会的意義のすべてではないにしても、実際に生み出すのだろうか。デュルケムが処罰の「高次効用性」を強く主張したことが想起されるだろう。彼は、処罰の主要な効果は集合的心情の力を再確認することによって社会の連帯を高めることだと主張する。確かにこれは、処罰の主要な社会機能である。刑事司法の儀礼化された手続きは、実際のところ、ガーフィンケルが述べるように、「真っ当な良心を結びつけ、集中させる」ような「世俗的コミュニオン」の一形態なのである[56]。

　この点に関して、他の研究者はデュルケムを明らかに支持している。そしてまさにこのデュルケムの命題は、社会学界において正典知識という地位を確立している。われわれは儀礼過程に関する人類学的研究のおかげで、参加者間の連帯がこれらの社会状況のもたらす特徴的な効果であると知っている。この効果を（社会制度の狡猾さを示す）潜在的機能と呼ぶ人類学者もいれば、（儀礼を計画し実行する権威の狡猾さを示す）意識的目標と呼ぶ人類学者もいる[57]。さらに、デュルケムが描き出した心理上の一般的傾向は、よく知られたもので、納得のいくもの

---

[56] Garfinkel, 'Conditions of Successful Degradation Ceremonies', p. 421; Durkheim, *The Division of Labor*, p. 102.〔邦訳 p. 100〕。ガーフィンケルの当該論文およびその再版論文は「世俗的共産主義（communism）」に言及しているが、これは宗教共同体（communion）の間違えと思われる。

[57] Douglas, *How Institutions Think*, ch. 3 を参照。

である。われわれはみな、共通の敵が存在することがもたらす統合効果、同一化の望ましい快楽、集合的確認から来る連帯性の高揚感覚を経験したことがある。そのため、デュルケムの命題を教科書が示すとき、そしてミード、ガーフィンケル、カイ・エリクソン（K. Erikson）の研究がその妥当性を補強するとき、刑罰儀礼は確かに連帯を生み出すのだとして、問題をそこで解決済みとしてしまうことは簡単である[58]。

しかし現実を考えてみると、上のような推定を慎重に扱い、世界についての公理のような事実というよりも経験的に変動する問題として扱うべき理由がある。デュルケムの命題を支持するとしてたいてい引用される研究を細密に検討すると、実際にはその命題を重要な仕方で修正していることが明らかになり、その命題の一般性が疑わしくなる。G. H. ミードの「懲罰的正義の心理学」という有名な研究を例として見てみよう。確かにこの論文は、懲罰儀礼が見物人に感情的反応を喚起すること、そしてこれが連帯の効果的な形態を生み出すことを確証している。ミードは「犯罪者に対する激しい反感は、集団との連帯の感覚、市民であるという感覚の中に現われる」と述べる[59]。懲罰的正義を通して、われわれ公衆は、そうでなければわれわれを分裂させてしまうような多くの葛藤と緊張に対抗して社会的連帯の意義を可能にする程度にまで、「普遍意志」や「われわれがともにあるという気持ち」を経験することができる[60]。ミードが述べるように、「犯罪者がいなければ、社会の結合は消失すると言われている」[61]。しかし、ここで決定的に重要な言葉は、「と言われている」である。なぜなら、実際のところミードの論文は、懲罰的正義に対する強力な**批判**であり、その社会的有用性を**論駁**するものだからである。この論文は、大虐殺が行われていた第一次世界大戦中の1918年に出版されている。この論文は何よりもまず、敵対的な社会的儀礼に対する進歩主義者の攻撃であり、社会問題への建設的・回復的なアプローチを求める嘆願なのである。

懲罰的正義が促進するのは、単に「連帯」だけではない。それが促進するのは、連帯の特徴的な形態、すなわち「攻撃性への感情的連帯」でもある[62]。この連帯は、

---

[58] 17世紀の刑罰の分析に適用されたこのデュルケム的解釈の優れた例としてJ. M. Beattie, *Crime and the Courts in England,* 1660-1800 (Princeton, 1986) を参照。
[59] Mead, 'The Psychology of Punitive Justice', p. 586.
[60] Ibid. 587, and 569.
[61] Ibid. 591.
[62] Ibid.

個人的な攻撃性が「機能的な」集団敵意の形態で解放されるということに基づいており、敵の殲滅へと向けられる。そして、これは、戦争それ自体と同様に、社会集団を間違いなく繋ぎ合わせることができるとはいえ、それが行われるのは、ある特定の形態において、そして一定の社会的コストのもとでである。ミードが強く主張するように、「犯罪者に対してであれ、外的な敵に対してであれ、敵意という態度は、集団に連帯感を与える。この感覚は、燃えさかる炎のように最も容易にかき立てられ、個別の利害という差異を消滅させる。**連帯という気持ちに対して払われるコストは大きく、それは時に破壊的である**」[63]。ミードはここである程度詳細に、懲罰的正義の機能不全的な帰結、あるいはそれがともなう社会的コストについて記述している。犯罪的な行為が喚起した敵意が、犯罪の原因への冷静な対処を妨害すること。その敵意が、法とそれが維持している社会的な利害に対して、なすがままの態度を促進すること。そしてより広く言えば、その敵意のせいで、われわれのエネルギーが、「社会的条件の再構築」に対してではなく[64]、スケープゴートのような敵に対して向けられてしまうこと。彼が指摘するのは、以上のことである。実際のところ、ミードは、破壊的な不寛容さと社会での暴力の増進ならびに社会的連帯という可能性を示しながら、デュルケムが直截的な機能であると捉えたこれらの感情の別の側面を示している。実際、ミードの批判は、デュルケムが描写した情念的で懲罰的な反応が、かなりの程度において宗教的狂信のようだと想起させてくれる。強い宗教的関与は、安定した社会秩序の基礎を形成するものの、それは不寛容、抑圧、宗教的な分裂、苦い社会的葛藤を引き起こしもするのである。

　類似した修正が、ハロルド・ガーフィンケルの「成功する格下げ儀式の条件 (Conditions of Successful Degradation Ceremonies)」という論文で示唆されている。ガーフィンケルは、「道徳的格下げは集団の連帯性を高めるだろう」ことを疑いのないものとして捉える。もっとも、彼が「だろう」と言っていること、そして「観察者が」この目的のための「儀式を見出すことができないのは、完全に道徳が弱化された社会においてのみである」と言っていることに注意してほしい[65]。そして彼は、そのような儀式がどのように組織立てられ、それらが象徴、意味、感情の操作によって、どのように「作用する」かを分析し始める。これは、表面的に見

63　Ibid. 591. 筆者が強調。
64　Ibid. 602.
65　Garfinkel, 'Conditions of Successful Degradation Ceremonies', p. 400.

れば、刑罰儀礼の機能的効果性についてのデュルケム的な命題を再び述べているように見える。しかしその実、この論文は、効果的な格下げの**困難さ**、ならびにそれを達成するための方法を示している。ガーフィンケルが格下げの「成功」に必要であると描写した構造的前提条件と文脈的要請を満たすのは、どのような意味でも容易ではない。一般的な条件として、訴訟者（「告発者」）がコミュニティの究極的な価値観と完全に同一化していること、そしてその価値観に基づいて告発していると理解していることを必要とする。これが生じるためには、そのコミュニティは、共通の「基本原理」と犯罪者を遠ざける「正統な秩序」への関与をすでに共有していなければならない。より局所的な条件も、儀式の「効果」に影響する。「領土的配置や格下げの後景での人の動き。訴訟される人、格下げをする人、目撃する人などの数。競争相手の地位主張。参加者間の威厳と権力の割り当て。これらすべてのことが、結果に影響するだろう」[66]。

　ガーフィンケルの論文がこのように機能主義的な論点ではなく破壊的な論点をもって締めくくられたことは驚くことではない（もっともこのことに注目する文献はほとんどないが）。彼の最後の文章は、当該の分析が「効果的な格下げをどのように構築するかを教えるだけではなく、格下げをどのようにして役に立たないものにするかについても教えている」というものである[67]。ガーフィンケルは、明瞭なはずであるものの、とかく容易に忘れられてしまうことを想起させている。すなわち、社会的儀礼はどのような意味でも意図する結果を達成できるとは限らない。そのような状況の効果は、不安定な一連の前提条件に左右される。その前提条件は、具体的な状況に応じて満たされたり、満たされなかったりする。メアリー・ダグラスは、「必ず魚を網にかけてくれるような魔法と違って、宗教は、信者を支配者に対してより忠実にさせるわけではないし、庭や船で働くにあたってより勤勉させるわけでもない。そのようになることもあるし、ならないこともある」と記している[68]。デュルケムが処罰について行った機能的説明は、それが証明しようと試みたまさにその「機能性」を前提としすぎている。彼の議論は、処罰という儀礼が、道徳的に均質で受容的なコミュニティに対して、あたかもつねに一つの連帯向上効果をもたらすかのように進められる。これらの前提のすべて、あるいはいくつかが妥当

---

[66] Ibid. 404.
[67] Ibid.
[68] Douglas, *How Institutions Think,* p. 35.

であることを示す根拠は、デュルケムの機能主義以外には存在しない。

　最後の例として、カイ・エリクソンの『あぶれピューリタン』を見てみたい。この研究は、処罰と社会的連帯性についてのデュルケムの主張を歴史によって確証するものとして取り上げられることが多い[69]。社会秩序と集団のアイデンティティを制定するために、マサチューセッツの初期のピューリタン移住者と、刑法と刑罰政策が、どのように用いられたかについてエリクソンが行った調査は、デュルケムの「仮説」の実証的証明という地位を割り当てられてきた。もちろん、ピューリタン移住者のコミュニティは、デュルケムの見方を否定するものというよりも、それを確証するための理想的な事例だった。この集団は、緊密に結びついた宗教的集団であり、外国の脅威にさらされた環境の中で、共通の信念群を分かち合っていた。そのため、他の場所では見られないほどに共有された儀礼的・道徳的連帯性があると推測されよう。だが実際のところ、エリクソンの研究を詳細に検討してみると、彼の分析がデュルケムの分析を単に「確証」しているわけではないことが明らかになる。エリクソンの研究は、デュルケムの主張を決定的に重要な点で修正してもいるのである。エリクソンのセーラム魔女裁判の描写は、この「犯罪」（これは罪や異端行動でもあった）への公衆の非難が、大きな不安のカタルシス的な解決と、悪魔の存在を前にした「神の人」の強さの再確認にどのようにして役立ったかということを、きわめて明瞭に示している。その分析は、集団感情の現実（この場合には何よりもヒステリー）や裁判手続きがこれらの気持ちを「表出する」ように、そして比較的統制され組織立てられた仕方でそれらを水路づけ、解消するように作用する仕方を示している（エリクソンが強調したように、この大きな社会的反感は、一年のうちに完全に終結した）。

　しかし、エリクソンの研究は、社会とその個人の逸脱についてのものであるだけではない。彼の本の大半は、小さなコミュニティ内での大きな社会的・宗教的緊張関係の描写である。そのような緊張関係には、たとえば宗教的権威の危機、党派的な内輪もめ、クエーカー教徒、「無律法主義者」や他の異端的セクトの挑戦に対して正統派ピューリタンを防衛する試みなどがあった。このような文脈で、それぞれの「魔女」（この「魔女」は悪魔的な信仰の人間的な受肉、そしてそれによって非ピューリタン的なセクトによって支持される異端信仰の象徴であるとみなされ

---

[69] K. Erikson. *Wayward Puritans: A Study of Sociology of Deviance* (New York, 1966).

た)に対する犯罪の処罰の実施が、派閥と大きな緊張に満ちた社会に、政治宗教的権威の具体的な枠組を強制的に押しつけることでもあったことを明らかにしている[70]。そのような解釈は、社会がそれ自体一体になって、個別の逸脱者に対処するというデュルケムの見方とはきわめて異なっている。そして確かに、あらゆる「集合意識」の構築的性質とその構築における権力の作用に関して、前に示した論点を想起させてくれる。

　前述の見解から見ると、デュルケムの命題を次のように述べ直す必要があるように思われる。処罰のプロセスは、デュルケムが示唆したような意味での「社会的連帯」を必ずしも高めるわけではない。それよりもむしろ、処罰のプロセスは、すでに存在する権威の関係を再構成し再強化するための儀礼化された試みとみなされるべきである。権威に限界があったり、権威が競合したりしているとき、処罰がこれらの限界や競合に対して持つ影響は、状況のレトリック上の力と社会の観衆の受容性に左右されることになるだろう。処罰は、権力に関するすべての儀礼と同じように、もしそれが意図した結果をもたらそうとするならば、注意深く計画され公にされなくてはならず、周囲の領域にある力がこれを可能にするときにのみ成功するのである[71]。

　この論点は、さらにより広い論点へと導かれる。ここで導入した改変と修正は、処罰が社会にとって機能的であるというデュルケムの中心的な主張を全面的に再考する必要があることを示唆している。処罰は明らかに何らかの「機能」を担っている。処罰は、特定の規則を認可し、特定の種類の行為を抑制し、特定の感情を表出し、権威や信念の特定の形態を確証する。しかし、これらの規則、行為、感情、信念、権威を、「社会」と同じものだと考える必要はないし、処罰は、社会的調和を必然的に高めるような仕方で制裁を科すわけでもない。処罰の効果は、具体的な利害、具体的な社会関係、特殊な結果との関連において（ある観点からは「機能的」であるものも、他の観点から見れば「非機能的」であることを心にとめつつ）分析されなければならない。

---

[70] チャンブリスは論文で同様の点を指摘している。W. J. Chambliss, 'Functional and Conflict Theories of Crime: The Heritage of Émile Durkheim and Karl Marx' in id. and M. Mankoff (eds.), *Whose Law? What Order?* (New York, 1976).
[71] G. Shattenburg, 'Social Control Functions of Mass Media Depictions of Crime', *Sociological Inquiry,* 51 (1981), 71-7 を参照。この論文は、現代社会において、犯罪と処罰についてのマスメディアの表現が、デュルケムが刑罰儀礼に帰した社会機能を継承したと示唆している。

デュルケムの著作は多くの側面で不十分である。その側面は、社会秩序の維持において権力の不均等が果たす役割を無視していること、規制のための非道徳的な道具として作用するという刑罰の能力を過小評価していることにとどまらない。しかし、これらすべての問題点にもかかわらず、デュルケムは、そうでもしなければ明らかにならなかった処罰という社会プロセスの重要な次元を開拓することに成功している。彼は、処罰の管理的・運用的な側面（これは刑罰の近代的自己イメージを形作っている）から、このプロセスの行政的・社会的・感情的な側面へと、われわれの関心を移行させている。われわれは、犯罪統制という狭い技術的問題に含まれる功利主義的なメカニズムを見るかわりに、異なる象徴的な圏域の中で作用し、社会水準と個別感情という心理水準で反響し合う制度を見る。神聖さへの着想、犯罪や処罰によって揺り動かされる感情への着想、傍観者の集合的関与への着想、これを組織立てる際の刑罰儀礼の役割への着想、そして最後に刑罰実務の社会的・道徳的意義への着想。これらすべての解釈のための洞察は、明らかに重要であり、今日の処罰の理解のためにも有意義である。

　処罰は、権威の特定の形態を維持するため政治上必要であると同時に、犯罪を統制する能力において刑罰学的に限定的であるという彼の主張は、何にもまして、他の主張では気づかれないままだった処罰の決定的に重要な特徴に触れているように思われる。必要であると同時に、ある程度の不毛さを運命づけられているという考えは、私が処罰の**悲劇的**な性質と名づけるものである。異論のあるところではあるが、少なくともこれは司法による処罰の内在的な特徴である。この特徴は、今まで何世紀にもわたって、刑罰制度が完全に望ましいものであり功利主義的な役割を果たすことができるという啓蒙主義的な信念によって、大部分が覆い隠されてきた。後により詳しく論じるように、もし今日の刑罰の使用と可能性についてのより現実的な期待を発展させたいのであれば、われわれは処罰の有用性に内蔵されているこの限界に気づかなければならないのである。

　　（訳注1）時間軸に沿って分析するよりも、ある時点での複数対象を分析するとの意味。通時的、共時的はいずれもソシュールに由来する語。
　　（訳注2）恐怖や強制による支配ではなく、支配される側の同意に基づいた覇権や支配権を指すグラムシ（A. Gramsi）の用語。

第4章
処罰の政治経済
ルッシェとキルヒハイマー、およびマルクス主義的伝統

　本章と次章では、デュルケム的な伝統ではほとんど触れられることのなかった多くの問題へと目を向け、いくぶん異なる視点から処罰の制度にアプローチしてみたい。具体的には、刑罰政策の経済的・政治的な決定要因、階級支配における刑罰制度の役割、刑罰が国家権力を象徴的かつ具体的に表明する仕方について検討したい。上のような問いは、デュルケムへのこれまでの批判ですでに述べられており、実際、社会学的伝統の多くは、通常この種の問題に関心を払っている[1]。しかし、近代的な社会科学でこのような問題を最もよく表明し、それを表現するための語彙を最も発展させてきた伝統は、多様なマルクス主義である。このことは、とりわけ処罰の社会学に当てはまる。処罰の社会学では、この種のほとんどの探求が、マルクス主義あるいはネオマルクス主義に近しい問題圏内から生まれてきた（とはいえ、以下で示すように、そのような関心はどのような意味でもフーコー、ウェーバー、さらにはエリアスからも離れたものではないが）。このような事実がある以上、本章と次章での議論は、多様なマルクス主義的な処罰の解釈に焦点を当てたものになるだろう。その際、私が示したような問いを強調する手段として、マルクス主義的な処罰の解釈を用い、同時に、そのような問いを組み立てるための方法として、マルクス主義が適切かどうかを検討したい。

　マルクス主義には、高度に発展した数々の理論的道具を提供する力がある。これらの道具を、特定の種類の社会科学的探究のために使用することができる。そしてこのマルクス主義の力は、社会科学における批判的な著作の多くにとって重要な概念資源となっており、その方向性においてまったくマルクス主義的ではな

---

[1]　特にウェーバー的な伝統にはM. Kennedy, 'Beyond Incrimination'; S. Spitzer and A. Scull, 'Social Control in Historical Perspective', in D. Greenberg (ed.), *Corrections and Punishments* (Beverly Hills, Ca., 1977)を参照。処罰の社会学におけるその例としてJ. Smith and S. Fried, *The Uses of the American Prison* (Lexington, Mass., 1974)を参照。

い著作にも、その概念の多くが借用されている。マルクス主義的概念や解釈を最も強力に使用した研究の中には、それを明示的に認めることなしに、そしてマルクス主義以外からの概念をマルクス主義の概念と組み合わせることによって行われているものもあるのは確かである[2]。マルクス主義的な概念を用いる研究が、それらの解釈にあたって、完全にマルクス主義に属するものであると主張しようとしないのには、多くの理由がある。ルッシェとキルヒハイマーの場合（マルクス主義的な考えが全文章に満ち溢れているが、まれにしか明示的に述べられてはいない）、これは学問上の疑いというよりも、表現のための思慮分別の問題だったのだろう[3]。しかし、この領域における近年の著作にとって、マルクス主義的な概念の全体的な伝統を想起させることなく用いる傾向は、たいていの場合、マルクス主義の鍵となる概念の学問上の力や分析の力を失うことなく、その正統教義に縛られてしまうことを回避する試みだった。この伝統に影響を受けた多くの著述家たちは、マルクス主義的概念とウェーバー、フーコー、フロイトなどの考えや主張を結合させ、刑法や刑罰制度といったマルクス主義の正統的な解釈においてそれほど中心的ではない問題に対処しようと試みてきている。

　マルクス主義の教義と、いわゆる「ネオマルクス主義的」な処罰研究を結ぶこのどちらかと言えばゆるやかな関係は、カール・マルクス（K. Marx）やフリードリッヒ・エンゲルス（F. Engels）が、刑罰制度の分析に実際ほとんど寄与していないという事実からももたらされている。政治経済、法、家族、国家などのマルクス主義的研究の他の領域とは異なり、処罰という問題に関してマルクス主義的立場を設定するために使用できる基本的な著作は存在しない。したがって、そのような意味では、乗り越えるための元々の正統教義が存在しないのである[4]。その結果、マルクス主義に刺激された処罰研究は、出発点となる特定の著作に向かうのではなく、マルクス主義が生み出した社会構造や歴史的変動に関する理論一般へと向かい、

---

[2] たとえばHay, 'Property, Authority and Criminal Law'; Ignatieff, *A Just Measure of Pain*; Garland, P. *Punishment and Welfare*. 処罰の古典的マルクス主義的解釈（ルッシェとキルヒハイマーの『刑罰と社会構造』）すらも明示的にはマルクス主義的な用語を用いていない。
[3] 『刑罰と社会構造』は、亡命したドイツのマルクス主義者によって、概して、マルクス主義の政治と考え方に敵意を持っていたアメリカ人の読者層に向けて1939年に出版された。。新しい移転地を求める要求に対してフランクフルト学派のマルクス主義者がとった反応に関してはM. Jay, *The Dialectical Imagination* (London, 1973) を参照。
[4] カール・マルクスが書いた処罰の問題に関する短い記述についての議論にはD. Melossi, 'The Penal Question in Capital', *Crime and Social Justice,* 5 (1976); M. Cain and A. Hunt (eds.), *Marx and Engels on Law* (London, 1979), ch. 5を参照。

マルクス主義の理論枠組を自らの具体的な分析のための基礎として用いている。これらの刑罰研究は、マルクスやエンゲルス自身の著作のある箇所に起源を持つのではなく、拡大解釈された枠組から発展してきたものであるというまさにその理由から、ひとつの形態の分析ではなく、多種多様なアプローチや出発点を示している。この拡大された枠組は、論争の余地があるものと言わざるをえない。たとえば、デュルケム的伝統内の研究と異なり、マルクス主義をとる処罰の学究者は、より広範な社会理論内に処罰が占める位置を自ら定め、どのような説明概念が刑罰の役割を、そしてその社会的意味を最もよく捉えるかを決定しなくてはならない。その結果が、多様な分析である。それぞれの分析は、マルクス主義的な社会理論に処罰を結びつけているが、そのつながりの性質について、そしてそれに続く解釈的説明について、微妙に異なる点を強調している。

このようなことが現在の議論に対して与える帰結は、一連の具体的なマルクス主義的分析を検討しなければならず、「唯一の」マルクス主義的な処罰へのアプローチを設定して論じるのではなく、そのそれぞれを一つずつ論じていかなければならないということである。しかしそのようにする前に、これらの解釈の背後にある複雑なマルクス主義的命題の変種をつなぎとめる全般的な枠組を示すため、マルクス主義の社会理論の中心的な要素を粗描することが有益だろう。

1. マルクス主義的アプローチの基礎

マルクス主義理論は、デュルケム社会学と同様、社会生活を説明するための全体的なアプローチを与えてくれる。社会には一定の構造と組織、ならびに中心的な原動力があり、それらが具体的・描写可能な仕方で社会慣行の一般的傾向を形成すると、そしてそれらは、最も有名なところでは「政治」や「経済」といった、しばしば別々のものと考えられる社会生活の領域を結び合わせると、マルクス主義理論は主張する。このように構造化されて形成された社会編成内において、社会組織形態の鍵となる決定要因は、生産の形態である。マルクス主義理論は、経済活動が組織立てられ統制されるその仕方が、他の社会生活を形作る傾向にあるはずだと主張する。実際、この命題は、生活の物質的必需品を生産する活動圏域である「経済」が、つねにあらゆる社会内の権力の鍵となる位置を占めるものになるだろう、というものである。したがって、この圏域を支配する集団は、社会生活

の他の圏域に彼らの権力、そしてこの経済的権力が要請する特徴的な社会関係を押しつけることができるはずであり、その結果、法制度、政治、道徳性、哲学、宗教などは、経済生活の条件に適合するように強制的に採用され、生産の支配的な形態と一致する形態と価値観をとることになるはずである。社会のこの構造組織は、しばしば「下部構造と上部構造」という比喩で表現されるが、その構造組織の中では、生産形態が非経済的関係の根本的で決定的な要因であるとされる。この建築で用いられる図式を最初に使ったのはマルクスであるが、この図式は、経済水準が決定的に重要な水準だという彼の考え、すなわち、政治・イデオロギー的関係という「上部構造」が、その経済水準の上に立てられるという考えをとてもよく伝えている。またこの図式によれば、上部構造の形態は社会生活を形成するにあたって現実的な影響力を持ち、それ自体きわだった特色を持ってはいるが、結局は、生産関係という基礎的な枠組に左右される。これらの経済関係は、転じて、上部構造が依拠する土台となり、これらの社会圏域がとる形態をきわめて広範囲にわたって決定する。マルクスの詳細な主張が補強するこの比喩は、決定因の形態が、直接的な一対一の決定論ではなく、広汎な結果を生み出す構造形態であると示唆している。そしてその決定因が、基礎があらゆる構造の可能性を形成し制限するのと同様の仕方で、社会構造の形態と限界を画定することも重視される。

　すべての単純な比喩と同様に、この比喩には限界がある。そして社会編成についてのマルクス主義理論の複雑性を完全に伝えることに失敗している。具体的には、その空間的配置は、「経済的」次元と「非経済的」次元のあまりにはっきりとした分離を示唆してしまっている。というのも、洗練されたマルクス主義者が指摘するように、「経済的なもの」が「最後の最後には」決定的であるにしても、その二つの圏域はつねに相互作用し、相互に構成されるものだからである。したがって、図式的に言えば、資本主義的な生産形態の歴史的発展は、資本の必要性に一致するような仕方で、法的関係を変質させ司法圏域を形成したとも言えるかもしれない。しかし生産と経済形態の資本主義的関係が、それ自体として部分的には、契約、所有物、売買、所有権、会社等といった法的な認識枠組に依拠することも等しく正しい。そうだとすれば、因果関係はどのような意味でも一方向的ではない。以上のように、マルクス主義は、「物質主義」を含んでいるか、経済決定論に偏っている。しかし、この原理を洗練された非還元主義的な仕方で表現することも可

能である。

　「生産の形態」という概念は、歴史についてマルクス主義がとる視点ならびにその社会構造理論を整理するのに有用である。そのような整理によれば、歴史上の時代区分は、生産の「古代的」形態、「封建的」形態、「資本主義的」形態の支配によって特徴づけられる。そして歴史的段階とは、根本的には、ある形態から別の形態への移行である。このような説明や、中でも技術的変化の扱い方や、生産手段の発展が社会関係を凌駕し社会が変化するよう圧力をかけるという主張には、進化論が間違いなくある程度含まれている[5]。しかし、このような技術的進化の重視は、歴史と社会における鍵となる原動力が実際のところ階級闘争であるというマルクス主義の断言によって緩和される。この主張は、歴史プロセスをより弁証法的に、そして自由に理解できる可能性を示唆している。マルクス主義は、資本蓄積と構造的抑制の法則を重視するとはいえ、社会変動をもたらし、具体的な制度に特定の形態をもたらすことができるのは階級の力の闘争であるとも強く主張している。

　マルクス主義的なパースペクティヴは、階級闘争が、共産主義以外のすべての社会形態に含まれる固有の要素であり駆動力であるとする。このような説明にしたがえば、すべての非共産主義的な生産形態は、二つの根本的階級間の対抗的分裂に依拠することになる。その二つの階級とは、労働する（奴隷、農奴、賃金労働者という）従属階級と、その労働の果実を享受する（市民、封建領主、ブルジョワジーという）支配階級である[6]。支配階級が従属階級の搾取から富を得ているというまさにその事実から、この対立関係は、生産関係の客観的側面である。そしてついには、組織形成の基礎にあるこれらの階級分裂が、生活の他のすべての側面を貫き、そこで自らを再生産することになるだろう。したがって、社会は、客観的な階級分裂によって激しく分断され、これらの分裂は、それに沿って社会葛藤が争われるであろう断裂線、そして矛盾となる。従属階級が彼らの搾取に気づき、それに抵抗し転覆させるために組織を形成する場合には、特にそうである。

　そのような社会内で、支配階級は、生産の場だけではなく、全社会環境で彼ら

---

[5] この立場の洗練された擁護にはG. A. Cohen, *Karl Marx's Theory of History: A Defense* (Princeton, 1978) を参照。
[6] あらゆる具体的な社会編成の中でこれらの根本的な階級は、以前の、あるいは従属的な生産形態から生み出される他の二次的な階級と結合する。

の権力を組織立てる。そうして、これらの階級によって支配されるすべての制度は、多かれ少なかれ、階級支配を維持するための道具として発展する。具体的には、国家という制度は、支配階級の権力を組織立て、政治上の反対を鎮圧し、そして支配階級の知覚された利益をさらに増やすための社会政策を進めるに際して、鍵となる役割を果たす。法的関係、政治構造、（教育、宗教、道徳性、「常識」といった）イデオロギー上の慣行もまた、認識枠組、信念、価値、関係性によって形成される。これらの制度は、資本主義的な利害から生まれ、現状を維持するが、転じて、現存する階級分裂と不平等を正当化するためにも機能する。その正当化は、形式上の平等に言及して階級分裂と不平等の存在を否定することによって、民族、地位、道徳性といった他の社会的分裂を促進して階級分裂と不平等を不明瞭にすることによって、あるいはそれらが必要で不可避であると正当化することによって行われる。もちろん、経済的に支配的な階級と国家、法、教育、宗教などの制度との関係性は、封建主義のあからさまな支配から民主主義的に組織された政治の特色である間接的な影響まで、様々である。だがマルクス主義理論は、経済的な支配階級が、その支配を社会生活の他の圏域にまで拡大し、通常の場合、多かれ少なかれ首尾よく、完璧に行うだろうと推定する。

　この概念枠組を、マルクス主義的著作にいつも見られる特徴であるラディカルな変革への関与とあわせて考えると、この伝統の主な著作が、高度に戦略的な問題を多数特定しており、それらをマルクス主義的分析の中心的なトピックとしているのは驚くことではない。また、これらが生産関係の性質、支配階級権力の特徴、労働者階級組織の可能性、言い換えれば、「基礎的な」社会関係、存続の条件、構造的変革の可能性に関わる問い、などの問題へと転じたことも驚くことではない。しかし、第二次世界大戦の終結以来、はるかに広範囲にわたるマルクス主義的研究が生じてきた。これらの研究は、階級闘争の正統的な形態とそれほど明瞭にあるいは即座に結びつけられてはいないが、それでもその形態を重要なものとみなしている。このマルクス主義的探究の一般化は、一部では、資本主義的統治の安定化と国際革命の見込みが減退したことに対する反応であり、また一部では、マルクス主義的思考の馴化と、マルクス主義が大学や学問研究という場所を新しく発見したことを示している。しかし、その理由が何であれ、マルクス主義的分析は、焦点を生産形態のみに限定することからますます離れ、支配階級の権力のより広い土台、とりわけ国家権力、法、文化、イデオロギーについての問いを検討するよ

うになっている。これらの「上部構造」についての検討は、経済的権力の維持における非経済的関係が今も変わらず重要であることを明らかにしている。そしてそれにともない、マルクス主義的伝統は、分析上の関心を広げる傾向にあり、かつては些末で周縁的であるとされた社会生活の圏域へと拡大している。

2．マルクス主義と処罰

　刑法と処罰がマルクス主義的分析の対象として出現したことは、大部分このようなマルクス主義的伝統の再考と再生のプロセスの一部である。そして、現在行われている分析は、ほとんどの場合、古典的文献というよりも、近代的なネオマルクス主義的研究の成果である。マルクス主義的枠組を採用した処罰についての最初の研究は、意義深いことに、フランクフルト学派(訳注1)の社会研究に現われた。この研究は、マルクス主義的関心の修正的な読解を行い、資本主義社会の文化形態についての研究を重視した。その後、1970年代のヘイ、ラインバウ（P. Linebaugh）、トムソン（E. P. Thompson）などの著者が書いた刑法と刑罰制裁に関する重要な歴史的研究の大半は、マルクス主義的な歴史研究法の中で行われた。これらは、古典的なマルクス主義の正統教義の厳密性から遠く離れ、社会生活についてのより人間主義的で、より文化志向的な理解へと近づいた。

　このように刑罰は、近年になって、マルクス主義の探求目標として現われた。その重要な帰結の一つが、構築された説明の多様性である。マルクス主義的概念枠組の中に「処罰」を位置づけることには問題があったため、ルッシェとキルヒハイマー、メロッシ（D. Melossi）とパヴァリーニ（M. Pavarini）などのように、刑罰制度と生産形態による経済的要請との相互関連を重視する研究者がいる一方、政治・イデオロギー的階級闘争と、国家権力や支配階級のヘゲモニーの維持における処罰の役割を重視することを好むパシュカーニス、ヘイ、イグナティエフなどの研究者もいる。つまり、マルクス主義的説明には、労働市場に付随する経済的現象として処罰を扱うものや、抑圧的国家装置としての処罰の政治的役割を主張するものもあれば、さらには、処罰を正統性の象徴と階級支配の正当化を扱うイデオロギー的制度とみなすものもあるのである。

　すでに見たように、この多様性は、処罰についての「唯一の」マルクス主義的分析について論じることを困難にし、多様な個別研究についての逐次的な議論を必

要とする。だがその実、これらは競合し折り合いのつかない説明ではなく、広く共有された枠組内の変種的な立場であることが強調されるべきである。それらが持つ焦点と強調点に大きな差があるとはいえ、それらは処罰に関して共通するパースペクティヴ、つまり処罰を何よりもまず特殊な所有物関係や、社会上の従属階級に対する社会的・経済的優位を維持しようという支配階級の闘争と結びつけて考えるパースペクティヴを共有している。他のすべてと同様、処罰においてもマルクス主義的分析の特徴的な出発点は、階級闘争というパースペクティヴである。階級関係という観点から見て処罰はどのように機能するのか。階級関係によって処罰はどのように形成されるのか。階級闘争の再生産に処罰はどのように寄与するのか。マルクス主義的分析のそれぞれは、これらの複雑な問いを別々の仕方で追求することを選択しており、異なる社会的次元を究明し、階級問題と処罰が一致する多様な仕方を明らかにする。しかし、それらはそれぞれ、酷似した前提から出発しており、相互に共存可能で補完的な結論に到達している。したがって、たとえばデュルケムの「全体としての社会」という立場とこの階級パースペクティヴを（階級が生み出すかもしれないすべての波及効果の点で）比較すると、マルクス主義的文献が、この領域で特徴的かつ他の探求の道筋とは大きく異なる問いに取り組んでいることがすぐに明らかになるのである[7]。

3．ルッシェとキルヒハイマーの理論枠組

　処罰についてのマルクス主義的解釈のうち、最もよく知られ影響力がある例は、ルッシェとキルヒハイマーの著作である。具体的には、彼らの1939年の共著『刑罰と社会構造』と、ジョージ・ルッシェの初期の論文「労働市場と刑罰制裁（Labor Market and Penal Sanction）」（1933年）である。これらの著作は、解釈に用いられる主要な命題を設定した。この研究全体は、どのような意味でも、マルクス主義的分析の最も洗練された例とは言えない。時として批判者は、それらの研究が粗雑な還元主義以外の何ものでもないと簡単にしりぞける。とはいえ、この研究

---

[7] マルクス主義的な処罰の説明がデュルケム的な処罰の説明と袂を分かつのは、（時おり考えられるように）唯物論の問題においてではなく、この階級観においてである。デュルケムは処罰に関して言えば「観念論的」ではない。逆に彼は（処罰を含めた）道徳生活の制度の根拠は、物質関係や生活方式、そして何にもまして労働分業にあるとしている。

全体は、マルクス主義的伝統から生まれた処罰についての最も通時的かつ包括的な説明であり、他の解釈のための伝統に負うところが最も少ないものである。この理由から、私は、ルッシェとキルヒハイマーの著作をしばらく考察すること、それが示す特徴的なパースペクティヴを重視することを選択した。そのために、彼らの著作を肯定的に「好意的に」読み解こうとし、同書の解釈可能性および同書が発展させた多くの社会学的洞察や結びつきという長所を強調していくことにする。

ルッシェとキルヒハイマーの著作は、社会研究のフランクフルト研究所の包括的な枠組の中で考案され執筆されたが、同書の特徴は、マルクス主義的概念を社会生活の「上部構造」に向けることで、ブルジョア文化の物質主義的読解を行おうとしていることである。マックス・ホルクハイマー（M. Horkheimer）が『刑罰と社会構造』の前文で述べているように、「問題の方式ならびに分析方法は、本研究所が選んだ研究分野すなわち各種社会分野の相互関係と密接な繋がりをもっている」[8]。つまり同書は、上で描写した、より広いネオマルクス主義的伝統の初期の例である（ルッシェとキルヒハイマーの著作が、フランクフルト学派のアドルノ（Th. Adorno）、ベンヤミン（W. Benjamin）、マルクーゼ（H. Marcuse）、ホルクハイマーなどの他の人たちの著作より、「経済学的」で、それほど文化に敏感ではないのも事実であるが）。

『刑罰と社会構造』のほとんどの箇所は、刑罰方策の歴史叙述であり、その発展を中世から20世紀の中盤までたどっている。理論上の道具立ては多くの部分で、歴史的説明という表面の下に隠されており、理論の表明を行うとき、その表明はすべてあまりに簡潔に、そしてたいていの場合、あからさまなマルクス主義の用語や語彙を慎重に避けた言葉で行われる。それにもかかわらず、この著作をルッシェの1933年の論文でより明示的に述べられた議論とあわせて注意深く読めば、その研究を導いて歴史叙述を生み出した理論構造を再構成することが可能になる。

ルッシェとキルヒハイマーのアプローチは、いくつかの基本的な問いを設定している。そしてその問いへの回答を通じて、処罰の性質と社会的機能についての相互に関連する命題群を設定している。研究上の根底的な問いはきわめて単純で、直截的に述べられている。その問いとは「何故にある一定の社会状況の下である種の処罰方策が採用され、または斥けられたのか」、そして「刑罰方策の発展はど

---

[8] Rusche and Kirchheimer, *Punishment and Social Structure*, p. ix.〔邦訳 p. 1。元訳書の旧字は新字に適宜変更している〕

の程度までその基礎をなす社会関係に左右されるのか」である[9]。それらの問いはいかにも単純であるが、刑罰という現象を検討するすべての人によって共有されているわけではない、ある探求の視角をすでにほのめかしている。刑罰の形態や方策の多様性、そしてその具体的な社会状況とのつながりを問うことは、（一つの目立った例を挙げればデュルケムのそれとは）きわめて異なる点を強調して研究を始めることである。ルッシェとキルヒハイマーにとっての中心的な焦点は、処罰の一般的機能やそれが促進する道徳上の効果の問題にではなく、具体的な刑罰方策の選択と使用を決定する要因にあった。そしてもちろん、それが「基本的な社会関係」や刑罰方策に与える決定的な影響に言及していることは、処罰についての「自明な」問いというわけではなく、マルクスの物質主義的な主張の画期的な点である。解釈を行うすべての分析と同様に、ルッシェとキルヒハイマーは、最終的な定式だけではなく、その出発点においても特徴的なのである。

　上に列挙された処罰についての理論的命題の性質は、特徴的であると同時に、マルクス主義的でもある。これらの命題は、以下のように要約できる。

1. 処罰は、歴史的に固有な現象とみなされるべきである。これは、固有で具体的な形態においてのみ現れる。彼らは、「処罰そのものなどというものは存在しない。ただ処罰の具体的制度や特定の刑事慣行とが存在するのみである。我々の研究の対象は特定的に表現された処罰……である」と述べる[10]。歴史固有性というこの原理は、処罰を何か普遍的で大部分不変的なものとする（デュルケムのような）歴史学者や社会学者からルッシェとキルヒハイマーの研究を分離させ、歴史的変遷を通したラディカルな変革の可能性を強く主張する。したがって処罰の歴史性は、理論的な理由と実践的な理由の双方から、マルクス主義的説明の中核をなしている。
2. 処罰のこの歴史的固有性は、歴史についてのマルクス主義的解釈と一致するようなきわめて限定的な意味で理解されるべきである。特殊な生産形態の出現、それが支配的になること、革命的な新しい形態が最終的にとってかわること。これらが社会の歴史を区分し、その基本的なプロセスの特徴になる。その結果、生産の形態が「特定の歴史的時期における特定の刑罰方策」の鍵

9　Ibid. 3.〔邦訳 p. 3〕
10　Ibid. 5.〔邦訳 p. 5〕

となる決定要因となり、「生産的力のある特定の発展のみが、それに照応する処罰の採用あるいは排斥を許容する」[11]。この点でルッシェとキルヒハイマーの定式は、人間の歴史とその中で処罰が占める位置についてのマルクス主義的見解を「あらゆる生産制度はその生産関係に照応する処罰を見出すものである」と巧みに要約している[12]。

3. ルッシェとキルヒハイマーの分析を常識的な先入見から分離し、処罰をそれ自体として研究することを効果的に正当化する際立った理論上の原理は、処罰の独立的意義の原理とでも名付けられるようなものである。ここでの論点は、すべての処罰のシステムがある程度、犯罪の統制を志向するとはいえ、固有の刑罰方策はこの客観性のみならず、つねに社会一般の力と決定要因によって決定される、ということである。このように、ルッシェとキルヒハイマーは、本書の第1章で進めた主張を設定している。その主張とは、刑罰形態は社会的な人工物とみなされなければならず、刑罰学的な目標のみからは理解できないという趣旨であるが、彼らはこれについてきわめて説得的な言葉で論じている。

　　　犯罪と処罰とのあいだにあるように思われているきずなは、明白なものであると不明なものであるとを問わず、刑罰制度史が有する独自の意義の把握をさまたげている。それは断ち切られなければならない。処罰はその法概念ならびに社会的目的のいずれとも関係なく、一つの社会的現象として理解されねばならない。処罰が特殊な目的を有することは否定出来ないが、それはまたその目的のみからして理解しうるとすることに対しては、我々は断乎として否定する[13]。

　このように、処罰は社会的現象とみなさなければならない。そしてそれは、犯罪統制という技術的な要請をはるかに越える、一連の決定要因と社会的意義を持っている。

4. 刑罰制度を、他の制度と社会政策の非刑罰的な側面との相互関係性とい

11　Ibid. 5 and 6.〔邦訳 p. 5, p. 6〕
12　Ibid. 5.〔邦訳 p. 5〕
13　Ibid. 5.〔邦訳 p. 5〕

第4章　処罰の政治経済

う観点から眺めるべきである。この論点は、ルッシェとキルヒハイマーの著作ではまったく明示されていないが、実際のところ、彼らの分析にとって、決定的に重要な理論上の論点である。実際、貧民を統制するためのより広い戦略内の一つの要素として、刑罰政策は取り上げられ、工場、労役場、貧民法、そしてもちろん労働市場なども刑罰政策と同様の役割を果たすとされる。1933年の論文でジョージ・ルッシェは、「刑法と刑事裁判所の日常業務の対象となるのは、ほとんど階級という背景、貧窮、教育の無視、あるいは彼らを犯罪に駆り立てた弱化した道徳を持った人びとのみである」と述べている[14]。そして、処罰が下層の人びとの統制を狙いとするというこの認識は、以後の研究によく見られ、下層の人びとを対象とした他の社会政策を刑罰制裁と結びつけるよう著者たちを導いた。われわれは、『刑罰と社会構造』の歴史に関する章を通して、刑罰実務が浮浪者、乞食、工場労働者、救済策をほとんど受けられない者についての現代の政策とどれほど類似しているか、原理と技法が一連の制度から他の制度へとどのように伝えられるかを知る。このように、ルッシェとキルヒハイマーは、工場、労役場、監獄を結びつけるとされる統治体制、組織、構造が相互に類似していることは、それらが戦略的に重複しており相互に関連する機能を持つことの結果として理解されるべきであるという主張を行ったという点において、フーコーの『監獄の誕生』や自著『処罰と福祉（*Punishment and Welfare*）』を先取りしている。

5. 処罰が、個人の犯罪に対する社会的反応としてではなく、何にもまして、富者と貧者、ブルジョアとプロレタリアートとの階級闘争に深く含まれたメカニズムとしてみなされなければならないことも、上で述べた論点から引き出される。ルッシェが1933年に述べているように、「刑罰システムの歴史は……富者と貧者の関係の歴史である」[15]。あるいは同論文で、再度、次のように述べている。「刑法と経済のあいだの歴史的な関係性、階級闘争の歴史を研究すること、現在の監獄システムを分析するためにこれらの相互関係性を用いることが、課題であり続けている」[16]。ルッシェとキルヒハイマーにとって、この

---

[14] G. Rusche, 'Labor Market and Penal Sanction: Thoughts on the Sociology of Criminal Justice'. (org. pub. 1939), trans. and repr. in T. Platt and P. Takagi (eds), *Punishment and Penal Discipline* (Berkeley, Ca., 1980), p. 11.
[15] T. Platt and P. Takagi (eds.), *Punishment and Discipline,* p. 13.
[16] Ibid.

階級闘争、そしてその中で処罰が占める役割は、主に労働市場の中で、そして労働市場に従って演じられる。したがって、彼らの研究が重視したことは、政治的、イデオロギー的なものではなく、主に経済的なものだった。

6. 階級社会内の社会関係と社会制度が、イデオロギーが作用するせいで誤って表現され歪められており、それらの真の意義は、通常見えないように隠されている、とするのはマルクス主義理論の基本的な命題である。ルッシェとキルヒハイマーによれば、処罰の真の機能は、実際のところ他の階級の利益と対立する一つの階級の利益を守ることであるのに、さも処罰が「全体としての社会」に資するような制度であると思わせることを可能とするのが、まさにこのイデオロギー的歪曲である。したがって、処罰を適切に理解したいのであれば、刑罰の公式のレトリックとその法的描写について考えるのではなく、そのかわりに、経済的な階級闘争におけるその役割を分析しなくてはならない。「処罰の社会制度からその観念論的な覆いと法的外観とをはぎとり、その真の関係においてそれを叙述することが必要である」[17]。階級闘争で役割を果たす社会的な現象として刑罰を分析するよう選択することで、ルッシェとキルヒハイマーの基本的な試みは、すでにこのような方向に進み始めている。だが彼らは、改革者のレトリックと役人のレトリックを同様に強い疑惑をもって取り扱うとき、そして刑罰革新の根底にある（そしてたいてい偽られている）目的を発見するためにこれらの「上辺の現象」の底にあるものを見るようにと主張するとき、自らの歴史叙述の中で、この原理をさらに押し進めた。彼らはある箇所で、「しかしながらこの理論的確信を社会的実務におけるひとつの必然的な、あるいはすでに成就された革新の表現として理解することを忘れて、この理論が現実におよぼすと思われる想像上の力をその額面通りに受け取るならば、事態をまるであべこべにしてしまうことになる」と述べている[18]。処罰の「真の関係」という根底にあるこれらの目的が、例外なく支配階級の経済的利益と完全に結びつけられることがわかる。

以上が、『刑罰と社会構造』を生んだ一般的な理論枠組であり、それがそのマルクス主義に由来することは、完全に明らかである。しかし、この一連の命題は重

---

[17] Rusche and Kirheimer, *Punishment and Social Structure*. p. 5.〔邦訳 p. 5〕
[18] Ibid. 141-2.〔邦訳 p. 155〕

要ではあるが、マルクス主義的な問題圏の中に処罰の問題を位置づけ、分析を始めることにしか役立たない。その後の処罰に直截的に関連する特定の概念や主張を発展させること、そして仮説として提示された関係と経済的決定要因が刑罰実務という具体的な領域で実際どのように働くかを示すことは、ルッシェとキルヒハイマーに残された課題だった。事実上、ルッシェとキルヒハイマーの具体的な主張は、労働市場の作用が処罰の方策にどのような影響を与えたか、そしてどのように刑罰制裁が使用されたかのみに関連するものだったといってもいい（もっとも、「労働市場と刑罰制裁」の関係性は複雑で多元的、そして時間とともに変動しやすいとされてはいたが）。

きわめて広い意味における労働市場は、人口の増大という人口動態と同様、人間生活の社会的価値、あるいは少なくとも強制的に退去させられた農奴、浮浪者、賃金労働者の生活を固定化しがちである。労働力が豊富に供給された時代、つまりちょうど死刑や身体刑が広く見られた中世後期のような時代には、刑罰政策は人間の生命に配慮しないでもすんだ。しかし、重商主義時代のヨーロッパの特定の地域のように、労働力の需要が供給を超過するのではないかと脅かされている地域では、国家とその刑罰制度は、受刑者という貴重な資源を浪費することをあまり望まなくなり、何らかの方法で犯罪者を働かせるようになる。ルッシェとキルヒハイマーによれば、刑罰として労働させられている人々の相対的価値は、いくつかの刑罰制度において重要な決定要因である。これらは、経済上の至上命令に応答し、それに従って処罰を与える。したがって、ガレー船奴隷、流刑、強制労働、近世の懲治場、さらには20世紀における更生を目指すいくつかの運営体制のような刑罰方策は、有罪宣告を受けた者を働かせようという関心によって能動的に形成されたものであり、これらは経済的利益が刑罰学的改革の牽引的な決定要因であることを示す明白な例として提示される。

労働市場が刑罰制裁に対してより直接的に影響を与える別の方法は、「劣等処遇(訳注2)」と生活の相対的基準という問題に関わる。近代資本主義社会の下層階級や無産階級にとっては、労働市場の不安定さと彼らの労働力の需要の盛衰が、彼らの生活条件と生活基準をほとんど決定する[19]。そのような階級は、法や支配的な道徳秩序にあまり忠実ではないことが多く、彼らの行動は道徳への親和性よ

---

[19] 社会的安全の提供を労働市場の被害者のための税金によってまかなわれるセーフティネットとして導入したことは、ルッシェとキルヒハイマーの命題を不可避的に複雑なものにすると注記しておきたい。

りも、経済上の必要性によって方向づけられると主張される[20]。そのように疎外された状況では、犯罪は生存のための手段となりうる。困難な時代、そして犯罪以外の機会が少ない時代には、特にそうである。その結果、刑法とその刑罰制裁は、犯罪的な手段では生計が立てられないようにすること、そして犯罪で生計を立てようと試みるよう誘惑されている人びとを厳しい刑罰によって威嚇することを求められる。苛酷な浮浪者法や矯正施設という懲罰的形態を用いて、労働市場の原理を援護することは、手工業労働と工場労働の発達の初期、すなわち労働者が新たな労働条件を受け容れるのにためらいがちであり、彼らの主人に強制されるのではない「自由」な労働の要求から逃れようとしていた時代には、とりわけ重要だった。

　労働市場に強制的に付随するこの役割を果たすためには、刑罰制度（と確かに労役場や貧民法を運用する機関といったその他の付随的な制度）が、自由な社会で生活する最下層の人びとによって経験される生活条件よりも顕著に不愉快な統治形態を採用することが必要不可欠である。このようにして、労働市場は、労働者階級の通常の条件のみを構造化するのではなく、労働者階級が犯罪や政治的抵抗に訴えるとき、彼らに対して用いられる刑罰制度をも構造化するものとみなすこともできる。ルッシェとキルヒハイマーは、労働市場と刑罰制度のこの抑圧的な関係性が「劣等処遇」という考えにまとめられるとし、その関係性が「今日に至るまですべての行刑の指導的動機」であると立証している[21]。以上のように、刑罰制度の規律、食生活、労働力の要請、居住地、生活条件一般は、その統治体制が全般的に見て、最下層の社会階級を抑止する役に立つに十分なほど不愉快なものになるよう調整されるとみなされる。この議論では、処罰は、犯罪的な違反の性質やそれが道徳に及ぼすダメージの深刻さによって大部分形成されるのではなく、特定の社会集団の通常の生活条件の性質によって形成されるとする。彼らが「近代監獄改革とその限界」の章で論じているように、処罰による相対的剥奪へのこの関心は、「あらゆる改革綱領の基底に横たわる内的矛盾に程度の差はあれ」関わるものである[22]。その矛盾は、「犯罪者の処罰を改革しようというすべての努力

---

[20] Rusche, 'Labor Market and Penal Sanction', p. 11.
[21] Rusche and Kirchheimer, *Punishment and Social Structure*, p. 94.〔邦訳 p. 101〕
[22] Ibid. 159.〔邦訳 p. 179〕これに関してH. Manheim, *The Dilemma of Penal Reform* (London, 1939) を参照。
[23] Rusche, 'Labor Market and Penal Sanction', p. 12.

が、最も低度の社会的な意義を持つプロレタリア階級の状況によって不可避的に制限される」[23]ことを確実にする。刑罰改革は、社会進歩の不可避的な側面であるどころか、経済要件が緩和されるか、「人道主義的原理がその時代の経済的必要性と合致した」ときにのみ発生する[24]。そして改革者が人道主義的な手法を作り上げることに成功したとしても、それらの手法はつねに「市場のあらゆる危機のなすがままにされ」がちなのである[25]。

　16世紀以降の近代処罰は、労働市場の中で労働力になるという選択肢を生むことに加えて、有罪宣告を受けた個別の労働者の態度を形成するものであるとされる。ルッシェとキルヒハイマーは、刑罰制度の一貫したテーマは、仕事場への適応に必要不可欠な規律と訓練を受刑者に吹き込むことだったと示唆する。近代的な監獄は、その前身である懲治場や一般施療院と同様、何にもまして、「新労働予備軍を養成する方法」である[26]。19世紀の監獄統治体制の設計者と管理者は、受刑者を「権力に絶対服従」するよう訓練することに努めた。そして、「受刑者が静かな、規律正しいそして勤勉な生活に身を委す」ことを教え、有罪宣告を受けた人たちが社会に戻るときに「下層階級の運命によろこんで服従する」ことを教えるよう努めた[27]。このように、刑罰制度は、労働力を構成するにあたって、相対的には小さいかもしれないものの、積極的な役割を果たすものとみなされる。それと同時に、個人に、どれほど大変であっても正直な労働が犯罪という選択肢よりも好ましいと認めさせるという、より一般的で消極的な機能も持っているとみなされる。そしてこれらのような労働市場の機能は、社会制度というネットワークの中に刑罰を位置づけるだけではなく、刑罰を「全社会制度の統合された部分とする」[28]。また、労働市場の機能は、労働市場が持つ統治形態を特定の仕方で形成すること、監獄に産業的な規律を導入すること、改革の可能性に厳しい限界を設定することによって、刑罰制度の内実を決定しもするのである。

　上のように、ルッシェとキルイハイマーの説明では、労働市場とそれに関連する至上命令や変動は、処罰の基底的な決定要因となる。しかし、それが唯一の決定要因というわけではない。著者たちは、ある状況では、生産を行う経済圏が、労

---

[24] Rusche and Kirchheimer, *Punishment and Social Structure*, p. 84.〔邦訳 p. 90〕
[25] Ibid. 151.〔邦訳 p. 172〕
[26] Ibid. 63.〔邦訳 p. 67〕
[27] Ibid. 107.〔邦訳 pp. 116-117〕
[28] Ibid. 207.〔邦訳 243〕

働者を規律づける懲罰的方策の必要性を効果的に減じるような仕方で作用し、有罪宣告を受けた労働者を、経済的に効果的な仕方で用いることを不可能にもすると論じる。そのような状況では、刑罰方策の主要な決定要因は、費用を最小化し、処罰による財政的負担を減じることになる。「商品生産社会の基底をなす経済上の必要が直截に処罰の創造、形成を決定しない以上、……方策の選択は財政的利害関係によって大きく左右されることになる」[29]。この副次的で財政的な決定要因は、もちろん、処罰を「劣等にする」という一般的な関心事にあてはまるが、その要因は、罰金などの方策の使用を導きもする。このような方策は、20世紀には最も頻繁に採用されるようになった刑罰方策であり、「合理化された資本主義的刑法の縮図」である[30]。

これらの「経済的」な決定要因や「財政的」な決定要因に加えて、ルッシェとキルヒハイマーは、刑罰方策の形成には他の多くの力も含まれていることを認めている。このことの最も明らかな宣言は、1933年のルッシェの論文で行われている。そこで彼は、「犯罪と犯罪統制の経済的・歴史的条件への依拠は、しかしながら、すべての説明を与えるわけではない。……たとえば、刑罰体制と犯罪手続という儀礼は、多様な力によって形成される。これには、宗教的な現象や社会的な現象が含まれる」と述べる[31]。『刑罰と社会構造』にも同様の論点が見出せる。そこでは、「宗教的態度」、「イデオロギー」、「政治」、運用上の便宜、官僚制的な傾向、犯罪学理論、さらには「サディズム」や人道主義といった感情の上での傾向性が果たす効果的な機能について触れられている[32]。だがこれらの要因は、歴史叙述の中で言及されるだけで、著作の理論枠組の中に完全に統合されることはない。かわりにそれらの要因は、まるで経済的な力が空けてくれたスペース内で作用するかのような印象を与えてしまっている。

4．ルッシェとキルヒハイマーの刑罰史

ルッシェとキルヒハイマーは、上で設定された概念を用いながら、広汎な歴史

---

[29] Ibid. 7.〔邦訳 p. 7〕
[30] Rusche and Kirchheimer, *Punishment and Social Structure*, p. 206.〔邦訳 p. 242〕近代社会における罰金の使用についての社会学的説明にはP. J. Young, *Punishment, Money and Legal Order* (Edinburgh, forthcoming).
[31] Rusche, 'Labor Market and Penal Sanction', p. 11.

的説明を提示している。その説明は、刑罰方策の発展が、いかに経済変動の一般的傾向や、供給、需要、労働力の社会的使用における特殊な多様性と相互関係を示しているかについてのものである。この歴史調査は、かなり高度に抽象化されており、1930年代当時に利用可能だった二次的文献や史料に大きく依拠している。さらに、それらは命題の例示、あるいは「証明」として提示されており、バランスのとれた歴史的説明として提示されているわけではない。したがって、その場合に当てはまる事例を選択し、当てはまらない事例を無視する傾向にある。以下で見るように、その後の研究によって、『刑罰と社会構造』で行われた解釈のいくつかは疑わしく、それらのほとんどが良くて偏ったものであると判断するのに十分な理由が示されている。しかし、ルッシェとキルヒハイマーの説明には、真実の要素が間違いなく存在する。この真実は修正される必要があるにせよ、少なくともそれが理解されなければならない広い意味では、説得的であることが多い。デュルケムの著作で理解したように、著者のいう命題の実証を疑いながらも、その命題自体の中に若干の利点を見つけることは完全に可能である。

　ルッシェとキルヒハイマーの歴史的説明の中心的な関心は、近世と近代に出現した特定の刑罰方策を見定め、上で描写された経済的・財政的な力に言及することで、それらの刑罰方策をどのように理解できるかを示すことである。私は、彼らの説明を提示するに際して、この中心的なテーマにのみ注目し、原著にあるいささかまとまりを欠く社会史は除外することにする。

4-1　中世の処罰

　彼らの分析の出発点は、中世初期のヨーロッパ、つまり資本主義的関係と集権的な国家権力の出現以前である。この時期の犯罪行為は、私的な復讐か、きわめて親密な当事者間で解決される問題として扱われ、罰金や改悛が、そのような紛争を解決するための最もよく見られる手段だった。だが14、15世紀までには、多くの進展が起きた。その進展は、「中世初期の刑法の私的性格に対して戦を挑みそれを支配の手段と転化せしめた」[33]。最も注目すべきことは、中央権力の誕生である。この権力は、臣従者に権威に服従することを強制し、公共の平和を乱す犯

32　Rusche and Kirchheimer, *Punishment and Social Labor*, at pp. 37, 183, 185, 134, 156, 151, and 84, respectively.〔邦訳 pp. 39, 209, 211, 147, 176, 171, 91〕
33　Ibid. 10.〔邦訳 p. 10〕

罪者に罰金を科すことによって得られる財政的利益を求めたが、このように刑罰を科す権力が地方コミュニティから、ますます権威を増す中央当局へと委譲されるとともに、罰金は「被害者に対する賠償というよりは裁判官および大法官を肥やす手段と化し」、裕福な人びとだけを対象にするようになった。一方で、身体刑は、罰金を払えなかった犯罪者を処遇するための標準的な方法になった[34]。

同時期に、多くの要因が合わさった結果、ますます貧窮するようになり、土地を奪われた農民が生まれた。「農業から牧畜への転移、すなわち、田舎の広大な部分を疲弊させるという結果をともなった資本主義的牧畜制度の台頭」と「人口の全般的増加」によって、彼らは、浮浪生活・放浪状態に陥り、犯罪を行うよう強いられた[35]。流浪し、主人を持たないこれらの人びとは、所有物と公的秩序を脅かしたため、あらゆる権力機関は圧制的な方策で彼らに対応せざるをえなかった。そのため、中世後期は、苛烈で身体的な処罰に特徴づけられるようになった。これらの処罰は、鞭打ちや烙印づけから、四肢切断、死刑、死体を晒すことにまで及んだ[36]。

ルッシェとキルヒハイマーによれば、これらの野蛮な刑罰を、「現在消滅してしまっている時代の原始的残酷性のみに」帰すことはできない[37]。これらの懲罰的な見世物に、サディズムの要素が含まれていたことは疑いがない。これは公衆が、「残酷性に対する欲望」を満たすことを可能にする一方で、個別の犯罪者、アウトサイダー、魔女に対してこの大衆的な憎悪を向けることを許し、それによって大衆は、「自己の経済的困難に対する責任を転嫁」した[38]。だが、残酷性、そしてとりわけ法的行動におけるその現われは、それ自体存在するために特定の条件を必要とする社会的な現象である。したがって、それを内包する社会関係に言及し、それを存在させる条件が説明されなければならない。ルッシェとキルヒハイマーは、その説明を次のような事実の中、つまりこの時期に特に成長しつつあった中心都市部において労働力の大規模な過剰供給が存在したという事実の中に見出した。この過剰供給は、人間の生命の価値を下げ、ほとんど虐殺といってもいいような刑罰

---

[34] Ibid. 17.〔邦訳 p. 17〕
[35] Ibid. 12.〔邦訳 p. 12〕
[36] 近世の浮浪者についてはA. L. Beier, *Masterless Men: The Vagrancy Problem in Britain, 1560-1640* (London, 1985) を参照。
[37] Rusche and Kirchheimer, *Punishment and Social Structure*, p. 23.〔邦訳 p.24〕
[38] Ibid. 21.〔邦訳 p. 22〕

政策を進めることへの圧力を生んだ。「労働に対して支払われる賃金が減少するにつれて人間の生命の価値はますます低いものとされていった。烈しい生存競争の結果として、刑罰体制はあまりにも著しい人口の増加を阻止する手段と化した」のである[39]。

4-2　処罰と資本主義の勃興

　16世紀の終わりになると、いくつかのヨーロッパの国では、経済的・人口動態的な特徴の様相が変わり始め、社会政策と犯罪者を処罰するために使用される方法が変化した。実際、人口の増加は、戦争、疫病、家族といったマルサス主義的な要因によって抑制される一方、貿易、市場、手工業の拡大が、海洋貿易航路、植民地への投機、レアメタルの影響、そして町や都市に住む裕福な人びとの消費需要の増大によって可能になった。その前の世紀とはまったく対照的に、新しい重商主義時代は、労働力の不足、高額な賃金コスト、そして新しい形態の手工業と生産のための自発的な労働力を確保することの困難に直面した。このような状況は、工業の進展と貿易の保護を狙いとした多様な社会政策を導入するよう政府を導いた。そのような政策には、賃金水準、労働時間、移民を規制しようという試みと貧困者の処遇が含まれていた。宗教改革を行った国々のカルヴァン的教義と反宗教改革を奉じる新しいカトリシズムの両方に突き動かされ、社会政策は、労働の必要性、怠惰という犯罪、慈善を労働倫理に結びつけることを非常に重要視した。労働力が、国家の最も重要な資源の一つと実際にみなされるようになり、政策は労働力を高め、統制しようとした。したがって、広く使用されていた死刑と身体刑の漸進的な放棄と新しい刑罰方策をこの時期に出現させたのは、人道主義的な関心ではなく、この経済的な合理性だったのである。

　ルッシェとキルヒハイマーは、このような近世に導入された三つの刑罰形態の存在を指摘する。ガレー船徒刑、流刑、「重労働つき刑罰苦役」である[40]。ガレー船徒刑は、15世紀後半から18世紀までのヨーロッパ、とくにフランスとスペインで、重大な犯罪者および乞食と浮浪者に対する処罰として使用された。ルッシェとキルヒハイマーの説明によると、海洋国家の支配者は、このような労務をするよう自由を拘束されていない人びとを説得するのが難しいと感じていたが、有罪宣告を

39　Ibid. 20.〔邦訳 p. 21〕
40　Ibid. 24.〔邦訳 p. 24〕

受けた人びとに対してならば、非常に困難で危険な労働をともなう終身刑を強いることが可能だったという理由からこの方策を導入した。この種の判決の頻度は、漕ぎ手の需要に応じて増減し、有罪宣告を受けた人びとは、とくに彼らの体の丈夫さと体力に応じて選抜された。そして、彼らが任務から解放されるのは、必要な労働を遂行するのに彼らの健康状態が十分でなくなったときのみだった[41]。ルッシェとキルヒハイマーにとって、これは彼らの一般命題の明確な例示である。「刑罰方策としてのガレー船の発展において意義あるものは、刑事的ではない、ただ経済的考慮のみが存在していたにすぎないという事実である。このことは判決の宣告および執行の両面において然りである。ガレー労役の採用とそれに関する規制は出来るだけ安い足場でもって必要な労働力を得ようという願望からのみ決定された」[42]。この刑罰が廃止されるには、18世紀の前半、帆船設計の技術的改善によって、人力で漕ぐことがもはや時代遅れになるのを待たなければならなかった。その時期、ガレー船徒刑はトゥーロンやマルセイユの港のバーニュ（労働収容所）での強制労働へとかわった[43]。

刑罰制裁として流刑を導入することも、類似した一般的傾向をたどったが、これも同様の至上命令によって説明される。スペインやポルトガルなどの植民主義的な権力は、遅くとも15世紀には外国の植民地や軍事基地で、有罪宣告を受けた人を働かせていた。そしてアメリカ、その後はオーストラリアへの流刑は、16世紀から19世紀半ばまでイングランドの刑罰システムの中心的な要素だった。ルッシェとキルヒハイマーによると、植民地で活用されていない膨大な土地を利用できるようになったことは、故郷の国で植民地の生産物への需要を高めたと同時に、「絶えない労働の払底」をもたらした[44]。有罪宣告を受けた人びとの流刑が、それに対する反応だったことは明らかである。流刑は、「政府にほとんどなんらの経費を負

---

[41] ヨーロッパのガレー船徒刑についてはA. Zysberg, 'Galley and Hard Labor Convicts in France (1550-1800), in P. Spierenburg (ed.), *The Emergence of Carceral Institutions: Prisons, Galley and Lunatic Asylums, 1550-1900* (Rotterdam, 1984) を参照。またT. Sellin, *Slavary and the Penal System* (New York, 1976) も参照。
[42] Rusche and Kirchheimer, *Punishment and Social Structure*, p. 55.〔邦訳 p. 58〕. 実際、ガレー船徒刑は刑罰的機能を明らかに担っていた。それは確実に抑止と応報の役に立つには十分なくらい苦痛に満ちていた。ルッシェとキルヒハイマーの指摘は、苦痛を科すというこの方法の選択が経済的（そして軍事的？）関心によってのみ決定されていたということである。
[43] バーニュに関してはA. Zysberg, 'Galley and Hard Labor Convicts in France (1550-1800)'を参照。
[44] Rusche and Kirchheimer, *Punishment and Social Structure*, p. 58.〔邦訳 p. 62〕
[45] Ibid. 60.〔邦訳 p. 64〕。この点を支持する傍証としてJ. Beattie, *Crime and the Courts in England, 1660-1800*, pp. 479 ff., 504, 600 n.を参照。

第4章　処罰の政治経済

担させ」なかった[45]。というのも、有罪宣告者を流刑地へ追放することを請け負った人は、植民者に有罪宣告者を売ることで、利益を得ることができたからである。労働力の輸出が国家の富の喪失となると批判する者は、流刑でなければ死刑になるような人びとのみに流刑を限定しているという回答を受けた。だが18世紀初頭のイングランドでは、流刑が死刑判決の減刑としてだけではなく、窃盗や他の多様な違反のためのよくある判決として使用された。流刑の支持者は、犯罪者（彼らは強制労働の期間後は通常釈放され、植民地の居住者となった）を矯正するための機会であるとさかんに主張したが、ルッシェとキルヒハイマーは、そのような人道主義的動機にきわめて懐疑的である。そして彼らは、「改善可能性」ではなく、体の強さや特殊な労働技能が、誰を流刑に処すかを決定するにあたっての最優先事項だったという事実を指摘する。同様に彼らは、アメリカの植民者がこの実務に反対するようになり、有罪宣告を受けた人びとの受け入れを「不面目な義務」とみなすようになったことの理由についても、懐疑的である。というのも、そのような反対は、黒人奴隷貿易の発展がより安く、それほど制限されない労働資源を利用可能にした後に、ようやく聞かれるようになったからである。「流刑がもはや引き合わなってくると、植民地開拓者はそれを自分たちにふさわしからぬ恥ずべき仕事であることを悟るに至った」のである[46]。

　もちろん、アメリカへの流刑を最終的に終わらせたのは、1770年代のアメリカ独立革命と独立戦争である。このことは、流刑の終結の原因が、経済的な要因よりも政治的な要因であると思わせるかもしれない。しかし、ルッシェとキルハイマーは、別の解釈を示し、「アメリカの情勢はすでに有罪宣告を受けた労働者を受け入れるについては限界のありうることを表明していた。植民地の経済体制は、政治情勢から遂に追放に休止符が打たれるよりはるか先だって、その継続を不可能としていた」と述べる[47]。アメリカという刑罰の行き先がなくなるにともない、イギリスも有罪宣告を受けた人びとを労働させる多様な公共労働に頼るようになった。そのうちの最も有名な急場しのぎの方策は、廃棄され沖に停泊した海軍船舶（「老朽船」）に受刑者を収容し、埠頭や港湾の壁を建設させ、河口の底をさらう労働をさせる、というものだった。だが1787年以降、流刑が再開された。このときには、新オーストラリア植民地への流刑が行われた。有罪宣告を受けた労働者は、最初

46　Rusche and Kirchheimer, *Punishment and Social Structure*, p. 61.〔邦訳 p. 65〕
47　Ibid. 123.〔邦訳 p. 135〕

は軍事行政官の指示を受け、その後は大土地所有者の指示を受けた。だが19世紀中盤には、二つの経済的傾向が絡み合い、政策を侵食し、廃止へと導いた。一つ目の問題は、劣等処遇の問題だった。遠く離れ、人のほとんど住まない見知らぬオーストラリアへの流刑に処されることが最初の数年、下層階級に真正の恐怖を引き起こした後には、少なくとも流刑を運用する人びとのあいだに、流刑についての新しい認識が出現した。労働の可能性、旅立ちの切符つきの早期釈放、新しい土地で最終的にはうまくやっていけること。当局は、これらのせいで、流刑が本国での強烈な犯罪抑止でなくなるのではないかと恐れた。イギリス政府は、1819年までには、植民地の軍官にそこでの統治の苛烈さを増すようにと、そして犯罪者に対してオーストラリアが犯罪抑止をもたらすのではなくむしろ魅力的な未来を提供するという感覚に対して対抗措置をとるようにと、指示を出さなければならないと感じるようになっていた。だがルッシェとキルヒハイマーによれば、「植民地の経済的必要によって制約せられていたアーサー［総督］の極端な威嚇ならびに厳格な体制すらも、イングランドにおける下層階級の悲惨な状態と比較したばあいになお流刑の持つ魅力を減殺することには成功しなかった」[48]。同じ時期、ますます多くの自発的な移住者が、植民地に魅力を感じるようになった。これらの新しい居住者は、有罪宣告者や刑期を終えた受刑者の安価な労働のせいで賃金が削られることに異議を唱え、流刑に反対し始めた。「安価な有罪宣告者労働の恩恵をこうむっている……雇い主」の支持にもかかわらず、流刑のシステムはゆっくりとではあるが、最初はニューサウスウェールズで、その後には他のあらゆる場において、立ちゆかなくなった[49]。17、18世紀にこのシステムを有効活用しようと試みたフランス、そしてその程度はより少ないもののオーストラリア、プロイセンに関しても、流刑が経済的な便法として導入され、その後経済的なメリットがなくなるにつれ廃止されるという同様の流れが記述されている。

　重商主義時代の刑罰で最も長く使用され続けた新たな方策とは、船中や遠く離れた植民地で強制的に労働させるという試みではなく、自国にそのためだけにつくられた施設に収容して、強制労働を行わせるという方策だった。ルッシェとキルヒハイマーは、イングランド、オランダ、ドイツ、フランスなどの、勃興しつつあった資本主義をリードした地域の国々が、どのようにして多種多様な牢獄施設を発

---

[48] Ibid., 120-1.〔邦訳 p. 132〕
[49] Ibid. 118.〔邦訳 p. 130〕

展させ始めたかを描写する。これらの施設には、どのように被収容者を労働させ、産業の規律に沿うよう訓練するかという共通の関心事があった。そのような施設の最も初期の例は、1555年に開設されたロンドンのブライドウェルである。これは、都市から浮浪者と乞食をなくすためのものであり、地域の商売人に労働力の蓄えを利用できるようにする貸与システムを発展させた。アムステルダムの訓育所と紡績工場やパリの一般施療院といった類似の施設が、他の場所でも間もなく設立された。それぞれが、その特殊な被収容者の構成と組織形態において独自のものだったが、それらすべては、拘禁、強制労働、改善という目的を共有していた。「懲治場」という概念は、これらの施設から発展した。懲治場は瞬く間に、ほとんどのヨーロッパの都市、特にドイツ語圏の国々の特色となった。ルッシェとキルヒハイマーによれば、「懲治場の真髄はそれが救貧院、工場および刑罰施設の諸原理を結合したものであるという点にある」。その主要な狙いは、綿密に規律づけられ秩序だてられた統治体制の監督下で働かせることによって、「労働を好まぬ人びとの労働力を社会的に役立てようというにあった」[50]。「受刑者たちは施設内で労働を強制されることによって勤勉な習慣を形成し、同時に職業訓練を受けうるのである。彼らは釈放せられたのちには自ら進んで労働市場を拡大することが希望せられた」[51]。

　これら近世の施設に、競合相手がなかったわけではない。具体的には、取引ギルドは、独占が侵害されること、強制的に働かされる人々と競合しなければならなくなったことに憤りを感じた。またそれらの施設の維持のためには、その地域の行政当局は相当な額の費用を要することになり、その額は、その地域の税金を上げるか、公営くじを行わなければならないほどだった。さらにルッシェとキルヒハイマーは、多くの懲治場が、その経済的な目的あるいは改善という目的を達成することに失敗したこと、そして18世紀までには衰退と解体へと落ち込んでいったことを認める。それにもかかわらず、彼らは「懲治場を決定づける動機が、利益の可能性というものだったことは確実である」と断言する。そして彼らの全体的な評価は、「懲治場が全体として国家経済にとってきわめて貴重なものだったこともまた確かで

---

[50] Ibid. 42.〔邦訳 p. 45〕サイモン・シャーマはアムステルダム懲治監にあった悪名高い（そしてもしかすると虚構の？）「水責め牢」を描写している。ここに入れられた在監者は（手押しポンプを押すという）労働をするか、牢がゆっくりと水に浸かり文字どおり「水にもぐる」かという苦渋の選択をさせられた。シャーマが指摘するように、オランダの恵まれた地理が、この描写を労働の必要性を描く便利な象徴としたのである。S. Schama, *The Embarrassment of Riches: An Interpretation of Dutch Culture in the Golden Age* (London, 1987), part 1.
[51] Rusche and Kirchheimer, *Punishment and Social Structure*, p. 42.〔邦訳 p. 42〕
[52] Ibid. 50.〔邦訳 p. 54〕

ある。その低賃金と、未熟練労働者の訓練とは資本主義的生産の台頭に重要な寄与をなした」というものである[52]。

近代資本主義の出現に寄与するのと同様、これらの施設はまた、近代監獄システムの基礎にもなった。初期には軽微な逸脱、ならびに浮浪者、乞食、孤児、改善を要するとみなされた子どものみが、これらの施設へ送られるという判決を受けただけだったが、その後、より深刻な犯罪者もそこに送られるようになり、18世紀までにこのような刑罰の機能は、いっそう広く使用されるにいたった。このように、ルッシェとキルヒハイマーにとって、最も初期のころの監獄は、その施設の前身と同様、「労働力を搾取し」、「新たな労働力の予備を要請する」ための方法として設立されたのである[53]。これらの経済的目標を確実にするため、新たな監獄が建設され、古い建物は改築された（もっとも、重要なことに、「商業的な利用に適当」でない懲治監獄は、改造されないまま「はなはだしく劣悪状態」にとどまった）。このような状況は、18世紀の終わりに、身体的な処罰よりも収監が、犯罪に対処するための方策として多く使用されるようになるまで続いた[54]。

このように近代的な監獄は、重商主義期の終わりに出現した。その時期、労働は供給不足にあり、社会政策は動員可能な人手を何であれ利用し、活用した。だがこれらの社会的状況は、監獄が刑罰政策で支配的になるやいなや方向を変え、監獄の経済的基礎は、「姿を消しつつあった」[55]。ルッシェとキルヒハイマーは、1790年までには「支配階級がかつて一世紀以上にわたってもとめていたものは、いまは一つの実現された事実——相対的人口過剰となった」と論じる[56]。18世紀には、ヨーロッパの人口が急速に拡大した。自分の土地で生きていくことができない数千の農業労働者が都市部に流れ込み、19世紀の最初の十年には、都市部で大量の失業者が生まれた。この失業者たちの存在は、労働者には低賃金を、不就労者には困窮化を確実にした。最も不利な人びとの生活条件の低下は、救貧院、懲治場、監獄などの施設状態の悪化に反映されたが、それらの施設は、貧しい人びとのための予約席のようなものだった。そしてルッシェとキルヒハイマーは最も優れた施設すらもこの時期にどれほど没落したかを示すための傍証として、ジョン・

---

[53] Ibid. 63.〔邦訳 p. 67〕
[54] Ibid. 54.〔邦訳 p. 59〕
[55] Ibid. 84.〔邦訳 p. 90〕
[56] Ibid. 86.〔邦訳 p. 92〕
[57] Ibid. 86.〔邦訳 p. 88〕

ハワード (J. Howard) の調査を提示している[57]。

4-3　産業革命後の処罰

19世紀初頭の産業革命と、それにともなう自由貿易と自由放任政策への要求は、古い重商主義的な社会統治体制に対する最後の一撃となった。その古い社会形態は、順々に解体されていったが、同時期に産業機械や初期の大量生産方式が導入され、それによって当時被収容者によってなされていた労働はますます利益のあがらないものとなり、維持するのが困難になっていった。このような文脈で、刑事施設が持っていた改革という関心事、そして彼らが熱望していた有罪宣告を受けた人びとの生活水準の向上という関心事は、経済的基礎が崩壊するのにともなって、完全に崩壊したのである。

新たな監獄は、このような経済的観点から見れば、それらが設立されたときにはすでに実務上で時代遅れだったように見える。しかし、大量失業、大規模な貧困、不安定な政治をともなった19世紀初期の産業危機もまた、犯罪率を大きく増加させた。したがって、刑罰政策についての問いは、あらゆる国家の政治綱領へと導かれた。ルッシェとキルヒハイマーによれば、支配階級の人びとが即座にとった反応は、16世紀の残虐な方式の再導入を要求することであり、近時の人道主義からなされた社会実験を後退させることだった。拷問、身体破壊、「斧、鞭打ち、絶食」が、犯罪と無秩序という脅威の高まりに対する適切な解決策とされた[58]。しかし、1世紀にもわたる啓蒙主義による身体刑に対する批判は、良心と政治的賢慮への要求と結びつき、以前の方式へ戻るのではなく、監獄機構を再計画させるよう当局を導いた。今や収監は、経済的な労働や個人の改善のためではなく、怖れや格下げに依拠する抑止のための合理的なシステムとなるべきだと考えられるようになったのである。「ヨーロッパ社会が新たな労働力の予備をかかえて必要としたところのものは、飢える者の心中にさえ恐怖心をたたき込むような処罰であり、ヨーロッパ社会はそのような方策を独居拘禁制という新たな統治体制の中に見出した」[59]。

これらの発展には改革派のレトリックがともなっていたとはいえ、ルッシェとキルヒハイマーは、そのようなシステムの導入が、拷問と威嚇の厚い皮をかぶった変装、

58　Ibid. 132.〔邦訳 p. 145〕
59　Ibid. 132.〔邦訳 p. 145〕

すなわち労働者階級の最も困窮した人びとをさえ抑止するよう計算された変装であると考える。改革者たちは、「中世的な刑罰形態への復帰をにおわせるようなことは断乎として斥け」、「受刑者が苦しめられることは」本当に望まなかったとしても、それにもかかわらずその効果は、中世的な刑罰の形態にきわめて近いものだった[60]。監獄での労働は、生産的で利益の上がる訓練の形態から、踏み車とクランク(訳注3)やその他の非生産的な雑役による苦痛の拡大へと形を変えた。受刑者たちは長い間、沈黙と孤独の中に取り残された。一般にこのような監獄は、何らかの改善という結果をもたらすことには失敗したが、監獄へ送られるという判決が示す恐怖と剥奪感を高めることには成功した。このように新たな監獄は、中世の制裁がそうだったのと同じくらいに、人間の生活と過剰な労働力の浪費だった（もっとも、当時、この非合理性は、改善というレトリックと宗教的イデオロギーのレトリックで偽装されてはいたが）。「労役なしのあるいは懲罰的な労役しかもたない独居拘禁制は、収容過剰の結果として治療という合理的な政策を放擲し、そしてこの事実を道徳的観念論のもとに隠秘しようとする一つの心性のあらわれである」[61]。

　ルッシェとキルヒハイマーの説明において、19世紀中のアメリカでの監獄使用の経験は、別個の事例となる。なぜなら、アメリカの北部の州では、継続的に労働力が不足していたからである。この不足は、州立刑務所が他の場所では不可能だったような仕方で、生産的な経済単位として機能することを可能にした。これらの州の受刑者は、施設内で物品を製造したり、私企業や公共労働へと駆り出されたりという労働をさせられた。そしてヨーロッパの踏み車とクランクによって示されるような、懲罰的で非生産的な種類の労働に頼ることはなかった。ルッシェとキルヒハイマーは、受刑者を改善させ、彼らの魂を救うという宗教的関心事が、州立刑務所システムを求める熱狂の中でも大きな役割を果たしたと認める。だが彼らは、経済上の至上命令が第一の決定要因でありつづけたと強く主張する。より生産的で有罪宣告者が共同で働くことを可能にするオーバン制(訳注4)がペンシルバニア監獄の厳格な独居拘禁制よりも好まれたという事実が、このことの十分な裏づけであるとみなされる。アメリカのある場所では、そのように、「監獄は再び忙しい工場となり、商品は利潤をもって生産されはじめた」[62]。また、ボーモン（B. de

---

60　Ibid. 133.〔邦訳 p. 146〕
61　Ibid. 137.〔邦訳 p. 150〕
62　Ibid. 130.〔邦訳 p. 143〕

第4章　処罰の政治経済　　129

Beaumont）とトクヴィルの1830年の研究は、「この新監獄統治体制はわずかの経費で建設することができ、自律的で、しかも歳入の一財源でもあった」と示唆する[63]。有罪宣告を受けた労働力は、19世紀末期にようやく削減された。その時期に、自由民である労働者やその組合が、監獄での手工業からの競合に対して意義を申し立てはじめ、その後、監獄産業は、一定の制限を課せられることになった。だがその後も、自由市場のためにではなく、監獄内部のための物品や官物を生産することで、生産的な監獄労働は存在し続けた[64]。

20世紀初頭には、ヨーロッパの処罰、そしてその程度は小さいもののアメリカの処罰は、資本主義の生産プロセスに、直接的には関わらなくなった。なぜなら、技術的発展と自由労働者からの反対が、経済上の単位として作用するその能力を侵食したからである。したがって刑罰政策は、直接的な生産に関わる関心事ではなく、（労働者階級の生活条件や劣等処遇への要求といった）財政的な力や間接的な経済的な力によって、ますます決定されるようになった。以前は収監に処することが可能だった違反に対して、罰金刑が用いられることが増えたことは、このような傾向の最も顕著な例である。そしてルッシェとキルヒハイマーが指摘するように、20世紀にこの制裁が一般化されたことは、それ自体ある経済的条件の存在をほのめかしている。そのうちで最も注目に値することは、徹底的に貨幣化された経済と、人びとが利用可能な可処分所得の最低水準である。彼らは、「罰金の適用頻度はもともと立法的あるいは裁判的方法または理論が決定するのでなく、むしろ当時の社会的経済状態の正確な反映である」と述べている[65]。

1914年以前に多くの労働人口に賃金の増加、社会的利益の増加、生活水準の向上をもたらしたのと同様の経済条件が、一連の社会的・経済的改革をもたらした。この改革は、収監の性質を変え、少年院、仮釈放、アフターケアといった再教育のための手法を広く利用した。実際、「相対的繁栄」が存在したことによって、「全面的緩和傾向」、受刑者の生活条件の改良、罰金のより頻繁な使用、更生へのよ

---

[63] Ibid. 131.〔邦訳 p. 143〕
[64] 実際のところアメリカの経験には大きな多様性がある。南部の州の多くは、有罪宣告を受けた人びとの労働を20世紀になってからも重視しつづけた。J. Conley, 'Prisons, Production and Profit: Reconsidering the Importane of Prison Industries', *The Journal of Social History*, 14 (1981), 257-75; E. L. Ayers, *Vengeance and Justice: Crime and Punishment in the Nineteenth Century American South* (New York, 1984) を参照。
[65] Rusche and Kirchhaimer, *Punishment and Social Strcuture*, p. 173.〔邦訳 p. 199〕
[66] Ibid, 147, 163.〔邦訳 p. 164, 186〕

り多くの努力、そしてルッシェとキルヒハイマーが「より合理的でまた人間的な行刑」であると捉えたものが発展した[66]。だが彼らは、次のように強く主張する。すなわち、1930年代のファシズム政権では、「競合体制から独占的資本主義への移行」によって引き起こされた経済危機が、広範囲にわたる影響、法的自由の弱体化、刑罰の苛烈さを重視したこと、死刑を再び導入したことなどを及ぼしたが、そこでの刑罰傾向によって例示されるように、これらの刑罰方策は変動しうる経済的な力を前提とする、と[67]。

『刑罰と社会構造』は、刑罰政策と犯罪率が、実際のところ、相互に独立しているとはいえ、どちらも同様の社会条件と経済条件の相互関係によって決定されているという主張を繰り返すことで、歴史についての説明を終えている。したがって、犯罪を減少させ、合理的で人間的な刑罰政策を達成するための唯一の道は、刑罰政策と他のすべての社会生活圏を支える階級システムと経済的条件に取り組むことである。彼らは、「社会がその構成員に対しある程度の保障手段を与え道理にかなった生活水準を保障しうるばあいにおいて、犯罪率ははじめて影響を実際に受ける。したがって抑圧的刑事政策より進歩的政策への転移も建設的社会活動に対する人道主義の分野から生じてくるのである」と述べる[68]。このようなプロジェクトという文脈から、そしてそのマルクス主義的な概念と関心事もあわせて考えれば、この最後の文章を、資本主義的な階級システムを暴き出すことや社会主義的な社会の建設と真の刑罰改革を結びつけるものとして解釈することは理に適っているだろう。

5．『刑罰と社会構造』の再評価

ルッシェとキルヒハイマーの著作は、1939年の出版当初はほとんど読まれず、言及されもしなかった。初版の助言者だったセリン（T. Sellin）とサザーランドが短い引用を行った以外、この本は30年間、おおむね無視されていた。その主張がラディカル・クリミノロジー(訳注5)と歴史修正主義(訳注6)に心頭している読者に広く知られるようになるのは、1968年の再版を待たねばならなかったが、それ以来、

---

67 アメリカの刑罰と精神医療政策における変化を国家の経済的変化と財政的危機を結びつける類似した主張についてはA. Scull, *Decarceration* (Englewood Cliffs, NJ, 1977)を参照。
68 Rusche and Kirchhaimer, *Punishment and Social Strcuture,* p. 207.〔邦訳 p. 243〕

同書は、処罰の社会学の中である種の古典的著作の地位を占めるようになっている。『刑罰と社会構造』は、経済学、犯罪、処罰に関する研究文献を増加させる刺激となっている。同書は、その他の歴史研究にも影響を与え、処罰についてのマルクス主義的議論の中心的な準拠点となっている[69]。確かに、この領域において近年最もよく知られた著作であるメロッシとパヴァリーニの『監獄と工場』の大部分は、ルッシェとキルヒハイマーの命題を洗練させたものである。それは、ヨーロッパとアメリカの初期の監獄が服従、勤勉、従順な行動という工場的な美徳を徐々に教え込むことによって、プロレタリア的な労働者をどのように規律づけたかを示し、労働市場の状態が、監獄の内的統治の形態に直接的に影響すると主張する。この統治の形態は、労働力が乏しいところでのみ更生を重視するようになり、乏しくないときには端的に「破壊的」となる。

　新しい地位を得たとはいえ、ルッシェとキルヒハイマーの著作は、強烈な批判を免れているわけではない。実際、それが刺激を与えた社会学的・歴史的研究は、元の議論の限界と、その特定の判断の多くを改変する必要があることをしばしば示している。予測できるように、このように単純な解釈が広汎な歴史に適用されたとき、歴史学者はそれに対してより詳細な傍証を用いて、命題のどの部分が修正されなければならないかを早々に指摘してきた。流刑の歴史についてのイギリスでの研究は、少なくともオーストラリア期においてこのシステムが、海外での経済上の利点に対する反応ではなく、国内での刑罰学上の危機に対する反応として考案されたこと、また有罪判決を受けた初期の人びとの移送、監視、生活維持にともなう費用は、国家にとってかなりの重荷だったことを示している[70]。懲治場についての歴史学者は、これらの施設で商業的動機は部分的な役割を果たしたかもしれないが、実際、財政的な利益を上げられたものはほとんどなかったと主張して

---

[69] T. Platt and P. Takagi (eds.), *Punishment and Penal Discipline* (Berkeley, Ca., 1980)に集められた論文; D. Melossi and M. Pavarini, *The Prison and the Factory* (London, 1981); C. Adamson, 'Toward a Marxian Penology: Captive Criminal Populations as Economic Threats and Resources', *Social Problems,* 31 (1984); C. Adamson, 'Punishment After Slavery: Southern State Penal Systems, 1865-1890', *Social Problems,* 30 (1983); G. Gardner, 'The Emergence of the New York State Prison System: A Critique of the Rusche and Kirchheimer Model', *Crime and Social Justice,* 29 (1987), 88-109; Conley, 'Prisons, Production and Profit'; S. Box, *Recession, Crime and Punishment* (London, 1987)を参照。

[70] Beattie, *Crime and the Courts in England,* 1660-1800, ch. 9, R. Hughes; *The Fatal Shore: A History of the Transportation of Convicts of Australia, 1787-1868* (London, 1987),; A. R. Ekrich, *Bound for America: The Transportation of British Convicts to the Colonies,* 1718-1775 (Oxford, 1987) を参照。

いる。これらの施設は、概して、慈善的な寄贈者や地域税制によって資金を調達しており、被収容者の労働や生産物の売却ではほとんど相殺できないほど高額の費用で運用されていた。可塑性のある労働者の訓練に関して言えば、近代的な更生についてと同様に、現実的な効果の問題ではなく改革者の意図の問題だったと傍証されている。そのため、これらの施設の長い歴史を、このような観点からのみ説明することはできない[71]。

19世紀初期の監獄についても、話はおおよそ同じである。懲治監やモデル監獄の多くには、記念碑的な建造物や威厳ある建造物の装飾という特徴があったが、そのような建造物の建築は、しばしば大規模な財政的負担となり、その費用が回収される見込みがほとんどないままに行われた。つまり新たな監獄は、収監から得られる経済的利益などではなく、国家の能力と歳入の増加を立証するものだった。同様に、受刑者の労働がつねに統治の一部だと考えられたとしても、利益をあげる可能性は、監獄の規律、一般予防、個人の改善といった他の関心事よりも軽視されることが多かった。ペンシルバニアのチェリーヒル監獄やイギリスのペントンヴィルのような特定の施設は、設立するのに高くつく統治形態を配慮の上で採用しており、経済的な収益を上げる見込みはほとんどなかった。そしてよりコストに注意を払ったオーバン制流の施設も、建設にともなう初期費用を除いても、その維持コストを相殺すると期待できることはまれだった。罰金、身体刑、死刑の低額な財政的コストと比較して、収監を用いることは経済的に見て、魅力的な選択肢では決してなかったのである。

より重要なことに、監獄の設計と統治形態の細部についての問いをめぐって発生した激しい議論と公衆の関心は、経済的な動機の語彙のみに目を向けていては理解できない。イグナティエフとロスマンが明確に示したように、初期の監獄改革運動も社会的・政治的・宗教的関心事に魅せられたものであり、その後設立される刑罰実務の布置を形成するのに大きく寄与した[72]。同様に、中世後期に用いられた身体刑を、社会的に許容されたサディズムという観点からのみ話題にするこ

---

[71] J. Innes, 'Prisons for the Poor: English Bridgewells, 1550-1800', in F. Snyder and D. Hay (eds.), *Labour, Law and Crime: An Historical Perspective* (London, 1987); P. Spierenburg, 'The Sociogenesis of Confinement and its Development in Early Modern Europe', in Spierenburg (ed.), *The Emergence of Carceral Institutions*; J. Sharpe, *Crime in Early Modern England, 1550-1750* (London, 1984), ch. 8; Beattie, *Crime and Courts in England, 1660-1800,* ch. 10を参照。

[72] Ingatieff, *A Just Measure of Pain*; D. Rothman, *The Discovery of the Asylum: Social Order and Disorder in the New Republic* (Boston, 1971).

とも、等しく理解を狭めることである。ルッシェとキルヒハイマーの見方では、生命を軽く扱うことが経済的に抑制されていなかったことが、その領域で無軌道な感情の役割をきわめて自由にさせていたとされる。しかし、ミシェル・フーコーの著作について論じる際に見るように、最も衝撃的な刑罰の凶悪さですらも、一般的には政治的な意図や社会上の象徴作用という積極的な枠組内で行われていたのである。

刑罰形態と、生産様式ならびに労働者階級の生活水準を結びつけるルッシェとキルヒハイマーの一般命題は、現代になって得られた以下の傍証によって問いに付されている。それらの傍証は、類似した経済条件を共有する社会間で、刑罰実務が大きく異なっているということである。収監率と刑期の長さ、罰金の使用と拘禁にかわる代替策。これらはすべて、先進資本主義の社会ごとに大きく異なっている。一方、社会主義的な経済形態や準社会主義的な経済形態をとる国々が採用する刑罰方策や刑罰制度は、その刑罰イデオロギー、収容に関する統治形態、対象となる人びとという点で、一定の重要な差異を示すとはいえ、資本主義的な国家で使用されるものと大きく異なっているようには見えない[73]。

ルッシェとキルヒハイマーの説明について、他の具体的な論点を示すこともできるが、それらの批判の一般的な傾向はすでに見てきた。実際、その理論的アプローチは、これらの経験的事実による修正によって、その根底にある問題が指摘されており、そのことを踏まえて議論される必要がある。上で述べたように、ルッシェが彼の研究構想について行った初期の描写では、刑罰現象の包括的な説明や、その歴史的発展を提示するよう意図していたわけではなかったことが明らかである。さらに、『刑罰と社会形態』の経済的議論も、多種多様な点で、刑罰の圏域で作用することが認められている非経済的な力への言及で補完されている。彼らは、複合的な力が刑罰学上の帰結に収斂し、それを形成すると示唆しているとはいえ、経済的原因こそが、刑罰形態に関連する要因の主なものだと断言する。流刑、ガレー船徒刑、懲治場、罰金にとっても同様、通常の場合、経済上の至上命令が、刑罰制裁を直接的に形成する積極的な原因なのである。経済上の至上命令は時に、経済的状況が労働力の価値を下げているため、刑罰制裁は、身体刑や他の破壊的な監獄統治などを通して労働者を自由に破壊してよい、と消極的に主張す

---

[73] 中国とソビエト共和国に関しては次の題名の論文と文献を参照。'Comparative Criminal Law and Enforcement', in S. Kadish (ed.), *Encyclopedia of Crime and Justice*, I (New York, 1983), 182-214.

ることもある。宗教的情熱、刑罰理論、社会政治、人道主義といった他の力が、刑罰現象の発展に直接的に結びついていると知覚されるときでも、それらの力は、より固定的な経済的現実の影によってかき消されるかのように、すぐさま副次的な重要性しか持たないものとされてしまう。政治的でイデオロギー的な力が、相対的に自律しており、独立した影響を他の行為に及ぼす能力を持つことを注意深く認める近年の多くのマルクス主義的理論家とは異なり、ルッシェとキルヒハイマーは物質主義的還元主義を強く主張する。これは、経済的な力が「真の関係」であり、残りの社会上の複合体は、大部分付随的なものでしかないという主張である。経済を重視するこのような強い主張は、従来の刑罰史が、この経済という問題をほとんど無視していたことへの反応とみなせる。実際、この著作は、それが無名の反対者の眼前で教条主義的に主張される命題であるかのように解釈されている。この論争を引き起こすこのようなアプローチは、バランスのとれていない一面的な歴史を生み出す結果となり、同時に、その論争的な事例を過度に主張することによって、その妥当性を弱めてしまっている。

『刑罰と社会構造』は、刑罰実務を形成するにあたって経済の力が果たす役割の効果を、深刻なまでに過大評価する。それはイデオロギー・政治の力の重要性を粗雑なまでに過小評価し、刑罰の運用や政策を決定するに際してのその役割が持つ内的力動について、ほとんど何も述べていない。同書は、刑罰方策が遵法的な公衆に伝える象徴や社会的メッセージについて、まったく説明していない。したがって、これらの象徴的な関心事が、どのようにして刑罰制度という織物を形成する助けとなるかについての認識を与えてもくれない上に、それに都合の悪い傍証、つまり処罰に対する人びとの態度や、下層階級が広く懲罰的な政策を支持していることへの示唆には注意を払っていない。それらの問題は、刑罰実務の単純な階級葛藤という観点についての疑問を確実に引き起こす[74]。公式の言説や司法上のレトリックも同様に、経済的利益を隠すための偽装であるとしてしりぞけられる。このように、刑罰実務の構築的で効果的なこれらの領域についての分析が妨げられてしまうのである。

新たな刑罰方策の即時的で最も直接的な形態である立法は、きわめて重要なプロセスであるが、これはまったく分析されないままになっている。刑罰システム

---

[74] この問いに関しては本書第3章と第10章を参照。

を効果的に機能させるべく決定を行う多種多様な専門家や行政官のイデオロギーや利害についても、同様である。さらには、刑罰政策の方向を設定し、政治に変化をもたらす政治上の相互関連の役割にも、ほとんど注意が払われていない[75]。そのかわりに、片方に経済的利益、他方にそれが刑罰にもたらす結果をおき、それらに関連があるとして、分析を進めている。そのように分析を進めることによって、すべての相互媒介プロセスがこの経済と刑罰のつながりを現実のものとするよう必然的に作用すると前提してしまっている[76]。この最後の前提は、分権化された民主主義的な社会においてはとくに信じがたい。そのような社会において刑罰に関する決定は、経済活動には縁遠い職員たちによって行われるからである。もし経済的な至上命題が刑罰の圏域に伝えられるのであれば、この間接的な影響のメカニズムは、明確に特定され、立証されなければならない。さもなければその関連は、単なる偶然の一致とみなされるだろう。たとえば、刑罰についての意思決定者、特に裁判官、刑務所当局、役人が労働市場の「需要」や「支配階級の利害」を認識し、そしてそれに見合うように決定していく方法を描写する必要がある。これは近年、スティーヴン・ボックス（S. Box）によってはじめられた複雑な研究課題である[77]。

　ルッシェとキルヒハイマーの強い形の主張から撤退し、「経済が処罰を決定する」という命題を修正したとしても、一連の歴史的・理論的批判は、その修正された命題も免れられない限界を認識するよう強いる。しかし、このような結論を引き出すことは、どのような意味でも、彼らの著作の底にある理論的主張のすべてをしりぞけることにはならない。彼らの説明の問題は、重要な決定傾向を排他的な決定傾向としてしまったことである。彼らは、経済の圧力が、他の非経済的な力とともに刑罰実務を形成するにあたって、どのように機能するかを検討するかわりに、経

---

[75] 全般的な議論にはM. Ryan, *The Politics of Penal Reform* (London, 1983)を参照。歴史的な事例研究にはJ. Davis, 'The London Garotting Panic of 1862: A Moral Panic and the Creation of a Criminal Class in mid-Victorian England', in V. A. C. Gatrell *et al.* (eds.), *Crime and the law* (London, 1980); R. Tombs, 'Crime and the Security of the State: The "Dangerous Classes" and Insurrection in Nineteenth Century Paris', in Gatrell *et al.*, *Crime and the Law*; and S. Hall *et al., Policing the Crisis: Mugging, the State, and Law and Order* (London, 1978) を参照。
[76] 重商主義期における議論では、経済的利害と刑罰のつながりはかなり直接的である。つまり王が裁判官にガレー船の漕ぎ手が必要であると指示している。しかし18世紀になると「……裁判所はほぼ今日に見るがごときものとなり、しばしば政府自体よりもいっそう明確に、時としては政府に反対してまでも、ブルジョワ社会秩序の不易の利益を代表した、比較的独立の行政部門となるにいたった」(*Punishment and Social Structure*, p. 81〔邦訳 p. 87〕)。この最後の点は、「利害」の認識と表現について明らかな問題を提起する。
[77] Box, *Recession, Crime and Punishment,* esp. chs. 4 and 5.

済的圧力の優越性を単純に断言した。そうすることで、彼らは経済構造が社会政策に影響を及ぼすにあたって作用する複雑なプロセスを説明から除外してしまった。その複雑なプロセスにおいて経済構造は、直接的な至上命令を課すことによって、また時として政策が実行可能であるとみなされる広い限界を設定することによって、最も頻繁にはイデオロギーによって喚起される計画構想と折り合いをつけ、それを修正するような仕方で経済的な「良識」を考慮させることによって、社会政策に影響を及ぼすのである。

　これらの批判の帰結は、ルッシェとキルヒハイマーの主張を論駁することではなく、彼らの主張の縮小と視野の修正である。彼らの説明にどのような欠点があろうとも、その説明は、経済関係が刑罰政策において示す広汎で構造的な決定要因を特定することに、確かに成功している。彼らの説明は、労働市場と刑罰政策との重要なつながりを立証し、ある領域での発展が他の領域へと、どのように波及効果をもたらすかを示している。また彼らの説明は、経済や財政への考慮が、刑罰政策の決定を際立って特徴づけ、具体的な実務や施設の特色に強く影響を及ぼすことを示す十分な証拠を提示している。最も重要なことに、彼らの説明は、刑罰政策が社会階級の分裂に縛られる特定の仕方を明るみに出し、刑罰制度を、貧しい人びとや下層階級を管理するはるかに広い社会戦略の一部として理解する必要があることを説得的に示している。もしかすると彼らの著作をデュルケムの処罰理論の横に並べることによって、彼らの著作が示す知識の進展を最も正しく理解できるかもしれない。デュルケムの処罰理論は、上の問題のどれについても語っていないからである。『刑罰と社会構造』は時として粗雑であり、精緻なものではないかもしれない。しかし、それが書かれる前にはまったく存在しなかった理解への完全な眺望を開いたのである。

（訳注1） 1923年にフランクフルト大学に所属するM. ホルクハイマーを中心として設立された。その後T. アドルノ、M. マルクーゼ、W. ベンヤミン、E. フロム、J. ハーバーマスなどを輩出し大きな影響力を持った。
（訳注2） 救貧院における生活条件は、その外部で手に入る条件よりも低くなければならないとする政策原理。1834年の救貧法改正で導入された。
（訳注3） アムステルダム労役場などの初期の収容施設で用いられた刑罰。
（訳注4） オーバン制は、昼間は共同で労務作業を行い、夜間は独居房で過ごす刑務所形態を指す。一方のペンシルバニア制は、昼間も夜間も独居房で過ごし、労務作業も独居房で行う刑務所形態を指す。
（訳注5） 既存の犯罪学上のイデオロギーの批判・再検討を行おうとする犯罪学の一潮流。本書でも引用されているA. プラットのほか、R. レフコート、A. ウォルフ、I. タイラー、W. ウォルトン、J. ヤング、H. シェヴェンディンガー、R. クイニイ、P. タカギ、M. ケネディアなどの著述がその潮流を示しているとされる。
（訳注6） 多様な意味が付与された用語ではあるが、ここでは後述の「ホイッグ史観」的な歴史観やマルクス主義的な歴史観を改め、より多様な世界観を提示しようとする研究動向を指す。

第5章
イデオロギーと階級統制としての処罰
マルクス主義的テーマの変種

　ルッシェとキルヒハイマーの説明に含まれる経済学が、結局のところ処罰についての彼らの解釈を制限しているならば、それはマルクス主義の表現をゆがめ、その説明可能性を認識する試みをゆがめていることにもなる。マルクス主義は、前章の導入部分で強調されたように、ある形態の経済的決定論や社会的還元主義として解釈される必要はない。この伝統に属する近代の文献の多くが示してきたように、相互作用する構造とプロセスの説明として、より複雑で洗練された仕方でマルクス主義を読むことができる。そのような読み方では、階級関係は、その構造とプロセス内で、イデオロギー的・政治的闘争という手段ならびに経済的な力によって、維持される（あるいは変形される）と考えられている。

　このような非還元主義的な仕方で解釈されれば、刑法と処罰についてのマルクス主義的な説明は、『刑罰と社会構造』で明らかだった制約の多くを回避できる。この制約は、刑罰を経済的な用語からのみ見るのではなく、イデオロギー的・政治的な力の分野に位置づけることで回避される。このような解釈は、刑罰制度が階級関係や経済構造に縛られているとみなしたままである。しかし、支配階級のヘゲモニーをめぐる折衝や、安定した社会秩序の維持に刑罰が果たしてきた役割について、より精緻で綿密な説明を提示できるだろう。これまで、そのような説明は存在していない。したがって、これはある程度までは単なる推論に過ぎないが、その可能性は、多数のマルクス主義者とネオマルクス主義者の分析で、強く示唆されている。それらの分析はすでに存在しており、処罰についての理解に大きく寄与している。それらの研究の中に、『刑罰と社会構造』ほどの規模で処罰の統合された理論を試みているものはなく、多くの場合、より大きな法理論の一要素として、あるいは実体的な歴史的検討の一要素として、刑罰に触れるだけである。しかし、処罰についてのこれらの具体的な洞察や主張を抽出して即時的な文脈から分離させ、より一般的に使用できるものとして、それらの理論的主張を扱うことは

可能である。そのようにすることによって、より適切な解釈を行うことができ、近代社会における処罰の機能に光を投げかけることができるかもしれない。デュルケムについての議論と同様、私の目的は、あるアプローチをしりぞける理由を見つけることではない。むしろ、ある特定のパースペクティヴの中に、ある重要なものを把握し、それをどのようにして発展させられるかを示すことである。

1．パシュカーニスと刑法の形態

　ロシアの法学者E. B. パシュカーニスは、法とマルクス主義の一般理論を組み上げるにあたって、上記のような方向に発展させることができる処罰についての一連の議論を提示している。彼が提示する一般命題は、法学的であると同時に社会学的なものでもあり、その命題は、近代法を構成する司法上の認識枠組が資本主義的な経済関係とどのようにして弁証法的に結びつくかを示している。パシュカーニスにとって「ブルジョア的」な法の中心的な形態と認識枠組は、資本主義的な物品交換が内包する形態に、直接付随するものである。したがって法は、経済関係の具体的な形態を正当化すると同時に促進し、法的な外観を提示することになる。人格という法的な認識枠組は、個々人を「利己的に個別化された主体」、「自治的な私的利害の担い手」、「観念的な所有者」と定義する。このように定義された人格は、契約、所有、交換などの形態を通じて相互に、そして世界と関わり合う[1]。法は、このような形態をとるに際して、人格や社会関係という概念を再生産するが、これらの概念は資本主義に固有の概念である。というのも、これらの認識枠組は、ブルジョア的な価値観や市場交換に必要な条件を、（そのような偏りを暗に否定する仕方で）単に法によって表現したにすぎないからである。事実上、法は、生産形態固有の階層認識枠組を現実のものとし、それを普遍化しているのである。

　歴史的に見れば、このブルジョア的な法の形態は、経済発展に対する法的反応によって形作られた。このことから、この形態は経済的に決定されていると言えるかもしれない。だがパシュカーニスは、その逆もまた真だと、つまり、法的形態が資本主義的な関係を認可し、適切な経済的規則を強要する重要な規制的構造と

---

[1] E. B. Pashukanis, *Law and Marxism: A General Theory* (London, 1978), p. 188.〔邦訳p. 199〕

なったことを強調する。同時に法は、強力なイデオロギーも提供する。そのイデオロギーは、具体的な経済上の利害を普遍的権利という語に言い換えることによって、これらの関係を正当化する。よって法は、独自の存在であり独自の有効性を持つと同時に、資本主義的な経済生活の圏域に縛られもする制度的構造、規制的言説である。したがって法的関係は、「それが反映している物質的諸関係と一体をなしている」のである[2]。

パシュカーニスは、「法と法違反」に関する章で、物品の形態は他の場所と同様に、刑法や処罰の圏域でも優勢なため、彼の分析を、商品や所有物の法だけではなく、刑法や処罰の圏域に及ぶよう拡張できるとも主張する。法廷というドラマに人が入場すると、実在する具体的な人やその人の紛争は、「事実の世界とは別の、特殊な法律的な実在」に置き換えられる[3]。人びとは、法廷というこの奇妙な世界の中で、法的主体とみなされるようになり、実際の事件がこの「理念」からどれほどかけ離れていても、標準的なブルジョア的個人が有するとされる自由意志、責任、そして快楽追求的な心理という属性のすべてを持つとみなされるようになる。被告人の人格性や行為は、このイデオロギー的形態のプリズム、つまり神話的であると同時に社会の中で効果を発揮するプリズムを通して見られることになる。そのため、市場社会の最も貧窮し窮余した犠牲者であっても、法廷にひき出されるやいなや、自由で平等であり、自らの運命を支配できることにされるのである[4]。

同様に、法の一般形態やブルジョアの支持は、その下にある判決の実務や処罰の哲学を構造化していることが示される。パシュカーニスによれば、判決の本質的な考え方は、処罰が違反と「等価」でなければならないということである。そのため司法は、ある種の平衡や公平な取引である。司法は、一つの有害な行為を別の等価な行為と取り換えるが、パシュカーニスによれば、この等価という考えは商品の形態をもとにしており、その考えは、処罰自体をも一つの交換取引としている。そこで犯罪者は、「負債を支払い」、それによって犯罪は、「意志に反してむすばれた契約」となる[5]。法は、このような仕方で犯罪者に対処することによって、資本主

---

[2] Ibid. 184.〔邦訳 p. 196〕
[3] Ibid. 167.〔邦訳 p. 178〕
[4] 『現代社会の神話』の中でロラン・バルトは法の「その名の下に、今日あなたの首を刎ねる力を充分持っている心理学」(pp. 45-6〔邦訳 p. 78〕)について論じている。
[5] Pashukanis, *Law and Marxism*, p. 169〔邦訳 p. 179〕。『道徳の系譜学』(pp. 194-195)〔邦訳 p. 89-91〕でニーチェも同様の主張を行っている。

140　処罰と近代社会

義社会の基本的な文化形態を再生産する手助けをする。この再生産は、上のようにしなければ人びとを困惑させるような不平等、不自由、貧困といった現実を前にして行われる。裁判所は、市場システムの神話と真実性を反復することによって、意味の連続性とイデオロギー的権威が依拠する「文化の異なった側面の相互連関」を維持する助けとなる[6]。

パシュカーニスは、法的形態やそのイデオロギー上の外観が描き出す犯罪や処罰は、現実のそれとはきわめて異なると主張する。刑法は、他のすべての法と同様に、階級支配の道具であり、時としては「階級的テロル」の道具である[7]。刑法は支配階級の財産権の申し立てを保護し、それを支える社会的・道徳的な構造を防衛する。そしてそれは、「主として社会の階級から脱落した分子たちに対して」、あるいは政治的危険を呈するような人びとに対して向けられている[8]。このことからパシュカーニスは、「歴史上存在したあらゆる刑事政策の体系は、それを実現した階級の階級的利益の刻印を身につけている」と主張する[9]。これらの階級的な次元に気がつくことができなかったデュルケムのような理論家たちは、法が押しつけようとしているイデオロギー的な効果を再生産しているだけ、ということになる。「社会全体の利益から刑事政策の原則をみちびきだす刑法理論なるものは、意識すると否とにかかわらず現実をゆがめる仕事をしている。『社会全体』はこれらの法律家の頭の中にだけ存在するにすぎない。実際に存在しているのは、あい矛盾し、衝突しあっている利害をもつ諸階級である」[10]。

そうであるならば、刑罰実務は、法という形態をかぶった階級支配のメカニズムであり、このメカニズムはある階級が持つ意図を偽ろうとしているということになる。この法的形態が、そのイデオロギー的効果を押しつけることに成功するとき強められるのは、刑法が「国家制度」であり、個人的自由の中立的な擁護者であるという申し立てである。だがパシュカーニスは、「刑事裁判所は単に法の抽象的形態の具体化されたものだけではなく」、それはまた「直接的な階級闘争の武器」だということに注意を喚起する[11]。したがって、政治の状況が危機に瀕し、そのせ

---

[6] Pashukanis, *Law and Marxism*, p.181.〔邦訳 p. 192〕このプロセスの詳細な研究としてR. V. Ericson and P. M. Baranek, *The Ordering of Justice* (Toronto, 1982) ip. Carlen, *Magistrates' Justice*を参照。
[7] Pashukanis, *Law and Marxism*, p. 173.〔邦訳 p. 184〕
[8] Ibid. 174.〔邦訳 p. 185〕
[9] Ibid.〔邦訳 p. 185〕
[10] Ibid.〔邦訳 p. 184〕
[11] Ibid. 176〔邦訳 p. 187〕

第5章　イデオロギーと階級統制としての処罰

いで国家当局が、法的形態の文明性をかなぐりすて、より直接的な手段によってその階級的目標を追求するようになることもある。「この闘争がはげしくなればなるほど階級支配を法の形態で実現することは困難になる。このばあい『公平な』裁判所とその保障は、直接的な階級的制裁の組織にとってかわられる。このような組織の行動の指針となるのは、政治的な合目的性の考慮だけである」[12]。よって、階級的利益がそのように求めるときには、法的実務を通常包含している法的・文化形態は、より直接的に適用される刑罰という暴力に道を譲ることになる。つまり、結局のところ、刑罰は、たいていの場合イデオロギー上の関心や法的手続きによって隠されているとはいえ、抑圧のための政治的道具なのである。

このような分析にしたがえば、経済形態や階級利益による処罰の決定は、法改革や合理的法政策の成功可能性に一定の制限を課すことになる。1920年代、1930年代の他の進歩的な刑罰学者と同じくパシュカーニスにとっても、合理的な刑罰政策とは応報ではなく社会防衛や更生に関心を向けるものだった[13]。しかし、このような形態の政策を追求することは、「法律的な魂」、つまり処罰の取引という概念、責任能力のある法的主体という概念、そしてブルジョア的な法的形態を法的プロセスの中心へと拡大しようという考えを強要する「非合理的、神秘的でばかばかしい契機」を刑事司法的手続きから切り離すことである[14]。このような改革は実際のところ、法的な実務をそのイデオロギー的土台から分離させることになる。これはいわば、国家や支配階級によって強く抵抗されるであろう変化である。進歩的な犯罪学者の理論的批判の実践的効果が、これほどしばしば狭められる理由はこれである。批判者たちは、システムが誤った見方に基づいていると考え、「理論的批判のみによって」反撃できると考えている。だがパシュカーニスは、法システムの非合理的な執着は、それが存在する理由を持っており、多層的に決定された症候であり、穏やかな批判によって取り除かれることはないだろうと強く主張する。「現実には、等価というばかばかしい形態は、個々の刑法学者の誤りによって生み出されたものではなく、商品生産者社会の関係の物質的関係からうみだされ、それによって育てられているのである」[15]。

---

[12] Ibid. 176〔邦訳 p. 187〕
[13] Ibid. 177, 179, 184.〔邦訳 p. 188, 189-190, 195〕
[14] Ibid. 177.〔邦訳 p. 188〕
[15] Ibid. 181-2.〔邦訳 p. 193〕

処罰の社会的目的とその法的形態の矛盾は、「本や理論のなか」のみに存在するわけではない。それは「生活それ自体のなかに、裁判所の実務のなかに、社会の構造のなかに」根ざした矛盾であり、社会構造の革命のみが、それをしりぞける条件をもたらすことができる[16]。パシュカーニスはある箇所で「ブルジョア的意識の形態は単なる観念的批判だけでなくなるものではない……。なぜなら、このような意識形態は、それが反映している物質的関係と一体をなしているからである。現実化しているこの蜃気楼をはらいのける唯一の途は、このような物質的諸関係を実際に克服すること、すなわちプロレタリアートの革命的闘争と社会主義の実現だけである」と述べている[17]。

　最後にパシュカーニスは、彼の解釈を実際の刑罰的制裁の領域へと拡大する。そして、具体的な法的実務や制度の形態もまた、商品形態やそれに関連する意識を手がかりとすることで理解できると主張する。以前見たように、算術的に正確な仕方で処罰と正確につりあう処罰規定表を作成する動向は、刑罰の圏域における交換原則の結果である。そして近代になって金銭的な罰金が用いられるようになったことは、もちろんこのような構造に完全に適合する。だがパシュカーニスは、収監もまた、ブルジョアによる特殊な発明とみなされなければならないと主張する。収監は、生産の資本主義的形態に源を発して、処罰というプロセスの中でブルジョア的な心性を再生産している人格や価値という概念を利用しているからである。「一定のあらかじめ判決でしめされた期間の自由剥奪は、近代的な、すなわちブルジョア的・資本主義的な刑法が等価報復の原則を実現する特有の形態である。このやりかたは意識されていないが、だが抽象的な人間、そして時間によって測られる抽象的人間労働という表象と深く結びついている」[18]。資本主義的な経済関係は、労働力と自由の所有者としての人間という考えを生んだが、それら二つの考えは、時間という観点で換算・測定できる。したがって、近代的な収監を生んだのは資本主義だった。収監は、まさにこのような心性を前提としている[19]。マルクスの有名な文章を繰り返しながら、パシュカーニスは「産業資本主義、人間と市民の権利の宣言、リカード経済学、有期刑は同じ歴史的時代の現象である」と述べる[20]。

16　Ibid. 182.〔邦訳 p. 193〕
17　Ibid. 184.〔邦訳 p. 196〕
18　Ibid. 181.〔邦訳 pp. 191-192〕
19　E. P. Thompson, 'Time, Work Discipline and Industrial Capitalism', *Past and Present,* 38 (1967), 56-97.

ルッシェやキルヒハイマーと同様、パシュカーニスは資本主義と収監とに強いつながりがあると認めていた。だがルッシェやキルヒハイマーが、このつながりを労働市場の処理と関連する経済的な関係であると考えたのに対して、パシュカーニスは、生産圏に出現し、その他の場所で再生産され強化される文化形態を、そのつながりの原因として指摘したのである。

　パシュカーニスは、彼の「イデオロギーとしての文化形態」という主張を述べ直し、監獄に関する重大な洞察を開拓してもいる重要な観察を行うことで、監獄についてのこの分析を締めくくっている。彼は、ミシェル・フーコーがその後発展させる立場を大筋で述べながら、収監が「自由の剥奪」のように見えるとしても、そしてそれが法的言説によって表現されるとしても、その現実は、単なる剥奪などではないと主張する。収監は、固有の規律的・強制的・懲罰的な実務を含んでおり、法で必ずしも定められていなくても、受刑者に科せられる。法は、法で定められていない処罰は存在しえないと述べる。これが「法なくして処罰なし」ということである。しかし、このようなことが実務において、現実に何を示唆するのかとパシュカーニスは問う。「すべての潜在的な犯罪人が、将来自分に適用される矯正方法について正確に知らされているということが要求されているのだろうか。そうではない。ことがらはきわめて粗雑で単純である。彼は裁判という取引の結果支払う自由の量を知らなければならないのである」[21]。法は、収監を単なる自由の剥奪として描き出すが、これは法を個人的自由それ自体であるとする通例の描写と同じくらいゆがめられており、不完全である。

　パシュカーニスの処罰に関する議論には、重要な論点がいくつもあり、多くのことを教えてくれる。刑罰実務の外観と社会慣行の他の圏域を結びつける表面的な類似点を彼が特定したことは、特定の文化形態が、社会生活の異なる圏域へと浸透する傾向があるということを示している。そしてこれらの普遍的な文化の形状は、制度上の実務の中で生産され再生産され、自然なもの、自明なものとみなされるまでになる。等価性という考え、法的主体の自立性、自由とそれに見合った剥奪という考え。これらすべては、刑罰の活動の現実である。これらは刑罰の活動から生まれたわけではないが、拡大され、繰り返し使用されることを通じて、自明なものとみなされるようになっている。パシュカーニスは、これらの考えと歴史固有

20　Pashukanis, *Law and Marxism*. Ibid. 181.〔邦訳 p. 192〕
21　Ibid. 184.〔邦訳 p. 195〕

の経済プロセスの結合を示すことで、そのまったくの「自然性」に覆い隠されていた刑罰実務の重大な層を見つけ出したのである。

　彼の分析は、処罰が社会的行為の一形態であると強調する際にも、有用である。この行為は、法的な枠組内で作用し、法的形態や手続きによって強く影響される。処罰は、ルッシェとキルヒマイマーの用語を使って言うならば、ある種の経済的・財政的な目標の役に立つと同様、犯罪統制、社会の防衛、更生といったある種の社会的な目的の役に立つかもしれない。だが処罰が役に立つのは、これらの目標が、合法性と法学的言説の認識枠組という形態の中で求められるときだけである。まさにこの合法性への執着こそ、犯罪学の進歩派が、刑罰プロセスの中で「不条理」、「不合理」と感じたことである。というのも、その刑罰プロセスは、いくつもの神話や虚構を含んでおり、社会生活や個人的行為の現実とは一致しないからである。ここまで見てきたように、パシュカーニスにとって刑罰に関する法律主義は、きわめて理にかなったものだった。というのも刑法や制度は、それらが資本主義的権力を表現し維持するイデオロギー的形態のシステムの中に位置するという事実の必然的な帰結だからである。このような「不条理」な法的要素を処罰から取り除くには、刑罰実務を権力関係のネットワークから分離させなければならないだろう。

　しかしパシュカーニスには、刑罰を内包する法的形態の固定性を実際よりも大きなものとみなす傾向があった。彼が法的形態の固定性をどれほど誇張していたかは、これまでの歴史上の出来事が明らかにしている。20世紀にヨーロッパとアメリカ中の資本主義的社会は、処罰のプロセスにおける法的形態への執着を修正してきた。それらの社会は、不定期刑、責任能力の欠如という概念、犯罪心理学という認識枠組を導入してきた。これらは、古典的な法的形態や主体の概念とは大きく異なる。刑罰実務から以前の法的形態を完全に取り除いたヨーロッパやアメリカの社会はないにせよ、それらの社会は刑罰実務の作用を大きく改めてきた。そして経済圏の根本的な革命なしにそれを行ったのである[22]。振り返って見れば、パシュカーニスが、資本主義的な経済形態の存続のために必要な、特定の法的枠組を誇張していたことは明らかにみえる。彼は、経済的社会自由主義の最高点にあった19世紀資本主義の教義から敷衍し、この経済システムの柔軟性と、それ

---

[22] これに関してはD. Garland, *Punishment and Welfare*を参照。法に関するパシュカーニスの批判的議論についてはP. Q. Hirst, *On Law and Ideology* (London, 1979)を参照。

が適応していた社会・法的形態の多様性を過小評価している。資本主義的な商品交換が、「自由な」法的主体、所有の形態、契約の強制装置を定める法的枠組を必要としたことは、確かに事実であるかもしれない。しかし、この枠組がとることのできる形態は、パシュカーニスが見通していたよりもはるかに数が多く、多様なものである。同様に刑罰形態も、それが存在する経済・社会関係と適合したものでなければならないが、この条件を満たす形態は一つではない。

またパシュカーニスは、刑罰の階級機能についてやや単純な概念を提示しているとも指摘されるかもしれない。その概念は、デュルケムの見方を反転させたものに過ぎず、デュルケムはその見方に強く反対していた。デュルケムにとって処罰は、社会全体の利害を表わすものである一方、パシュカーニスにとって、刑罰実務に見出せるのは、支配階級の利益だけである。その他の社会階級にとって、ブルジョア国家における司法は「組織立てられた階級テロル」である[23]。前の章で、デュルケムの見方がなぜ擁護できないのかを見た。しかし、パシュカーニスがそれに対して採用した立場も、実際のところ妥当ではない。刑法は労働者階級に対する「テロル」であると同時に、保護も与える。そしてある側面では間違いなく、社会全体の利益になる社会機能が存在するのである。それはたとえば、暴力の禁止や人を害する犯罪者の処罰などである。もし刑罰が階級の目的に資するためのものであるならば、それは従属階級の支持を募るような形で、そして個別的なものではなく普遍的なものと考えられる利害を守るといった形で行われるだろう。階級の観点から刑法を理解するにあたって鍵となるのは、特殊な利害が全体的なそれと切り離しがたくなっていることを理解することである。重要な例を挙げると、あらゆる人の財産は平等に保護されるが、法が示す所有の定義は、「個人の財産」と「生産の道具としての財産」を区別しない。そのせいで、ある水準ではあらゆる人を保護するまさにその法が、ある階級が他の階級を搾取する根拠を法律上正当と認めることにもなる。刑罰が持つ階級という次元についての分析を適切なものにするためには、これらの複雑性を理解しようとしなければならず、それらの複雑性が存在しないかのようにしてしまうのではなく、それらを説明の中に含まなければならないのである。

皮肉なことに、パシュカーニス自身が、このような種類の洗練された説明に必要

---

[23] Pashukanis, *Law and Marxism*, p. 173.〔邦訳 p. 184〕

な要素をすべて提示している（もっとも彼は、それを発展させることに大きく失敗しているが）。彼の分析を用いて、以下のように議論できるかもしれない。刑罰がとる法的形態自体は、万人のための平等と保護を同時にある程度提供する一方で、不平等と階級支配をともなうシステムに寄与してもいる、と。法的形態における社会規制という枠組をとることによって、社会のすべての個人は、自分の財産が法によって保護されること（被害者としてであれ、被告人としてであれ）を求める権利を与えられ、法の前の自由で平等な主体としての地位を割り当てられる。訴えられた貧しい人びとや弱い人びとに対する攻撃への擁護として、あるいは国家権力からの保護として、これらの法的な対策には、すべての階級の成員にとって現実的な価値がある。しかし、法がすべての個人を自由で平等であるとみなすというまさにその理由から、そして区別することなく所有権を保護するという理由から、法は、事実として存在する権力、地位、自由の現実的な不平等を沈黙させる。これらの不平等は、豊かな人びとを貧しい人びとから隔離し、生産手段の所有者から実際の財産が乏しい集団を隔離する。このように、法の形態は、犯罪とそれによってなされた侵害に対する社会的保護のための現実的な手段を与えるが、階級の経済的支配や社会的損害という危害に対しては、何らの保護も与えないのである[24]。実際この主張は、刑法と刑罰実務に応用されたマルクス主義的な法批判である。そしてこの批判は、処罰の社会的効果についての重要な洞察を生み出すために用いることができる。驚くべきことは、パシュカーニスがそのような洞察に関心を引きつけながらも、彼自身はそれを用いていないことである。

2．刑法のイデオロギー的機能

パシュカーニスによって進められた近代処罰の説明は、刑法をブルジョア的国家の政治 - イデオロギー的道具と位置づける。これは、経済的に導出された認識枠組によって構造化されており、支配階級の権力を強めるために行われる。パシュカーニスの分析は、ルッシェとキルヒハイマーの経済を重視した分析を否定するわけではない。彼はそれとは異なる一連のマルクス主義的な主張を生み出し、その主張にしたがって刑罰を解釈している。それによって、マルクス主義的な説明に、

---

[24] R. Senett and J. Cobb, *The Hidden Injuries of Class* (New York, 1972)を参照。

重要な新しい側面が付け加えられた。処罰をイデオロギー的・政治的に使用されるものとして理解するこの試みは、歴史学者ダグラス・ヘイの18世紀イングランドの刑法についての分析の中で、さらに進められる（これらのプロセスについてのヘイの分析は、重要な点でパシュカーニスのそれとは異なっているが）。両理論家は、処罰をイデオロギー上の正当化と階級強制に関わるものであると見ている。だがパシュカーニスが、社会の行為者の「背後で」、そしてしばしば意識の外で作用する構造的な力と文化形態の効果を重視するのに対して、ヘイは、意識的な人間行動や権力を持つ人びととの戦略的な計算をより重視する。実際この歴史学者は、構造、文化形態、システム的な社会上の一般的傾向の起源を、人間という観点から理解しようとしている。これは、哲学者が行う抽象化に内実を与えるものである。彼の焦点は、主に刑罰に関わる意思決定にある。つまり彼の焦点は、結果としての刑罰形態や文化上の一般的傾向よりむしろ、立法プロセス、判決の選択、刑罰的儀式の組織形態、そしてこれらの多様なプロセスの特徴である心性に当てられる。

　ダグラス・ヘイが行った処罰についての理論構築は、18世紀イングランドにおける刑事司法の働きを対象とした具体的な歴史的探究の一部として進められた。彼の調査の出発点となったのは、当時のイングランド社会の刑罰実務が持っていた非明示的な機能についての一組のパラドックスである。これは相互に関連しており、以下のような問いを喚起した。最初のパラドックスは、他の歴史学者たちも記述はするものの満足のいくように解決されることがほとんどなかったもの、すなわち死刑に関する問題である[25]。ここでの問題は、イングランドの政府と司法組織が有していた継続的で頑なな執着を説明することだった。その執着とは、死刑判決が実際に下されることがますます少なくなっている時期に、そして改革者たちが精力的にこの状況の不条理さを批判している時期に、死刑法令やそれにともなう恩赦と減刑という実務の範囲を維持し、さらにはそれを拡大しようとすることだった。「それが時代遅れになったときにすら、すべての死刑法令を維持し、それが死産に終わるときにすら新たな死刑法令を生み出し続けるという議会の決定」[26]の背後にある明白な不条理は、どのように説明できるのだろうか。

---

[25] これに関してはラジノヴィッツとラングバインを参照。この二人はヘイが発展させた説明とは異なる説明を提示している。L. Radzinowicz, *A History of English Criminal Law and its Administration from 1750,* i (London, 1948); J. Langbein 'Albion's Fatal Flaws', *Past and Present,* 98 (1983), 96-120.

[26] Hay, 'Property, Authority and the Criminal Law', p. 24.

二つ目の問題は、より抽象的なもの、すなわち階級社会についてのマルクス主義的な理解を、18世紀イングランドにおける社会組織形態という現実に適用したときに生じた問題である。イングランドの支配階級はどのようにして、封建主義という社会的絆が崩壊した後、そして統治の近代的装置が構築される前の時期に、その優位を長く保ったのか。社会の分裂や移動がイングランドを「手におえず、無秩序で、ほとんど無政府的な社会」にしていた時期に、「警察力や大きな軍隊もなく18世紀のイングランドを支配することを可能にした」政治的配置と社会制度とは何だったのか[27]。ダグラス・ヘイは、これらの謎を解き明かすため、イングランド社会で権力と影響力をもたらした非公式な手段や、これらが司法制度を通してどのように相互に関わり合っていたのかについて、説得力のある説明を行った。この説明の言外には、司法プロセスのイデオロギー的・政治的機能が含まれている。この機能は、容易にその歴史的文脈から抽象化して取り出すことができ、今日の処罰の分析に用いることができる。

　ヘイは、パシュカーニスのいう法形式主義の「不条理さ」についての指摘を繰り返すように、一見非合理な執着のように見える18世紀の法的政策がその実、イングランド階級社会の「心性と社会構造」に深く根を張ったものであると主張する[28]。このシステムが異常なものに見えようとも、支配階級は、改革されないままの法が自らの利益にとって最良だと理解していた。そしてまさにその理由から、その法を保つことを願ったのである。続いてヘイは、「刑法は、恭順と服従のつながりを維持する点、現状を正当化する点、そして財産をその起源とし、転じてその利害を守るようになる権威の構造を安定させ再生成する点で、決定的に重要だった」と述べる[29]。ヘイの主張によれば、刑事司法というシステムは、「少数者に多数者が服従するような意識を形成するよう」計算された物理的説得と象徴的説得の賢明な組み合わせを通じて、これらの支持的な機能を果たしていた[30]。刑法とそれに関連する刑罰実務は、実際、イデオロギー的なシステムとして機能し、すべてのイデオロギーと同様に、「階級的な利害を正当化し偽装するために作られた一連の考え」を伝えていた[31]。このような観点から見れば、システムの一貫性のなさや

---

[27] Ibid. 56. この文章の二つ目の引用はL. Stone, *The Past and the Present Revisited* (London, 1987), p. 250 からのものである。
[28] Hay, 'Property, Authority and the Criminal Law', p. 26.
[29] Ibid. 25.
[30] Ibid. 26.

不合理という弱点は、その実まったく弱点ではない。それらは、個人的な決定権が力を発揮できる部分であり、イデオロギー的な利害が保たれる部分なのである。

　ヘイが行ったイデオロギーとしての刑事司法の分析は、テーマに関する三つの次元を特定しており、そのそれぞれには説得力がある。これらのうち一つ目のテーマは、法の「威厳」と法的儀式が保つ強力なイメージ作用と象徴作用である。18世紀イングランドの司法では、一連の劇的な見世物が、裁判官が儀式ばって町に入場する、裁判が入念に進行していく、告白と執行が謹厳に行われる、といういくつかの段階に分けられていた。これらそれぞれの段階は、細部への厳格な関心と劇的な効果を生み出すという関心のもとで行われた。ヘイによれば、このような儀式は「『大衆』に訴えかけるための基礎」であるという「鋭敏な意識」が存在し、「判事のすべての行動は見世物の重要さによって支配されていた」[32]。これらの状況で用いられる、注意深く言葉を選んだレトリックは、家父長的な権威の声、正当な復讐という情念、神の正義と慈悲などの象徴を喚起した。これは、傍観者の感情を高め、法の義務と彼らが同一化することを保証するよう計算された形態で行われた。「刑法は、その儀礼、その判決、その感情の交信の中で、宗教が有する最も強力な精神的要素の多くを反響させていた」[33]、これらの儀礼が育み維持する信仰は、確実に政治的な内容を含んでいた。刑事裁判は事実上、法の力とその力が財産と社会階級に基礎を持つことを称える祝賀（そして物質的現実化）だったのである。

　法的イデオロギーの二つ目のテーマは、「正義」という考えの重視である。階級と関わり合っているとはいえ、そして議会のエリートによって事実上制定されているとはいえ、法や法的プロセスは、手続き的公平、「形式への細心の注意」、規則の厳格な順守、一言で言えば、「法律主義」と司法の理想という司法上の規範への真の執着を示していた[34]。これらの観点から見た司法システムの統合性は、誇りに思われ、法にイデオロギー上の強力な訴求力をもたらす要素として作用していた。貧しい人びとが所有するわずかな財産に対して法が示す細やかな配慮、貧しい被害者（訴訟の費用を捻出できるのであれば）ならびに富裕者による訴えに耳を貸

31　Ibid.
32　Ibid. 28, 27.
33　Ibid. 29.
34　Ibid. 33. この時期とその後に競合するようになった異なる「正義」の概念についての議論にはR. McGowan, 'The Image of Justice and Reform of the Criminal Law in Early Nineteenth Century England', *The Buffalo Law Review*, 32 (1983), 89-125を参照。

すこと、悪名高いフェラーズ卿(訳注1)のような財産を持つ人びとに対する時おりの有罪宣告と死刑執行。これらのことは、「法の前の平等」、そして万人に同様の適用を行うというレトリックに実質を与えた。そして「すべての階級の殺人者に等しい判決」を下すという意図は、ヘイが指摘するように、**すべての**法が万人の利害に同じ仕方で役に立つことを示すために用いられた。「その狙いは、財産の根本的な格差を維持することに9割方関心が向けられていた刑法へと、共同体による認可 [何らかの法によって引き起こされ、コミュニティによって与えられる支持を指す]を拡張することだった」[35]。

ヘイが18世紀のイギリス法の特徴として特定した三つ目のテーマは、「慈悲」である。この時期の法的プロセスは、19世紀にとってかわるようになった形式主義的で職業化された規則や手続きとは対照的に、自由裁量による決定や個人的影響力の及ぶ範囲が多く残っていた。私人訴追、人格の証人、減刑嘆願、陪審員の決定の重要性は、有力者が低い地位の人に、そして有力者どうしで、恩義を与えたり与えなかったりする機会を与えていた。たとえば、裁判を続けるための資金を与えることによって、あるいはある人が人格者だと証言することによって、あるいは最も重要なことに、死刑判決が一度なされた後にも嘆願を行うことによってである。これらの個人的な決定権は、後援や服従の社会的ネットワーク一般と刑事司法を結びつけ、法のメカニズムに対する大きな影響力を地方のエリートに与えた。この影響力は、雇用者や領主の恩赦嘆願が生と死を分けるような極端な場合、決定的な重要性を持っていたが、より多くの場合、法のプロセスが部分的に操作され、社会的エリートの利益になるように使われることを意味していた。ヘイは、死刑執行や死刑判決の時機を決める前に、当局が世論を見積もるときの「繊細さと用心深さ」について論じている。そして、慈悲がこのように自由裁量的に用いられたことは、法が「堕落することはなく」絶対的に確定的であると主張しながら、「イングランドの支配者たちが裁判所を階級に基づいた正義の選択的道具とすることを可能にした」という結論を導く[36]。まとめると、影響力を行使するために用いられるこれらの多様な経路は、刑法が「私的で、法外の取引」に対してほとんど抵抗力のないものにすること、そしてそれによって「王、裁判官、行政官、ジェントリ」(訳注2)が、彼ら自身の目的のために法令やコモンローを捻じ曲げることを可能にしたので

35　Hay, 'Property, Authority and the Criminal Law', p. 35.
36　Ibid. 48.

第5章　イデオロギーと階級統制としての処罰

ある[37]。

　威厳、正義、慈悲というテーマは、それを調和させながら遂行されることで、法にイデオロギー構造を与えた。その構造は、その外見においては普遍的、社会的であるが、その実、強く階級志向的である。ヘイによれば、この綿密なイデオロギーシステムは、「直観」に基づく「無数の短期間の決定」、「試行錯誤」、(統治することから最終的に利益を得ることになる個人の場合においては) 明確な意志の産物だった[38]。そのシステムは、階級構造や司法形態の自律的な帰結ではなく、人間の行為によって成し遂げられたものであり、統治する方法を知っている支配階級の狡猾さの帰結だったのである。

　ヘイは、このように法を提示することでどれほどの説得力が得られていたか、そして従属階級の関与を引き出したり、少なくともいやいやながらも従属させたりする能力をどれほど持っていたかについて、決定的なことは言えないと認めている。大衆の態度は両価的であり、法への冷笑と軽視が正義への信念と共存していた。「普通のイングランド人は、割り当てられた役割をこなしていただけであり、その劇に納得したことは一度もなかったのかもしれない」[39]。そして確実に、支配階級のあいだにも党派があった。特に「中間層」は、改革されないままの法が、その苛烈さにおいて良心的でもなければ、具体的な関心の役に立つことについても効率的でないと感じていた。しかし、ヘイはこれらすべてのことにもかかわらず、以下のような結論を述べる。包括的な行政・軍事上の能力を欠いた少数のエリートがイングランドを統治することを可能にしたのは、「他のあらゆる社会制度にもまして刑法」であり、法のイデオロギーは「イギリス支配階級のヘゲモニーを維持するのに決定的に重要だった」、と[40]。

　ヘイの解釈は、1975年に出されて以来、多くの注目を集め、ラディカル・クリミノロジーと処罰の社会学的研究の標準的な知識となっている。だがそれはまた、専門的な歴史学者のあいだで多くの批判的な議論を引き起こし、その後の歴史的

---

[37] Ibid. 52.
[38] Ibid. 53.
[39] Ibid. 54.
[40] Ibid. 56. トムソンも『ホイッグと狩人 (*Whigs and Hunters*)』(Harmondsworth, 1975) でヘイの結論を支持している。「18世紀のジェントリと貴族のヘゲモニーは軍事力によって表現されたわけでも、聖職者の神秘や新聞によって表現されたわけでもない。また経済的な強制力によってでもない。それが表現されたのは何にもまして治安判事の検討の儀礼、四季裁判所、巡回裁判の誇示、タイバーンの劇場によって表現されたのである」(p. 262)。

研究は、ヘイの結論を修正し、その主張のいくつかを再考するに足る理由を与えている。階級の利益は、法的決定を形成するにあたって、ヘイが示唆したよりもはるかに小さい力であること。法システムへの大衆の支持は、発見されてもいないイデオロギーや「虚偽意識」からではなく、法が与える真の保護を認識することから生まれたものであること。具体的には、このような主張を歴史学者のジョン・ラングバイン、キング（P. J. R. King）、ローレンス・ストーンなどが行った。たとえばラングバインは、裁判所の仕事の大部分をなす財産犯罪では、法に訴える被害者が彼ら自身比較的貧しい階級の出身であり、一般に彼らが起訴した犯罪者よりもわずかに暮し向きがよいだけだったことを強調する。続けて彼は、ほとんどの財産犯罪を非難するに足るものとし、暴力的な犯罪者や再犯者を厳しい処罰に値するとみなす広く行き渡った道徳上の統一見解が存在したため、「非エリートである人びとは、財産犯罪をした人びとに判決を下すにあたって、（原告や陪審員として）支配的になることもあった」と主張する[41]。判決に関わる私的利益と法以外での決定の操作を調停することに関しては、執行猶予や恩赦という問題の公的操作が、ヘイが示唆したよりももっと一定した原理に基づいて行われていたと、キングの研究は示唆している。キングが示す関連事件資料の分析は、よい性格、若さ、貧困、世間での評判、暴力の不在といった一連の非公式な考慮事項が、実際に決定を左右したと示唆する。したがって、事件は、身分の高い実務家の望むがままに解決されるのではなく、犯罪者自身が有しているとされた望ましい考慮事項によって、ほとんどは解決されたのである（もっとも、性格、世間での評判などについての証言の信憑性は、もちろん証拠を提示する個人の社会的立ち位置に大きく依存してはいたが）[42]。

　18世紀の法の統合性や腐敗についての問いは、それ自体興味深いものの、階級の道具としての処罰の役割に関する論点と比べると、ここでの目的にはあまり関連がない。貧しい人びとが法を支持するというラングバインの論点、そして彼らが他の人に対して法を使用することを望んでいるという論点を、ブリューワー（J. Brewer）とスタイルズ（J. Styles）やビーティー（J. M. Beattie）の著作は支持しており、それらの論点をラディカル・クリミノロジストやマルクス主義的犯罪学者

---

41 Langbein, 'Albion's Fatal Flaws', p. 108.
42 P. J. R. King, 'Decision-Makers and Decision-Making in the English Criminal Law, 1750-1800', *Historical Journal,* 27 (1984), 25-58.

はますます認めるようになっている[43]。しかし、刑法の作用の多くが、道徳的に広く支持されていたかもしれないという事実は、以前になされた主張を弱めるわけではない。以前になされた主張の趣旨は、この限定的な道徳的支持が、法自体、財産の私的形態や、その結果として生じた、法が維持する社会階層秩序への支持へと変換される傾向がある、というものだった[44]。同様に、刑法が（所有権や生産手段の統制を定義する法と比べて）社会的権力にとって周縁的な部分であるとするラングバインの主張も、受け入れることができる。あらゆるマルクス主義者も同様にこれを認めるだろう。この主張を受け入れたからといって、財産の所有と同様に財産に関する規則を立法化し、それを保護する必要があるときには介入する刑法の能力についての視野が失われることはない。ローレンス・ストーンは、「民法ではなく刑法は、選択的な恐怖を用いることによってエリートが、彼ら自身と他の人びとの命と財産を守るための最後の手段だった。それ以外に刑法は何をしてきただろう」と述べている[45]。

　本章と第3章で主張したように、刑法と処罰を、普遍的な社会的利益の複雑な結合を表現するものとみなすのと同時に、特殊な階級利益を表現するものとみなすことも必要である。このバランスは、当該の法が働いている社会状況に応じて変化する。この議論から導いた私の結論は、処罰が社会・法的権威の申し立てを強化することを狙っているというものだった。そして、これらの権威がどのように構造化されているにしても、ダグラス・ヘイの研究はこの点を強く確証している。根底において刑法は、社会的権威と権力を持つ人びとの支配的な主張と関わり合う。それは、強制的な制裁という手段ならびに象徴的な提示という手段でこれらの主張を強化し、処罰を、権力の行使であると同時に権力の表出ともする。18世紀のイングランドのように、社会的権力と権威がはっきりと階級に沿って構造化されている場所において、処罰は、その作用が階級分裂を超越し、階級分裂の不利な側

---

[43] J. Brewer and J. Styles (eds.), *An Ungovernable People: The English and their Law in the Seventeenth and Eighteenth Centuries* (New Brunswick, NJ, 1980); Beattie, *Crime and the Courts in England, 1660-1800*. 17世紀の傍証についてはC. Herrup, 'Law and Morality in Seventeenth Century England', *Past and Present,* 106 (1985), 102-23 を参照。下層階級と刑法のこの複雑な関係性に言及した多くのラディカル・クリミノロジストのうちにはI. Tyler, *Law and Order: Arguments for Socialism* (London, 1981); J. Lea and J. Young, *What is to be Done About Law and Order?* (Harmondsworth, 1984); and E. Currie, *Confronting Crime: An American Challenge* (New York, 1985) がいる。
[44] この「変換」がどのようにして起こるかについての詳細な分析にはMead, 'The Psychology of Punitive Justice' を参照。
[45] Stone, *The Past and the Present Revisited,* p. 250.

に立っている人びとを守るように見えるときにおいてすら、階級の形態と形状を再生産しているのである。

　これと関連するのが、ヘイの歴史的説明に明らかに見られる処罰の社会的意義の理論である。このマルクス主義的な分析の最も際立った特徴の一つは、それがデュルケムの処罰理論ときわめて類似していることである。もちろんこれは本質的な類似ではない。というのも、デュルケムが集合意識のみを見ていたのと逆に、マルクス主義者は階級的利益と支配階級の正統化を見るからである。しかし、分析において両方の説明は、刑罰の主要な効果が、犯罪者や犯罪者になりうる人びとだけではなく、より広い道徳へも向けられており、このより広い道徳が社会的権威に対する大衆的な心性と公衆の態度と結びついている、と主張する。デュルケムとヘイの両者は、刑罰が儀礼的な提示と象徴的な現われを通して働くということに同意し、裁判中の犯罪者だけではなく、見物する観衆にも言及する。そしてそのような提示は、権威の申し立てを支えることによってにせよ、あるいは社会上の危険と対処することによってにせよ、社会文化と個人的関与の生産と再生産において決定的に重要でありうると強く主張する。彼らが描き出す刑罰に関する象徴の解釈と社会の性質はかけ離れているが、このように両者の説明は、処罰が心的・文化的生活というより広い圏域内で作用することを認めている。

　ルッシェとキルヒハイマーが行った刑罰形態と経済的基礎についての物質主義的説明は、デュルケム理論の範囲には含まれなかった問題群を扱っている。そしてデュルケムの理論とほとんど関連がないとはいえ、ヘイ（そしてヘイほどではないがパシュカーニス）の分析は、デュルケムが分析した基盤と酷似したものを酷似した方法で扱っている。それらは同じ社会プロセスの異なる解釈である。実際のところ、「イデオロギー」というマルクス主義の用語が、文化表現や文化上の慣行に含まれる階級的な要素に言及するものと理解できれば、イデオロギーについての分析は、政治固有の観点から見れば、事実上の文化についての分析だということが明らかになる。そして確かにヘイやほとんどのマルクス主義者は、この用語をそのような意味で用いている。デュルケムは事実を示し損ねていた。とはいえ、前に見たように、社会と社会秩序についての表象が、つねに社会についての何らかの認識と秩序を保つ具体的な方法を反映するものである以上、刑罰実務によって伝えられる社会心情は、つねに特徴的なまでに政治的な内容を含んでいると予測できよう。デュルケム自身が挙げた絶対主義制における処罰の宗教性という例も、同じ

ことを示唆する。処罰が制定されるときに再確認されるのは、「社会」だけではない。社会の「絶対性」も再確認されるのである。マルクス主義的な分析は、この論点を発展させ、この最も普遍的な社会機能が狭量な階級利益を（それに反対していると見せかけながらも）肯定しうることを示したのである。

3．刑罰形態と社会編成

　ここまで経済関係、司法‐イデオロギー的形態、政治的操作という観点から処罰にアプローチした解釈について論じてきた。そのそれぞれが特殊な処罰‐社会関係の次元を発展させている。しかし、異なる形式の分析も存在し、それもまたマルクス主義から大きな影響を受けている。その分析は、あらゆる社会編成内での処罰の多層決定とでも呼べるようなものを強調している。この種の説明は、刑罰政策と刑罰制度が単一的なプロセスによって形成されるのではなく、刑罰政策と刑罰制度という問題に関して、特定の相互関係の末に収斂するきわめて多様な力によって形成されるということを重視する。この種の説明は、たいていの場合、具体的で歴史的に綿密である。このように刑罰は、一連の競合的で、結合的な力の結果として多層的に決定される。しかし、これらの説明を単なる多次元的な説明ではなく、マルクス主義的あるいはネオマルクス主義的たらしめるのは、刑罰政策を形成する力が、生産様式と階層秩序的な社会の構造一般の中に存在するという主張である。したがって、刑罰政策の議論に関わる歴史上の行為者が、宗教的、人道主義的、科学的な関心事によって動機づけられていたとしても、彼らの努力の帰結は、社会的な力の構造や支配的な階級文化の目に見えない圧力によって制限されるのである[46]。

　この形式の分析のよい例は、マイケル・イグナティエフの『苦痛を課す正当な方法 (*A Just Measure of Pain*)』である。この本は、産業革命時代の懲治監の起源を細かく検討している。イグナティエフは、デイヴィッド・ロスマンがアメリカで書いた『アサイラムの発見 (*The Discovery of Asylum*)』での類似した説明と同様に、

---

[46] 「……重要な問題は、処罰をどのようにして使えば狭い意味での政治的統制や国家統制といった即時的な問題を『解決』できるかということではもはやない。むしろ問題は、経済的な意味で他とは異なる階級間の関係性を表明し、それに実体を与える社会関係の全体的な織物の中に処罰がどのような形で織り込まれているかということである。」S. Spitzer, 'Notes Toward a Theory of Punishment and Social Change', *Research in Law and Sociology*, 2 (1979), 223.

監獄の誕生を19世紀初期の新たな形態の社会秩序の探求の中に位置づけた。この誕生は、地方の伝統的絆の解体、都市人口の増大、資本主義的な社会関係の出現に続くものだった。この時期についての彼の説明は、改革を導くよう作用した多くの集団に特別な注意を払った綿密で緻密なものである。その集団には、宗教的な非順応者、功利主義的な社会批判者、進歩的な雇用者、都市行政官、郊外地域の司法、議会改革者が含まれる。これらの集団のそれぞれには、独特で複雑な動機があり、その動機は、犯罪に対する一般的な反応としての監獄という考えを支持するよう導いた。そして改革のための運動を動員し、施設を最終的に建設させたのは、これらの多様な動機とイデオロギーだったのである。

だがイグナティエフは、改革者の意図と手法の細部を、社会背景、つまり新しい社会生活の基盤に順応するために自らを能動的に再編成していたという、当時存在した社会背景に照らして見なければならないとも主張する。したがって、懲治監の出現についての彼の説明は、階級関係という新たな論理と、それに対応した貧しい人びとを扱うための新たな戦略群と制度の中に、懲治監を位置づける。この分析では、生産の関係、労働市場の条件、財産への関心、明瞭な階級利益の言語は、すべて後景に退いている。というのも、それぞれの集団は、異なる語彙を用いて、刑罰政策について議論し、それを構築していたからである（とはいえ、これらの背景要因は、可能性の地平を切り開き、変動の構造的基礎を形作ったのではあるが）。以上のように、監獄の成功の鍵は、これらの多様な利害を結び合わせる能力だった。監獄は、「改革者が広い利害を、犯罪に対する反応としてだけではなくその時期の全体的な社会的危機への反応として、そして政治のより広い戦略の一部として提示することに成功したという理由から」訴求力を持った。監獄は、1840年代までに「秩序のより大きな見通しを持った一要素であるとみなされ」、「財産を持つ人びとや権力を持つ人びとの熟慮的な同意を」取りつけていたのである[47]。

イグナティエフの説明を他の説明ではなく、マルクス主義的な説明に近づけて提示することは、間違っているかもしれない。というのも、彼の社会史は、マルクス主義理論に明示的な言及を行ってはいないからである。これについての正当化は、イグナティエフが階級分裂に基づく社会、資本主義的な生産様式、そしてこ

---

[47] Ignatieff, *A Just Measure of Pain*, p. 210.

の社会秩序の不平等を保ち続ける国家装置という概念をもって研究をしていたということである[48]。もちろん、そのような概念が、マルクス主義的伝統の専売特許というわけではないのだが。イグナティエフの著作が、マルクス主義的であるとみなされるにせよみなされないにせよ、彼の著作は、マルクス主義のモデルと確実に調和し、ほとんどのマルクス主義者が共有する基本的な概念を用いている。したがって、彼の著作は、ここでの目的にとって、経済的発展、階級利益、社会的危機の特殊な布置が、刑罰政策における重要な発展を全面的に決定することはないにしても、どのように促進するとみなせばいいかを示すにあたって、有益になりうるだろう。

自著『処罰と福祉』も、刑罰政策がより広い社会構造に制限されつつも、その社会動向によってどのように培われたかを説明している。その格好の例は、19世紀後半と20世紀前半のイギリスにおける新たな刑罰福祉制度の発展である。『処罰と福祉』は、イグナティエフの著作と同様に、マルクス主義的な概念と主張を借用している。しかし、マルクス主義的な枠組内に、自らを位置づけているわけではない。実際、その本は、その理論的着想において、ミシェル・フーコーの著作により近い。フーコーの著作は、正統的なマルクス主義に対して、複雑でしばしば批判的な関係にある[49]。だが『処罰と福祉』は、フーコー的な概念を詳細に使用しているとはいえ、そしてマルクス主義的な枠組に含まれない問題に対して関心を払っているとはいえ、生産様式の変動が、社会的・刑罰的政策に直接的な影響を与えた政治的・イデオロギー的発展をどのように引き起こしたかについての分析である。そして、この分析の流れの中で、同書は「イデオロギー」、「ヘゲモニー」、「階級」、「国家」などの概念を、アントニオ・グラムシ（A. Gramsci）やガレス・ステッドマン・ジョーンズ（G. S. Jones）などのマルクス主義的な著者にきわめて大きく依拠した形で用いている。

この本での議論は、刑罰制度と犯罪統制政策には独自の内在的な原動力があり、それは他の場所の出来事の表現や反映とすることはできないことを明らかにしている。制度的な統治体制は、固有の問題を進展させ、改革的な集団や専門機関

---

[48] M. Ignatieff, 'Class Interests and the Penitentiary: A Reply to Rothman', *The Canadian Criminology Forum,* 5 (1982) を参照。この論文は刑罰変化についてのイグナティエフの解釈における階級、貧困、(農業的)資本主義の重要性を繰り返し強調している。
[49] B. Smart, *Foucault, Marxism and Critique* (London, 1983) を参照。

は固有の問題を多く含んだ目標を追求し、犯罪統制の実用主義は、ある種の反応を要請する。これらはどれも他の社会プロセスに還元不能で、他の社会プロセスによっては完全に決定されえない。とはいえ、刑罰もまた、法形態やイデオロギー的枠組に埋めこまれた国家志向的な実務であり、貧しい人に対して向けられたより多様な社会政策の一つの要素である。したがって、刑罰は、社会編成のより広い力動の中に取り込まれてもおり、その輪郭は、これらの社会構造一般と社会関係をともなった内在的な刑罰プロセスの複雑な相互関係によって決定される。

『処罰と福祉』は、このような考えをもとにし、ヴィクトリア朝期中盤のイギリスの刑罰を説明することから出発する。その説明は、刑罰実務と社会生活の構造一般の細部がどのように結びつくのかを探り、そしてシステムが、犯罪者という概念に依拠することを描き出す。犯罪者という概念が強調するのは、法的主体の自由、平等、責任、細胞状の孤立を目ざす強迫観念的であからさまな個人主義、監獄での強制労働を用いることが伝える労働倫理的なイデオロギー、犯罪者に対する国家の援助の欠如、そして法を破ることを自由意思で選択した犯罪者に対するある種の社会契約論的な反応としての処罰という操作的な概念などである。これらの刑罰学上の概念と、自由放任的な個人主義という政治イデオロギーや最小国家、市場社会における個人の自由、抑制的で的確で社会的な政策の必要性といった概念との明示的な相性の良さが持つ類似点は、刑罰が大部分その社会的文脈によって構造化されているということを示唆している。また、そのイデオロギーや類似点は、イデオロギー的・戦略的適合という一致性を示唆し、その一致性が、刑罰を支配的なイデオロギーの回路に結びつけ、階級関係という強力な構造に関連づける。実際のところ、1860年代と1870年代の犯罪学の概念と監獄統治体制は、ヴィクトリア朝期の刑罰をその時期の社会関係と社会政策に一致するよう変化させた戦略的つながりの相互関連と構造的な相同関係の一部だった。

このヴィクトリア朝的な刑罰様式から1895年以降出現した近代的な刑罰福祉的配置への移行は、一連の改革運動と利益集団が関わった複雑な歴史プロセスとして提示されている。新たな科学的犯罪学の提案者、優生学と社会保障の支持者、ソーシャルワーカー、慈善組織、刑罰担当行政官、新自由主義的な政治改革者はそれぞれ、この時期の闘争と議論に寄与した。そしてこの本の多くは、改革者の綱領と出現した対立と協同の相互作用を描写することにあてられている。だがこれらの特殊な刑罰運動は、孤立して発生したわけではない。その学問上の

形態、イデオロギー的関心、政治的野心は、イギリスの社会的・政治的・経済的制度を新たな社会民主主義的・福祉主義的形態へと効果的に再組織化した、はるかに広い構造的動向の一部だった。この運動は、マルクス主義者が自由主義から独占的資本主義への移行として描写する経済的・政治的変動から追求することもできる。だが実際のところ、重要な問題は、原因の優先順位よりも、原因の相互関連性である。経済変動は、政治的・イデオロギー的な結果を生むが、その逆も然りである。そして、社会・刑罰政策の圏域は、これらの変質に大きく関わっている。個人の行動に対して個人が有する責任、国家の改革に対して国家が有する責任、その処遇に対して制度的統治体制が有する形式といった刑罰政策についての問いは、労役場の適切な運営、貧民法の内容などの社会政策の他の問題と、密接に結びついている。そして、これらは転じて、労働市場の規制、国家の適切な役割、そして貧しい人びとへの配慮と統制のために採用された一般戦略についての、より一般的な問題を引きこしたのである。

　これら多様な問題の交わりや、政策決定者が実際に持っていた意識については、1895年から1914年までの期間の多くの公的報告書や勧告書から得られた傍証が多く集められている。それらの中では、類似の思考や行動の仕方が別個の刑罰・社会問題の全範囲に適用されていた。その結果として、刑罰福祉の新たな装置が最終的に構築されたときには、一連の社会的原理とイデオロギー的傾倒を前提としていた。その装置は、19世紀の自由主義から離れ、福祉国家と呼ばれるようになった新たな制度上の戦略群へと結びつけられた。逸脱者の改善における特徴的なまでに実証主義的なアプローチ、介入的な機関を幅広く使用すること、ソーシャルワークと精神分析の専門家を採用すること、即座に罰するのではなく規制し、処遇し、正常化するという関心、そしてもちろんのことであるが、その新たな「福祉主義的な」自己呈示。これらすべての特徴はあわさりあい、新たな処罰をその時期に出現した新たな社会戦略、イデオロギー的形態、階級関係へと結びつけた。

　この研究に見出されるかもしれないマルクス主義的な含意は、特殊な生産様式と刑罰様式のつながり、法的・刑罰的認識枠組が経済関係を支配する一般的傾向と一致するという傾向、刑罰イデオロギーが社会支配のヘゲモニー形態を構築するにあたって果たす支持的な役割について注意を喚起する。このように、ルッシェとキルヒハイマーの主張、パシュカーニスの主張、ヘイの主張はみな、たった一つの具体的な事例の中に示される。しかし、この研究が強調するのは、これら

のプロセスが刑罰に現われる結果を決定するということではない。むしろ、刑罰の中に見られる結果は、これらのより広い構造が定めた限界内で取り決められるということである。そしてさらに、これらの構造は独立して作用するわけではない。つまり自動的な手段によって、すべての結果を統制するような何らかの形で処理しているわけではない。そうではなく、それは意思決定主体の問題なのである。その主体は、この場合、改革者、行政官、政治家である。彼らは、時にはゲームのルールを変えようと闘争しながら、そしてより頻繁には彼らが直面する制限と妥協しながら、政治上の可能性の束縛を意識的に認識し、彼らの決定をそれに適合させる。この主張は、構造は人間行為という媒介物とそのような行為がつねに含むであろう特殊な闘争とその結果を通して効果的なものとされる、と示唆している。そうであるならば、刑罰形態が特定の生産形態や、階級関係の特定の一般的傾向によって「決定されている」と示唆することは誤っている。刑罰形態は、他のすべてのことと同様に、結合的な政治と刑罰それ自体の圏域内での具体的な闘争によって、形成されるのである。

　経済、法、イデオロギー、そして言うまでもなく社会政策が持つ制度的な網という、より広い構造は、ある特殊な刑罰実務を生み出すよう圧力をかけ、ありうる刑罰実務の結果を制限するはずである。だがこのことは、不可避的な決定としてではなく「選択的親近性」という観点から考えたときに、最もよく捉えられる。マルクス主義的な説明が見出した（本質的には経済と階級という）原動力は、どのような意味でも排他的なものでもなければ、刑罰の発展に含まれる近接的な決定要因ですらない。その一方で歴史的研究は、刑罰の変動の実状を説明しようとするため、マルクス主義モデルでは決定要因と間接的、副次的にのみ関わるとされた力を扱うよう義務づけられている。したがって、歴史的研究においてマルクス主義的な概念は、イグナティエフの場合のように分析の背景に留まるか、そうでなければ、私自身の研究のように部分的な説明を与えるだけである。**歴史的**説明としての『処罰と福祉』の最も明らかな限界は、階級支配と貧しい人びとの支配という示唆が与える観点からのみ刑罰変動を眺めていることである。そのようにすることで、文化的な力の分析をイデオロギー的な力の分析に取り替えている。これは刑罰方策が政治に及ぼした示唆を強調するが、それが持つかもしれない他の重要な示唆を沈黙させる傾向にある[50]。

　このような意味で、『処罰と福祉』は、刑罰の分析におけるマルクス主義の限界

を指摘するために有用かもしれない。実際のところ、マルクス主義は厳密に言えば、処罰の制度についてほとんど述べていない。これについての詳細を示す著作は、マルクス主義的な枠組の外で発展している。マルクス主義は、デュルケムの研究やフーコーの研究とは異なり、この制度群についての独特の概念や分析を持っていないし、処罰自体に特化した理論を持っていない。かわりにマルクス主義は、他の社会制度と同様に、刑罰が今日の階級社会の中で占める位置にどのようにして置かれるにいたったか、そして刑罰がどのような階級的な決定によって形成されたかを記述する。大半の刑罰システムが、階級に分裂された文脈の中に存在していることを考えれば、これはそれだけで計り知れないほど貴重である。だがそれは、包括的な刑罰理論であるというよりも刑罰の「外部」、そしてそこから生まれる内在的な示唆についての理論である。大半の社会において、階級分裂が刑罰に与えた影響は、広範囲かつ深くに及んでいる。しかし、刑罰に他の決定要因、関係性、重要性があるのであれば、分析を行う者は、マルクス主義的枠組を越えてゆく必要がある。

多様なマルクス主義的研究から生まれた命題を以下のように要約できる。

1　刑罰は、国家に統制された抑圧とイデオロギーの装置として、より広汎な社会的対立と支配戦略において役割を果たす。それは犯罪統制における社会的機能と並んで、ある階級が他の階級に対して持つ統治道具として機能する。
2　その逆に、これらのより広汎なイデオロギー的・政治的・経済的闘争は、処罰を形成しその認識枠組を構築することに関わる。そうであるがゆえに、刑罰実務は、支配集団の持つ政治的な目標とイデオロギー上の執着と一致する。
3　刑罰は、法の圏域と密接に関連しており、法の形態と原理によってパターン化されている。法はイデオロギーを提示するシステムである。そのため処罰は、法を正統化するという機能と効果に寄与する。刑罰という媒介物を通して、国家権力と国家の暴力は、大衆の同意をとりつけた法の形態において、鮮明に現われる。
4　処罰は、他の社会政策との内在的関連性において存在する。具体的には、

50　この時期の刑罰改革の明示的な文化的主題についての議論の一つとしてM. Wiener, 'The March of Penal Progress?', *The Journal of British Studies,* 26 (1987), 83-96 を参照。

貧しい人びとや生活条件に対処するための貧民法、ソーシャルワーク、社会保障、労働市場規制といった政策と関連して存在する。
5 　刑罰実務は、何にもまして下層階級の条件と、その人たちを対象とした戦略によって形成される。条件と戦略は、支配的エリートによって採用される。処罰は、治安維持と社会政策のための方策にとって、鍵となる部分である。これらはともに貧民を規制し、問題を抱えた人びとに対処しようとする。したがって刑罰方策は、犯罪性の一般的傾向（これ自体、周縁的な集団の生活条件ならびに他階級との関連によって形成される）によって形成されるだけではなく、支配階級が、貧民を社会問題と考えるか、どのような戦略を好むかに応じて形成されるだろう。処遇のこれらの形態には、強制と統制という側面と同時に、配慮や慈善という側面があるかもしれない。だがこれらの形態が支配のより広い戦略内に埋め込まれていることが、その理解にあたって最も重要な点である。

　これら五つの論点を以上のように表現したときに際立つことは、それらがマルクス主義的やネオマルクス主義的分析から生まれたとはいえ、その枠組にまったく縛られていないことである。個別に見るにせよ結合させて見るにせよ、それらは余剰価値、経済の優先性、あるいは社会的存在による社会意識の決定についての理論といったマルクス主義特有の主張に依拠せず、マルクス主義固有の用語や概念も一切採用していない。もちろんそれらは、階級分裂の存在、支配戦略、支配集団の利益とそれに協力する国家といった事柄を前提にしてはいるが、それらの前提は、他の社会学の枠組によっても共有されている（その中では、ウェーバー、フーコー、エリアスが注目に値する）。もしそうであるならば、そしてマルクス主義的伝統によって刑罰について指摘された最も重要な論点が本質的に「マルクス主義的」というわけではないとするならば、これらの鍵となる命題は、（それらが初見ではそう見えるよりも）マルクス主義以外のパースペクティヴとかなり適合的なものであるとみなされるべきなのである。

（訳注1）1760年に執事を殺害した罪で処刑された貴族。イギリスで処刑された最後の貴族として知られている。
（訳注2）中世後期以降、イギリスで政治的、社会的に大きな影響力を及ぼした中間的社会層を指す。産業革命においても重要な役割を果たしたとされる。郷紳とも呼ばれる。

第6章

処罰と権力技術
ミシェル・フーコーの著作

1. フーコーの理論の導入

　ミシェル・フーコーの著作、とりわけ『監獄の誕生』は、近年、処罰の社会学の中心的な参照点となっている。実際のところ、フーコーの影響は、私が描写した既存の他の伝統をほとんど目立たなくさせ、この領域における現代の研究にとっての新たな基本的な議題を設定している。「今日、フーコーなくして処罰と分類について書くことは、フロイトなくして無意識について語るようなものである」と述べている著者もいる[1]。

　フーコーの著作をめぐってさまざまな応酬がなされる中で、その独創性と特徴を過大評価することはきわめてありがちなことである。実際私は、以下の章で、フーコーの主要なテーマの多くは、すでにフリードリッヒ・ニーチェやマックス・ウェーバーの著作でよく発展していたと主張するだろう。しかしそれでも、処罰についてのフーコーの分析には、特異な点がある。フーコーの分析をマルクス主義的伝統やデュルケム的伝統から分離させ、この領域での重要なパースペクティヴとして確立させたのが、この特異な点である。フーコーの著作は、処罰の社会的文脈や道徳的基礎を強調するかわりに、刑罰権力の実際の技術とその作用形態に焦点を当て、その装置それ自体の内在的な運動へとわれわれを直接導いていく。彼は、近代的な刑罰制度と切り離せない監視と規律の原理、近代刑罰学の言説の文法、刑罰の圏域で作用する「刑罰学的合理性」とでも呼べるようなものを、詳細にわたって分析する。彼の分析は、刑罰制度と刑罰言説の特殊性に縛られているとはいえ、刑罰権力と統治や規律といった別々の領域を結びつけるつながりや同質性の詳細を示すことに向けられている。加えて、「刑罰科学」についての彼の分析は、より一

---

[1] Cohen, *Visions of Social Control*, p. 10.

般的な人間科学の規律的役割と個人化という役割を明らかにしてくれる。このように、処罰と社会へのフーコー的なアプローチについての特徴が他に何かあるにしても、分析において選択された水準と、制度についての詳細からより広域の社会のパターンへと移動してゆく傾向（その逆ではない）が、この領域において、フーコー的なアプローチを他の伝統とは異なるものにしている。

　本章と以下二章では、フーコーの主張と分析が、近代刑罰についての思考において、どのように使用されるべきかを示すことにする。この目標のために私は、このアプローチ特有の長所と寄与を見定め、より多次元的な解釈の枠組を形成するにあたって、その「権力パースペクティヴ」が他の解釈とどのように関連づけられるかを示唆し、彼の著作の概説と建設的な批判を提示したい。以下で見るように、フーコーのアプローチの綿密さを捉えるためには、彼の説明の正確な輪郭と、他の伝統との相違点を注意深く見定める必要がある。しかしここでは彼の説明を導入することを目的としているので、いくつかのテーマ上の区別を提示することが、フーコーが占める活動分野への概略的な案内となるだろう。

　処罰についてのフーコーの分析は、デュルケムの分析と多数の点で対立し、きわめて異なっている。そして大半の部分で、デュルケムの著作にはまず現われない現象を扱っている。『監獄の誕生』は、近代処罰の道具的で効率主義的な性質を強調し、デュルケムの説明では中心的な役割を果たす道徳的・感情的な要素について、ほとんど何も述べていない。デュルケムにとって処罰は、集合的心情の中に深く埋めこまれたものであり、市民層が犯罪的な敵に対して持つ道徳エネルギーを伝えるものである一方、フーコーにとって処罰は、権力のシステムであり、人びとに科される規制である。そして彼の説明は、この権力の源泉や、その大衆による支持の構成について、ほとんど何も述べていない。以下で見るように、この二つのパースペクティヴには、類似点が存在する。つまり、その両方のパースペクティヴは、刑罰の効果について（正当性を欠く）機能主義的な前提を持っており、顕著なまでに類似した規律に関する分析を示し、同様の用語でアンシャン・レジーム期の刑罰儀式について論じている。しかし概してフーコーの著作は、処罰について他のものとは異なる解釈を行っており、この解釈はデュルケムの説明に現われるものとは完全に対立するテーマをしばしば強調している。

　マルクス主義に対するフーコーの関係は、それほどわかりやすいものではない。この二つの解釈パースペクティヴが処罰に適用されるとき、より一般的な水準では、

それらのアプローチは対立的ではなく補完的になると論じる著者もいるが、フーコーは、マルクス主義の伝統の多くの側面に対して明らかに批判的である。具体的に言えば、彼は、科学的経験論への訴え、全体的アプローチ、権力の他の場を無視してしまうほどに国家を重要視することを批判している[2]。だがフーコーの研究は、マルクス主義者によってよく用いられるものとはきわめて異なる分析の水準をとっているというのが、実際のところである。そのため彼の発見は、マルクス主義的説明と対立するものとしてではなく、それを拡張するために使用されてきた。権力、支配、従属といった彼のテーマについての研究では、ある程度異なる工夫がほどこされているとはいえ、マルクス主義の伝統によって共有される関心事に触れており、既存の制度に対して敵意的で深く懐疑的なスタンスを採用しているという点で、マルクス主義や他の形態の批判理論とある程度共通の土台を有している。とはいえ、フーコー的な処罰の説明と、マルクス主義の枠組内で発展した説明とを区別する重要なパースペクティヴ上の差異を指摘することができる。

　前に見たように、マルクス主義の説明は、この権力関係を、階級序列に沿って組織立てられたもの、搾取的な生産形態に基づくものとし、処罰をこの権力関係という文脈の中に位置づける。そしてある場合には、処罰を抑圧的・イデオロギー的な目的のために使用される国家権力の道具として描き出す。しかし、このようなマルクス主義のアプローチは、階級という文脈が刑罰形態と刑罰制裁の使用にどのような影響を及ぼすかを示すことで、刑罰をいわば外部から扱うことが多い。対照的にフーコーは、刑罰プロセスに内在する権力関係に焦点を当て、これらの関係が内包する技術と知に沿って、それらを詳細に分析する。彼は、権力関係としての刑罰関係の現象学的な説明を提示するが、その説明は、刑罰制度がどのように構築されるかについての内在的な分析、それらが統制能力をどのように行使するのか、そしてそれらが知と技術の特殊な形態によってどのように特徴づけられるのか、についての説明である。刑罰の圏域、とりわけ社会における権力についての彼の描写は、これらの細部を検討することで組み立てられており、明示的には階級関係と社会構造についての以前の図式をまったく用いていない。確かにフーコーの理論構築の全様式は、社会が構造モデルや普遍的な概念という手段によって

---

[2] Melossi and Pavarini, *The Prison and the Factory*; D. Garland, *Punishment and Welfare*はマルクス主義的な議論とフーコー主義的な議論を結合している。フーコーによるマルクス主義への言及に関してはSmart, *Foucault, Marxism and Critique*; N. Poulantzas, *State, Power, Socialism* (London, 1978)を参照。

分析できるような一貫性を有する統合体であるという示唆を回避しようとしている。

　フーコーにとって処罰は、マルクス主義者にとっての処罰と同様、根本的に権力と政府についての問いを含んだものであるが、彼は、刑罰の文脈や決定要因を想起させるだけではなく、刑罰というその組織自体を検討することで、これらの問いに対処する。彼は、ルッシェとキルヒハイマーや、この伝統に属する他の人びとの分析をはるかに越えた水準の刑罰学の理解と細部におよぶ資料を示しながら、刑罰技術、制度、知に特化した分析を提示する。この水準での現象学的な描写は、刑罰の社会的基礎、その政治的文脈、処罰の使用を誰があるいは何が支えるかについての重要な問いを無視するというコストを払うことによって達成されるものだとする批判者もいる[3]。だが以下で示唆するように、この点は批判というよりもフーコーの説明の焦点と限界を指し示すものとした方が、よりよく理解できるかもしれない。これはフーコーの分析上の関心が、マルクス主義の伝統や刑罰に対する他の批判的アプローチの関心とは異なることを明確に示す相違点である。

　フーコーがこの領域でなした主な寄与は、刑罰統制の現象学だろう。だがこの解釈を構築するに当たって、フーコーは刑罰史と刑罰変動の政治的な決定要因について影響力のある説明も提示している。この近代処罰の系譜学は、刑罰史についての他の説明と重要な点で異なり、その後に続く著者たちによって採用されている歴史的解説のモデルを暗示している。以下では、フーコーの刑罰変動についての解釈ならびに刑罰権力についての分析論を再構成し、それらを議論と積極的な批判の対象とすることに関心を払いたい。

　フーコーは、批判的な理論家、つまり近代世界を構築する権力と合理性の形態を疑問に付そうとする哲学的・歴史的な著作を書いた批判的な理論家として理解するのが、最もよいかもしれない。狂気、医療、近代的言説、性といった彼の多数の研究のすべてを貫いているのは、われわれ自身と世界についての知識を組織立てる慣習を描写するという関心だけではない。これらの慣習のコストとそれが内包する圧力の形態を描写するという関心も、彼の研究を貫いている[4]。この批判的な攪乱は、近代世界の大半を形成した歴史的発展、すなわち科学革命、啓蒙、民主主義の成長、社会科学の興隆、社会工学の発展を分析するために、熱狂的なまでに応用されている。なによりもまずフーコーは、彼が啓蒙の神話とみなすも

---

[3] T. Platt and P. Takagi, 'Perspective and Overview', in id. (eds.), *Punishment and Penal Discipline*を参照。

のに対して長きにわたる攻撃を仕掛けた。「理性」、「科学」、「自由」、「正義」、「民主主義」。西洋文化のこれらすべての因習は、「理性」の権力効果を分析し、それが投げかける抑圧的な影を追及する彼の努力の中で、評価され直すことになった。そのような意味でフーコーの著作は、マックス・ウェーバーについては合理化を、ジグムント・フロイトについては文明を想起させる。これらそれぞれは、近代世界で大事にされている生活のあり方のために支払われた代価を示している。だがフーコーの論調は、そのコストのみならず、その既存の価値を問いに付すし、それを揺らがそうとするものであるというのが、重要な相違点である。

『監獄の誕生』は、このより広い批判的な試みに位置づけてこそ、最もよく理解できよう。この本は、「監獄の誕生」という副題を持ち^(訳注1)、大部分が歴史叙述という形態で提示されているとはいえ、刑罰史よりも権力の構造の分析として、あるいはより正確に言うならば、フーコーが「規律」と呼んだ権力行使の独自な近代的形態の分析として成功している[5]。フーコーにとって19世紀初期の監獄の出現の分析は、実際のところ、はるかに広汎な(そしてより現代的な)支配がどのように達成されるか、近代世界で個人はどのように社会的に構築されるかというテーマを探求するための手段である。

フーコーは刑罰史の研究から始める。その研究は、身体刑や死刑といった暴力的で抑圧的な統治の形態が、監獄に代表されるような、より温和で規制的な技術にどのようにして道を譲ったかに焦点を当てる。この焦点は、その後、法と政府についての近代的な戦略の中で抑圧的暴力の座を占めるにいたった査察、規律、「規範化」[6]などのより寛大な形態の統制の一般的な見取り図を描き出すよう広げられる。フーコーの説明において、監獄は、これらの社会形態一般の縮図である。監獄が社会形態一般の縮図であるのは、それが「典型的」な制度であるからではない。むしろ監獄が、完全に拘束を解かれた、統制の近代技術の働きを明らかにする場

---

[4] M. Foucault, *Madness and Civilisation: A History of Insanity in the Age of Reason* (New York, 1965); id., *Birth of the Clinic: An Archaeology of Medical Perception* (London, 1973); id., *The Order of Things* (London, 1972); id., *The History of Sexuality*, i. *An Introduction* (New York, 1978); id., *The History of Sexuality*, ii. *The Use of Pleasure* (New York, 1986).
[5] フーコーは構造主義的分析の(たとえば、フェルディナン・ド・ソシュールやクロード・レヴィ=ストロースの著作によって画定されたような)方法上の規則に厳格に従うものという意味では構造主義者ではない。しかし、彼は言説や制度実務の形と限界を定める構造を特定することに関心を持っている。
[6] 規範化という概念は、適切な行為のための基準や規範を設定することや、規範からの逸脱を矯正することによって機能する規制の形態を指す。その積極的で強制的な方向性において、誤った行為の単なる禁止や処罰とはやや異なる。本章の後の議論を参照。

所だからである。そうであるがゆえに、収監という仕組やそれが依拠する知についての綿密な分析が、権力と統制の近代的形態の一般的な解剖学のための基礎となりうるのである[7]。

2. 歴史的問題としての監獄の誕生

『監獄の誕生』は、あまりに専門的で専門家しか読めないという意味での「難しい」著作ではない。だがその表現の様式が、ある種の難しさを生み出している。ほとんどの部分で、暗示的、示唆的、文学的な文体がとられており、命題、主張、傍証をともなうほとんどの英米系学問の文体とは著しく異なっている。このような文体表現は、フーコーのような文体を好む人はその表現に快楽を感じるかもしれないものの、その一方で、主題を表面下に覆い隠し、時としてそれを把握しにくくしている。このようにフーコーの解説は文学的ではあるものの、その実きわめて堅実に構造化された主張によって支えられ、組織立てられている。そのおかげで、その主張を探し出し、明らかにすることができる。

『監獄の誕生』の序章は、読者を驚かせるような二つの型の処罰を示し、同書がどのような問題を解明しようとするかを提示している。これら二つの型の処罰はきわめて異なっている。一つ目の型は、1757年のパリの広場において、観衆の前で行われた王殺しの処刑である。ここで処罰は、凶悪さを示す大がかりな儀礼によって成立しており、その儀礼において、判決を受けた男の身体は、権威づけられた暴力の提示のもとで完全に破壊される[8]。二つ目の型は、王殺しの処刑のおよそ80年後にパリの矯正院で使用された施設の時間割である。これは被収容者の日々の生活を規制する分刻みの詳細な統治体制を設定している。処罰はこの時期、静かに、そして私秘的に行われ、あらゆる明示的な儀礼や暴力をともなわずに行われていく。

フーコーは、これらの方策のそれぞれが、その時期の刑罰類型の決定的なもの

---

[7] 同種の研究としてSykes, *The Society of Captives*を参照。これは全体主義的政治権力の働き（とその欠陥）を示すため、重警備刑務所に権力分析を応用したものである。
[8] ルイ15世自身に対する攻撃の罪でロベール・ダミアンが処刑されたことが、フーコーの用いた例である。フーコーはこれについて触れていないが、主権によって下される処罰は、ダミアン自身を越えて広がった。「裏切り者の親者は、姓を奪われ追放され、彼らの家はあとかたもなく破壊された。」J. McManners, *Death and the Enlightenment* (Oxford, 1981)。

第6章　処罰と権力技術

であると考える。そしてそれほどはっきり述べているわけではないが、上記二つの方策が、近代社会とそれ以前の「古典的」社会で行使された権力の形態を鮮烈に描き出していると考えている[9]。彼が自らに課した歴史的問題とは、身体に対する暴力という公的な見世物としての処罰がなぜ消滅したのかを説明すること、そして近代処罰の一般的な形態としての監獄がなぜ出現したのかを説明することである。この歴史的探究と関連するのは、これらの処罰が含む権力の技術と形態を分析し、それらが作用する社会関係の枠組一般を特定するという、より構造主義(訳注2)的な関心である。

フーコーによれば、1750年から1820年までにヨーロッパとアメリカで起こった刑罰の型におけるこの変化は、単なる処罰の量や強度の減少というよりも、質的移行として理解されるべきである。この時期には、処罰の対象が移行し、処罰の方策は、犯罪者の身体を打つだけではなく、犯罪者の「魂」を動かすことを狙うようになった[10]。同時に、処罰の目標も変動した。その変動が起きた後、関心事は、犯罪に復讐をすることよりも、犯罪の背後にいる犯罪者を変化させることへと移った。

断頭台から懲治監へというこの刑罰技術の変動は、フーコーにとって一般的な、司法それ自体が持っていた特徴が変動したことを示している。具体的には、犯罪者を知り、犯罪性の源泉を理解し、可能なときにはいつでも犯罪性に介入するという監獄が導入した新たな関心事は、司法の全システムに大きな影響を与えた。この近代システムの中では、判断の焦点は、違反それ自体から、性格、家族背景、個人史・個人環境の問題へと移行する。これは、その個人についての知識をまとめ、その異常性を特定し、改善をもたらすという狙いのもと、精神科医、犯罪学者、ソーシャルワーカーなどの専門家を、法的プロセスへと最終的に巻き込むことになるだろう。これらの変動の結果として生まれたものは、犯罪者に対処するための次のようなシステム、すなわち矯正的であるほどには懲罰的ではなく、処罰を加えるよ

---

[9] フーコーは「古典期」という用語を、16世紀後半、17世紀、18世紀前期に言及するため用いている。他の歴史家であればこの時期を近世と呼ぶかもしれない。彼はこの時代区分を『言葉と物』で発展させているが、ここで彼は、「古典的エピステーメー」、すなわち古典期の知と言説の構造を探っている。
[10] 以下で見るように、規律は依然として身体を対象にしたままである。しかし苦痛を科すべき表面としてではなく、魂を変形させるための道具として身体を対象にする。同様の対比は『アメリカのデモクラシー』(pp. 255-6〔邦訳 第一巻〈下〉pp. 154-155〕)でトクヴィルによっても述べられている。「一人の絶対的支配の下で、専制は魂を捕らえようとして容赦なく肉体を打った。……だが民主的共和政においては、暴政はそのような行動をとらない。肉体を放置して魂に直進するのである」。Dumm, *Democracy and Punishment*, p. 134からの引用。

りも標準的で遵法的な個人を生み出すことに注意を向けるようなシステムであり、それはつまり、アメリカ人たちが端的に最もうまく「矯正」と名付けた刑罰システムである。

これらの発展は、司法以外の広い領域において、近代社会で権力がどのように作用するかを示す実例である。綿密な知、日常業務による介入、寛大な強制に基づく力が、露骨な物理的暴力、暴力の装置、勢力を示す儀式にますますとってかわっている。時々思い出したように抑圧するのではなく、徹底的にいついかなるときにも規制を行うこと、そしてこのような手段によってやっかいな個人を破壊するよりも個人の欠陥をなくすことが、今や中心的な考え方となったのである。

このようなより広い暗示的な意義を持っているという理由から、フーコーの著作にとって処罰は重要なものとなり、刑罰史の特殊性が依拠する権力の一般系譜学を提示することを可能にした[11]。もちろん「処罰による権力」についてのこの分析は、刑罰史を記述するためのきわめて独自な解釈枠組であり、そのため彼は資料に対してかなり特徴的な形でアプローチすることが可能になった。彼が設定する研究の規則によれば、処罰は、権力関係の一般的な領域内に位置づけられた「政治上の戦術」として理解されなければならない[12]。処罰は、それがどれほど周縁的であり間接的であろうと、その能動的な効果の視点から研究されなければならず、抑圧的なメカニズムとしてのみ研究されるべきではない。それは、（心理学、社会学、犯罪学などの）「人間科学」の発展と、それが示す特有な理解の仕方と密接に、そして内在的に結びついており、単純に外から影響されるものと考えるべきではない。そして最後に、犯罪者の個別性とその「魂」についての新たな関心は、政治政策が「身体」を処遇してきた長い歴史がもたらした直近の一側面として理解されなければならない。

---

[11] フーコーは「系譜学」をニーチェ的な意味で用いている。これは「現在の歴史」を描写するための叙述方法である。彼にとって歴史の重要な点は、現行の問題や制度に光を投げかけ、それらをもたらした歴史的条件を検討することである。「系譜学」は、現在を志向するという点で「ホイッグ史観的な」歴史と（侮蔑的に）しばしば呼ばれるものと方向性を共有している。しかし「ホイッグ史観的な」歴史が歴史の「目的」を描き出し現在の業績を称賛しようとするのに対して、フーコーの系譜学は現在の問題を明らかにしそれに揺さぶりをかけるために歴史を用いている。

[12] Foucault, *Discipline and Punish*, pp. 23-4.〔邦訳 p. 28〕

3．根本的な概念——権力・知・身体

　処罰を研究するためのフーコーの規則は、三つの主要で相互に関連する概念の上にそれぞれ立てられている。彼は、あらゆる支配の構造の基礎を分析するために、これらの規則を使用する。その概念とは、権力、知、身体である。フーコーにとって身体とは、ニーチェ、あるいはドゥルーズ（G. Deleuze）とガタリ（F. Gattari）などの比較的近年の著者たちと同様、すべての政治的・経済的・刑罰的制度によって掌握され形づくられる究極的な物質である[13]。生産システム、支配システム、社会化システムは、根本的には、身体の臣従化が成功するかにどうかに左右される。より具体的に言えば、それらのシステムは、身体を多かれ少なかれ素直なもの、従順なもの、有用なものへと変えるため、身体が屈服させられ臣従化されていることを要請する。個人に命令するために物理的な力や抑制を使用して、いわば外部から身体を征服する強制労働のような制度が存在する一方で、その命令を内面化させることを狙う制度、つまり、さらなる外的な力を必要とせず、要求されたことを習慣的に行う個人を生み出す制度が存在する。この「自己統制的」な身体は、フーコーが「魂」と呼んだものに影響力を行使することで生まれる。そしてこの「魂」は、転じて行為を導く[14]。その意味で権力の戦略[15]は、その対象の身体と接触する地点で、真の作用的な影響力を持っている。つまり、権力が身体的な物質性と影響力を持つ「権力のミクロ物理学」が存在するのである。ある箇所でフーコーは、「権力のメカニズムを考える際、私は、権力が個々人の気質に達し、彼らの身体に触れ、そして彼らの行為と態度、彼らの言説、学習プロセス、日々の生活へとそれを挿入する地点で、その存在の毛細血管状の形態のことを考えている」と述べている[16]。この「ミクロ物理学」の発見と、それが権力の本質を従来の政

---

[13] Nietzsche, *The Genealogy of Morals*; G. Deleuze and F. Guattari, *Anti-Oedipus: Capitalism and Schizophrenia* (New York, 1977) を参照。

[14] フーコーは心理学者が「自我」、「主体性」、「意識」、「パーソナリティ」などと呼ぶものを指すために、「魂」という概念を使っている。彼はその概念に比喩的な響きがある（たとえば「肉体は魂の牢獄である」という言葉のように）という理由から、その概念を使用しているように思われるが、より理論的な技術用語を使用して、何らかの特定の心理学に肩入れするのを避けようともしているようである。フーコーにとって、「習慣の座」にあるものは魂であり、したがって魂が規律技術の対象となるのである。

[15] フーコーはこの「戦略」という概念が、誰か特定の戦略家による計画とみなされてはならないと強調している。むしろそれは多数の場で作用する制度実務、あるいは政治的行動の知覚可能な一般的傾向を指す。これらの実務、あるいは行動は構造化されており、ある程度は計算されたものだが、それらは何か一つの意思決定者や意思決定機関によって決定されるわけでは必ずしもない。

[16] M. Foucault, 'Prison Talk', in id. *Power/Knowledge,* ed. C. Gordon (New York, 1980), p.39.

治的分析よりも明瞭に示したという主張は、ともに、フーコーの最も重要で独創的な寄与の一つになっている。

　フーコーは、「権力」を、特定の階級や個人が「持つ」所有物とは考えていない。また、彼らが何らかの方法で意のままに「使用できる」道具とも考えていない。そうではなく権力とは、多様な形態の支配と臣従化のことであり、社会関係が存在するときにはいつでもどこでも作用する権力の非対称的なバランスのことである。これらの権力関係は、それが生み出す社会関係と同様に、単純な一般的傾向を示すわけではない。というのもフーコーにとって社会生活は、単一の包括的な「社会」内で行われていると考えるべきではなく、相互に繋ぎ合わされたりされなかったりする、力の領域の複数性を通じて行われると考えるべきだからである。彼が特に焦点を当てるのは、いつも、これらの権力関係が組織化される仕方や、権力関係がとる形態とそれが依拠する技術である。彼は、結果として支配したり支配されるようになった集団や個人に、焦点を当てているわけではない。このように彼の関心は、具体的な政治やそれが巻き込む実際の人びとにではなく、権力とそれが物質化された形態、つまり構造的な関係性、制度、戦略、技法という問題にある。このような考え方によれば、権力は、社会生活の普遍的な側面であり、公式の政治や開かれた競合の圏域に限定されるものではない。また、権力は、それが個人の行為を形作り身体的能力をその目的のため沿うよう馴化するという点で、抑圧的なものというよりも実質的に産出的なものと考えなければならない。このような意味で権力は、個人に「対して」作用するというよりも、個人を「通して」作用する。そして同時に、権力の乗り物でもある個人を形成するのである[17]。

　権力の形態とそれに捉えられている身体との関係性には、第三の要素が関わっている。それが「知」という要素である。これもいくぶん抽象的であるが、フーコーは、技術と戦略が依拠する「ノウハウ」を記述するため、そしてすべての政策と行為のプログラムに内在する認知的側面を指摘するという目的のために、この抽象名詞を用いている。権力のあらゆる行使は、言及されている作用の「対象」、あるいは領域についての知識に、ある程度依拠している。対象が上手く統制されるために

---

[17]　「[個人] はつねに権力を行使される立場にあると同時に、権力を行使する立場にもある。個人は非能動的で唯々諾々と従う対象であるだけではない。彼らはつねに分節化の要素でもある。……個人は権力の結果である。それと同時に、あるいはそれがまさに権力の効果であるとするのならば、分節化の要素でもあるのである」。M. Foucault, 'Two Lectures', in id., *Power/Knowledge,* p. 98.

は、自然という対象であれ、人間という対象であれ、対象の力、反応、強さ、弱さ、変化の可能性についての知識を必要とする。したがって、その対象について知れば知るほど、よりよく統制できるようになる。フーコーにとって、知と権力の関係は、このように密接で内在的なものである。そこではそれぞれが他方を暗示し、増大させる。そして「知-権力」という用語は、これらの相互関連を強調するために用いられるある種の概念上の省略語である。『監獄の誕生』で顕著で重要な含意は、18世紀と19世紀に発展した「人間科学」(社会科学や人文科学)を、独立した学問的発展としてではなく、権力-知の歴史と身体との関係に深く埋め込まれた知の形態・技術として理解しなければならないということである。

このように処罰の歴史(そしてその背後にある政治の歴史)は、権力、知、身体とのあいだで発展する一連の関係性であると基本的に考えられている。そしてこれらの概念は、研究の枠組として用いられる。実際のところ、フーコーは、この分析枠組がどのように位置づけられるかについて、一度も論じていない。しかし、フーコーは明らかに、権力-知-身体関係は、社会と歴史的プロセスが他の何かに還元できない基礎であり、権力-知関係に捉えられた身体は、ある種の身体的基層となる、と主張しているように思われる。そしてこれが、社会関係と制度の基礎として有用なのである。フーコーの関心について言えば、法理論や刑罰改革者の綱領で起きた学問的発展、さらには個人主義と感受性の「人間化」の伸長だとみなされる変化一般についての歴史は、表面的なものにとどまる。これらは刑罰や政治の変化の原因というよりも、権力-知-身体関係の水準におけるより意味深い発展の結果でしかない。フーコーは、処罰の歴史を「政治解剖の一つの章」に変えることによって、解釈を提示し他の解釈に何かを付け足そうとしているわけではない[18]。彼は、他のすべての解釈が依拠している基本構造を暴き出すことを要求しているのである。

4. 断頭台の意味

『監獄の誕生』は「断頭台の光景」についての議論から始まるが、この叙述は『監獄の誕生』にきわめてふさわしい。そこでフーコーは、アンシャン・レジーム期の公

---

[18] Foucault, *Discipline and Punish*, p. 28.〔邦訳 p. 32〕

開拷問と公開処刑という実務で明示的に示される意味をたどり、実務が機能していた法的・政治的枠組と19世紀の終わりにそれが廃止された理由を特定する。その理由を提示するに際して、彼はこれらの刑罰方策の背後にある政治上の理由づけを重視し、それが一貫した支配戦略の中での重要な要素だったと示す。その支配戦略に対する批判者が描写した抑制のない残虐さの恣意的な暴発とはほど遠く、拷問が注意深く調整された事柄だったことが示されている。拷問は、その使用を統制し、それに実際の意味を与えた一連の法的な教義や儀式と結びついていたのである[19]。

第一に拷問は、司法上の取り調べの一部だった。それは、被告人の自白を引き出し、検察側の発見に真実さと「自明性」を与えるために使用された。被告人から証拠を引き出すために司法で拷問を使用することは、注意深く調整されており、有罪と認めるに足るほど十分な記述証拠がすでに存在するときにのみ許された。注目すべき例外であるイングランドを除けば、ほとんどのヨーロッパ諸国では、すべての司法手続きは秘密にされていた。そのため取り調べのあいだ、被告人すらも自分にとって都合の悪い証拠について知らなかった。フーコーは「知こそは訴訟の絶対的特権だった」と述べる[20]。このような文脈の中では、有罪性の発見に続く公開処罰という儀式もまた、曝露の行為だった。つまり、秘密裡に何が達成されたかを公衆に明らかにし、有罪を宣告された男の拷問と、その法定での彼の自白が繰り返されたのである。

第二に、公開処刑も、それに一定の機能と重要性を与えた具体的な政治枠組の中で理解されなければならない。古典期の政治神学では、あらゆる犯罪が主権者への攻撃の証拠となった。というのも、法は主権者の意志を表わし、それを体現するものだったからである。したがって処罰は、敵に対して戦争を行うという主権者の権利によって正当化され、いかにもそれに似つかわしい軍事上の用語を用いて行われる復讐の行為である。主権権力が軍事力をその力の源泉とするのと同様、司法は武装した暴力の現われであり、法の背後に抑制されない力が存在することを庶民に想起させることを意図した恐怖の行使なのである。ここで有罪を宣告された者の身体は、主権権力が映し出されるスクリーン、あるいはより正確には、

---

[19] アンシャン・レジーム期のヨーロッパにおける拷問の法的使用についてのさらに詳細な説明にはLangbein, *Torture and the Law of Proof*を参照。
[20] Foucault, *Discipline and Punish*, p. 35.〔邦訳 p. 40〕

権力の刻印が目に見えるよう彫り込まれる肉体である[21]。処刑それ自体は、権力の強さとその是認の儀礼的な提示であり、他のあらゆる壮大な儀礼と同様に、公的儀礼の威厳と厳格をともなう。それはニーチェが示唆するように、交戦における勝利の歓声、すなわち「凱旋」である。「敵に対する暴圧や嘲弄はついに克服せられたのだ」[22]。この儀式の中心には、司法に関する非人格的な概念よりも、主権者の個人的な権力がある。すなわち、最後の瞬間での恩赦という実務や判決の一時停止によって劇的に強化されるという事実がその儀式の中心にあり、主権者はこれらの実務を完全に個人的に統制し続けたのである。

　フーコーは、公開拷問と公開処刑の使用と許容が、身体に対する特定の歴史的態度を生み出したこと、それがある外的な文化と人口動態の条件に左右されることを認める。低コストの労働、身体に対するキリスト教的軽蔑、高い死亡率。これらすべてのことが、死を身近なものにし、死と折り合いをつけるよう人びとに教え込む儀礼を生んだ。しかし彼は、少なくとも19世紀のフランスでこのシステムを堅持させ続けたのは、結局のところ、より特殊に政治的な考慮だったと主張する。反乱、内乱の脅威、高等法院の隆盛に直面しながらも、断頭台で示される政治的象徴と政治の真の力は、主権権力の重要な支えとなっていたのである。

5．刑事司法に対する18世紀の批判

　それでは、なぜこのシステムは、18世紀の終わりに、「人間的」な徳を持つと自称したそれ、つまり以前の処罰の核心にあった露骨な権力と暴力というまさにその要素を抑圧したシステムへとかわったのだろうか。ここでもフーコーは、政治と権力の組織形態という観点から回答することを主張する。彼は、処刑が時として無秩序な光景へと退化したことを描き出す。そこで群集は、権威に対する尊敬心に満ちた目撃者となるのではなく、権威をからかい、有罪宣告を受けた男を人気のある英雄へと仕立て上げた。この傾向は、18世紀の終わりにはいっそう顕著になったと言われている。この時期は、群衆が不正義、階級的な法、あるいは群衆

---

[21] ルイ14世の軍隊の脱走兵は軍法会議で、ガレー船に送られる前に「鼻と耳を削ぎ落とされ、頭を剃られ、アヤメ型の烙印を押され、鎖につながれ軍隊の先頭に置かれるべし」という判決を受けた（Zysberg, 'Galley and Hard Labr Convicts in France'）。フランツ・カフカの短編小説『流刑地にて』(London, 1973) の中の「彫刻家」の恐ろしい話も参照。
[22] Nietzsche, *The Geneology of Morals*, p. 213.〔邦訳 p. 121〕

の仲間の処刑とみなしたものに対して、ますます反旗を翻すようになった時代である。これらの無秩序の結果、「国家権力の側には、こうした儀礼の効果を前にした政治的な恐れ」が生まれたとフーコーは強く主張する[23]。

　この主題は、フーコーが刑事司法の批判の分析に向かうときにも続けられる。パンフレット、小冊子、嘆願書に見られたこれらの批判は、フランス革命の前夜に行われた。批判者が申し立てを行う際の言葉は、「人間性」と人権の原理を宣言していた。これは、哀れな犯罪者に対してすらも及ばなければならない原理であり、したがって、寛容性を持った方策や刑法による抑制を刑罰実務にもたらした。だがその時期の他の歴史学者たちにとって同様、フーコーに言わせれば、この改革運動を準備した真の原動力が、哲学システム、さらには他人の運命への人間的な配慮だと考えることはできない[24]。そうではなく、政治的な喫緊性と適切な変化の必要を認識させたのは、もっと卑俗で、もっとなじみ深い自己利益の原理だった。

　この時期には、犯罪行動のよく見られる一般的傾向に変化が起こっていたようである。つまり犯罪行動は、ますます財産に対して向けられるようになり、専門化され、より大きな脅威をもたらすようになった。この時期は港湾、卸売店、大規模な作業場が、持ち運びしやすい財産をますます危険にさらすようになった時期だった。より一般的に言うと、資本主義経済の発展は、興隆しつつあった中層階級に、大衆階級の法の不順守や違法性に対するより新しくより厳格な態度をもたらした。税金・賃料の回避、密輸、密漁、落穂拾いなどの多様な違法行為が、アンシャン・レジーム期の地主経済下で広く行われ、慣習的に許容されていたが、この時期になると、財産の侵害はそれほど許容されなくなったのである。18世紀の刑事司法の予測のつかない恐怖政治には、複数の裁判所、競合する裁判区、体系的な警察の欠如、数えきれない抜け道があったが、上のような中層階級の関心から見れば、その刑事司法は過度に苛酷であると同時に非効率的であるように思われた。批判者が要求したのは、より合理的で、より確実な司法システム、すなわち包括的で綿密な警察活動に依拠する司法システム、統一的で体系的な刑罰手続き、そ

---

[23] Foucault, *Discipline and Punish*, p. 65.〔邦訳 p. 67〕
[24] 18世紀の刑法についてのこのフーコーの分析は、フランスの歴史家であるシャノーとル・ロワ・ラデュリの歴史叙述に明らかに依っている。しかしフーコーの分析が同じ年に出版されたヘイらの『アルビオンの死の木（*Albion's Fatal Tree*）』やトムソンの『ホイッグと狩人（*Whigs and Hunters*）』の議論と類似していることは印象深い。公開処刑の政治的意味についてのフーコーの解釈は、デュルケムの「刑罰進化の二法則」で設定された解釈とも類似している。

して犯罪に見合うように注意深く加減された処罰である。求められたことは、過剰性でも寛容性でもなく、適用の確実性と包括性が「社会構成員全員にたいする」ように作用することだった[25]。このように、この枠組は、下層階級に新しく生まれた犯罪性を新しく効果的な仕方で抑止するよう計画されていた。しかし同時に、主権者の恣意的な権力を制限するためのものでもあった。19世紀初頭に刑法の大改革がヨーロッパを覆ったとき、それらの改革は法典を掲げ、違反と刑罰の対応表を定め、手続きと裁判区を組織立てた。そしてその改革が目指したのは、犯罪性を抑止し、主権者の恣意性を制限するという上記二つの目標だった。刑罰は、出現しつつあった近代性の構造にふさわしいものだったのである。

6. 改革者の刑罰理論

『監獄の誕生』はその後、政治変動と刑法改革というこの背景を念頭に置きつつ、ベッカリーア（C. Beccaria）や18世紀の「信奉者」によって提案された刑罰改革の特殊性へと目を向ける。これらの改革者たちは、フーコーが呼ぶところの「処罰における寛大なやり方」、すなわちアンシャン・レジーム期の過剰性と激しく対立する制裁システムを信奉していた。彼らは、処罰が、恣意的でも主権者の意志の気まぐれな現われであってもならず、怠惰さに対して勤労が、虚栄心に対して恥辱が、暴力に対して苦痛が用いられるように、処罰は、犯罪それ自体の反映であるべきだと主張した。この種の「類推的な」処罰では、刑罰はそれが罰する犯罪を反映し、一見「自然な」結びつきをつくることができる。このようにすれば、処罰を政治的権力の現われとしてではなく、自然法則の結果生まれたものとして提示することができる。同時に、このように犯罪から派生する刑罰は、そもそも犯罪をそそのかした利益や欲望を正確に罰することによって、犯罪の源泉を攻撃することができるとされた。

改革者はまた、これらの処罰やその明示的なメッセージを、すべての人が見られるよう公に提示することをも求めた。というのも処罰は、すべての人に対する見本であると同時に、すべての人の利益のためでもあるからである。だが処罰は、この時期になっても、他の人びとに影響を及ぼすことを狙っていたものの、恐怖に

---

[25] Foucault, *Discipline and Punish,* p. 80.〔邦訳 p. 81〕

震える傍観者の身体にではなく、市民の計算的で理性的な心に向けられるように、つまり恐怖の問題ではなく、寛大な教訓主義の問題になった。処罰は今や、公的道徳性の教訓、徴候、現われであり、すべての人に隠さずに提示されなければならなくなったのである。「刑罰のなかに、主権者の現前を見るよりもむしろ、法じたいを読み取るようになるだろう」[26]。

このような改革が起きるためには、適切な公開処罰のきわめて多様な選択肢、つまり異なる犯罪を包括し、多様な利害を調停し、すべての人に見えるように警告記号を明らかにするための選択肢が必要だっただろう。したがって、実際にこの時期に起きたことが、改革者の描き出したように、処罰が公開の劇場のような場所でではなく、収監というシステムのもとで行われることだったというのは、歴史の大きなパラドックスである。そのシステムにおいては、監獄がほとんどあらゆる違反にとっての標準的な制裁となった。フーコーが明らかにするように、内密性、孤立性、単調性を特徴とする監獄が一般的に使用されるようになったことは、改革者の理論と大きく食い違うものだった。そして監獄の発展は、フーコーがわれわれに次のことを教えるとき、よりいっそう驚くべきものとなる。彼が教えることとは、この時期以前の収監は、ほとんどの刑罰システムにおいて限定的で周縁的な立場しか持っておらず、それ自体が標準的な刑罰だったというよりも、裁判や処罰を待つ犯罪者を閉じこめておくための場所としてしか機能していなかったということである。そうだとすれば、なぜ収監はこれほど急速に法的処罰の一般形態になることができたのだろうか。

7．監獄の「規律的」起源

監獄の勃興の説明は、たいていの場合、影響力のある懲罰的収容のモデルが以前にいくつか存在していたということを指摘する。たとえば、アムステルダムのラスフイス、ゲントのメゾン・デ・フォルス、イギリスのグロスター懲治監、フィラデルフィアのウォルナット街監獄である。これらの施設は、労働と改善を重視しており、計画上は懲罰的であるよりも矯正主義的であるという点に関して言えば、改革者の計画案とある程度似た統治体制を発展させていた。しかし、たとえ監獄の

---

[26] Ibid. 110.〔邦訳 p. 114〕

統治体制と改革者の計画案の両方が、個人の改善を狙っていたとしても、それらはきわめて異なる方向へと向かっていた。それぞれの施設は、個人に接触し個人を変容させるためにきわめて異なる技術を用いており、「身体」に触れ、「魂」に到達するための特有の技法を発展させていた。つまり改革者たちは、記号、教訓、説得の形態や計算の助けとしての表現を提示することによって、考え方の水準に応じてこの問題にアプローチしたのである。それとは対照的に、監獄は魂、すなわち「習慣の座」を究極的に変容させるため、被収容者の身体を掴み、働かせ、訓練し、その時間と運動を組織立てた。監獄は、道徳についての思考に外部から影響を与えることによってだけではなく、個人を行動面で操作し鋳型にはめることによって、その人を支配する。このように、改革者のモデルと設立されるようになった監獄システムとには、大きな相違点がある。この相違点は、法的、理論的なものであるよりむしろ、主として技術的なものである。

　そうであれば主要な問題とは、監獄がなぜ、改革者の要求と刑罰理論の論理にとってかわることに成功したのかということになる。実際、『監獄の誕生』は、この問題に繰り返し立ち戻っている。実際に監獄はどこからきて、どのようにしてこれほど急速に、そして広く受け入れられるようになったのか。この点で、同書の焦点は、唐突でいくぶん当惑させるような仕方で移行する。すなわち、より広範囲の一連の発展を検討するために刑罰の考え方と法理論から離れ、フーコーが規律的技術と呼ぶものの発展へと移行する。これがフーコーの歴史的主張の中で、最も独創的で最も興味深い側面である。刑罰史の従来の説明、さらにはロスマンやイグナティエフの「修正主義的」な説明ですら、近代処罰の「イデオロギー的」起源を中心的な地位に位置づけ、考え方の歴史と知的動向の中に位置づけていた。一方フーコーは、刑罰の発展における政治技術の役割に注意を移行する。そのようにすることで彼は、監獄の物質性と政治的な意義を、これまで以上に理解させてくれるのである[27]。

　『監獄の誕生』の第一部での歴史叙述を除けば、同書の三つの中心的な章は、規律権力の技法と原理の正確な地図を描くため、より構造主義的な形態をとって

---

[27] Rothman, *The Discovery of the Asylum*; Ignatieff, *A Just Measure of Pain*. これらの「修正主義的」な著作がどのようにして従来の刑罰史の正統教義を復活させたかという議論にはS. Cohen and A. Scull (eds.), *Social Control and the State* (Oxford, 1983), chs. 3 and 4を参照。刑務所やその他の「全制的施設」で作用する権力に関してはSykes, *The Society of captives*; Goffman, *Asylums*を参照。

いる。それらの章は、理念的な形態へと還元された規律技術の図式を作成することを狙っており、その意図は、その実際の発展と使用の歴史を示すことよりも、その論理と作用の原理を示すことにある。

7-1　身体の訓練

　フーコーにとって規律とは、「人間身体にかんする一つの技術」であり、身体を支配しそれを従順なだけでなく有益なものへと変えるための方策である[28]。そのような技術には、きわめて長い歴史がある。だが、権力がコストの大きい暴力を使用せずに統制し改良できる対象・標的と身体をみなすようになったのは、古典時代になってからのことである。統制と改良というこれらの手段を提供した技術は、まず軍隊と修道院で、ついで学校、病院、仕事場などの多種多様な制度の中で生まれた。だが16世紀以降、その技術は、応用可能だとされたときにはいつでも、そしてどこにでも移し替えられ、再生産されるようになった。

　フーコーは、当時の実務や文書から手がかりを抽出することによって、規律の一般的な方法と原理についてのある種の見取り図を描き出した。彼の描写では、規律は何よりもまず「細部への……政治解剖学」である[29]。それは微細な規模で統制を行い、身体全体のみに関心を払うのではなく、身体の個別の動きと身振りにも関心を払う。規律が目的とするのは、異なる力をふるい、それらを組み合わせることによって、それぞれの運動の効率性を増大させること、そしてその動きを他の動きと協同させることである。きわめてわずかな逸脱にも敏感な、そして規律づけられた身体を細かく統制することを可能にする不変的で継続的な観察を生み出すことによって、規律はこの目的を果たすのである。

　この種の統制を促進するために、ある組織的な原理が発展した。これはまず特定の制度にまず採用されたが、その後には他の状況にも適合するよう一般化された。つまり軍隊が個人を空間内に配置する技法に最も寄与した。軍隊における縦列と横列という規律は、個人の集まりに所定の規律正しさを導入し、彼らを個別に眺め、監督し、評価できるよう個人を一人ずつに分離した。これと同様の形態の配置は、教室、仕事場、病院などでも素早く採用された。それと同様、修道院は時間割を発展させていた。これは時間と運動を組織立て、一連の仕事を明確に

---

[28] Foucault, *Discipline and Punish*, p. 137.〔邦訳 p. 43〕
[29] Ibid. 139.〔邦訳 p. 145〕

し、繰り返しの周期を規則づける所定のリズムを設定するための手段である。より小さな規模では、「術策」の概念が、兵舎と仕事場の両方からもたらされる。この繰り返しの日常業務の中で、身体の姿勢、手足の位置、きわめて小さな身体の動きが、身体の効率性を高め、兵器の使用や機械の作業と結びつけられるよう計画された。身体は、訓練された機能を行えるよう計画立てられ、従順で効率的で有用な機械となるまで、これらの手段によって、鍛え上げられなければならなかったのである。

7-2　逸脱の規範化

　もちろん個人は元々扱いにくいものであり、したがって不服従に対処することは、あらゆる統制の手段にとって中心的な問題である。重要なことに、これらの規律方策は、手におえない事例を単に処罰するだけではない。そうではなくそれらは、フーコーが「規範化」と呼ぶ、制裁のまったく新しい手段を発展させていく。この手法は、本質的に、その方向性において懲罰的であるよりも矯正的であり、応報や罪滅ぼしを強要するよりも画一性を生むことに関心を持つ。それは何よりもまず、行為の望ましい標準との関連において個人を評価するための手段、すなわち個人がいかにふるまうかを知り、その個人の動きを観察し、行動を評価し、規則を用いてそれを測定する手段である。監視の配置と検査の手続きは、この知識を提供し、不服従の事態や所定の規格からの逸脱を認識し処理することと同時に、このまなざしの中に含まれる多様な主体を「個別化」することを可能にする。そしてその目的は、処罰することよりも矯正することであるため、実際に使用される制裁に含まれるのは、行いを「正道に戻す」助けとなり、個人をより自己統制的にしてくれる教練や訓練、方策であることが多い。

　このようなシステムにとって、「検査」は統制のための中心的な方策である。これは綿密な観察、差異化、標準の査定、そしてあらゆる服従の失敗の同定を可能にする。個人の特徴を後に他の人と比較して査定できるようにする検査資料や事件記録も同様である。この時以降、個人について書くことは、名士、王、英雄のみにふさわしい崇拝ではなくなり、権力を持たない人びとがますますさらされる支配の形態になる。これらの実務から、個人についての綿密で体系的な知識が出現するが、この知識は、転じて、犯罪学、心理学、社会学等などの多様な「人間科学」を生み出した。そしてフーコーが熱心に指摘するように、この知識の発展を可能にし

た観察、検査、測定という手続きはまた、それらのまなざしの中で孤立し、ある意味ではその中で構成される個人に対して、権力と統制を行使するためのものでもある。

7-3　ベンサムのパノプティコン

　ジェレミー・ベンサム (J. Bentham) が1791年に設計した「パノプティコン」、あるいは「監視院」は、フーコーにとってこれらの権力-知原理をすぐれて象徴するものとされる。パノプティコンは、円形の建築の形態をとり、個別の房がその外縁にある。窓と照明は、中心の監視塔から房にいる人がはっきり見えるように配置されている。だが房にいる人からは、監視塔はよく見えない。このように、この建物は身体を個別化させ、中心を占める権威の知と権力に、これらの個人をつねにさらすよう設計された建築形態である。個人がさらされるこの恒常的な可視性と脆弱性は、最終的には房の被収容者の側に自己統制を生み出す。もはや権力は、制裁を実際に行う必要はない。そのかわりに、その対象、つまり被収容者は、望ましいやり方で自ら進んで振舞うのである。このように、柔和ではあるが効率的な支配の形態が、残存していた身体的抑圧に徐々にとってかわる。さらに、このような支配に含まれる権力関係は、ある意味、自動化されており客観的である。それらは、場所と可視性の配置の結果であり、支配や権力関係の場所を占める者の強さや意図に左右されない。「権力が完璧になっただけその行使の現実性が無用になる傾向が生じる……。この建築装置は、権力の行使者とは独立したある権力関係を創出し維持する機械となる……。要するに、閉じ込められる者自らがその維持者たるある権力的状況の中に組み入れられる」のである[30]。

　これらのパノプティコン的・規律的な原理は、フーコーによれば、主要な社会制度で間もなく模倣され、最終的には社会全体へと一般化されるようになるほどに有用だった。しかし、この「一般化されたパノプティコン主義」の実際の性質は、フーコーの著作では正確に詳述されていない。その主張は、すべての形態の権力が規律的原理の発展によって影響されているという比較的穏健な主張であるときもあるが、より誇張されたレトリックが優勢となり、近代社会を「規律的な社会」、すなわち「パノプティコンの仕掛け」における「果てしなく繰り返される査察」にわれわ

---

[30] Foucault, *Discipline and Punish*, p. 201.〔邦訳 p. 203〕

れすべてがさらされているような「監視社会」として描きだすこともある[31]。

7-4 規律と民主主義

　これらの広範にわたる主張で述べられる現象が実際のところどれほど広がっているかはともかくとして、規律の起源と結果としての規律の効果に関しては、多くの指摘が明示されている。第一に、規律が急速に発展したのは、初期の西欧的資本主義という文脈だったとはいえ、その技術と原理は移動可能で、他の場所や異なる統治体制下でも作用しうる。しかしそれらの技術と原理は、西洋における民主主義の発展ととりわけ興味深い関係にある。これは、「自由を発見した『啓蒙時代』は、規律・訓練をも考案した」というアフォリズムに要約される[32]。フーコーによると、民主主義憲法の一般化とリベラル的な形態の自由の広がりを支え可能にしたものは、究極的には規律の一般化だった。「自由」の拡大は、秩序正しく規律づけられた存在へと大衆を臣従化させる権力関係の広大なインフラがなければ、決して起こらなかっただろう。これは、法の下での自由が臣民化という自由に先だつプロセスを必要とするというホッブスの主張の繰り返しであり、規律は民主主義とその平等主義的な法の「暗い側面」だとフーコーが示唆することの意味である[33]。フーコーは、規律的関係の帰結は、法内の教義と法的な教義に与えられている交換の公平さと地位の平等を侵食すること、すなわち法の外で見えないまま作用することだと主張する。規律は、法が随意的で契約的であるとみなす関係性の中に、真の抑制と統制を導入する。そのようにして、法的自由と習慣的支配の共存が可能になる。規律が「一種の反＝法律」であると言われるのはこのような意味である[34]。

　この長い、しかし欠くことのできない遠回りをして、ようやく刑罰史の問題へと戻った今、われわれはいくぶん異なった視点から、監獄の勃興を眺めることができる。フーコーが監獄を位置づけた文脈を考慮に入れれば、監獄を、より広い歴史的現象の一側面、すなわち規律の発展が一般化されたものとして考えることができるようになる。そして監獄と関連してきた（犯罪の背後にいる「犯罪者」の検討、

31　Ibid. 209, 217, 189, 217.〔邦訳 p. 211, 217, 190, 217〕
32　Ibid. 222.〔邦訳 p. 222〕
33　Ibid. 222. ここでのフーコーの議論は資本主義社会の「二つの部門」というマルクスの有名な区別と密接に類似している。それらの部門とは、自由と平等の領域である消費と交換の部門であり、その一方には専制と搾取が常態である生産の部門がある。K, Marx, *Capital*, i (London, 1976), p. 280.〔邦訳 第1巻 第1分冊 pp. 383-384〕。これに関してはB. Fine *et al.* (eds.), *Capitalism and the Rule of Law* (London, 1979) を参照。
34　Foucault, *Discipline and Punish*, p. 222.〔邦訳 p. 222〕

矯正と調整への関心、観察し評価し治癒させるという課題を持つ専門家の関与という）刑罰学のとりわけ近代的な発展について考えてみると、規律づけ規範化するという関心事が、刑事司法システムの司法枠組を確かに貫いていることが理解できる。

　規律が監獄の前身であるというこの系譜学的な議論は、フーコーが次のような議論、つまりこれらのより広い規律の発展が、監獄施設の「一般形態」に先行し、監獄施設の一般形態が法システムに単純に外部から輸入されたのだという議論を行うときに、最も強く提示される。そうである以上、19世紀の刑罰史は、道徳的な考え方の一部とされるのではなく、身体とそれが知-権力の技法の対象となるという歴史の一つの章とみなされなければならない。これらの観点からは、ゲント、グロスター、ウォルナット街などの有名なモデル監獄は、まったく新しいものではなく、移行や模倣の最初の点とされなければならない。この系譜学は、監獄が、「明白」あるいは「自然」な施設として急速に受容されたことの説明にもなる。規律メカニズムの作用にすでに馴らされていた社会では、監獄は初めから自明なまでに正しいものに見えたのである。

　この系譜学的な主張をさらにおし進めれば、監獄の特徴と機能についての考え方は変化することになる。つまり、もし監獄が初めから規律制度とされていたならば、拘禁と自由の剥奪というその機能はつねに、第二の規律機能、すなわち個人の変容によって補完されなければならなかったはずである。フーコーは実際にそうだったと、つまり隔離、労働、個別処遇、改善の進捗を反映させた判決の調整などの「監獄技法」はすべて、規律プロセスがたどってきた道のりを示すものだと断言する。彼が指摘するように、規律機能には、自らの課題を遂行できるようにするため、監獄の運用当局にある程度の自律性と決定権を与えることが含まれていること、そしてそのせいで以前の刑罰システムであれほど多く批判された恣意性と専制を、形を変えて再び生み出すようになったということは、確かに監獄の規律機能の皮肉な帰結である。

7-5 「犯罪者」と「犯罪学」

　規律監獄の運用によって、以前は使えなかった犯罪者についての情報と知識が新たに蓄積された。犯罪者は、隔離化、観察、個別的評価という監獄の実務において、もはや抽象的なものとは見られず、独自の特徴、特異な点、相違点を持っ

た個人として研究された。法は、違反を偶然にも犯してしまったという点を除けば、犯罪者を他の人と異ならない者とみなす。その一方で監獄は、犯罪者を個別化すること、どのような種類の人びとであるかを明らかにすること、性格と犯罪性の関係性を定めることを狙っていた。このような意味で監獄は、「逸脱者」の発見、すなわち逸脱者の来歴、性格、環境の点で、逸脱者でない人と逸脱者を区別する犯罪類型の発見を導いた。そしてこの点から、犯罪の実体を検討し、すべての側面からそれを描写するという課題を受け持った犯罪学という科学の誕生をたどることができる。

　フーコーは、この「逸脱性」とそれが生み出した「犯罪学」に関して、重要な論点を指摘する。彼は、監獄が逸脱を「発見」したわけではなく、むしろそれを**でっちあげた**と論じる。監獄は、異なる二つの意味でこれを行った。第一に、監獄は再犯の条件をつくり出すことによって、字義どおり逸脱を「つくった」。つまり、犯罪者は監獄でスティグマをつけられ、道徳を弱化させられ、技能を失わされ、釈放された後に再犯し、再び有罪を宣告され、結局は職業的な犯罪者になってしまいがちになる。第二に、監獄はその実務の中で「個別化された犯罪者」という認識枠組を作り出すことによって、認識枠組上の意味、あるいは認識論的な意味で逸脱を生み出した。つまり、個々の犯罪者が、最初に綿密な研究と統制の可視的で孤立した対象になるのは、監獄の中でである。このことの一つの示唆は、犯罪学、つまり監獄によって触発され、その中で発展した逸脱についての体系的な学問が、権力システムとそのシステムが個々の身体に対して及ぼす影響力のおかげで存在している、ということである。犯罪学は、否定できない真理にではなく、特有の権力‐知の統治体制に基づいているのである[35]。

8．監獄の「失敗」

　『監獄の誕生』の最後の部は、歴史叙述へと戻り、やや性急ではあるが、監獄の実際の影響と、それが現代の社会統制のネットワークの中で占める位置を明らかにする。同書の中でこの部は多くの点で最も満足のいかない部分であるが、明確

---

[35] 狭義で捉えられた犯罪学についての分析にはD. Garland, 'The Criminal and His Science', *The British Journal of Criminology,* 25 (1985), 109-37; id., 'British Criminology Before 1935', *The British Journal of Criminology,* 28 (1988), 131-47 を参照。

で考慮に値するほど興味深い命題、つまり監獄は刑罰学的な意味ではつねに失敗だったが、社会一般の水準では重要な政治的効果を首尾よく達成しているという命題を述べている。これが監獄の廃止されていない理由である。

　フーコーは、犯罪を減少させることの失敗、再犯を生み出すという傾向、犯罪環境を組織立てること、受刑者の家族を貧困したままにしておくことなどの監獄の欠陥が、早くも1820年代から今日にいたるまで完全に認識され、批判されてきたことを示す。さらに、この批判が述べられるたびに、公式の反応は、制度それ自体をなくすのではなく、よりよい監獄実務を求めるという決まり文句を繰り返し主張してきたことを示す。恒常的な失敗と変化に対する恒常的抵抗というこの歴史的傾向は、フーコーに次のような問いを説得的に提起するよう導いた。その問いとは、なぜ監獄は存在しつづけているのか、というものであるが、この問いは多くの点で、現代の刑罰政策にとって、最も重要である。このありふれた問いに与える彼の答えは、いつものように、まったくありふれていない答えである。彼は、なじみ深い答えを与えるかわりに、明示的でもなければ簡単に証明することもできない決定と根拠について触れているという点で、「深層的な説明」とでも呼べるような説明を提示する。彼は監獄が存在し続けている理由を二つ示唆する。一つ目の理由は、監獄が「深い箇所に根づいて」いることである[36]。このように述べることで彼が意味しているのは、監獄が、近代社会の特徴と彼がみなす広範な規律的実務に埋めこまれているということである。もちろんこれは、彼のより広い系譜学的な主張をもとに述べられている。二つ目の理由として、監獄は、「あるきわめて正確な機能」を果たしているという理由から存続しているとされる[37]。この機能主義的な主張は、失敗の問題を逆にとらえて、それが失敗しているのではなく、暗黙裡に成功しているものとして理解できないだろうかと問うことによって進められる。言い換えれば、彼は、逸脱、再犯、犯罪環境の生産は、どのような利益の役に立っている可能性があるか、これらの「利益」は、明らかな欠陥を永続させるよう機能してはいないかと問うている。

　ここで彼が輪郭を描く回答は、刑罰学の水準にではなく、政治圏域一般と1840年代、1850年代のフランス政治という背景との比較の中に位置づけられる。この回答が最終的に到達するのは、逸脱の生産は、政治的支配の戦略において

---

[36] Foucault, *Discipline and Punish*, p. 271.〔邦訳 p. 270〕
[37] Ibid.〔邦訳 p. 270〕

有益だという主張である。それが有益である理由は、逸脱が犯罪を政治から分離させ、労働者階級を内部で分裂させ、監獄の恐怖を増大させ、警察の権威と権力を保証するよう働くから、というものである。彼は、法と財産への尊敬に依拠する支配システムにおいてきわめて重要なことは、違反と違法的な態度を大衆のあいだに広げないこと、そして何にもまして、それらを政治上の目標と結びつかせないことであると主張する。このような文脈から見れば、意図せず逸脱階級が生成されたことは、多数の点でメリットへと転じていたかもしれない。逸脱自体は、大きな政治的危険ではない。財産や当局に対する攻撃は、個別のもの、しばしば些細なものであり、さらにその被害者はたいていの場合、下層階級の者である。そのため、当局は少なくともある限度内では逸脱を許容する。そして逸脱階級の輪郭をよく定めた上でその階級を生み出すことによって、監獄は、習慣的犯罪者を当局に把握させ、警察が彼らをより容易に管理して監視下に置くことを可能にする。

　さらに、逸脱階級の存在は、多くの点で他種の違法行為を制限するために用いられることもある。何よりもまず、警察の方策とそれが必要とする監督は、より広い政治目的のために使用できる。第二に、他人に害を与えるという逸脱の性質ゆえに、逸脱は労働者階級の他の成員に好まれない。労働者階級は、保護のために法を求めることが多く、自分でも法の違反を避けようとすることが多い。犯罪をする人びとの周囲で危険が大きくなっているという神話は、この分離と分裂のプロセスを加速させる。最後に、ひとたび刑事施設に収容されると、犯罪者としてのさらなる同一化をもたらす傾向にあると気づくことによって、人びとは、法を犯すあらゆるリスクを回避し、そのリスクのある人びとに対して不信を抱くようになる。このようにこの説明では、監獄は犯罪者を作り出すことで、犯罪者よりも労働者階級を統制しているとされる。そしてそれは、フーコーにとって、監獄が持続することの語られない根拠である。実際フーコーは、その根拠は公的に宣言されている政策ではないが、それが熟慮的な戦略となっていると強く主張している。意図されておらず、最初は有害なものと考えられた収監の帰結は、後に、ある程度の用途を持つと認められるようになった。したがって監獄は再編戦略とでも呼べるようなものの中で強化され、熟慮の上で採用されている[38]。このように監獄は、その失敗に

---

[38] 刑務所がまさにこのような仕方で使用されることによる意図せざる結果の現代の例は、1980年代にアメリカのニュージャージー州で行われた「スケアッド・ストレイト」である。ここでは、刑事施設に収容されることになるかもしれない犯罪に、少年の犯罪者が手を染めるのを防止しようと、受刑者間の暴力、強姦、粗暴さが当局によって公然と利用された。

もかかわらずではなく、その失敗のおかげで、維持されているのである。

9．牢獄連続体

『監獄の誕生』の最後の部は、「牢獄」とだけ名づけられている。その部は、学校、家族、仕事場、貧民法などの司法的処罰と社会生活の他の制度のあいだにある境界が、どのようにして曖昧になったか、つまり類似した規律的技法がそれぞれの制度で発展することや、ある制度から他の制度への技法の移行が頻繁に起こることで、どのようにしてますます曖昧になったかを描写している（フーコーは青少年向けの少年院の例を引用している。この少年院では家族、学校、監獄から問題のある事例を受け入れ、犯罪者と非犯罪者を同様の規律的な仕方で処遇する）。フーコーによれば、社会全体を覆うある種の牢獄連続体が存在する。この連続体は、関連する規範からの逸脱、例外、逸れを特定するという普遍的な関心によって、互いに結びついている。この監視と矯正のための枠組は、最も小さな規則違反から最も重大な犯罪へと広がり、それぞれに同じ原理を適用する。この「連続体」という考え方が、ここでは重要である。これは、一つの制度と他の制度の関係を記述するという理由だけではなく、社会間に存在する類似性を示唆するという理由でも重要である。西洋型の自由民主主義は端から端まで規律づけられた監視社会だとするフーコーの描写は、通常は他の社会について言われる全体主義を意図的に想起させるものになっている。そして彼の描写が、グーラーグ〔旧ソ連の強制収容所〕とその収容に暗示的に言及していると気づいていない人のために、監獄から波及する一連の制度を「牢獄群島」という言葉で描写している(訳注3)。

最後に、もう一度処罰へと戻ると、ここまで述べてきたことは、刑罰実務についての考え方に、きわめて独自の影響をもたらしている。つまり、この全体的な枠組において、処罰するというプロセスは、教育や治癒のためのプロセスと本質的に異なるものと表現されるよりも、これらのそれほど強制的ではないプロセスがたんに拡大されたものと表現されることになる。このことは、二つの重要な帰結をもたらす。第一に、法的処罰は、危害や強制とみなされていたときと比べて、より妥当で、正当化を必要としないものとみなされるようになる。第二に、処罰する権力をかつて取りまいていた（特有の犯罪に結びつけられ、その刑期を決定し、訴えられた者の権利を保証するといった）法による制限と限界は、消滅する傾向にある。刑法は実

際に、合法性の原理と規範化の原理を結合させる混交的な体制になる。このように裁判区は、今では「法の侵害」のみに制裁を下すのではなく、「規範からの逸脱」にも制裁を下すよう拡大されている。もはやこのシステムでは、「法の規則」や「適正手続き」という伝統的な保護は作用しておらず、そこには適正ですらない多くの領域が存在している。しかし、この近代的な管理的権力が実際にどのように作用するかを再検討し、その限界を検討するための新たな枠組はいまだ発展していない。

10. フーコーの寄与

　『監獄の誕生』の主張は、きわめて多くの学問上の専門分野で、そしてそれらを横断して、多大な影響を与えてきた。この影響を詳細にたどることは、確かに現代の学問文化のかなり包括的な歴史を必要とする。権力の性質と位置についての命題は、リベラリズムとマルクス主義双方の正統教義への修正として取り上げられ、両者が19世紀の政治的文化から受け継いできた（国家対個人、資本対労働などの）壮大な概念から、それらを離れさせた。「政治」が周縁的で、小規模で、単一的な問題に関わる闘争という観点から行われるようになった時代にあって、より分散的で局所化されたフーコーの権力概念は、彼の著作を多くの人にとって魅力的なものとしている。特に、権力を能動的で生産的であるものとする彼の考え方は、健康、保健、社会保障、教育、精神分析などの多様な機関の政治的な分析を発展させやすくしている。これらの機関は、われわれの生活をますます規制するようになっているが、それにもかかわらずほとんど「抑圧的」とは描写されない仕方で、われわれの生活を規制している。同様に、彼は、権力-知という公式によって要約される年齢という概念システムが、どのようにしてその支配の傾向を画定するかを明らかにしているが、これは多様な人間科学や、これらの知識が作用する「規範化をめざした」制度についての、より洗練された理解を可能にしている[39]。だが本書の目的にとってのこの本の主要な影響は、処罰の社会学における新たなパース

---

39 J. Donzelot, *The Policing of Families* (London, 1980); R. Castel, *The Regulation of Madness: The Origins of Incarceration in France* (Berkeley, 1988); F. Castel et al., *The Psychiatric Society* (New York, 1982); N. Rose, *The psychological Complex* (London, 1985); P. Miller and N. Rose (eds.), *The Power of Psychiatry* (Cambridge, 1986); J. Minson, *The Genealogy of Morals: Nietzsche, Foucault, Donzelot and the Eccentricity of Ethic* (London, 1985) を参照。*Ideology and Consciousness* (以下 I. and C.) という雑誌も参照。

ペクティヴを提示したこと、つまりこの領域における古い解釈伝統にかわって、刑罰の研究への新たなアプローチを定めたパースペクティヴを提示したことにある。

　処罰と刑罰史についてフーコーは、意図的に「遠近法的な」説明、つまり刑罰という現象を権力 - 知と身体という観点から眺め、解釈と観点の他のすべての視点を除外する説明を行っている。歴史的説明と並んで、このパースペクティヴは、フーコーを刑罰のある次元、特にその技術的で言説的な次元と大きく関わるように導いている。この次元は、マルクス主義者にせよデュルケム主義者にせよ、他の処罰の社会学者によっては、概して無視されていたものである。彼は、権力が技法、装置、制度という決定的に重要なレベルで作用し、字義通り「物質化されている」と主張し、したがって、作動しているこの技術を綿密に検討することによって、権力を最もよく理解できると主張する。上で見てきたように、この立場が彼を、これらの技術的要素を検討するよう導いたが、この検討は、最終的に、刑罰制度の原材料とは結局何なのかということについての、多くのことを明らかにする鋭い説明へと結実する。監視、観察、査察という原理や規律的訓練、検討、規範化という原理は、それらが埋め込まれた物理的・建築的・組織的形態とともに明らかにされ、かなり詳細に提示されている。それによってわれわれは、近代的な刑罰制度が依拠する物質的実務を理解し始めることができる。

　刑罰実務とその効果の物質性にこのように焦点を絞ることは、規律という織物の付随物として現われた思考形態と行為に関する認識枠組についての分析によるフーコーの説明に、対応するものである。彼は、近代刑罰に関する言説をこのように描写することによって、現代の刑罰学の鍵となる特徴のいくつかを特定することや、現代の刑罰学がその一部をなす全体的な構造内にその特徴を位置づけることに成功している。改善と矯正の強調、破壊するよりも欠陥をなくすことへの関心、懲罰的な方策を教育的・治療的な方策として示すこと、そしてむきだしの暴力や懲罰性が起こったときの恥辱の感覚といったなじみ深いイデオロギーに関する命題は、今ではフーコーの著作によって明らかにされた作用論理の産物と考えられるようになっている。刑罰に携わる行政官が懲罰的な態度ではなく「管理的」な態度を採用すること、運用上の認識枠組を法的形態の認識枠組ととりかえること、道徳的非難のかわりに犯罪学的診断を行う科学的な精神という枠組。これらすべてのことについても同様に、刑罰に関する近代性とその特徴的な作用形態についてのフーコーの説明を考えると、より理解できるようになる。

このようなフーコーの説明の特徴（そして犯罪学者と刑罰学者の間で広汎な訴求力を持つ理由）は、厳密に言えば、その説明が「権力」について関心を寄せているところにあるのではない。結局のところ、刑罰方策の内在的な権力（それが「抑圧的」であろうと「イデオロギー的」であろうと）が支配階級の権力と関連するということは、マルクス主義的な解釈の定石である。さらにデュルケムは、集合的信念の力を伝える（そしてそれを現実のものとする）ものとして刑罰制裁を理解してすらいる。フーコーの特異な点は、権力に関心を寄せているところにあるのではなく、刑罰方策の詳細を検討することを通じて、権力と知の特有の形態が犯罪者と実際に接触する地点において刑罰関係を特定したこと、そしてこれらがとる多様な実務上の形態を分析したことにある。この分析の水準は、ある新しい領域を開拓した。その領域は、以前は従来の刑罰学の領分であって、マルクス主義やデュルケムの枠組で研究をしていた社会学者や歴史学者によってはほとんど残され触れられないままだった領域である。上記のような他の社会学的伝統によって提供されていたいくぶん抽象的、外的、「非刑罰学的」な説明とは対照的に、フーコーは、クレマー（D. Clemmer）、サイクス（G. Sykes）、ゴフマン（E. Goffman）が提示した監獄生活の古典的研究を想起させるような仕方で、そしてそれを越えていくような仕方で、刑罰実務の細部や制度生活の複雑性に取り組んでいる[40]。さらに、そこで彼が発見したことは、はるかに一般的な社会パターンの症候と彼がみなした力と関係の複合体である。それによってフーコーは、刑罰学に以前以上の重要性を与えた。従来の刑罰学の「技術的」で明らかに「非政治的」な関心は、『監獄の誕生』のおかげで、権力が近代社会内でどのように作用するか（そして偽装するか）を見出したいと願う人にとって、まさに最も興味深い領域となっている。このように、刑罰が権力の時おり用いる道具や同盟者というだけではなく、権力と内在的で密接な関係性を持っているということが明らかにされたのである。

　刑罰に関するこの新たなパースペクティヴは、実務に関する出来事が上記と同様の方向へと進んでいるときに出現した。『監獄の誕生』の初版が出版された1970年代には、「処遇」と「更生」という政策が、それが依拠する個人志向的な「実証主義的」犯罪学と同様に、ヨーロッパ、スカンディナビア、北アメリカのいたるところで、継続的な政治的攻撃にさらされた[41]。このような文脈で『監獄の誕生』は、

---

[40] Clemmer, *The Prison Community*; Sykes, *The Society of Captives*; Goffman, *Asylums*を参照。フーコーの著作は、この伝統と多くを共有しているが、これら著作ははどれもフーコーの著作では引用されていない。

構造と制度に対する批判、すなわちそれらに捉えられている人びとが抑圧的であると直接的に感じていた構造と制度に対する痛烈な理論的批判を提示しているとみなされた。その著作は、箇所によっては難解であるが、それにもかかわらずフーコーの分析は、1970年代の監獄の反乱の背後にあった不満や抵抗の感覚を理解する助けとなり、受刑者たちが集団で抵抗していた権力‐知という仕組が存在することをわれわれに完全に気づかせたのである[42]。

『監獄の誕生』の出版後、フーコーの著作をもとにした観点から刑罰を分析するきわめて多くの研究が現われている。「権力」、「知」、「規範化」、「規律」などの用語ならびに、「社会統制」といったより不定形な概念が、この研究群において中心的な位置を占めるにいたり、その多くは、多様な形で「処罰する権力」の分析へと向けられている。近代的な刑罰権力の性質に関するフーコーの命題は、検討され、ある程度洗練されている。現代の刑罰システムの規律的・規範化的側面は、特定され批判されている。財政的統制、古典的な法的処遇、そしてそれらと並んで作用しつづけている純粋に抑圧的な方策も、同様に批判されている。犯罪学者、そして刑事司法の実務家は、統治体制がどのようにすれば規律を強められるかについて、より意識的になり、社会内処遇が規律の分散をもたらすこともあると警戒している。したがって、今日では、新たな刑罰方策は、新たな種類の検討にさらされている。そのような検討は、「ネットワイドニング」(訳注4)効果を評価し、それが含む権力と知の変形に大きく関わっている[43]。フーコーの著作の結果として、刑罰方策の微妙な差異に対するはるかに大きな感受性について、そしてわれわれを支配する規制的手段や犯罪者が押しやられる主体性(あるいは客体性)の形態に関して

---

41 処遇と更生への批判にはAmerican Friends Service Committee, *Struggle for Justice* (Philadelphia, 1971); N. Kittrie, *The Right to be Different* (Baltimore, 1972); and Allen, *The Decline of the Rehabilitative Ideal*を参照。実証主義的で矯正主義的な犯罪学への批判に関してはD. Matza, *Delinquency and Drift* (New York, 1964); I. Tylor *et al.*, *The New Criminology* (London, 1975)を参照。

42 M. Foucault, 'On Attica', *Telos,* 19 (1974), 154-61.

43 刑罰権力の多様な様相に関してはD. Garland and P. Young, 'Towards a Social Analysis of Penality', in id. (eds.), *The Power to Punish*を参照。規律的統治体制に関してはP. Carlen, *Women's Imprisonment: A Study in Social Control* (London, 1983) を参照。「規律の分散」に関してはS. Cohen, 'The Punitive City: Notes on the Dispersal of Social Control', *Contemporary Crises,* 3 (1979), 339-63; T. Mathiesen, 'The Future of Control Systems−The Case of Norway', in Garland and Young (eds.), *The Power to Punish*; and A. E. Bottoms, 'Neglected Features of Contemporary Penal Systems' in *The Power to Punish*を参照。更生保護運動とその広がりに関しては古典であるCohen, *Visions of Social Control*を参照。刑罰統制の変化しつつある一般的傾向に関してはJ. Lowman *et al.*, *Transcarceration: Essays in the Sociology of Social Control* (Aldershot, 1987)を参照。

処罰形態が示すものについて、はるかに大きな感受性が存在するようになっている。フーコーに続く研究者は、刑罰という領域において、そして統治というより広い問題の観点の両方から、犯罪学の概念と刑罰戦略が基づく他の知の形態を真剣に捉えること、そして思考と行為のこれらの形の帰結を探求することを学んできた。まとめると、刑罰による統制という原理と刑罰制度の内在的な働きは、以前よりもはるかによく理解されるようになっているのである。

しかし不幸なことに、『監獄の誕生』が構築したパースペクティヴはしばしば、それらの説明に新たな次元を補完し付け加えるというよりも、他の解釈的説明にとってかわるような仕方で採用されることが多い。フーコーの権力パースペクティヴは、他の形態の理論構築をもたらすのではなく、それらを排除する処罰の一般理論を提示するものとみなされるようになっている。これは、フーコー自身が彼の著作について主張した地位とは、ある意味、正反対である。処罰の一般理論という考え方、処罰以外の何かについての一般理論という考え方は、彼が注意深く否定したものであり、彼は、あらゆる壮大な理論というよりも、特殊な実務や具体的な詳細に関心を向けていると述べていた。しかし、以前示唆したように、この謙虚な否定の背後には、彼が発展させた権力パースペクティヴが実際根本的なものであり、すべての競合的な説明を崩し、覆うものであるという、きわめて明らかな自信が認められる。実際に、そのようなことが起こってきている。遠大な主張がより小さな主張にとってかわったのである。そのために、(「部分的」という二つの意味で)(訳注5)注意深く部分的なままにされたこの説明が今では、刑罰の領域にあるすべてのことを説明し尽くすような一般的な説明であるとされている。次章の議論では、フーコーの説明が大きな長所を持っているとはいえ、近代刑罰の特徴を完全に理解するためには、他の解釈によってどのように補完され、修正されなければならないかを示したい。

(訳注1) ここで言及されているフーコーの著作は "Surveiller et punir (監視と処罰)" が原題であり、「監獄の誕生」は副題だった。すでに出版されている邦訳は『監獄の誕生』であるため、本書では著作名に『監獄の誕生』を当てた。
(訳注2) 「構造主義」には様々な定義が与えられているが、ここでは人間の行動や思考を無意識的に規定する何らかの「構造」が存在するとして、その振る舞いを明らかにしようとする思想上の一潮流を指す。ソシュール (F. de Saussure) の言語理論を文化人類学に適用したレヴィ=ストロース (C. Levi-Strauss) によって発展させられ、1960年代以降大きな影響力を持った。
(訳注3) 旧ソ連の独裁政治を告発したソルジェニーツィン (A. Solzhenitsyn) の『収容所群島』との関連を指していると思われる。
(訳注4) 政策や実務の変更によって、刑事施設の監視下におかれる犯罪類型やその違反者の数が増大することを指す。
(訳注5) 原語はpartial。「部分的」の意と「偏った」の意を指している。

第7章
権力パースペクティヴを超えて
処罰に関するフーコーの批判

　フーコーの著作についての本章と次章の議論では、二つの狙いについて述べる。第一の狙いは、『監獄の誕生』固有の主張を綿密な批判の対象とし、これらの批判の対象となる論点が、フーコーの著作の（批判の対象となる論点以外の）広い問題を反映していると示唆することである。第二の狙いは、フーコーの著作を流れる広いテーマ、具体的には、「権力」と「合理性」というテーマに直接取り組み、どのようにすればこれらのテーマを、近代処罰についての理解を深めるよう、発展させられるかを示すことである。議論の基調は大筋では肯定的なものである。というのも私は、フーコーのパースペクティヴには、分析のための大きな価値があると考えているからである。だが私は、フーコーの著作が与えるのは、デュルケムの著作やマルクス主義者の著作と同様、処罰や他のあらゆる社会制度を研究するための部分的で限定的な基礎知識だけだと強く主張したい。具体的には、処罰も刑罰史も、権力と合理性という観点からは完全に理解できず、これらの観点から処罰と刑罰史を分析する試みが、『監獄の誕生』で多くの深刻な誤りを導いていると主張するつもりである。この批判は、フーコーが設定したパースペクティヴの妥当性を否定するものとはならないだろう。しかし、処罰と刑罰変動の分析のための説明枠組にはフーコーのパースペクティヴだけで十分だ、という論点に挑戦するものとなるだろう。フーコーの分析は権力という観点から行われるが、この分析が持つ単一性に対しては、より広く、より複合的な見方が必要であると主張したい。

1．歴史についてのフーコーの主張

　批判を行う前に、歴史学者がどのように『監獄の誕生』に対処してきたかを記述し、『監獄の誕生』が行った歴史についての無数の主張を記述することが有益である。私の主な関心は、フーコーの一般的なパースペクティヴを疑問に付すことであり、

彼の説明に見られる歴史の細部を疑問に付すことではない。とはいえ、結局のところ、『監獄の誕生』の理論的一般性と歴史的特殊性は、相互に大きく関連している。歴史に関するあらゆる著作と同様に、どの傍証を選択し、それに意味を与え、全体的な見取り図に当てはめるかという基準を供給するのは明示的な理論である。したがって、フーコーの「社会学」へのあらゆる批判は、この「歴史」にも影響を及ぼすが、その逆もまた然りである。

　特徴的なことに、社会学者がフーコーの著作の概念を採用し、その論理を発展させ、別の資料へと応用しつつ、そこから一般化していく傾向にあるのに対して、歴史学者は、一般化することにはるかにためらいがちで慎重である[1]。フーコーの哲学や方法にではなく、彼の実体的な業績に言及してきた人びとは、フーコーの研究よりも傍証に基づくとする代替案や解釈を提示しつつ、彼の命題を修正する傾向にある。たえまない攻撃にさらされるようになった一つの命題は、ヨーロッパでいつ、そしてなぜ公開拷問と公開処刑という実務が廃止されたかに関するフーコーの解釈である。上で見たように、『監獄の誕生』は、この歴史的展開をおおよそ1750年から1820年のあいだに位置づけ、主に権力行使の形態が戦略的に移行したという観点から説明する。ピーター・シュピーレンブルクの著作は、この説明には多数の問題点があるとして、それに異議を唱えている。彼の著作は、公開処刑の廃止を、独立の出来事とみなすかわりに、処罰の私秘化、ならびに苦痛の提示の減少をもたらした変動の大きなプロセスの一つの段階とみなすべきだと主張する[2]。この一連の出来事は、1600年ごろに始まった。この時期、ヨーロッパ諸国で四肢切断や身体損傷といった刑罰の法的使用が大きく減少したが、その減少は19世紀と20世紀までにこれらの国々のほとんどが身体刑や死刑を完全に廃止するにいたるまで、段階的に（常設のさらし台の撤去、死体の日常的なさらしの終結などといった段階を踏んで）進んだ。このような観点から見れば、フーコーが描写した変化は、アンシャン・レジーム期にすでに始まっており、権力や政治とはまったく無関係な発展に基づいていたように見える。この観点をもとにシュピーレンブルクは、刑罰による苦痛と公開性の減少が、暴力に対する感受性と態度の一

1　歴史家によるフーコーに関する議論としてM. Perrot (ed.), *L'Impossible Prison* (Paris, 1980); G. Wright, *Between the Guillotine and Liberty* (New York, 1983); P. O'Brien, *The Promise of Punishment* (Princeton, 1982); Spierenburg, *The Spectacle of Suffering*; R. A. Nye, *Crime, Madness and Politics in Modern France* (Princeton, 1984); Stone, *The Past and the Present Revisited*を参照。
2　Spierenburg, *The Spectacle of Suffering*; id., *The Emergence of Carceral Institution*.

般的変化と結びついており、この暴力にも長い歴史があり、その歴史をたどることができるという説得力のある主張を行った。これらの文化上の変化は、転じて国家の形成と、その国家内での平和と結びついている。ジョン・ビーティーによる1660年から1800年のイングランドにおける刑事司法に関する近年の研究も、この点でフーコーが設定した時代区分に疑問を呈し、さらに刑事施設への収容が18世紀の最初の数十年に軽微な犯罪者に対する処罰として、かなり広く使用されていたことを示している[3]。

　フーコーは、変動の主要な原因を政治上の喫緊性とするが、これも別の説明によって疑惑が向けられている。ジョン・ラングバインの研究は、おそらく証拠法の変化が拷問の廃止の最も近接的な原因だっただろうと示唆している[4]。一方、ロバート・ブラウン（R. Brown）は、拷問が依拠していた告白のシステムはすべて、一連の宗教的・心理的信念に基づいており、この信念は、刑罰実務の変化が起きるはるか前に、変わっていたはずだと主張した[5]。このように、刑罰改革には、政治的喫緊性以外の決定要因が存在したのである。これには、法・文化に固有の起源があり、フーコーが描写した政治的な力と並んで、考慮される必要がある。それらの要因を無視したり、権力の問題へと単純に還元したりすることはできない。さらし台での反乱や混乱があったという証拠は、フーコーが示唆したよりもはるかにまれであり、何にせよ混乱のリスクはつねに処刑にともなっていたので、それだけでは実務の廃止の十分な理由とはならない、というシュピーレンブルクの観察も同様に重要である[6]。

　歴史学者は、18世紀後期の監獄の発展に改革が果たした役割についてのフーコーの説明にも例外があることを見出している。『監獄の誕生』によれば、改革者は、「人間性」や「人権」について頻繁に語っていたとはいえ、「処罰する権力を社

---

[3] Beattie, *Crime and the Courts*. 中世ヨーロッパにおける監獄の使用に関してLangbein, *Torture and the Law of Proof*; R. W. Ireland, 'The Theory and Practice within the Medieval English Prison', *The American Journal of Legal History*, 31 (1987), 56-67; R. B. Pugh, *Imprisonment in Medieval England* (Cambridge, 1970) を参照。

[4] Langbein, *Torture and the Law of Proof*. ラングバインは、司法による拷問はそれに先だつ証拠法の変化が拷問を不必要なものにしていたという理由から、18世紀にはすでに廃止されていたはずだと主張している。17世紀以降、法学者が証拠の法的評価をもたらす新たなシステムを発展させることを可能にしたのは、ますます安定する国民国家内で法的専門家の権威が増加したことと、血の制裁以外の新たな刑罰が利用可能になったことだった。

[5] R. Brown, 'The Idea of Imprisonment' *The Times Literary Supplement* (16 June 1978).

[6] Spierenburg, *The Spectacle of Suffering*, p. 108.

会体のいっそう奥深くに組み込むこと」に主要な関心があったとされる[7]。実務において実際に採用されたのは、より効率的な統制をという改革者の希望のみであり、彼らの綿密な計画ではなかったことは確かである。皮肉と呼ぶには十分なことだが、その綿密な計画が採用されたのは、改革者が特に好んだわけではない制度の形成にあたってだった。歴史上の出来事についてのこのようなフーコーの見解とは対照的に、デイヴィッド・ロスマンやマイケル・イグナティエフといった著者たちは、監獄統治体制の正確な詳細を形成するという改革者たちの努力をより重視している。彼らが論じる改革者の多くは、監獄の強力な支持者であり、新たな制度を計画しそのために法を制定する役目を果たした。そして彼らの関心は、衛生設備や健康、宗教的教示の導入、被収容者の適切な食事や衣服へと広がっていた[8]。フーコーにとっての処罰における寛容性は、支配を行うためのより包括的な形態の統制を可能にする権力の奸計として理解される一方、これらの歴史学者の異なる説明では、他の理由と並んで、真正の善意や宗教的確信という理由から追求される純粋な目標とみなされる。時としてそのような意図が、フーコーの描写するような結果に終わったことを、これらの説明は否定しているわけではない。それらの研究の焦点は、「良心」による指示が、実際に他の目的に対する「便宜」のための日常業務になったかを示している。まさにこの歪曲された意図せざる結果が問題なのは確かである。だがそれらの研究は、多かれ少なかれ、これらの動機の一般的傾向とイデオロギーが真の影響を持ち、したがって刑罰制度と刑罰変化のプロセスの理解において重要な要因となることを強調する。さらに、シュピーレンブルクが指摘するように、より人間的な処遇への欲求と、より大きな統制への要求が結びつくことは完全に可能であり、一つの要因を他の要因に還元しなければならない理由は存在しない[9]。

　フーコーの歴史的説明は、それが行う主張に必要な種類の傍証を与えることに失敗していると批判することもできる。これはまず収監が一般的な政策となった19世紀前後と、監獄の失敗をよい政治的使用に転じるために刑罰戦略が刷新された19世紀後半のいずれかの時点に関して、特に当てはまる。最初の時期につい

7　Foucault, *Discipline and Punish,* p. 82.〔邦訳 p. 85〕
8　Rothman, *The Discovery of the Asylum*; id., *Conscience and Convenience* (Boston, 1980); Ignatieff, *The Just Measure of Pain*; id., 'State, Civil Society and Total Institutions' in S. Cohen and A. Scull (eds.), *Social Control and the States* (Oxford, 1983).
9　Spierenburg, *The Spectacle of Suffering,* p. 184.

ての説明では、「監獄形態」が、特定の刑罰理論の結果としてではなく、社会全体に及ぶ規律的戦略の結果として、立法へと入り込んできたと述べられる。しかし、ポール・パットン（P. Patton）が指摘するように、このような命題が提示されれば、どのように「規律的」な配慮が議論に入り込み、どのように政策決定を形作ったかを示す実際の立法プロセスから引き出された傍証によって支持されているにちがいないと予測したくもなるだろう[10]。しかしながらフーコーの説明で、そのような傍証は提示されていない。

　二つ目の議論に対しても、同様の点が、これよりもさらに大きな説得力をもって指摘できる。というのも、その議論は、犯罪階級の創造が政治的戦略の熟慮的な特色であることを認めるよう要求しているからである。フーコーが「戦略」や「努力」といったこの発展を特徴づけるために使用した用語は、意図や計算の一定の要素がその背後にあることをほのめかしている。彼は、ある意図せざる機能的プロセスによって、出来事が実際そのような結果になったと主張しているだけではなく、むしろそれは、戦略的計算の問題、すなわちそのように働くよう設計され作動した政策の問題であると主張している[11]。今日、「戦略」という用語によってフーコーが本当は何を意味していたかについて多く議論されており、作動の計画に沿って作用を操作する、ある種の全知全能の戦略家が存在すると彼がほのめかしているわけでは必ずしもないと認めることができる。だが彼が個人、制度、さらにあるいは何らかの形で足しあわされる決定の分散した一般的傾向を想定していたにせよ、彼はこれらの戦略的決定が実際に行われていることを示す傍証を提示する必要がある。またしてもこの種の傍証は提示されていない。

　上で見たように、その失敗にもかかわらずなぜ監獄が生きのびているかを説明するために、フーコーは隠された戦略という議論を用い、今日の監獄を成り立たせているものがこの戦略であるということを明確に示している。しかし、彼は、そのような戦略が1840年代、1850年代のフランスという特殊な状況において政治的意味を持ったと示しているだけである。フーコーが今日でも同様の政治状況が存在すると信じているにせよ、彼は、20世紀後期においてもそれが存在しているとす

---

[10] P. Patton, 'Of Power and Prisons', in M. Morris and P. Patton, *Michel Foucault: Power, Truth, Strategy* (Sydney, 1979).
[11] Foucault, *Discipline and Punish,* pp. 272 ff.〔邦訳pp. 270以下〕, esp. Foucault, 'Prison Talk', *Power/Knowledge,* pp. 40-2を参照。

る根拠について、何も述べていない。フーコーの主張のいかなる箇所を支持する傍証があるにせよないにせよ、1世紀も昔のきわめて異なる二つの時期における監獄の使用を説明するには、それぞれきわめて異なる議論が必要不可欠であるのは明白だろう[12]。

　最後に、『監獄の誕生』は、規範化のための新たな規律アプローチが、19世紀における一般化された収監の出現にともない、刑罰システムにおいて支配的になったと主張している。しかし、(パリ矯正院、メットゥレ刑罰地区などの) わずかな例示と証明を除けば、フーコーは、近代的な刑罰実務をこのように特徴づける根拠を実証しうる包括的あるいは量的な傍証を提示していない。そのかわりに彼は、「近代処罰」の個別化し規律づけるという特徴を示すと考えるもののリストを挙げ、200年近く前の「牢獄時代」の始まりから、それらの特徴すべてが多かれ少なかれ、同じようだったと暗示するだけである。だがその後の研究は、これらの個人化された規範化のための方策の拡大が、実際には20世紀初期に開始され、そのような方策が罰金などの規律化を目的としない制裁が刑罰実務における中心的な位置を奪うことには、今でも成功していないと示している[13]。フーコーの主張にとっていっそう重要なことは、規範化のための規律的制裁とそれを執行する運用形態に向かうこの傾向が、刑罰プロセスの懲罰的で感情的な特徴を追放することには決して成功しなかったということである。20世紀を通じて、刑事法廷の非難的な儀礼と刑事制度の恥づけという所定の日常業務は、処遇の風潮が絶頂にあった時期においてすら、懲罰的な情念と道徳的譴責の表出に対して明白な関心を持っていた。これは中でも成人法廷に当てはまる。そこでは「理性のある犯罪者」という表象が、何か他のものに完全にとってかわったことは一度もなかった。しかし、更生という理念が最も明白に支配力を持ち、今日では懲罰的な言語が大きく欠如している未成年司法の圏域においてすら、規範化のための技法は、その効果を妥協させ制限させてきた懲罰的方策との緊張関係の中で存続していた[14]。したがって、

12　ブラウンが『収監という考え(*The Idea of Imprisonment*)』で19世紀には、大きく異なる伝統、産業化の水準、政治的システムの類型を持った社会がすべて監獄を採用したと指摘するとき、彼はこれと関連する論点を指摘している。
13　Garland, *Punishment and Welfare*を参照。これは規律的方策と改革的な狙いが18世紀以降近代監獄の特色だったとはいえ、19世紀の監獄が大量の人を相手にする統治形態と統一的な処遇に依拠していたと主張する。詳細な知識と分化した処遇に基づいて犯罪者を個別化し規範化するように計画された方策が導入されたのは19世紀の終わりになってからである。近代的な刑罰実務における罰金の位置に関してはP. J. Young, *Punishment, Money and Legal Order*; Bottoms, 'Neglected Features of Contemporary Penal Systems'を参照。

もし規律の発展が、『監獄の誕生』が認めるよりも刑罰実務において実際にはゆるやかで、限定的なものだったとすれば、このことは転じて、「社会体中に行き渡った」規律メカニズムの拡大についてのより一般的な主張にも疑惑を向けることになるはずである。もし近代的な刑罰システムを、「規律的」あるいは「パノプティコン的」と特徴づけることが完全に正当化されないのであれば、「規律社会」という概念を維持することはできるのだろうか。

　『監獄の誕生』は、不自由の勃興と自由の情け容赦のない退行を探る、逆向きのホイッグ史観(訳注1)のようなものだとするクリフォード・ギアーツの観察のような、より一般的な論点が存在することに加えて[15]、このような仕方で取り上げることのできる他の細かい論点が存在している。しかし、近年現われた多くの批判者によって個々に指摘されている主要な批判的テーマは、フーコーが政治という次元を過大評価していることに関するものである。『監獄の誕生』は、時として支持的な傍証をまったく欠いたままで、つねに権力の戦略という観点から説明を提示する。一方で、他の歴史学者は、他の要因や考慮事項が説明に含まれる必要があると考える。私は本章の残りの部分で、フーコーが提示するこの一面的な歴史が実際には、処罰と刑罰制度についても同様に一面的な理解であること、そしてそれらが物語る現象を正確に捉えてもいないと主張していく。

2．フーコーの処罰概念

　歴史データと資料を多く使用しているとはいえ、『監獄の誕生』は、主として歴史についての著作ではないと論じることが可能である。むしろ同書は、社会制度についての新たな考え方を提示し、歴史による説明という手段によってその考え方を証明する社会理論や文化批判の著作とみなされるべきである。『監獄の誕生』の真の核心は、実際、それが提示する権力パースペクティヴであり、最も影響力を持っているのは、個別の歴史についての主張のいずれでもなく、このパースペクティヴである。

---

[14] 少年司法における緊張関係に関してはJ. Sutton, *Stubborn Children: Controlling Delinquency in the USA, 1640-1981* (Berkeley, 1989); R. Webb and D. Harris, *Welfare. Power and Juvenile Justice* (London, 1987)を参照。

[15] C. Geertz, 'Stir Crazy', *The New York Review of Books* (26 Jan. 1978).

上で見たように『監獄の誕生』は、権力という観点から処罰を解釈する。つまり、権力それ自体の形態、すなわち「政治的技術」として、そしてまた、権力関係というより広い領域にある多くの道具の一つ、すなわち「政治上の戦略」として処罰を解釈する[16]。ここで「権力」が意味するのは、犯罪者の規律的訓練を通して直接的にせよ、抑止的脅威や一般人への例示というより間接的な方法を通してにせよ、行動を統制する、あるいは「生み出す」という考え方である。このように処罰は、個人の身体、そしてそれを通して身体の政治学を統制する手段と考えられている。

　処罰と権力のこの関係性は、検討されるべき仮説や多くの側面の一つとしてではなく、処罰を理解する上で依拠するべき根拠として提示されていると認識することが重要である。そのような関係性をもとにして行うよう求められているのは、発生するすべてのことが根本的に、統制の向上と規律的権力の最大化へと方向づけられているという推定の上で行われる刑罰制度の研究である。さらに、この「統制としての処罰」という概念は、改革者の意図や行政官の狙いというだけではなく、システムが実際に作動する仕方と考えられている。刑罰実務は、何よりもまず権力という観点から説明可能とみなされなければならず、そしてその後、どのような意味でこれが正しいかを探求しなくてはならないとされるのである。

　この理論的先入見の影響によって、フーコーは、統制の形態としてうまく機能せず、したがって効率的でない要素、あるいはまた単純に、そもそも統制方策として機能するように設計されていない刑罰システムの要素の存在を受け入れない。処罰の力動は、処罰がしばしば統制という目的にうまく適合していないという結果をともないつつも、深く非合理的で感情的な要素を含んでいると主張するデュルケムやミードとは対照的に、フーコーは、刑罰に非合理的な現象が入り込む余地がないかのように分析を進めていく。そのような非合理に見える現象が発生していると思えるときのフーコーの反応は、より詳細に眺めること、すべての角度から検討すること、権力の隠された効用を発見するまで探し続けることである。一見したところ監獄の失敗に見えるようなものが、政治的統制のより広い戦略内では成功した動きになるとして概念化され直されることはその最も驚くべき例だが、これは、彼の著作において一般的な傾向である。

　上で示そうとしたように、このラディカルなパースペクティヴは、しばしば多くの

---

[16] Foucault, *Discipline and Punish*, pp. 24, 23.〔邦訳 pp. 28, 27〕

ことを明らかにし、洞察に富んでいる。そしてフーコーの創意と洞察力をもって使用されたときには、すばらしい結果を導くこともある。しかし、あらゆる徹底した懐疑と同様に、このパースペクティヴは、発見のための道具として、つまり後に傍証の重みや代替的な説明によってバランスをとれるようになる問いや解釈を生み出すための道具として最もよく機能する。つまり、このパースペクティヴは、一般的な理論・解釈としては上手く機能しないのである。残念なことに、『監獄の誕生』それ自体と、この様式で書かれたその後の研究の多くにおいて権力パースペクティヴが使用されているのは、このより一般的で独善的な形態においてである[17]。

　フーコーが処罰を知-権力の技術として描きだすよう強調したこと、そして彼が処罰の歴史的発展について政治の観点からの説明を重視したことが、刑罰に関する道具主義的・機能主義的概念を生み出した。その説明では、刑罰実務はつねに社会統制の要請によってのみ形成され、その計画は統制効果を最大化するよう計算されているとされる。この処罰の考え方は、非合理性や反生産性という特色をまったく欠いており、行為を規制するという課題にのみ向けられているが、これは、『道徳および立法の諸原理序説』でジェレミー・ベンサムが設定した功利主義の理念にきわめて接近する[18]。しかし、この二人には奇妙な相違点がある。ベンサムは、彼の合理主義的な統制枠組を追求するべき理念として設定し、彼が実務の中で見出した処罰の儀礼的で非功利主義的な実状を嘆いた。一方フーコーは、「ベンサム主義」が実のところ、近代刑罰の実際の性質についての詳細な描写であると主張しているように見える。ベンサムの想像、すなわち、われわれは、徹底的に計算され、統制されたパノプティコン的世界に生きているという想像が、現実のものとみなされるようになったのである。そしてフーコーのアプローチは、これらの用語で社会制度を分析するためのものである。

　もちろん刑罰政策が戦略的な計画と合理的な運用の対象であること、また犯罪者と潜在的犯罪者の行動の統制がその中心的な狙いの一つであることに疑いはない。しかし、ベンサムですら認めざるをえなかったように、これらはどのような意味でも、刑罰政策に関わる唯一の要因というわけではない。だとすれば、今日の

---

[17] 確かにフーコーはある箇所で別の解釈が可能であり「承認することができる」と述べている (ibid. 25〔邦訳 p. 28〕)。だが彼は彼の権力に基づいた分析の限界を測定しようとする努力を何もせず、変化するイデオロギーと感受性という観点から述べられる説明に否定的である。
[18] J. Bentham, *An Introduction to the Principles of Morals and Legislation* (London, 1789).

刑罰政策は正義、経済、復讐に加えて、許し、慈善、福音主義などの多種多様な目標によって形成されることになる。そしてそれらの目標は、合理的戦略を法的文化、大衆の心情、儀礼の伝統と結合させる方法を見つけなければならない。これらの理由から、つねに処罰は、純粋で単純な統制とはいくぶん異なるものとなる。さらに、シュピーレンブルクの著作が明確にしたように、統制という目的のための刑罰方策の道具的使用は、社会的・心理的な力とつねに緊張状態にある。この力は、それぞれの状況で許容されうる処罰の類型と程度に、明白な限界を設定する。規律と権力-知のための技術という原理は、統制の技術に所与の論理と潜在的可能性を与えるかもしれないが、それが使用される程度とそれが向けられる目的は、より広い社会的・文化的な力に左右されるはずである。

　文化上の特徴と感受性は、多種多様な仕方で刑罰システムに影響を与えてきたとみなすことができる。最も明白なことであるが、正義に関する近代的な感受性と概念は、どの刑罰の形態が許容できるかを厳密に規定し、高度に効率的にもなりうる形態の刑罰統制（集中的な行動修正、洗脳、さらには言うまでもなく旧態依然とした血の制裁など）を禁止している[19]。だが現代の気風もまた、判決プロセスの象徴的な非難においてであれ、制度的な支配形態のささいな格下げにおいてであれ、刑罰システム内である程度表現される懲罰的な要素を有している。これらの懲罰的な側面は、しばしばシステムの統制要素を強化するものとみなされるが、逆の効果を及ぼすこともある。たとえば、懲罰性が実際にきわめて非効率的で、現代的形態の統制であることを示す心理学的・刑罰学的傍証が存在する[20]。さらに、われわれの刑罰制度が権力を行使することと、犯罪者の行為を修正することに成功していない理由の一部が、その刑罰制度の形態が懲罰的なものだからということもありえるかもしれない。更生の支持者は、以上のような立場を長く主張してきた。とはいえ彼らも、より「合理的」な統制形態を、伝統的な懲罰性に取り換えることに成功してはいない。

---

[19] 本書10章を参照。
[20] 心理学的傍証に関する議論はR. H. Walters, J. A. Cheyne, and R. K. Banks (eds.), *Punishment* (Harmondsworth, 1972) を参照。

3．監獄の永続性と規律の拡大

　この点を心に留めつつ『監獄の誕生』の分析へと戻れば、いくつかのきわめて異なる解釈がおのずから明らかになる。たとえば、監獄は一見したところ欠陥を持っているにもかかわらず、その「失敗」が政治的統制を行使するために有益であるという理由から存続している、という主張を見てみよう。上で見たように、フーコーは、監獄が「政治上の戦略」として理解されるべきだという先入見を持っていたために、この主張を行わざるをえなかった。彼の機能主義の論理によれば、真に反生産的な制度は、長いあいだ、少なくとも2世紀にもわたって存続しえない。したがって、統制の道具として成功している、ある隠された意味が存在するはずである。このように問いを立て、彼は陳腐な回答を与える。いわく、監獄は、犯罪者を統制するわけではない。犯罪者を生み出すことによって労働者階級を統制している、と。そしてこれこそが監獄の真の機能であり、それが維持されていることの理由であると彼は主張する。

　この回答は信じがたく、傍証によってはほとんど支持されていない。とはいえ、その回答あるいはそのような何かを、フーコーのアプローチの論法は必要としている。道徳の弱化した再犯者を生み出すという監獄の傾向が、法違反や犯罪者とのあらゆる接触を避けるように他の人びとを導く一定の効果を持っていることはありえる（もっとも、抑止に関する研究は、これすら疑わせるが）[21]。しかし、これが権威にとってどれほどの価値を持つかは、高い再犯率と収監コストの上昇によって引き起こされる恥づけ、批判、費用という恒常的な源泉と比較した上で、判断されなければならない。これらの目標を持った戦略が本当に存在するという確実な証拠を欠いているという点で、単純にフーコーは、監獄の（意図せざる）帰結をその（意図的な）存在理由としているように思われる。これは、機能主義の説明にしばしばともなう妥当な形でない推論である。

　われわれは、近代監獄の地位を考慮するとき、監獄が「失敗している」とする従来の認識を受け入れるにあたって、フーコーよりも慎重になるべきだろう。フーコー

---

[21] 収監の抑止力は、そのかわりになる刑罰と比べて測定するかぎり、明確に証明されているわけではない。収監という脅威が本当に抑止するとしても、一部の事例では刑期や前科となることの影響は、そもそも収監に処されることにともなう恥という要因ほどに重要ではない。Beyleveld, *A Bibliography on General Deterrence Research*による研究のレビューを参照。

に対してこのように不満を表明することは、その理由に疑問がほとんど呈されないほどに広く受け入れられたものとなっている。しかし、監獄が失敗しているという判断がなされるとき、どのような基準によって、監獄の効率性が測定されるのかを問うことは重要である。もしそれを測定する尺度が、初期の監獄改革者のユートピア的な大望に基づいて定められたものであるならば、監獄は明らかに失敗している。だがこれらの（改善、犯罪減少、償いの）期待は、つねに非現実的で、今日使用するには不十分な評価の基準だろう。その一方で、もし監獄が、たとえば学校、病院、ソーシャルワーク、社会保障システムなどの他の複雑な制度の効率性と比較して測定されるのならば、監獄が失敗しているかはいかなる意味でもそれほど明らかではない。すべての制度には社会的コストがあり、複合的な目標を追求するに当たって、部分的にしか成功しない。それらの制度の効率性についての判断は、それらの狙いとそれに付随する期待をどのように理解するかに左右される。重要な例をとれば、科学的・医療的な発展が、この圏域における公衆の期待を大きく膨張させたとはいえ、病院で慢性的な疾病と死亡が多く、治癒する人が比較的少なかったからといって、驚く人はいない。これは病院の効果の適切な測り方が、治癒される人の数ではなく、患者にふさわしい処置が行われることだからである（人びとの健康と近代医療の治療能力は、制度が関係するかぎりにおいて、ほとんど所与の事実である）。同様に監獄も、法廷の命令にしたがって犯罪者から自由を奪うこと、一定期間犯罪者を社会から排除すること、懲罰的な公衆を満足させるような仕方で精神的な苦痛を科すこと、といった観点から測定されることがある。そのような場合に監獄の唯一の失敗とみなされるものは、時たまおこる被収容者の逃走と、まれに見られる被収容者に対する寛容性である[22]。

　このように眺めると、監獄はフーコーや批判的な改革者の長い伝統が信じさせたほどには失敗していない。このように指摘するからといって、監獄制度を擁護しているわけではない。多くの監獄は、それが改善にとっての失敗とみなされようが懲罰にとっての成功とみなされようが、文明化された制度に要求されるべき生活

---

[22] 裁判官が同じ人を繰り返し収監することを考えると、彼らが刑務所を失敗と考えていないように思われることは、注目に値する。裁判官は、収監が懲罰的な方策を意図している以上、少なくとも一定程度「上手くいっている」ように思っているようである。対照的に、裁判官の多くは、仮釈放やコミュニティ奉仕といった判決を受けた人が再犯をしたとき、その制裁が失敗したと考える。拘禁的ではない制裁は、「上手くいく」かどうかわからない改良的あるいは「次善の策」だと考えられている。もしそれらの制裁が「失敗」すれば、裁判官はそれらの制裁を再び使用することをためらうことが多く、彼らが「真の」処罰だと考えるもの、すなわち収監へと移行する。

の最低基準をいまだ下回っている。だが監獄に期待するべきことと、実際にその制度を支持する人びとによって期待されていることは、それぞれ別の事柄である。そしてここでの論点は、大衆の関心と政治的要求という真の社会的背景と比較して評価すれば、監獄はそれほど時代遅れというわけではまったくなく、フーコーが前提したよりもはるかに「失敗」ではないということである。

　もしフーコーの前提を除いて考えれば、監獄の存続についてのよりよい説明が多く存在する。その説明は、デュルケムが示唆するように、監獄の長期的なコストや帰結がどうあれ、監獄が犯罪者に対して処罰を科し、普通の社会生活から退場させるという大衆の（あるいは法の）欲求を満足させるということかもしれない[23]。あるいは、あらゆる刑罰システムが、反抗者を強制的に無害化でき、社会内の循環から危険な個人を除去できる究極的な制裁を必要とするということかもしれない。死刑と流刑が減少した現代にあって、監獄は、無害化や除去を行うための利用可能で文化的に許容される唯一の手段である。それと等しく単純に、ひとたび実際に監獄が建設されてしまえば、収監のための巨大なインフラは放棄するにはあまりに高くつくが、はやりの多様な刑罰政策に十分柔軟に適用できる（建物、管理構造、専門職という用語での）投資になったということかもしれない。このように監獄は、懲罰性、経済、機能的な何らかの代替案の単純な不在といった多様な理由から維持されているのかもしれない。これらの理由は、効果的な統制や政治的戦略として何らかの成功を収めてきたのかもしれないということとは、ほとんど関係がない。

　このような例示は、『監獄の誕生』とは反対に、「統制」や「権力」のいずれかが刑罰実務の排他的な動機であり、そして刑罰政策がつねに道具的・戦略的な考慮にしたがって組織立てられると考える理由は存在しない、ということを示唆する。刑事司法システムの現実について考えてみれば、行政官が合理的な統制を志向する政策を発展させようとどれほど強く努力したとしても、彼らは結局のところ、つねに独立しており、しばしば互いの要求がうまくかみあわない他の意思決定者（裁判府、立法府、公衆）に仕える者であることは、明らかである。この複雑なシステムの中では、統制が大きな目標になることが多い。だがそれはちょうど権力が分割され、異なる参与者によって内的に競合されるように、他の考慮事項とつねに折

---

[23] Durkheim, 'Two Laws of Penal Evolution' を参照。現代文化における復讐のあいまいな立ち位置に関してはJacoby, *Wild Justice*を参照。

り合いをつけなければならない目標である。権力という観点からのみ処罰にアプローチするよりむしろ、われわれの研究の枠組は、刑罰実務において表出される競合的な社会的な力・価値・心情の解釈へも向けられるべきである。

　フーコーは、権力と統制以外のあらゆる価値が処罰の発展において役割を果たしてきたと認めたがらないが、これは、『監獄の誕生』に他の帰結をもたらしている。具体的には、彼はそのせいで、規律的実務の導入と拡大に対する原理的な反対を掲げた政治的・イデオロギーの力を無視してしまっている。上で述べたように、規律的な戦略は、ほとんどの近代刑罰システムで部分的にのみ実施されており、実務上、支配的なまでに法律主義的で、法の枠組にいまだ留まっている。これらの実務上の限界は、規律をフーコーが暗示するよりもはるかに包括的でないものにするが、それはリベラル的な政治体制、とりわけ法の専門家と裁判官の粘り強い反対によるところが大きい。そしてこの抵抗は、少なくとも部分的には、全面的な規律的プログラムが含むであろう法的・リベラル的原理の侵害を拒否することから生まれている。これらの適正手続き、法の支配、個人の権利、処遇の平等などの原理は、権力の要求に対して歴史上つねに対抗しており、労働者階級という対象だけではなく支配階級の権力を持った人びとによっても、「規律」に反対するために使用されてきた。これらの競合で問題になっていることの一部が、ちょうど18世紀の改革者の議論においてと同様に、権力をどのように行使するのが最良かということに関する不同意であることは、間違いない。しかし、他の価値が絶対的な目標として役割を果たすこともある。それらは、権力を隠したり拡大したりするよりも、制限するよう働いているのである[24]。

　フーコーは規律の拡大を、さもそれが政治的な反対にさらされなかったかのように論じる傾向にあるが、これは彼の説明における深刻な欠陥である。彼が「規律社会」や「監視社会」のような用語を使うときには、規律的プログラムが、反対されず折り合いを必要としない実務プロセスの中で、現実のものになったかのような印象を受ける（そうであるとは、一度も明示的に述べていないが）。ある種の理想図か理念型を描きなおした後に、全体化された規律がどのようなものであるかが示されると、現実の世界とこの示唆的な「理念」の姿のどこが異なっているのか

---

[24] この好例には、中世の教会裁判所が、血の制裁を用いるのを拒否したことが挙げられる。拒否の理由は、それらの制裁が牧人の地位にふさわしくないと思われたからだった。その代わりに教会権威は収容を使用し、例外的な場合（たとえば異端）には有罪宣告を「緩和」し、かわって死刑にするよう世俗権威に引き渡した。

を彼が示してくれるのでは、と予測するだろう。フーコーはそのような不一致を示すかわりに、その二つが同一のものであるかのように記述する。このことは、世間の人を徹底的に不安にさせるような描写を生み出してしまう。なぜなら、その描写は規律を求める衝動を抑制し、自由を守るよう作動するあらゆる力を無視しているからである。実際は近代的な権力‐知技術によって所有されている統制の**可能性**の記述が、今日現実に**作用**しているかのように提示されている。それは、相殺する力の強さを無視した最悪の場合のシナリオである。

そのよい例は、仮釈放、社会内監視、治療命令などの「福祉的制裁」が近代になって採用されるようになったことかもしれない。『監獄の誕生』と自著『処罰と福祉』が示したように、そのような制裁がきわめて権威主義的になる可能性はある。だが競合権力、安全装置、制限を状況の中に組み入れ、制裁がその権力の可能性を修正し、それをより侵襲的でなくするような仕方で制裁を下すこともできるだろう。そこに関わる行為者の志向性、イデオロギー、資源の有無、権力に限界を課す法的制限、権力を行使される者の権利、その抵抗。以上のように、これらすべてが、制裁の権力がどの程度現実のものとなるかを中和しうる。フーコーの著作は、そのような制裁が含む危険を強調するのには有益だが、制裁が実際に使用されるときの意味と、それが直面する抑制を描写することで、バランスをとることに失敗しているのである[25]。

4．権力と価値

処罰についてのフーコーの考え方に対するこれらの批判は、『監獄の誕生』を一貫して流れる、より一般的な権力概念にも当てはまる。上で見たように、フーコーの権力パースペクティヴに含まれている懐疑主義は、永続的な「力への意志」という語法の存在を指摘する。そして、その意志が刑罰改革と刑罰史の出来事の背後に存在するとし、ニーチェの『道徳の系譜』をある種、刑罰学に応用できるようにしている。フーコーの著作では、以前のニーチェと同様、道徳性のシステム、倫

---

[25] 刑務所環境という〔相当期間外部と遮断され、閉鎖的である〕全制的施設で見られる権力の欠陥に関してはサイクスも参照。「拘禁されている側に服従の義務感がないこと、明らかに頼りにならない強制力、服従させるための賞罰方法があわれなくらいに少ないこと、仲間意識や相互依存の形で看守を腐敗させようとする強い圧力、さらに、信任受刑者に対する職務移譲――こういったものすべて、個人個人の能力の欠陥というよりも、刑務所の権力体系のうちにある構造的欠陥なのである」(*The Society of Captives,* p. 61〔邦訳 pp. 101-102〕)。

理、感受性が、権力のより基礎的な疑問を明らかにするよう互いに分離される。権力はそれらを動機づけ、それらに真の意味を与えるのである。権力の観点から道徳に向けられたこの批判は、『監獄の誕生』を従来の刑罰史から単に分離するだけではない。これらの他の歴史が、道徳性と社会心情の変化という観点から記述されているかぎりにおいて、『監獄の誕生』は、その他の歴史を転覆させ、それらの用語が表面的であり十分に分析されていないと批判する。他の人びとがその変化の一因であるとする倫理的価値、宗教信念、人間的感受性は、フーコーにとっては、良くて変化にともなう「附随的な楽曲」であり、悪くすれば権力の新たな形態のための婉曲的な隠蔽装置である[26]。

　社会の価値観を、基底的で無条件の事実として受け入れるのではなく、それらが存在し変形される状況を検討することは確かに必要であり、『監獄の誕生』は、そのようなアプローチがどれほど有効であるかを示す古典的な証明となっている。そうは言っても、価値観や倫理を力への意志へと何らかの形で還元できると前提することは、誤りである。それが誤りであるのは、人びとが、倫理的価値を是認し権力の追求を断念するような、必ず原理原則を守る道徳的行為者であるからではなく、「権力」が「価値観」から完全に分離できると前提することが、端的に擁護しきれないからである。実務において権力と価値観は、権力と知を結びつける関係性といくぶん似ているが、統合的な関係性にあり、つねに共存する。

　フーコーには、「権力」という用語を、それが固有名詞であるかのように使用する傾向がある。だが権力とは、独立して存在するものではなく関係的な概念であり、特殊な状況で望ましい目標を実現する能力にわれわれが与える名称である。そして人間の文化においては、価値あるものとされ追求される目標は多種多様である。もし分析から現実の状況を度外視したいならば、価値観に言及せずに技術のみについて議論することが可能である。そのような場合にわれわれは、多様な使用に向けられる一連の手段や能力として権力を議論することになる。そしてそのために、価値や客観性という問題を除外しておくことは、道理にかなっている。しかし、そこから社会における権力の実際の作動形態を分析することになれば、決定的に重要な問いがつねに存在することになるだろう。すなわち、この権力はどのような価値の役に立っているのか、という問いである。フーコーがこの形態の分析に着

26　このフレーズはGeertz, 'Stir Crazy'からのものである。

手したとき、彼は権力の唯一可能な目標が、さも権力だけでしかないかのように、そしてさも統制だけでしかないように記述する。だがここまで見てきたように、処罰（これはすべての制度のうちで最も統制制度に近い制度かもしれない）から見たときにすら、この見方は擁護しきれないし、類似した権力技術が使用される健康管理、教育、福祉といった他の領域においても、ほとんど意味をなさない。

　フーコーは、研究の焦点を監獄と刑罰制度に絞ることで、権力の狙い、すなわち規律が課す規範は、つねに服従、従順、行動統制を目標としているかのような印象を与えている。さらに言えば、「規律社会」一般における権力は、それが身体を有用なものとすると同時に従順なものとするとはいえ、彼はこの種の支配だけに注目しているように見える。確かにフーコーは、続く著述において、この権力観を拡大し、発展させるために大きく貢献しており、快楽、言説、行為、主体性を喚起する権力の能力を強調している[27]。だが『監獄の誕生』の中で述べられ、処罰が社会に占める位置に関する現在の研究に最も大きな影響を与えたのは、細心の注意を払った支配と徹底的な統制についての叙述である。そのためわれわれは、規範化、すなわち行為に対する基準の押しつけという社会上の慣行が、そのすべての側面において抑圧的であると強く考えてしまうことになる。フーコーがその後「主体化」を強調しているとはいえ、『監獄の誕生』は、権力 - 知の使用を通じた人類の**客体化**の叙述を行っている。そして権力と社会に対するその批判は、大部分、非人間的な支配というイメージを拡大している[28]。だがこの全面的な文化批判は、レトリックの上でのみ可能であるにすぎない。なぜなら、『監獄の誕生』は、服従の規範に焦点を絞っているからである。社会や、さらには刑罰に関わる行為者が教え込もうとしている読み書き能力、清潔さ、健康、責任、独立性、安定性などといった他の規範のいくつかに焦点を当てていれば、これほど安易にその批判を行えはしなかったろう。支配力や、さらには圧制という方策を用いて強制されることのあるこれらの服従以外の規範を挙げたのは、フーコーが長々と述べる一種の思考統制よりも、それらの方が本来的に許容されやすく思えるだろうからである。ここで

---

[27] Foucault, *The History of Sexuality,* i; id., 'The Subject and Power', in H. L. Dreyfus and P. Rabinow, *Micheal Foucault: Beyond Structuralism and Hermeneutics* (2nd ed., Chicago, 1983), 208-206を参照。

[28] Dreyfus and Rabinow, *Michel Foucault: Beyond Structuralism and Hermeneutics,* chs. 7 and 8を参照。この著作は、フーコーの「客体としての近代的個人の系譜学」と彼の「主体としての近代的個人の系譜学」を区別している。

の論点は、規範の強制的な押しつけですら、つねに批判されるべきではないということである。それが批判されるべきかいなかは、当該の状況と規範に関するその人の評価判断に左右される。政治についての分析の本質的な点は、制度が求める多様な目標と、制度が達成するために使用する手段を区別し、別個に評価することである。フーコーの分析は、「権力」が向けられることのある多くの目的について明敏な判断を行っているが、そうすることで、権力の目的は等しく有害だと暗に示しているのである。

5．権力と政治

　もし『監獄の誕生』が権力の目標を検討し損ねているとするならば、それは権力の行為者を描写することにおいても同様である。もちろんフーコーは、権力が誰かによって「保持される」ようなものだという考えをしりぞける。しかし、権力に対して彼がとる構造的・関係的アプローチを受け入れるにしても、権力の座にいる人びとが誰であるのか、そして彼らがどのようにしてそこにたどりついたのかを知る必要がある。これらの決定的に重要な問いに関して、フーコーは周知のように黙して語らない。時として彼は、マルクス主義的な用語法（「支配階級」、「国家」、「ブルジョアジー」）の抽象概念を使用し、また時に「裁判官」、「精神医学の専門家」、「行政官」に言及するが、主体を名指さない受動的な文法構造を使うことで、その問題を完全に避けることの方が多い。行為者と意思決定者、あるいは政策決定のあらゆる認識可能なプロセスを特定することにこのように失敗していることは、「戦略」や「方略」のような用語がしばしば彼の主張にとって決定的に重要であるにもかかわらず、これらの用語を使いにくくしている。

　確固とした史料や描写が欠如している中で現われてくるのは、支配階級と支配される人びとのあいだの、やや曖昧に定義された競合であり、日々の刑罰実務で作用している力は、ほとんど現われない。支配集団内部のイデオロギー上の対立と刑罰政策に与えるその暗示、刑罰プロセスにおける異なる行為者間の制度化された緊張状態、ある方策に対する大衆の支持、そしてそれらが生み出す階級を越えた同盟関係。これらの特徴は、『監獄の誕生』ではほとんど現われない。そのような意味で、フーコーの権力概念は、戦略的に非政治的である。それは、あらゆる行為者、あるいは基盤を剥ぎ取られ、剥き出しの技術のさらし台へと還元され

た、ある種の空虚な構造として立ち現われる。このように、ベンサムのパノプティコンの**設計**に向けられる注意がこれほど大きく、この計画の実際の運命（この計画は実際には、政府の政策決定を支配する政治派閥と利益集団の闘争の犠牲となった）に向けられる注意がこれほど小さいのは偶然ではない[29]。

　フーコーは、近代性を要約するためにパノプティコンのイメージを用いるが、これによって彼は間違いなく、マックス・ウェーバーの描写した合理性の「鋼鉄の〈檻〉」の残響を想起させようとしている[30]。だがこれは、フーコーを表現する比喩としても、特に適切である。なぜなら、フーコーは（表立って認めているわけではないが）権力を抑制の装置として理解しているからである。最後には権力は、個人を囲い込み、身体と魂を服従の一般的傾向へと鋳造するようなある種の全面的な監禁となる。権力は、社会化であると同時に、社会統制でもある[31]。それは個人を主体として構築するが、同様のプロセスにおいて「主体化」されたり、臣従化されたりするのは、つねに個人なのである。

　この抑圧的な重荷の下で、多少とも個人の本能的な自由の源泉になっているのは「身体」である。それは抵抗する身体であり、支配されるべき身体であり、究極的には（社会の規律によって魂がでっちあげられると）「魂の囚人」となる身体である。ここでフーコーの理論は、フロイトやニーチェを拡大解釈し、問題の奥底に存在するのは、自然（身体）と文化（社会的規律の権力）の古い対立であるとほのめかす。だがわれわれがこの点に関してほのめかし以上のものを得ることはなく、フーコーの理論の根拠は議論されないままである。

　実際のところ、規律プロセスに対して受刑者が抵抗すること、そして彼らの改善に監獄が影響を与えるのに失敗することは、フーコーの説明にとって、深刻な理論上の問題を喚起するが、その問題はここでは語られず考慮されない。第一に、もし監獄が規律のための集中的で全制的な形態であり、それにもかかわらず規律を設定しようという努力に失敗しているとすれば、監獄が有する強制という強みを持たない監獄以外の規律形態は、効果的になることがどうしてできるのだろうか[32]。この重要な問題は、発達心理学の影響に注意を向けることで解決されるか

---

[29] ベンサムの計画の運命に関してはG. Himmelfarb, 'The Haunted House of Jeremy Bentham', in id., *Victorian Minds* (New York, 1968)を参照。監獄建築史におけるパノプティコン的原理の影響に関しては、Evans, *The Fabrication of Virtue*を参照。
[30] M. Weber, *The Protestant Ethic and the Spirit of Capitalism* (London, 1985), p. 181.〔邦訳 p. 493〕
[31] この点に関する議論としてStone, *The Past and Present Revisited*, ch. 15を参照。

もしれない。規律は、性格がまだ形成されておらず、若く未成熟な主体に対して最も効率的に機能する。だから家族や学校は、監獄が通常失敗していることに成功するのかもしれない。あるいは、より興味深いことに、懲罰的な状況が内包する規律プロセスに課せられた限界を指摘することができるかもしれない。デュルケムが示唆するように、処罰のプロセスが自己規律に必要なプライドと道徳的な自尊心を犯罪者から奪うというまさにその理由から、懲罰的な規律は非効果的であるのかもしれない。このデュルケム的な論点は、規律権力に対する個人の志向性と関係性に関する重要な問いを導く。修道院、学校、工場などの多くの規律的な状況の中で、個人は訓練に際して共同で作業する。なぜなら、少なくともある程度、個人は規律プロセスの（肉欲を乗り越え、教養を身に着け、賃金を稼ぐという）目標を共有しているからである。規律の形態としての監獄にとって鍵となる問題は、個別の受刑者には、規律のプロセスに従う意向や、その中で能動的に役割を担う必要がないことがある、ということである。

　これらそれぞれの論点は、監獄の規律がなぜしばしば非効率的であるかについて、納得のいく理由を与えているように見えるものの、このような論点は、主体的・心理的な要因を強調しているので、フーコーが暗示する規律が自動的に作用するという考え方からは、いくぶん離れてしまっているようにも見える。抵抗の問題を考えるときにも、同じ問題を見て取ることができる。フーコーは、『監獄の誕生』とそれに関するその後の評論で、受刑者の抵抗について議論する際、規律的な所定の手順の要求に抵抗するために、自ら硬化する非理性的な身体的な力を示唆している[33]。イアン・ハッキング（I. Hacking）は、規律的にせよ他の方法にせよ、人の生産のプロセスでつねに決定的に重要な要素は、当該の人が、科された役割に喜んで応じるか、そのかわりにそれに抵抗するかという主観的な志向性であると主張している[34]。ハッキングもフーコーも、応答的行為のこの決定的に重要なベク

---

[32] フーコーの著作におけるこの解決されていない問題がニーチェにおいても同様の対立関係を反映していることは興味深い。『道徳の系譜』でニーチェは、苦痛と刑罰は何千年もの間、計算的で責任ある実体としての人間を生み出すために使用されてきた。しかし彼はまた、刑罰が改善よりも抵抗をかき立てがちであると主張してもいる（pp. 189-94, p. 214〔邦訳 pp. 85-91, 126〕）。

[33] Foucault, *Discipline and Punish*, p. 30〔邦訳 p. 34〕を参照。そこでフーコーは「まさしく問題は、監獄の体質そのものに対する、身体の水準での暴動だったのだ」と述べ、受刑者反乱の性質と監獄に対する抵抗の歴史を論じている。彼の論文「身体／権力（Body/Power）」でも次のように論じている。「権力は自らを身体に差し向けたのちには、その同じ身体の中で反撃にさらされている」（M. Foucault, *Power/Knowledge*, ed. Gordon, p. 56）。

トルについてはあまり述べていない。しかし、アイデンティティ、他人との関係性、文化的参入などの感覚といった主観的な志向性と通常関連する要因が、発生するあらゆる抵抗の根底において役割を果たすはずであると予測できるだろう。この問題に関する実証的な研究に目を向ければ、われわれにとってなじみ深い被収容者の抵抗の形態は、文化的アイデンティティに関する社会心理学が、この応答のプロセスを理解する一つの鍵であることを確かに暗示している。公的権威に対する抵抗は、代替的な被収容者の文化が対抗的なアイデンティティ、役割、それらに適応する人びとへの支持の形態を提供する監獄において、最も頻繁に、そして最も効率的に発生する。たとえばパトリシア・オブライエン(P. O'Brien)の著作は、20世紀のフランスの監獄で示された抵抗が、抵抗的な身体によってではなく、被収容者の副次文化となる代替的な言語、行為の形態、アイデンティティの利用可能性によって促進されたことを示している[35]。

　興味深いことに、フーコーがこれらのプロセスを検討していれば、彼はより説得力をもって「逸脱」の生産を説明する皮肉を描写できただろう。実際のところ、被収容者は、公的システムの奴隷になることを避けるため、そしてその規律機械を前にして自律と自尊心の手段を維持するために、監獄で形成されてきた副次文化を喜んで受け入れるのかもしれない。しかし、この被収容者の副次文化の存在は、ジャン・ジュネ(J. Jenet)の伝記でサルトル(J.-P. Sartre)が描写したような弁証法によって[36]、元犯罪者のスティグマを増加させ、犯罪をする者との同一化を深める傾向にある。監獄の内部にいたことのある者は、単なる犯罪者ではなく、(同性愛、堕落、暴力、ペテンの文化の教育をうけた)「元囚人」でもある。このように受刑者はしばしば、軽蔑される制度的なアイデンティティ(「良い被収容者」)を避けようともがいて、公衆がこれを恐れ軽蔑する別のアイデンティティ(「囚人」)を選ぶことになる。フーコーが抵抗の性質をより綿密に研究していれば、権力の説明でバランスをとるため何かできたかもしれないし、これらの所見が示唆するように、この説明をいくつかの重要な側面で改訂しようとしていたかもしれない。具体的

---

[34] I. Hacking, 'Making Up People', in T. C. Heller *et al.* (eds.), *Reconstructing Individualism* (Stanford, 1986).

[35] O'Brien, *The Promise of Punishment,* ch. 3. より一般的な被収容者の副次文化に関してはClemmer, *The Prison Community*; Sykes, *The Society of Captives*; J. B. Jacobs, *New Perspectives on Prisons and Imprisonment* (Ithaca, NY, 1983); Cloward *et al.*, *Theoretical Studies in Social Organizations of the Prison*を参照。

[36] J.-P. Sartre, *Saint Genet: Actor and Martyr* (London, 1988).

には、個人に対する権力の作動を、それほど「自動的」なプロセスとはせず、よりミクロ政治学的な対立の問題、つまり個々の主体が制度によって科された権力に抵抗するために何か他の権力の源泉と主体性を活用するという対立の問題として、描写しようとしていたかもしれない[37]。

　フーコーの権力観は、権力が主体を鋳型にはめ、訓練し、育成し、創造するという意味では積極的な概念である。だがそれはまた、徹底的に消極的な評価も含んでいる。フーコーは、権力に対して絶対的に「反対する」者として記述を行っている。彼の批判は、ある形態の権力に賛成して他の形態の権力を避けるというものではなく、権力それ自体に対する攻撃である。このせいで『監獄の誕生』の批判的な論調は、真に批判的な議論、つまり、可能であり、規制を非難する人びとがより望ましいと考える別の規制を提案する議論へと変換されることがないのである[38]。それは、どの立場から批判を仕掛けているかを宣言することすらない。というのも、そのようにしてしまえば、権力の必要性を認めることになってしまい、権力の形態の中からどれかを選ぶということになってしまうからである。そのかわりに、『監獄の誕生』はフーコーが権力の「外部」、したがって同様に、社会の外部にいるかのように書かれているのである。

　規律が自由ならびに統制を生み出すということには、重要な意味がある。規律は、フーコー自身のその後の著作が示すように、自己統制、したがって主体性の発達にとって必要不可欠である[39]。同様に、それは規律的ネットワークのための基礎を形成する。そのネットワークを通して、健康、安全、福祉などの規範は体系的にす

---

[37] アーヴィング・ゴフマンの研究がここでの重要な解毒剤である。ゴフマンは『アサイラム』で個人という概念を、制度の圧力に同調して自らを定義づけるものとしてではなく、制度の圧力との緊張の中で自らを定義づけるものとして描写した。このような見解では、被収容者は制度に対してつねに「立ち位置を選び」、個人は「特定組織に対して一体感と対抗的立場のどこかに位置を占め、ほんのわずか外力が加わっても直ちにいずれかの方向への包絡の程度を変えて均衡を回復する存在〔である〕。……かくして何か対抗するものがあるからこそ、自己は出現してくる、ということになる」(p. 280〔邦訳 p. 316〕)。

[38] マシーセンの『廃止の政治学 (*The Politics of Abolition*)』(London, 1974)はこの種の批判的戦略を明らかに採用し、同書が批判する刑罰方策を何か他のものに置き換えることを拒否している。批判的な議論にはD. Downes, 'Abolition: Possibilities and Pitfalls', in Bottoms and Preston (eds.), *The Coming Penal Crisis*を参照。刑事司法の変化の戦略としての「廃止」全般に関してはBianchi and van Swaaningen (eds.), *Abolitionism; the special 'Abolitionist' issue of the journal Contemporary Crises,* 10 (1986) を参照。後者の論文集に含まれているR. De Folterの論文はフーコーは廃止派として理解されるべきだと論じている。

[39] フーコーの『性の歴史 第一巻』は、彼が「生政治」と呼ぶ権力の形態や統治の重要な概念を発展させている。この概念は、人民の生命、健康、能率性、安全に関心を持つ統治方略を指す。生政治的な規制は、社会集団や人民の水準で作用し、個別の方向性を持つ「規律」に付随しそれを補完する近代権力の一形態であるとみなされている。

べての人びとへと提供され、欠乏、病気、無知からのある程度の自由を提供する。これらのことは、権力がなければ不可能だろう。刑罰政策においてであれ社会政策においてであれ、直面するべき究極的な問いは、権力や権力の不在についてのそれではなく、権力がどのように行使されるべきか、権力を特徴づける価値・権力が追求するべき目標についての問いである。エミール・デュルケムは、これらの論点をよく理解していた。規律についての彼の議論は、別の側面から見ればフーコーのそれに酷似している。フーコーと同様に、デュルケムは規律を、個人に対して働き、中心化された主体として個人を構築し、社会的規範へと個人を臣従化させるような一連の力とみなしている[40]。だがデュルケムにとって、このプロセスは、個人の健康性と社会の安定性にとって必要不可欠なプロセスであるだけではない。それはまた、制裁をともなった道徳の枠組内で発生する**道徳的**プロセス、つまり強制的なだけではなく権威づけされたものへと変化する道徳的プロセスである。このようにデュルケムは、権威づけされた道徳的地位にある規律的な力と、そのような地位にない力を区別し、前者が社会の健康さにとって本質的なものである一方、後者のみがフーコーが暗示する意味で抑圧であると主張する。刑罰の圏域における規律が当該の犯罪者に関する現実的な道徳的関心を伝達することはまれであり、したがって規律は、継続的な効果を持つことに著しく失敗するというのが、まさにその理由である。この分析に関して、刑罰の圏域は、フーコーが言うような規律的技術を採用することが十分ありえるとはいえ、自らが破った道徳的な力ならびに物理的な力の規則によって、犯罪者自身が説得されないかぎり、それが成功する見込みはまずない。しかし、刑罰方策がある程度の社会的支持を得る真正の道徳的負荷を含んでいるという考え方は、フーコーが採用する枠組の外へとわれわれを導いていく。

　刑罰制度と刑罰技術に関するフーコーの分析は、刑罰領域で起動される権力と知の形態という現象について、測り知れないほどの知識を与えてくれる。他のあらゆる理論家以上に、彼は、刑罰権力のミクロ物理学と、刑罰方策がどのように個々人を支配し、どのように規律づけ、規範化し、処罰するプロセスの対象とするかを説明してくれる。しかし、ここまでの議論が示そうとしてきたように、権力が刑罰領域でどのように組織立てられるかについての分析を、刑罰とは権力以外のな

---

[40] Durkheim, *Moral Education*, eps. p. 46を参照。

にものでもないという議論へと移行させることは、誤りである。処罰は、統制のための政治的道具以上のものであり、権力-知とその変形という観点からのみ刑罰史を見ることは、還元主義的な考え方である。処罰が権力の一形態であると述べることは正しいが、これはすぐさま別の問いを提起する。すなわち、「どのような種類の権力か」という問いである。それは権威づけられているのか。大衆の支持を集めているのか。どのような価値を伝えるのか。どのような目標を求めるのか。それは感受性によってどのように形成され、どのような文化と道徳性に根拠を持つのか。だがそのような問いを立てることですら、フーコーの批判理論が自らに画した限界を越えることになってしまうのである。

(訳注1) 歴史を「進歩を促進する者」と「進歩を阻害する者」に分け、前者の勝利として歴史を叙述する歴史観を指す。

第8章

処罰の合理化
ウェーバーの命題と近代刑罰

1．フーコーとウェーバー

　フーコーの著作が提起した命題に関する議論を終える前に、どのようにすればフーコーの関心のいくつかを、われわれにとってなじみ深いウェーバーの分析と主張を再検討しているものとして理解できるかを示したい。そのような議論は、フーコーの独創的な主張の価値を減じさせることではない。むしろある重要なウェーバーの問題を明らかにすること、具体的には合理化、専門化、官僚化などのプロセスが、どのようにして近代刑罰の発展と機能において現れたかを探求することである。これと並んで、近代処罰の発展が、近代刑罰の形態とその一般的な知覚のされ方の両方に対して、どのような影響を及ぼしてきたかを粗描したい。

　フーコーは、ニーチェとウェーバーの伝統の中にいることを自ら意識して記述を行う哲学者であり社会分析家である。すべてのものに力への意志の徴候を執拗に見出そうとする懐疑的なパースペクティヴ、構築の道筋を通して現在の意味を調査する系譜学的手法、分析のためのある種の準拠点として身体を強調すること、処罰を優勢権力にさらされる自己規律的な個人を構築するための方法とみなす示唆的な主張。フーコーはこれらのことをニーチェから受け継いでいる。このようにフーコーの著作の哲学的眼目は、その決定的なまでのニーチェ主義にある。アフォリズム的なスタイル、ときおりの過剰性、そしてバランスや用心深さへの関心の欠如も、同様にニーチェ主義的である。しかし、彼がとりわけ規律に取り組むときに提示する詳細な分析と、ますます合理化される権力と能力を持つ組織形態としての近代という概念は、社会学者マックス・ウェーバーから多くの影響を受けている。これは部分的には、フーコーの注意深い実証主義によって、そしていわゆる事実上の「理想類型」を使用することによって明らかにされているように、方法論の問題である。だがフーコーとウェーバーという二人の著述家のより重要な連続性は、

規律、官僚制、合理性の力への関心、そしてこれらの力が社会と人間関係に対して与える影響への関心を共有していることにある。

フーコーがウェーバーの歴史社会学にこれほど大きく依拠しているのは、驚くことではない。ウェーバーの社会学に関する概念、そしてとりわけ近代に関する彼の説明は、近代社会に関する思想の自明とみなされる要素になっており、近代制度についてのほとんどの説明が、ウェーバーの言語を使用していたとしても、その言語がウェーバーの言語であると認める必要を感じないほどである。さらにウェーバーの著作は、全体的な思想体系ではなく、個別の分析と描写を提示するので、公式や教義的な見方の閉鎖的な循環に限定されることなく、彼の主張を使うことができる。ウェーバーの概念は、マルクス主義的なモデル、さらにはデュルケム的なモデルとは異なり、社会構造や社会的力動の決定要因を説明する体系的な理論へと繋がっていかない。ウェーバーは、フーコーとかなり似ているが、社会全体の本質的・確定的な概念を何も前提せずに、社会関係や社会制度を分析することを強く主張するのである。

現在の処罰の社会学には、特殊な仕方で刑罰の特徴を記述し、「ウェーバーの観点」からの解釈的パースペクティヴを提示する、はっきりとしたウェーバー流の理論は存在しない。だが文献を細かく研究してみると、ウェーバー的な主張と分析が繰り返し重要な部分を占めていることが、明らかになる。これは、官僚化が刑事司法の圏域にもたらした特異な力動や目標の配置を議論しつつ、組織的な観点から裁判所、警察、監獄を扱う多くの文献で、最も明らかである。しかし、ウェーバー的な概念は、他の仕方でも使用されている。印象深い例を挙げれば、デイヴィッド・ロスマンが『アサイラムの発見（*The Discovery of the Asylum*）』と『良心と便宜（*Conscience and Convenience*）』で描写したアメリカの監獄改革は、短期的で示唆に富む改革の循環の基本型を対象としている。この基本型は、まず奉仕的で熱意のある個人によって行われる。そしてその後には、硬直化、固定化、そして組織の独創的な理想からありきたりな目的へという転換が続く[1]。ロスマンは、このプロセスを新たな用語で名づけ、「良心」と「便宜」の弁証法と呼ぶ。だが実際のところ彼の議論は、カリスマの日常化の後に起こるカリスマの変化についてのウェーバーの図式を、ほとんど文字通り繰り返しているだけである[2]。ロスマ

---

[1] Rothman, *The Discovery of the Asylum*; id., *Conscience and Convenience*.

ンの叙述が分析的で説明的な内容を持っているとすれば、それはほとんど完全にウェーバー流のものである。

　同様に、われわれは規律に関するフーコーの説明が、根本的にウェーバーの『経済と社会』の「規律の意味」の章で提示された洞察を洗練したものだと主張できるかもしれない。ここでウェーバーは、まず軍隊、そして工場が人びとをどのようにして「外部世界、道具、機械の要求、短く言えば、個別の『機能』に完璧に適合するように」訓練するかを描写する。この規律プロセスでは、「個人という有機体の構造によって決定された自然なリズムは、その個人から奪われる。彼の心理身体的装置は、別個に機能する筋肉の方法論的特殊化を通して新たなリズムへと調節され、力の最適経済が、労働の条件と一致するように組み立てられる」[3]。フーコーは、規律とその作動論理の最も詳細な分析を提示してくれているかもしれないが、とはいえ彼は、規律の原理やその社会的重要性を指摘した最初の人ではなかったのである[4]。

　規律の発展は、近代処罰に関するフーコーの説明と、近代社会に関するウェーバーの説明の中で、鍵となるテーマである。だがこの二人の研究者にとって、規律的な実務は、社会慣行が功利主義的な仕方で「合理化」され、「道具化」されるにいたる、より広い発展プロセスの一つの要素にすぎない。ウェーバーによれば、合理化された社会慣行とは、算出され計算可能な社会活動の規則によって統治される慣行である。これはその狙いと条件に関する自己反省的な知識に基づき、道具的に最も適切な方法で、これらの目標を達成するように方向づけられている。歴史的に言えば、そして概念的に言えば、これらの慣行は、情動的で慣習的で伝統的な形態の社会活動に対置される。というのも、これらの非合理的あるいは準合理的な形態は、感情、しきたり、あるいは他の非合理な要因によって支配されているからである。伝統的・感情的な慣行から合理化された活動形態へと移行することは、ウェーバーにとっては（そしてフーコーにとっては）近代化への発展の特徴である。そこで社会慣行は、より多くの情報を与えられ、より効率的になり、

---

[2]　M. Weber, *Economy and Society,* eds. G. Roth; C. Wittich (Berkeley, 1978), ii. 1111-57の「カリスマの日常化」の章を参照。
[3]　H. H. Gerth and C. Wright Milles (eds.), *From Max Weber* (London, 1948), pp. 261-2.
[4]　アーヴィング・ゴフマンも論文「全制的施設の特徴に関して」で、規律的な統治体制の作動原則に関してフーコーが行った分析上の論点の多くを先取りしている。Goffman, *Asylums,* esp. pp. 13-22〔邦訳 pp. 15-36〕を参照。

そして特殊な目標に対してより意識的に適合するようになる[5]。この発展の経過の中で、活動を導く決定要因としては（社会科学を含めた）「科学」は信念に、計算は関与に、そして技術的知識は伝統と心情にとってかわり、その結果、社会慣行と社会制度は道具的に効率的になる。だが同時に、それらは人間という行為者にとっては、いっそう感情面での説得力を失い、意味のあるものではなくなる。ウェーバーにとって、そして大部分はフーコーにとっても、このますます合理化される社会が人間に対して引き起こす帰結は、「脱魔術化」だけではなく、神秘的な信仰・価値への執着の喪失でもある。また、その帰結は、個人にとって心理的に重荷となる抑制や抑圧という負担の重い方策をも含んでいる。ウェーバーは近代合理主義という鋼鉄の〈檻〉をイメージし、フーコーは規律社会という見方をとったが、そのそれぞれは、近代とその不満の皮肉な意味を捉え、伝えようと試みている。

　処罰に関して（部分的にはウェーバー的な）フーコーのきわめて興味深い点は、この広範囲にわたる合理化プロセスが、どのようにして道徳をともなった感情的な一連の儀礼的実務から、ますます情念を失い合理化される道具的プロセスへと、制度を変形させたかを示しているという点にある。以下では、これらの変化がどのような帰結を生んだか、そしてどのようにしてこのより広範囲にわたる命題に適合するかを正確かつ細かく説明しようとしながら、この処罰の「合理化」を探求したい。処罰が、少なくともある程度は、社会慣行の合理化された形態になったという命題のための傍証を活用しつつ、その後、この発展をより広い文脈に位置づけようと試みる。デュルケムの議論を想起すれば、このウェーバー的-フーコー的な合理化というテーマは、刑罰そしてさらには近代刑罰が根本的には、非合理的な動機と儀礼に根拠を持つ情念的な反応であるというデュルケム的な主張とは、真逆の方向へ進んでいることがわかるだろう。だが私は、どちらかをすぐに否定してしまうのではなく、近代刑罰プロセスの専門化された労働分業内である程度機能上分離されているとはいえ、実際には、両方の命題が近代処罰の特徴であると主張するだろう。私の主張は、現代の刑事司法では二つの対称的な見方が作動している、つまり情念的で道徳的な色調を帯びた、罰したいという欲求と、運用を重視し、

---

[5]　この点で近代処罰が合理化されているということは、デュルケムですら認めている。「こんにちでは、達成すべき目的をわれわれもよく知っているので、とるべき手段をより有効に使うことができる。……ただひとつの違いは、現代の刑罰が、みずからしていることをおおいに意識して、その効果をあげているところにある」（*The Division of Labor*, pp. 87-8〔邦訳 pp. 87-88〕）。

合理的で、規範化を目指すという関心が作動している、というものである。これらの見方は、多くの重要な側面で衝突するが、両者は処罰という社会プロセスの中に深く埋めこまれている。現代の刑罰実務の鍵となる決定要因の一つを発見できる場所は、それら二つの関心のあいだにある対立と緊張関係の中においてなのである。

2．処罰の合理化

　刑罰プロセスの合理化と官僚化が、19世紀、20世紀の刑罰に起こった発展のうちで最も重要なものだということは間違いない[6]。過去200年のあいだの刑罰の仕組は、局地化されており、その場かぎりで、たいていは間に合わせのものだった[7]。このように刑罰の仕組は、専門化された行政的インフラ、つまり税金による多量な費用負担、大勢の専門的な職員、制度と行為者を包み込むネットワーク、そして多くの技術的知識と社会科学的言説を自在に扱う行政的インフラに道を譲る。刑罰という社会組織におけるこれらの根本的な発展は、近代処罰に対して、法や刑罰制裁のどんな変化よりもはるかに深い示唆を与えている。これは、制裁の行われ方にとってだけではなく、それに付随する社会的意味と制裁が公衆と犯罪者の双方にとってどのように経験されるかということにも、深い示唆を与えている。

　『監獄の誕生』は、刑罰領域における行政的発展に注意を引きつけた唯一の研究というわけではまったくない。この領域における制度的変化の流れを追った多くの歴史文献が存在する。そして運用上の合理化というテーマは、しばしば刑罰における「進歩」の指標とされ、刑罰に関する多くの叙述的歴史をまとめあげる根底的な原理の一つである[8]。フーコーの説明での関心の焦点は、監獄と、どのようにして監獄が行為を管理する新たな合理性と新たな技法を生み出したかにある。だが以下では、このウェーバー的な命題を、より広い観点の中で追求してみたい。つまり「合理化プロセス」の範囲と、それが今日の処罰についての考え方と今日の処罰の利用の仕方に対して与えた影響を特定してみたい。そのようにすることで、

---

[6] シュピーレンブルクは、このプロセスが17世紀にはすでに始まっており、事務員と書記官が執行に出席して、その手続きの記録をとっていたことを示している。Spierenburg, *The Spectacle of Suffering*, p. 80.

[7] 例としてJ. Sharpe, *Crime in Early Modern England*, p. 178を参照。

きわめて複雑な歴史プロセスを単純化し、わずかな基底的な発展の流れへと還元してしまっていることは理解している。しかし、処罰の移り変わりにもかかわらず、刑罰変化の歴史の記録は、この特殊な点に関して言えば、広範囲にわたる発展傾向を生み出しており、ここでの私の目的は、これらの発展が引き起した社会学や刑罰学の対象となるような派生物を指し示すことだけである。

18世紀以降、処罰のプロセスは、中央政府機関にますます独占され運用されるにいたった。すべての場所で起こった集権化へのこの傾向は、地方機関ではまかなえないほどの運用上の能力と資金を必要とする流刑や収監といった刑罰方策の勃興によって引き起こされたが、それはまた、近代に起こったはるかに広域にわたる国家の拡大と強化のプロセスの一部でもあった[9]。イギリスでは19世紀を通して、そしてアメリカではそれ以上に長い期間、この問題に関して中央機関と地方機関が対立しており、査察、規制、補助金といった多様な道具が、従来刑罰プロセスの統制権を有していた地方の裁判区からその権力を奪うために用いられた。結局、集権的な運用構造が設立されることになったが、その構造はその後、多数の重要な側面で刑罰プロセスを合理化した。刑罰方策に使用される資金は、看守や刑罰請負人への支払金、寄付金、教会などの個別の財源からはあまり捻出されなくなり、税収と政府の援助を基礎とする公金負担になった。命令を下す一連の階層秩序がつくられ、監獄制度や仮釈放に携わる機関に勤務する地方職員を全国の構造と結びつけ、以前にはありえなかったほどに集権化された政策決定と執行を可能にした。画一的な方策が、以前は分離していた制度に導入され、別々の制度がより密接に協力するようになった。広い範囲を対象とする規制が効果的になり、

---

[8] イギリスの刑罰史に関してはS. Webb and B. Webb, *English Prisons Under Local Government* (London, 1922); S. McConville, *A History of English Prison Administration,* i (London, 1981); Radzinowicz, *English Criminal Law and Its Administration*を参照。アメリカにおける制度的変化に関してはB. McKelvey, *American Prisons: A History of Good Intentions* (Montclair, NJ, 1977); O. F. Lewis, *The Development of American Prisons and Prison Customs, 1776-1845* (Albany, 1922); H. E. Barnes, *the Evolution of Penology in Pennsylvania* (Montclair, NJ, 1968); W. D. Lewis, *From Newgate to Dannemora: The Rise of the Penitentiary in New York, 1796-1848* (Ithaca, NY, 1965)を参照。カリフォルニアの仮釈放制度が、刑罰に関する意思決定の合理化、具体的には自由裁量的な釈放の決定が、更生という理念からというよりも、決定者が統治者から官僚へと移行したことから生まれたことについての説明としてS. L. Messinger *et al.*, 'The Foundations of Parole in California', *Law and Society Review,* 19 (1985), 69-106を参照。

[9] 刑罰発展の中心的な力動として国家形成のプロセスを強調する分析史にはSpierenburg, *The Spectacle of Suffering*; id., *The Emergence of Carceral Institutions*; and id., 'From Amsterdam to Auburn: An Explanation for the Rise of the Prison in Seventeenth Century Holland and Nineteenth Century America', *The Journal of Social History,* 4 (1987)を参照。

個別の制度と機関の自律性はかなり減少した。同時に、刑罰に関わるインフラの規模が相当に増大した。これは一部では身体刑と死刑の廃止によるものであり（これは運用装置にとってほとんど妨げにはならなかった）、また一部では人口の増加と犯罪率の上昇によるものだった[10]。

　この拡大された運用ネットワークには、訓練された有給の役人がますます配置されるようになり、そのため刑罰システムは、監獄運営機関の行政官、刑務所長、医師、ソーシャルワーカー、保護観察官、そしてその後には、犯罪学者、精神科医、心理学者などの多数の専門家集団の場となった。そのそれぞれには自らの管轄、職業構造、利害、イデオロギーがあった[11]。当然のことながら、刑罰プロセス内に多様な専門家集団が出現したことは、一連の社会学的な影響をもたらした。洗練された労働分業が拡大し、専門化された機関や機能が刑罰学上の作用という、しばしばプロセスにおいて他の仕事と対立関係にいたる多様な課題を分割するようになった。一般的に言って、われわれが司法的「処罰」と呼ぶものは、このように多くの機関を含む複雑で、分化されたプロセスとなったのである。そのそれぞれは、一連の特徴的な関心と目標を提示していたが、社会の人びとはそれとはしばしば異なる関心と目標を支持していた。このますます分裂する刑罰システムの各側面は、官僚制的な構造や手続きによって特徴づけられるようになり、その時期には（保護観察、ソーシャルワーク、アフターケアなどの）自発的・慈善的な動機をもとに始まった非制度的なプロセスすらもが、制度システムが拘禁という課題を達成するために用いていたものとほとんど同様の組織構造によって、日常業務化され運用されるようになった。このように、この「人民によって行われる処理」システムの最も人格化され個人化されていた側面すらもが、（それが実際に何を意味するかはともかく）今では官僚制的な機関によって管理されるようになったのである[12]。

---

[10] 警察活動の並行的な発展、集権化、専門化の説明として、V. A. C. Gatrell, 'Crime, Authority and the Policeman-State, 1750-1950', in F. M. Thompson (ed.), *The Cambridge Social History of Britain, 1750-1950,* 3 vols. (Cambridge, 1993)を参照。S. Spitzer, 'The Rationalization of Crime Control in Capitalist Society' in Cohen and Scull (eds.), *Social Control and the State*も参照。

[11] 刑罰に携わるこれらの専門家、その特徴的な関心、使用する言語に関する分析にはCohen, *Visions of Social Control,* ch. 5を参照。

[12] アメリカやそのほかの場所における受刑者の権利運動の意図せざる結果の一つは、刑務所システム内での官僚化のプロセスを加速化させたということである。ジェイムス・ジェイコブが指摘するように、受刑者の権利に関わる争議は、新たな世代の訓練された行政官、つまり合理的で規則によって管理される制度内の手続きや、その手続きの実施を示す記録を求める裁判所の要求に対応することができる行政官を誕生させた。J. Jacobs, *New Perspectives on Prisons and Imprisonment,* ch. 2を参照。

これらの新たな職能集団のほとんどは、職業上でそれぞれ異なる目的を発展させてきた。少年院の管理者、刑務所の医官や精神科医、保護観察官、矯正の幹部、仮釈放審査委員、少年司法の専門家。これらすべてが特殊化された専門知識を有していると主張し、それに沿うように刑罰政策に影響を与えようとしてきた。これらの集団は、それぞれが誇る知識、臨床的技能、技術的能力の形態という点で異なり、刑罰政策と政治の問題に関して相当に異なっている。しかし、これらすべての集団は、職業的に処罰を科す行為者として、特殊なサービスを提供し有益な社会上の課題を行う、望ましく功利的な集団であると自称することが多い。特徴的なことに、彼らは自らが処罰のための単なる道具以上のものだと主張することで、死刑執行人や看守が抱く良心のとがめと文化上の悪評を回避している[13]。これらの集団は、懲罰的な反応を体現するもの（この地位は一般の看守ですら避けようとする）であるかわりに、改善の技術家、ソーシャルワークの専門家、施設の管理官として、自らを望ましい形で示す傾向にある[14]。このように、これらの職業的な官僚制が出現する時期は、公式の刑罰言説において懲罰的な心情がますます周縁化され、より功利主義的な目標や期待にとってかわられる時期でもある。これは単なる偶然の一致ではない。もし今日われわれが、処罰に「結果」を期待しているとすれば、それは大部分、これらの集団や彼らの自己描写に起因するものである。

　集権化、官僚化、専門化という相互に収斂するプロセスの最も明白な結果は、近代刑罰システムが、きわめて多量の犯罪者に十分効果的に対応できるようになったことである。近代処罰が、訓練された職員によって多かれ少なかれ画一的に、そして（少なくとも、19世紀以前の時期と比較すれば）清潔で、規制されており、組織立てられた条件で行使されているとすれば、それは合理化された運用形態のおかげである。それがなければ、この領域は絶望的なまでに混迷をきわめていただろう。ウェーバーが述べるように、「正確さ、速度、明瞭性、資料に関する知識、連続性、統一性、厳格な従属関係、摩擦の減少、物質的・人員的コストの削減」は、官僚制組織の利点である。そしてこの点に関して言えば、刑罰における「進歩」の従来の歴史は、その体制翼賛的な説明の中に重要な真理の一端を含んでいる[15]。だがこれらの運用上の発展は、刑罰制裁を行うための効率性を単純に高めただけ

---

[13] 死刑執行人の文化的地位に関してはSpierenburg, *The Spectacle of Suffering*, ch. 2を参照。
[14] Cohen, *Visions of Social Control*; Christie, *Limits to Pain*を参照。
[15] Gerth and Mills (eds.), *From Max Weber*, p. 214.

ではない。それらはまた、これらの制裁が持つ文化上の意味を変化させ、処罰が一般的にどのように認識されるのかを変えるために多くのことも行ってきた。

　非情念的で、日常業務化され、実務的な方法で作動することは、官僚化された組織の特徴である。それが社会生活のどの領域で作用するにせよ(健康管理、ソーシャルワーク、処罰においてであれ)、官僚制は熟慮の上の中立性と客観性をもって、彼らの課題を遂行しようとし、怒りも情熱もなく行動しようと努める。ウェーバーが述べるように、そのような組織は熟慮の上で「非人間化」され、彼らはこの理想に到達しようとするかぎりにおいて、「公的職務から愛、憎しみと、そしてすべての……非合理的・感情的な要素を消去することに」成功するのである[16]。刑罰担当行政官が、対処しなければならない犯罪者をどのようにみなすかを考えれば、これはきわめて明確に理解できる。刑務官は、彼らが専門的であろうとするかぎり、道徳的判断を避け、受刑者を純粋に中立的な観点から処遇する。使用される評価のための用語が、道徳的価値ではなく運用上の基準についてのものであることは、その典型例である。そのため、受刑者は、彼らの犯罪に関して邪悪だったり不道徳だったりする人として処遇されるのではなく、制度内での行動の観点から見て、良い被収容者や悪い被収容者として処遇される(したがって、よく引用される常套句は、犯罪者は処罰の**ために**刑務所に来るのではなく、処罰**として**刑務所に来る、である)[17]。保護観察官、犯罪精神科医、罰金徴収官は、同様の職業的な仕方で彼らの「クライアント」を眺め、道徳的判断ではなく診断的・リスク管理的な考慮を行う[18]。実際のところ、刑罰の専門家は、社会から引き出された懲罰という目標ではなく、制度的に定義された管理上の目標へと向かう。これらの行為者は、道徳からの激怒、懲罰を求める情念、復讐を求める心情を伝えようとするかわりに、刑罰プロセスの情動を中和化し、道徳的な不名誉という雰囲気を裁判所や公衆に押しつけ、職業的な仕方で仕事を行うことが多い。

　刑罰制裁が、傷つけられた当事者や公衆によってではなく、有給の役人によって運用されるところでは、ある程度つねにこのような状況だった。中世の執行人ですら、商売の基準、その技術的要求、法の正確な指示にしたがって職務を行おう

---

[16] Ibid. 216.
[17] DiIulio, *Governing Prisons*, pp. 167 ff.; Sykes, *The Society of Captives*, p. 31〔邦訳 p. 57〕.
[18] 借金管理の論理が金銭的制裁の執行の中でどのように応報の論理にとってかわったかについてはR. F. Sparks, 'The Enforcement of Fines: The Process from Sentence to Committal', *The British Journal of Criminology*, 13 (1973), 92-107 を参照。

としていた。執行人は、大衆の気持ちの単なる道具では決してなかったのである。だが「専門家主義」と「客観性」は、程度の問題である。そしてこれらの特色は、処罰の組織が官僚的なものに接近するにつれて、ますます顕著になる傾向にある。したがって、20世紀アメリカの刑務所に関するジェイコブの研究は、その運用構造が、どのようにして人格主義的でカリスマ的な統治形態から合理的-官僚制的なものへと徐々に進化したのか、そしてこのプロセスが、どのようにして刑務官の職務の新たな概念をもたらしたのかを描写している。「ブリートン(Brierton)［ステートヴィル州立刑務所に専門的な管理技法を導入した刑務所長］は、刑務所に新たな運用上の権利をもたらした。彼は効率的で、感情を分離させた処遇を強調する。彼は被収容者の扱いに付随する情動を除外しようと試みてきた」[19]と。この官僚的な枠組の中では、道徳的な応報や規則の神聖性といった考慮は、制度の円滑な運営の背後に隠れることになる。ジェイコブが教えてくれるように、この新たな刑務所長は、「規則の侵害のかどで受刑者を罰する必要を強調しない。一方で、制度の安全への脅威とみなされうる人びとを抑制する必要性に焦点を当てる。彼は受刑者が『受けるに値する』ある生活基準を信奉しているわけではない。それは裁判所と立法府の問題である」[20]。

　社会の反応的感情と犯罪者の実際の刑罰のあいだで官僚的プロセスがこのように相互に浸透し合うことは、刑事司法によって達成される洗練と文明性のしるしとしばしばみなされる。法の役割は、その処罰が規則に支配され、日常業務的で、冷静な仕方で執行されることを要請する。これは転じて、大きな社会的な距離と専門家的な客観性を必要とする。このように官僚化は、整然とし不偏不党な正義の構成要素とされる。これは疑いなくある程度までは正しい。だがここで指摘したいことは、懲罰プロセスの専門家が、20世紀においては、処罰の社会的意味を再定義できるまでになっているということである。刑罰方策が専門化されればされるほど、刑罰方策はまた直接的な公衆の参加と参入を許さなくなり、公衆が持つ道徳の要素を軽視するような形態をとるようになる。刑罰の執行が公開されなくなると、あるいは公衆の心情をくみ取るような仕方で執行されなくなると、激怒や直接的な感情の表出はますます遮断されるようになり、法廷に来た公衆からなるギャラリーと新聞の投書欄に限定されるようになったのである。

19　Jacobs, *Stateville*, p. 104.
20　Ibid.

19世紀中盤以降、処罰が議論され表現される公的なあり方には、感情的・道徳的な負荷がかけられないように刑罰を定義しようと尽力した専門的な刑罰担当行政官や犯罪学者の「合理的」で「科学的」な概念が、多く反映されるようになった。矯正院、懲治監、保護観察の運用は、科学的な課題、つまり知識、技能、専門的知識を要求し感情的・心情的な考慮によって左右される心を捨てるよう要求する科学的課題と定義されたのである。これらの「管理的な」関心は、刑罰学的言説を徐々に支配するようになり、その言説を道徳哲学ではなく「刑務所科学」へと変化させた。かつては処罰するという主要な課題に従属する副次的な問題とみなされていた改善に向けての方策や、制度的統治形態に関する問題は、懲罰を求める考慮と同盟を結ぶのではなく、それにしばしば対抗する進歩的な問題となるにいたった。19世紀の終わりまでには、科学的な犯罪学と刑罰学がヨーロッパと北アメリカで出現していた。それらは、刑罰に関わる言説のある種の「合理化」へと結実した。レーモン・サレイユ（Raymond Saleilles）が述べたように、この新たな犯罪学は、犯罪の統制に最も適合する技術的な方策を何であれ採用する新たな目的合理性を、伝統的な刑罰に関して道徳が持つ価値合理性に置き換えようとした[21]。実際のところ犯罪学は、「理性」を適用することによって社会の病弊を治癒しようとする啓蒙の野心の現われだった。そしてその出現は、19世紀の刑罰システムの運用という論理を、強化すると同時に発展させもしたのである。

　処罰についてのこのような新たな考え方によって、処罰の問題は、社会工学と適合性についての問いという技術的な観点から述べ直された。そしてもちろんその問題を解決するにあたっては、専門家の役割が中心を占めるとされた[22]。この新たな「科学的」アプローチは、刑務所を運営する行政官、刑務所長、医官、仮釈放審査委員によって熱狂的に採用され、新たな犯罪学の技術家と自らをみなすようになったことは、驚くことではない（このアプローチは、犯罪が受けてしかるべき社会的弾劾をこの語彙が伝え損ねていると感じた多くの治安判事・政治家・裁判官・警察官・公衆の成員などの人びとによって、激しく拒絶されもした）。19世紀の終わり以降には、道徳的譴責と処罰ではなく、治療とリスク管理による科学的な刑罰学を基盤とするこの「進歩的」な見方が、著しく多数の刑罰の専門家が持

---

[21] R. Saleilles, *The Individualization of Punishment* (London, 1913), pp. 8-9.
[22] Garland, *Punishment and Welfare* の全体を参照。
[23] これらの傾向、特に「分類への情熱」に関してはCohen, *Visions of Social Control*を参照。

つ任務イデオロギーとなった。このイデオロギーが刑事立法と刑罰政策に影響を与え、そして相当程度の影響を与えたという点では、これらの制度集団は、処罰の文化を変容させることに成功した。それらのイデオロギーは、価値中立的な科学の合理性、技術的で「非判断的」な語彙、「分類への情熱」と感情的な力の恐怖を、以前は率直な道徳とあからさまに表出される心情が支配していた圏域に導入した[23]。もちろん多くの人がしたように、次のように論じることもできるだろう。この新たな技術的言説は、その情動と道徳的関与を社会科学の血の通わない言語の背後に隠しつつ、それを単純に抑圧しただけだ、と。「更生」、「処遇」、「矯正主義」はすべて（配慮、思いやり、許し、慈悲などの）特徴的な価値観と感情的態度を含んでいる。しかし、これらの政策が好んだ表現は、道徳的価値について語るものではなく、技術的価値について語るものである。そのため、矯正主義的な政策は、道徳的な正しさではなく、便宜や効率性から議論される傾向にあった。このように処罰は、ますますこれらの合理的で非情念的な用語によって考えられ、語られ、実践されるようになった。そこでは、科学的な理解が道徳的な評価にとってかわった。フーコーがこの点について述べるように、刑罰は「知によってこうして再規定され」るよう運命づけられていたのである[24]。

　あからさまな道徳的主張（そして道徳的教育）をこのように避けることが引き起こした皮肉な帰結は、更生を求めるエートスを支えていた価値と態度が、矯正主義の技術的失敗によって掘り崩されたことである。更生に「効果がない」、あるいは少なくとも伝統的な処罰以上に効果があるわけではないということが1970年代、1980年代に共通認識になったとき、結局のところ、同情と福祉主義の価値が人びとの態度や刑罰政策にしっかりと根づいていなかったことが、処罰回帰運動の中で明らかになった。また、スタンリー・コーエン（Stanley Cohen）が示したように、更生を求めるエートスの失墜が、「調査し分類し規範化する実務の包括的なネットワーク」、すなわちそもそも「犯罪者を助ける」という名目の下で導入されたものの、今では刑罰統制の権力-知ネットワークの本質的な部分となってしまったネットワークを「弱めるためには何の役にも立たなかった」ことも重要である[25]。

　刑罰プロセスの専門化と官僚化は、刑罰イデオロギーの「科学化」とともに、少なくとも部分的には、近代社会における「処罰」の場所と位置を定め直した。上で

---

[24] Foucault, *Discipline and Punish*, p. 72.〔邦訳 p. 27〕
[25] Cohen, *Visions of Social Control*.

見たように、処罰のための近代制度は、以前の時期の処罰と比べて、公衆がはるかに近づきにくく、はるかに内密であり、社会的に不可視である。処罰に含まれる社会的課題は、社会生活の周縁にいる専門の行為者に委任されており、彼らが持つ影響力によってある程度まで隠されたものとなっている。処罰は「準日常的な知覚の領域をはなれて抽象的意識の領域のなかへ入」るのである[26]。かつては犯罪者とコミュニティのあいだの開かれ儀礼化された対話だったものが、今でははるかに間接的なコミュニケーションとなっている。このコミュニケーションは、公衆の声にほとんど表現の余地を与えない制度の中で行われる[27]。刑罰実務は、その完全な意味では社会的と呼べるものではなくなり、ますます技術的・職業的なものになった。公衆の役割、あるいはまた公衆を代表すると主張する人びとの役割が減少するにつれ、専門家の役割がそれに反比例するように増加し、同様の動きの中で、技術的知識と診断が、道徳的評価と非難的な判断にとってかわった（あるいはそれを装うようになった）。専門的な刑罰言説の中で今や盛んになった分類化と類型化は、道徳的価値やコミュニティの判断の単なる表出ではなく、道徳的に中立であり犯罪者を適切な統治形態に適応させるための合理的な手段として表現されるようになっている[28]。

概してこれらの発展によって、処罰という行為の中で大衆心情や政治的関心が直接的に表出される機会は減り、大半の市民がこのプロセスの中で持つ直接的な知識と経験も減少した。行政官や裁判官が、コミュニティの気持ちをいくぶん表出し、それに刑罰行動を合わせるという主張を行ったとしても、刑罰運用が同じ仕方で説明できるわけではない。刑罰運用の第一の関心は、大衆の心情を表出することではない。刑罰システムを作動させ、最も合理的で効果的だとそれが考える仕方で大衆心情という源泉を制約することである。その結果として、矯正の管

---

[26] Foucault, *Discipline and Punish,* p. 9.〔邦訳 p. 14〕
[27] この儀礼化された対話を鮮やかに示す近世の処罰の描写にはZeman, 'Order, Crime and Punishment: The American Criminological Tradition'; Beattie, *Crime and the Court*; Sharpe, *Crime in Early Modern England*を参照。
[28] これらの発展に対する批判とクリスティーが「苦痛の配布」と呼ぶものの再道徳化（と最小化）についての議論にはChristie, *Limits to Pain*と彼の以前の論文'Conflicts as Property', *The British Journal of Criminology,* 17 (1977), 1-15を参照。ルーク・ハルスマンも逸脱を扱う公式化された法的方策に対する有力な批判者である。L. Hulsman, 'Critical Criminology and the Concept of Crime', *Contemporary Crises,* 10 (1986), 63-80; L. Hulsman and J. Bernat de Celis, *Peins perdues: le système pénal en question* (Paris, 1982)を参照。コーエンの『社会統制の光景（*Visions of Social Control*）』は、刑事司法の制度化されたあり方に対する反応として1960年代以降発展してきた対立的な「解体」運動について論じている。

理者と行政官はしばしば、政治的介入の影響を最小化し、大衆心情が持つ「非合理的な」力に抵抗しようとする。というのもこれらは、統制できない影響をシステムにもたらすことだからである。この影響は運用上の目標を妨害するかもしれない。世論は移ろいやすく画一的でないため、望ましい特徴、つまりシステムに対する「ノイズ」や妨害を減少させてくれる手段とみなされることがある。だがそれには逆の側面もある。それは同じ判断基準によって、有害なものとみなされうるのである。公衆が刑罰プロセスから引き離されており、その詳細な作用・対象者・効果に対して知識を持たず、それらを気に留めないせいで、公衆は処罰についての誤った情報に対して脆弱になってしまうかもしれない。扇情的な見出し語、感情的な政治的訴え、とりわけ凶悪な事件が、包括的な知識と道徳への関与という拮抗する力を欠いた大衆感情の爆発を導いてしまうかもしれない。そのような状況でも、公衆は政治的圧力という手段によって、刑罰制度に対して働きかけることができるが、そのことによって悪影響がもたらされることもある。このように、刑罰の現実について公衆を体系的に教育することは、刑罰が専門化し公共圏から離脱したせいで、失敗に終わることになるかもしれない。その後に残るものは、「懲罰的な」公衆と、道理をわきまえない公衆の要求に文句を言う「リベラル」で「文明化された」専門家である。

　1980年代、矯正の幹部は、洗練された模範となる手続きをますますとるようになる。その手続きとは、刑罰プロセスを、(限られた資源の中で) 最も合理的なやり方で管理されなければならないインプットとアウトプットのシステムとして描写するものである。システムの能力についての結論、そして判決の程度や特殊な立法改革のための資源が限られているという結論は、優れたシステム管理に適合するように裁判的・政治的活動を「合理化」するよう司法権と国家の立法府を導いたが、その合理化は、1980年代には多くの刑罰システムの財源問題によって大きく促進された。その時期、きわめて高い収容率とこれらにともなう費用が、そのような合理化を一層不可避のものとさせていた。このように、判決業務の委託 (これは資源の使用を合理化すると同時に、判決を導くべき司法の原則を再定義するために行われた) と立法綱領に訴える傾向が近年になって増加したことは、この傾向の一つの重要な事例である。

　刑罰を司る官僚機構とその職員は、法の決定と公衆の心情の単なる執行者というだけではなく、それらに抵抗する力を持った制度構造でもある。その制度構造

には、決定に影響を与え、処罰の現実的な特徴を定義する力がある。もちろん裁判所の命令に従い、法令の指示に従うという法的義務が、重要な仕方でこれらの権力の限界を定め、逃れることのできない課題と指示をこの運用ネットワークに与えている。しかし、組織が独自の利害と権力を発展させ、刑罰を司るまた強力な官僚機構が出現したことは、組織自らのイメージに沿うよう近代処罰を作り直すため多くの寄与をなした。このように、フーコーの著作がきわめて明瞭に示したように（そして自著『処罰と福祉』が確証する手助けをしたように）この新興の執行権力は、19世紀初期以降、司法権から独立する方策を探ってきた[29]。拘禁の形態と場所、仮釈放の条件、釈放の日時、アフターケアの利用可能性などの刑罰プロセスにおける鍵となる決定は、ますます刑罰に携わる行政官に独占されるようになり、法や司法の論理ではなく、運用上の論理に従うようになってきた。刑罰統治体制を規定し、特定の犯罪者を特定の場所に割り当てるこれらの執行権力は、刑罰政策と公的な刑罰言説に対する運用の影響が増大するとともに、「処罰」がますます上で描写したような多様な仕方で合理化されることを確実にしたのである。刑罰制度と官僚制の近代的なネットワークの中で、「処罰」は、日常業務化された実務的な仕方で遂行される活動という合理的な形態に近づき、道徳的に中立的な操作に関する用語で表現されるようになる。もちろんこれらの「客観的」な実務や言説の下には多様な価値観が存在し、その上には一連の感情的な力や道徳的な判断が存在する。復讐心、激怒、憎悪、ならびに哀れみ、正義、許しは、これらの合理化された方策の中でも特徴であり続けている。だがそれらが存在し続けるのは、表出されず昇華された仕方においてであり、制度による規律や個人を管理しようという功利主義的な関心によって覆われている。そのため、どれほど明らかに懲罰的な活動でも、より「望ましく」、道具的な用語によってしばしば表現されることになる。

　フーコーの『監獄の誕生』は、ほとんどこの合理化プロセスの説明である。それは、近代において懲罰的心情が、恥ずかしく、望ましくなく、非合理的なものとみなされるようになったこと、そしてますます処罰が矯正と規範化の形態として望ましい運用上の用語によって再定義されるようになったことを強調する。フーコーにとって、規律の増加、人間科学の影響、運用ネットワークの包括的な権力が結合

---

[29] Foucault, *Discipline and Punish*, p. 10〔邦訳 p. 15〕を参照。「刑罰の執行は、自律的な部門になる傾向がある。司法のほうは刑罰の官僚政治的な隠ぺいのおかげでの不快感をまぬかれる。」

してもたらした帰結は、新たな仕方で刑罰実務が再構成されたことだった。この新たな形態の刑罰に関する彼自身の描写は、権力と知の本質的な形態、そして犯罪者の身体との関係を中心としている。だが上で見たように、刑罰の圏域における合理化へ向かう傾向として、より広いウェーバー的な観点からこれを理解することもできる。ここまでの記述で明らかにしたように、フーコーの描写は20世紀の刑罰の決定的に重要な特徴を捉えており、刑罰の「近代性」を構成する基本的な特色を指し示している。処罰のある側面においては、近代社会の他の場所と同様に、技術的関係が道徳的関係を押しのけ、治療が非難にとってかわり、社会科学が以前は圧倒的に道徳的で宗教的だった場所を占めるようになったのである。

3．合理化の限界

　ここまで刑罰システムの一部の領域における合理化の重要性を強調し、その特徴的な影響を示唆しようとしてきたが、ここで、刑罰における合理化プロセスの限界と、それに対して不合理的で非合理的な力が持つ抵抗力を指摘する必要がある。「治療的なものの勝利」は、とくに刑罰の圏域において、単に部分的なものにすぎない[30]。刑罰形態の合理化は（それがきわめて重要で、多様な帰結をもたらしたとはいえ）、刑罰の圏域を完全に独占したことは一度もなかった。本章のこの最後の節で示すように、そして前章の「権力と価値」の節での議論ですでにほのめかしたように、官僚制形態の合理化は、（非合理的な）価値や道徳性の座を廃止してしまうわけではなく、価値や道徳性の作用を隠し、それらの及ぶ範囲を制限するだけである。合理的で道具的な行為は、自らにとっては手段となるある種の目標をつねに前提としている。その目標とはつまり、ある種の価値志向性と一連の執着のことである。価値観およびその背後に存在する不合理な選択と感情的な態度は、官僚制的制度によって沈黙させられ、乗り越えられるかもしれない。だが、それらは消え去るわけではない。さらに、刑罰制度における道具性を強調することは、システムの他の側面が持つ、より表出的で感情的な要素を持った道徳の傾向とつねに関わり合ってきた。したがって、真のウェーバー的分析は、処罰における「合理化」のみに集中するものではなく、刑罰の圏域における合理的な活動形態・合理

---

[30]　P. Rieff, *The Triumph of the Therapeutic: Uses of Faith after Freud* (Chicago, 1966).

的でない活動形態・不合理的な活動形態のあいだの相互関係を追うものである。刑罰における合理化には、(一般プロセスの特殊な事例である) 規律と同様に、限界とそれに対抗する力が存在するのである。

　合理化に関するこれらの論点は、一見したところ、デュルケムが近代処罰に関する描写で採用した立場とは正反対に進むものであるように見える。デュルケムが今日の処罰を、激怒を感じる道徳的心情によって動機づけられた、情念的で復讐的な反応であり続けるものと強く主張したことが、想起されるだろう。彼の描写では、処罰は「合理的」なものや道徳的・情動的に中立的なものからほど遠い。それでは、このデュルケムの描写をどのようにしてフーコーの著作、あるいは処罰の合理性に関するわれわれのウェーバー的な説明と調和させられるだろうか。これらの矛盾する説明のどちらかをしりぞけること、そしてデュルケムが近代処罰についての重要なものを見逃していて、彼の記述が明らかに間違っていると主張することは、きわめて魅力的である。だがそのような反応は、あまりに性急すぎるだろう。というのも、前に示唆したように、これら二つの解釈は、一瞥した時にそう見えるほど、相容れないものではないからである。その理由の一つには、近代処罰が意識的で目的合理的な仕方で行われていることをデュルケムが認めているということがある。他の理由は、処罰の「器官」(刑罰制度を指す彼の用語である) が、懲罰的方策を動機づける感情的な力を「中和」し、「緩和」するように作用していることを彼が認めているということである。また、彼がきわめて広範に分析した社会上の労働分業が、他の場所と同様、刑罰プロセスにおいても確立されていたことに、彼は気づいていたかもしれない。そうであるならば、私が刑罰プロセスの区画化について行った多くの指摘は、近代社会に関する彼の解釈に当てはめることができるはずである (とはいえデュルケムは、近代処罰が、不合理的で感情的で、本質的に「懲罰的」な事柄であると強く主張しているが)。

　その一方でフーコーは、処罰はもはや「懲罰的」でもなければ、感情的・道徳的な要素を持ったものでもないと主張しているように思われる。彼の分析はデュルケムのそれとは異なり、起訴から裁判所での裁判を通過して刑事処分にいたる処罰の全社会プロセスを対象にしているわけではない。そのかわりに彼は、主に監獄と刑罰制度の実務とそれらが採用する合理性に焦点を当てている。フーコーが法廷でのプロセスや判決といった刑事司法の目立つ側面に取り組むのは、これらが新たな矯正のための技術と犯罪学の言説によって影響されているかぎりにおいて

のみである。彼の分析は、刑罰上の運用と技術、すなわち始まりから終わりまでの全プロセスの説明ではなく、刑罰プロセスの決定的に重要な一つの側面に関する説明である。そして監獄を分析するにあたってのフーコーの目的が、「処罰」それ自体を理解することではなく、積極的で規律的な権力のメカニズムを理解することであるというまさにその理由から、彼の著作では、感情や道徳的心情が懲罰的プロセスをどれほど構築しつづけているかに触れないのである。実際のところ、近代性を分析する多くの研究者と同様、フーコーは、すべての注意を社会生活に新しく生まれた近代主義的な側面に向けてしまい、そのため古いものの継続的な作動、そしてそれらの微妙な相互作用に取り組むことを無視してしまっている（とはいえ、これはマックス・ウェーバーの場合には当てはまらないが）。

　近代刑罰プロセスが、きわめて区画化されており、特定の機関と一定の段階に分割されていることはすでに述べた。第3章で見たように、今日の法廷は、懲罰的な儀礼がおこなわれ道徳的心情が表出される主要な闘技場となっている。その一方で、実際の刑罰制度は、いっそう道具的・管理的な様式で運用されるようになっている。このように、近代権力の合理性を理解しようとするフーコーが刑罰制度を分析の前面におく一方で、社会的道徳を理解することに関心を持っていたデュルケムが、法廷の儀礼と刑事立法に関する説明に依拠したことは、意義深い。このように見れば、それぞれの解釈は分化したプロセスの異なる側面に依拠しているということになるため、もはや問いはフーコーとデュルケムのどちらが正しいのか、というものにはならない。そのかわりにわれわれは、彼らが描写する異なる傾向が、互いにどのように関わり合うのか、それらの対立がどのように処理されるのか、そしてこれらの対立関係が処罰の近代プロセスに対してどのような影響を与えているのかを探求するべきなのである。

　近代刑罰システムの規律的な方策と合理的な制度は、その運用の方式においては道徳的に中立的で非感情的かもしれないが、それらは、社会的権威が懲罰的なものと定義する文脈内に存在している。刑務所、矯正院、仮釈放命令、罰金などは、懲罰性に関する象徴作用によって作動する。なぜなら、それらは、非難的な儀礼の中に存在する制裁として喚起され、象徴作用が用いられることによって、社会的意義を与えられるからである。これらの制度の社会的意義ならびにその制度に職を持つ人びとにとっての主観的意味は、制度がその懲罰的な意図を拒否したり、実際よりも小さなものとしたりするとはいえ、この懲罰性に関する象徴作

用がどのように用いられるかによって、大部分決定されている。このように、懲罰的で非難的な記号は、刑罰システムが行うすべてのことに影響を与えている。監獄に関する説明の中で、フーコーはこの記号が社会的にどのように用いられるかを暴き出そうとし、技術的装置としての制度を他の制度と同様に扱おうとする。だが監獄が工場、学校、修道院の「ようである」と述べるとき、彼は制度内の実務について語っているにすぎず、それを通して公的に理解される社会上の意義について語っているわけではない。そしてこれらの多様な制度で行われていることは技術的な点で明らかに同質であるが、それらの社会上の使用法と意味はまったく異なっている。したがって、近代刑罰の意義を理解したいと思うならば、刑罰技術に関するフーコーの分析には、その技術の「使用における意味」が付け足されなければならない。

　結局のところ、何が「懲罰的」であるのかを定義するのは、意味の社会的文脈である。刑罰制度の実際の実務だけではない。非難の記号、譴責の行為、そして「犯罪的」であるとされる不名誉な特徴を与えることは、処罰することの本質的な側面である。そしてこれらすべてのことは、近代的な刑罰制裁がどれほど合理的で規律的であろうとも、今日でもそれに付随している。このように、処罰についてのあらゆる包括的な説明は、譴責や非難を示す記号付与的な実務、つまり刑罰方策について多くのことを伝える価値と意味、そしてこのような処罰の判決を下す制度実務を描写しなくてはならない。本書の残りの多くを、処罰の文化的側面と刑罰方策にそれらの社会的意味を与える付与記号とその象徴形態の分析にあてるのは、このような理由による。

　裁判所は、公衆と政治家の多くと同様に、表出的で道徳的な表現を用いて、処罰の問題に言及し続けている。それらの表現は、感情的な態度を明示的に伝える実体的な価値を公布する。これが激怒、非難、応報的処罰の要求を伝える懲罰的な表現であることは、いつもというわけではないにせよ、まれなことではない。これらの価値観は、上記の心情を実際に行動に移す責務を負った刑務所、保護観察官、コミュニティ矯正団体に、(予算、許容される統治形態、刑期の長さ、仮釈放などに関する政治的決定へと翻訳されたときには)直接的に影響を及ぼすため、それらの集団がこのように表出される価値の影響を受けることは避けられない。そしてまた、これらの表出された価値観が意見の風土を作り出し、制度はその風土の中で作動しなければならないという理由から、それらの集団は間接的にも影響

を受ける[31]。中立的で管理的な形態がこれらの制度内で培われることは、これらの力を修正するように働く。これは以下の二つの方法でなされる。つまり、制度が促進する傾向にある他の（費用対効果、犯罪統制の効果性、運用上の便宜といった）価値を活用するという方法によって、そして大衆心情の高低を平坦にし、制裁が統一的で「合理的な」仕方で行われていることを保証し、公衆と処罰される個人とのあいだにある種の緩衝材を作り出すという方法によってである。

　刑罰制裁を運用する組織形態として、刑罰を司る官僚機構が出現したことは、道具的で、形式合理的な様式が、非合理的な心情と非道具主義的な狙いを内包する懲罰プロセスに適用されるようになったことを意味する。このように、実際の処罰は、これらの対立する考慮事項と目標の結果の妥協案である。目的のための手段ではなく、「正しさ」の問題として「その目的自体のために」処罰するという衝動は、社会に存在し続けており、懲罰的な方向性は刑事司法プロセスのある部分に埋めこまれている。だがこの懲罰的な力は、究極的には運用装置を通して行使され、その運用装置は上で見てきたように、その懲罰性を緩和し妥協させもする。処罰する衝動や、この便宜と管理主義の力の対立は、刑罰システムのすべての側面に流れており、ある重要な意味で、処罰に関する問いが社会一般で喚起する関心事項と大きな曖昧性の多様さを反映している。（裁判所と刑務所、警察と検察、保護観察と仮釈放などの）制度を部門に分けることは、異なる目標を別々のシステムにそれぞれ割り当てることで、ある程度、これらの対立を抑える助けとなる。しかし、制度のあいだに境界線を引くことは、対立を永続的に解消するのではなく、対立を構造化し、扱いやすいようにするだけである。

---

[31] サイクスは、刑罰に携わる行政官が、この「懲罰的な」環境を自らの目標のために活用することもあると示唆している。これはたとえば、平穏で秩序立った刑務所を維持するためのある種の厳格な統制として、その「懲罰的な」環境を正当化することで行われる。(*The Society of Captives*, p. 33〔邦訳 p. 59〕)

第9章
処罰と文化
文化形態と刑罰実務

1．文化についての問い

　本章と続く二つの章では、処罰の社会学で最もよく使用される理論的パースペクティヴからすこしばかり離れたい。現在あまりにも強調されていない問い、すなわち文化についての問いを際立たせるためである。例外があるとはいえ、この領域におけるほとんどの社会学の潮流は、刑罰システムが、純粋に刑罰学的な合理性ではなく（あるいはそれと並んで）、ある種の隠された社会的な合理性を持つと主張する。このアプローチを考えると、解釈上の課題とは、刑罰プロセスが実際どのようにして権力-知技法の論理、経済関係の論理、社会組織の形態の論理を提示するかを示すこと、したがって、それらの外的な決定と社会的機能を明らかにすることである。価値観、心情、不合理な執着に関心を払うことは、これらの分析の一部である。だがこれらの問題は、フーコーやルッシェとキルヒハイマーの著作に関して特に見てきたように、しばしば分析の背景に退いている。同様に、統制・階級・連帯を強めるために刑罰がどのように機能するかを示し、機能主義的な説明を採用するというほとんどの著者の傾向は、意味に関する問いを軽視することにつながっている。当事者にとっての刑罰の「意義」は、システムの機能にとっての刑罰の「意義」へと翻訳されてしまうのである。これらはまったく別物であるはずである。

　それとは対照的に、特定の価値観とそれへの執着がどのように刑罰プロセスに入り込み、どのようにしてそこに埋め込まれるようになるのか、そして文化的心性と感受性が刑罰制度にどのように影響を与えるのかに、ここでは焦点を当てたい。部分的には、これは処罰の文化的決定論についての議論となるだろう。しかし、因果の流れは両方向に向かうものであり、刑罰は、すべての制度と同様に、文化の形成に寄与している。そのため以下の議論は、社会の文化形態を内包し表出する文化的構築物として処罰を描き出す試みとして、いっそうよく示されることにな

るかもしれない。

　この試みは、ある意味で、ここまで行ってきたことである。なぜなら、政治的・経済的・組織的形態は、(少なくとも文化という語を社会活動が行われる意味の枠組という最も広い意味でとれば)おのずから文化の一面であるからである[1]。フーコー、マルクス主義者、デュルケム、ウェーバーの著作は、特殊な文化の特色や近代社会の特徴(個人主義、合理主義、世俗主義、「ブルジョア的」価値観)をそれぞれとり上げ、社会構造や社会変化の理論という観点から、それを説明している。したがってわれわれは、文化現象と刑罰制度を、包括的とは言えないにせよ体系的に結びつける主張にすでに出会っているのである。問題は、これらの社会理論のそれぞれが、文化をきわめて選択的に説明していることである。それらの説明は、各々の一般的な関心事に適合する文化の要素を強調し、適合しないものを無視している。さらに社会についてのこれらの思考の伝統は、文化現象をそれぞれ特殊な仕方で取り扱う。ウェーバーとデュルケムのように、社会発展の説明において文化現象に中心的な位置を割くこともあれば、マルクス主義の伝統で顕著なように、より固定的で基礎的な構造にともなう結果として、文化現象を提示することもある。したがって、刑罰の形成と社会的意味を理解するという目的のためには(これは他の試みとはきわめて異なる試みである)、処罰に最も大きな影響を与える要素に集中し、刑罰の圏域でそれらがどのように表出されるのかを示し、これまでとはいくぶん異なる文化の分析を構築することが必要不可欠である。

　しかし、これらの一般的な社会理論から採用できる決定的に重要な論点が一つある。それは文化現象の地位に関連する論点である。中心的な伝統のそれぞれは、われわれが文化と呼ぶ意味の枠組が、社会生活の中において他の社会活動とは独立した別個の領域ではないということを明瞭に示している。文化は、活動の文化形態、生活の仕方、状況という条件と切り離せないほど密接に結びついたものとみなされなければならない。文化の相互関連をなす意義の錯綜し絡み合った編み目は、活動の社会的傾向とある種の弁証法的な関係を通して発展する。それぞれは、言語的意味が社会的使用によって決定され、同時にある思想が生じる枠組を形成するのとほぼ同様に、別のものを支え、促進する(クリフォード・ギアーツは、文化と社会構造が同じ「事柄」、すなわち意味ある社会慣行の二つの側面にすぎ

---

[1] この文化の「記号論的」概念の議論にはGeertz, 'Thick description: Toward an Interpretive Theory of Culture,' in id., *the Interpretation of Cultures,* ch. 1を参照。

ないと主張するとき、この点をよく捉えている)[2]。このように、この相互関連的で深く根を張った編み目の中でのみ、社会生活の次元としての文化と社会的(そして刑罰的)活動の形成的文脈について語ることができるのである[3]。

「文化的」現象に注意を向けなければならないこと、そして「文化」が刑罰行為の一般的傾向をいくぶんか説明することはすでに述べてきたので、ここではこの用語で何を意味しているのかを、もう少し具体的に述べるべきかもしれない。「文化」という概念は、多様で複雑な現象からなる領域を含む他の包括的な用語と同様に、定義に関する多くの議論と論争の対象となっている。文化が重要な概念となっている人類学の領域では、確かにほとんど人類学者の数だけその用語の定義がある。ここでの議論では、「心性」(訳注1)として知られる認知と、「感受性」という用語が通常当てられる情動や感情という現象を含む広い定義を使用するつもりである。その認知的な側面では、文化とは人類がその世界を解釈し整理し、意味深いものとするために使用する概念と価値、認識枠組と区別、考え方と信念体系の枠組のことである。このように、文化には、哲学・科学・神学と並んで伝統的な宇宙観、民俗的な偏見と「素朴な常識」だけではなく、高いか低いか、洗練されているか洗練されていないかといったきわめて多くの心的現象が含まれる。同様に、嗜好、ファッション、マナー、エチケットといった規範的な決まりごとは、倫理、正義、道徳性などのよく発展した体系に劣らないほどに、文化の一部を占めている。これらの「心性」、あるいは考え方は、転じて、文化の認知的側面がその感情的次元と分離不可能なほどに、感じ方と感受性と密接に結びつく[4]。このように、たとえば科学的・

---

[2] Geertz, 'Thick Description: Toward an Interpretive Theory of Culture,' in Geertz, *The Interpretation of Cultures,* ch. 1
[3] ともに社会編成を形作る別個の「水準」、あるいは「審級」、「組み合わせ」について語ることで、この問題に反応する社会学者と歴史家もいる。歴史著述のアナール学派はこのようにして経済と人口統計、社会構造、文化の三水準を特定し、一方でルイ・アルチュセールの構造主義的マルクス主義は、この図式を経済的・政治的・イデオロギー的段階について語るように修正している。これらの「水準」のそれぞれは、それ自体の特徴的な制度・力動・社会慣行の形態を持つとされ、そのそれぞれは、われわれが「社会」と呼ぶ複雑で分節化された構造に寄与する。この道具立ては魅力的ではあるが、この巧みな分析的分割は、世界を切り分けるための有用な方法となるにはあまりに人工的で、いくぶん整然としすぎているように思われる。社会慣行のあらゆる制度や象徴や場の綿密な検討は、区別を曖昧にし、そのような方法で社会圏を分離しようという試みを当惑させ、これらの境界を往来するように導く。さらに、これらの「水準」は、経済が最初(そして根本的)で、他のものが後に来るという同様の上方的秩序でつねに提示している。この事実は、因果的な優先関係の階層秩序を示唆しているとみなすこともできる。つまり、文化現象がより実体的な社会というケーキの上に置かれた装飾的な菓子であるかのように思わせてしまう。
[4] 文化のこの概念は、デュルケムの初期の著作と刑罰理論で彼が使用したものよりもかなり広い。そこで彼の議論は「道徳」に焦点が当てられている。宗教とエピステーメー的な認識枠組の社会的基礎に関する後期の著作の方が、ここでの議論にずいぶん近い。

合理主義的な心性は、気持ちの非情熱的で、自己統制的な「客観性」を育む傾向にあり、その一方で、何らかの宗教的思考形態は、異なる構造の情動を喚起する。これは、情念的であることもあれば、禁欲的であることもある。さらに時には恍惚的ですらあるかもしれない。思考と気持ちがこのように密接に絡まり合っているという事実は、われわれが「文化」について語るとき、学問の体系や意識の形態にのみ言及しているわけではなく、情動の構造と感情の布置や「感受性」とでも呼べるようなものについても言及していることを意味している。

　ここで採用されるのは、これらの感受性と心性は、われわれが犯罪者をどのように処罰するかに重要な影響を与える、という議論である。これらの文化上の一般的傾向は、（科学、宗教、常識のいずれであれ）学問的な枠組を提供しつつ、犯罪者についてどのように考えるかを構造化する。その枠組を通して、われわれはこれらの個人を眺め、動機を理解し、事件として処理する。また文化上の一般的傾向は、犯罪者についての感じ方を構造化しもする。これは第3章で議論した刑罰を通じて特定の情念を惹起するという喚起的な儀礼的プロセスを通してだけではなく、本章で議論し始めた感受性の形成を通しても行われる。処罰の強度、苦痛を科すために使用される手段、刑罰制度で許される苦痛の形態は、便宜に関する考慮だけによってではなく、その時々の規範についての習慣と感受性によっても決定される。考慮可能・許容可能なものとは何か、あるいは「文明化」された処罰の形態とは何かという感覚は、それらの文化上の一般的傾向によって、きわめて大きく決定されている。何が許容不可能で、何が「非人間的」といわれるかについての感覚も同様である。このように、文化は、刑罰の輪郭と外的限界を決定すると同時に、刑罰領域内で作動する区別、階層秩序、認識枠組の詳細を形成する。ここでは、これらの文化上の一般的傾向が刑罰の圏域でどのように再生産され、どのような影響をもたらすかについてのみ示すことにしたい。

　社会関係と「感受性」という心理的力動のあいだの相互関係を詳述するのに誰よりも大きな貢献を果たした研究者はノルベルト・エリアスである。そしてここでの議論は、（ピーター・シュピーレンブルクの著作と同様に）エリアスの議論を、処罰の社会学へと拡張しようとするものである。以下で見るように、「文明化の過程」に関するエリアスの研究は、われわれが「西洋文明」と呼ぶ特徴的な文化上・精神上の一般的傾向の出現が結果としてもたらした長期的な歴史プロセスを描写し分析する。そのため私は、「文明化」という分析的説明の中に近代刑罰を位置づけ、

その用語を使って近代刑罰について論じたい。処罰の社会学者の中には、これに驚き、やや退行的な歩みだと思う人もいるかもしれない。結局のところ、処罰と刑罰史を「文明化」と同じ文脈で語ることは、近代的な常識のひとりよがりと、近代処罰を欠陥のない進歩と現在の文化的優越を示す人道的価値の勝利の帰結とみなしたホイッグ史観的な刑罰史を想起させる。近年の社会学者と「修正主義的」な歴史学者は、ますます文明化される人間性の表出として処罰を描き出すことに断固として反対する[5]。近代処罰を「文明化」の指標として扱うことは、改革のための良い口実にはなるかもしれないが、粗雑な歴史記述・無批判的な社会学であると彼らは指摘する。だからこそ、刑罰史に関するわれわれの解釈の最も重要な進展は、刑罰に変化をもたらしたと伝統的に信じられていた改革的理想と啓蒙的エートスに、分析上の懐疑主義を適用することによって生まれてきたのである。修正主義的な歴史学者は、刑罰変化が社会の庇護者が持つ道徳的基準や人間性が改善されたことの現れ（そしてその生産物）であるとの示唆をしりぞける。そしてルッシェとキルヒハイマー、ミシェル・フーコー、フリードリッヒ・ニーチェなどの理論家たちは、「疑惑の解釈法」を活用し、刑罰哲学、倫理理想、人道主義的感受性を、より現実的な経済的利益の普及や力への意志へと還元してきたのである。

　刑罰進歩に関する無批判的な道徳史への反応として、このような懐疑的な修正はおそらく必要であったし、確かに多くのことを明らかにしてきた。それは、以前は隠されていた処罰の重要な社会的・政治的側面を表面に引き出すこと、近代刑罰を多かれ少なかれ高潔で叱責を越えたものとするひとりよがりな前提に挑戦することに、成功している。しかし、処罰の社会学の説明枠組から感受性と道徳的確信をこのように除外してしまうことは、あまりに極端である。修正主義は、処罰を通して作用する社会統制と支配の内在している戦略を強調するが、このことは配備できる刑罰方策を形成し、それに限界を設定する文化上の価値と感受性の重要な役割を隠してしまっている[6]。鎖で縛り首にすること、身体を鞭で打つこと、犯罪者を断頭台やさらし台の上で群衆の暴力にさらすことは、もはやわれわれの

---

[5] 処罰の修正主義的歴史に関してはCohen and Scull (eds.), *Social Control and the State*を参照。
[6] マイケル・イグナティエフは、社会関係（そして刑罰関係）が同情とならんで支配に基づくこともあると強く主張したときに、関連する論点を指摘している。Ignatieff, 'State, Civil Society and Total Institutions: A Critique of Recent Histories of Punishment', in Cohen and Scull (eds.), *Social Control and the State*.

時代の支配戦略や政治の関係に適合しない。そのため、それらの処罰が消滅したことを、政治的な観点から理解することもできる。しかし、これらの方策は、今では近代的な西洋社会で育った個人の普通の感受性を侮蔑するものとなり、そのような「野蛮な」方策を文化の文脈にふたたび取り入れようとしたあらゆる支配者が、これらの感受性と道徳的形態の現実性と力に気づくようになったから消滅したというのも、支配戦略や政治的関係が働いたのと同様にありえることである[7]。

今日処罰の社会学で必要とされるのは、処罰に影響を与える文化的な力の分析的説明であり、具体的には、現代の感受性の特徴が処罰を一般にどのように定めるかについての説明である。そのような説明は、現代においてそれらが処罰の組織形態に対して与える影響を検討しようというのであれば、気持ち、感受性、行為の適合性、文化的価値が現実に存在し、一般的な傾向を決定する能力を持つことを認めなければならない。しかし、この分析が純粋に記述的だったり、非批判的だったりする必要はない。たとえば、その分析はこれらの情動の特異な構造を分析し、以下のようなこと、つまり、近代的な感受性はなぜある出来事によって影響されるのに他の出来事によっては影響されないのか、われわれの感情的反応はあからさまな身体的暴力には目を背けるのに、なぜ異なる形態をとる強制を許容するのか、なぜある個人には同情するのに他の人びとの運命には無関心なのか、といったことを検討しなければならない。感受性とその影響に対するそのようなアプローチは、利害や隠された動機の理解を妨げるものではまったくなく、それらの関係について異なる問いを提起するものである。だがそうであるならば、動機を推し量ろうとするあらゆる試みは、良心と便宜の相互作用、つまり崇高な気持ちと卑俗な利害の相互作用について考慮しなければならない。心情と感受性は、以下で見るように、たとえば人間的な方策が統制を増大させ、正統性を促進するときのように、政治的・経済的・イデオロギー的な利害と上手く調和することもあるが、場合によっては、この二つが反対の方向へと引きずられることもある。ここが感受性の現実が最もよく明らかにされるところ、単なる「附随的な楽曲」ではなく真正の社会的力として自らを示すところである。

このアプローチは、社会学を諦め、抽象化された心理学へと向かうように要求

---

[7] 本書10章で議論するように、文明化された感受性の社会的に構築された禁止が圧倒される事態や、その禁止が回避される事態がある（そしてそのような事態はあまりに多い）。だがここでの私の論点は、そのような禁止が普通の状況では作用する傾向にあるということである。

するものではない。というのも、これらの感受性の根底には、文化・精神の形成それ自体が社会的相互依存の変化の方向性がもたらした結果であることを示し、これらの種の文化的発展に有形の支持を与え、状況的な圧力を加える発展の歴史があるからである。このように文化を、社会的・精神的な構造という有形物の中に位置づけながらも、意味ある象徴形態や本物の感受性として「独自の用語」で扱うことができる。心性、感受性、文化的・精神的形態は独自な生命と歴史を持ち、現代の、そして歴史上の資料源から調査し記述することができる。しかし、社会に存在するもののあらゆる側面や「水準」と同様に、この生命の形態は、他の形態、具体的には社会関係と制度に左右される。価値観と感情は、個別に経験され、それぞれの差異を明らかにする。だがこれらは、文化枠組によって一般的傾向が定められており、社会構造によって支えられている。ここでも絶対に必要とされることは、それらの統合性と相互関連性の両方からそれらを眺めることである。

　これらの観点から考えられる処罰の説明には、感受性の言語、洗練された気持ち、人道主義によって枠組を与えられることがきわめて多い刑罰改革者のレトリックと動機の編成を正面から捉えることができるという巨大な利点がある。そうすることによって、処罰の社会学は、それらの複雑な道徳的・宗教的・感情的力をその説明領域に含むことができる。歴史学者たちは、これらの力が刑罰改革の動機に関する力動の一部分であると繰り返し考えてきた[8]。しかし同時に、処罰の社会学は、これらの文化的力を、社会関係と歴史的変化を反映するものとして見ることになる。その社会関係と歴史的変化が、人びと（洗練された、上流・中流の特権を持った人びと）をこのような仕方で考えさせ感じさせることを可能にし、彼らの気持ちに見合うような政策を促進するのである。このように道徳や感受性は、社会上の利害と立場という枠の中で、文化生活の複雑な現実を反映するような仕方で位置づけられている。

　文化の重要性を何か他のものに還元せずに上記のような形でそれを扱うことによって、われわれは処罰を考案し発展させる媒介物に直接に取り組む。刑法と刑罰制度は、一定の文化コード内で提案され、論じられ、立法化され、作動させられる。具体的な文化的意味、区別、心情を内包する言語、言説、記号の体系が、刑法と刑罰制度に枠組を与えている。処罰の社会的意味と動機を理解可能なも

---

[8] これに関してはM. Wiener (ed.), *Humanitarianism or Control? A Symposium on Aspects of Nineteenth Century Social Reform in Britain and America*, Rice University Studies, 67 (1981) を参照。

のにするには、それらのシステムを解釈しなければならない。経済的・政治的な利害が刑罰政策の基本的な決定要因になると主張しようとするとしても、これらの「利害」は、必ず刑罰活動に枠組を与え、それらの作用を組織立てる法、制度の言語、刑罰に関する認識枠組を通して作用するはずである[9]。

　そうだとすれば処罰は、文化一般の記号と象徴を、刑罰自体の実務へとコード化する複雑で文化的な構築物とみなされうる。したがって処罰は、社会の文化枠組を構成する意味の相互限定的な回路の一部を占める要素であり、それを分析し、文化的表出の一般的傾向をたどることができる。だが、処罰をこのような仕方で見ることは単純に、刑罰プロセス内で明示的な社会的意義へいたる経路を得るための「見方」であることを明確にしておかなければならない。現象に対するあらゆる「文化的」アプローチ、あるいは「拡散的」なアプローチは、処罰が同時に物質的な社会的実務のネットワークでもあるという事実への視野を決して失ってはならない。このネットワーク内で象徴形態は、非情な力、ならびに一連の準拠基準と文化的同意によって認可される。刑罰制度は、社会活動の構造と権力からなるシステムの中で機能する部分になるのと並んで、象徴圏内の意味のある要素となる。そして現実には、どちらの側面も、他方の側面なしには存在しない。

　刑罰実務は、文化形態の象徴文法、ならびに社会活動のより道具的な力動によって形成される。そのため、処罰を分析する際には、文化的表出の一般的傾向と並んで、物質的な利害あるいは社会統制の論理へと目を向けなければならない。しかし、このように問いを立てることで、ある種の二層的システム、すなわち、ある種の物質的基礎を、文化という上辺の飾りによって（塗装の最後のひと塗りを追加するように）単に覆うというシステムが存在するとほのめかしているわけではない。社会学の分析には、分析される事柄を、道具的な部分と象徴的な部分という二つの部分に分割するという誘惑があまりに多く存在する。道具的な部分は簡単に認識することができる。それが、物事を遂行する物質的な実務によって構成されているからである。その一方で象徴的な部分は、装飾的だったり、「散漫」だったりするだけであり、実質的な機能を持っていないように思われる[10]。これは転じて、分

9　「利害」と「イデオロギー」がどのようにして犯罪学的・刑罰学的な言説で表現されるようになったかについてはD. Garland, *Punishment and Welfare*を参照。
10　この傾向に関する批判と議論についてはGeertz, *Negara: The Theatre State in Nineteenth Century Bali*, ch. 4を参照。

析の二つの形態に、いつも同じ上下関係があると示唆してもいる。そして象徴に関する分析は、特に道具的な根拠が見つからなかった場合、ある種の後付けの知恵として処理してしまいがちである[11]。この種のアプローチがきわめて有効に機能したことがあるのかはわからないが、処罰を分割する方法としては確実に有効ではない。すでに示そうと試みたように、道具的な実務はつねに、文化上の心性と感受性の中で知覚される。そのため道具的形態と文化的形態は、一つのもので同じものである。さらに、片方には処罰の道具、もう片方には象徴というように分割することは決してできない。象徴は、この圏域で（他のすべての圏域と同様に）実際の影響を持っているからである。つまり非難の記号と象徴は、上で見たように、処罰の中心であり、それを構成する一方で、刑罰実務の道具は、以下で見るように、文化的意義を持つことを免れえないのである。

2．文化形態と刑罰実務

処罰の社会学に関する教科書の説明の中で、サザーランド（E. H. Sutherland）とクレッシーは、処罰の文化親和性理論なるものを提示する[12]。この理論は、社会が採用する刑罰実務が、社会で主流の文化形態一般を模倣する、あるいは反映する傾向にあるという命題を提示している。このように類似性、並行性、親和性が、処罰を文化一般へと結びつけるのだとすれば、処罰の特殊形態は、文化の一般形態の表出、あるいはさらにはその結果であるとすら考えることができる。この「理論」の問題は、そのままでは絶望的なまでに凡庸なことである。それは、生活を送るためにたいてい用いられる意味の枠組が、われわれの刑罰制度がどのように設計されるかを決める可能性があると言っているだけであり、つまりこの洞察は、大きな価値があるわけでもなければ、洗練されているわけでもない。だがここでの欠陥は、処罰と文化を結びつけようというサザーランドとクレッシーの試みにあるのではなく、そのつながりを論じた水準にある。実際のところ、「文化」をこのような包括的な仕方で論じようとするあらゆる試みは、同様の問題へと陥る可能性が高い。なぜなら、文化は説明図式の単なる一変数となるような単一の事柄ではないからである。そうではなく文化は、密接に絡み合った意味の豊かな合成物であり、

---

[11] これに関してはD. Sperber, *Rethinking Symbolism* (Cambridge, 1975)を参照。
[12] E. H. Sutherland and D. R. Cressey, *Criminology* (Philadelphia, 1975), chs. 14 and 15.

それが一般的な用語で議論されたとき、その内容はつねに失われてしまう。文化は、思い入れがあって捨てることのできない特殊なもの、場所の詳細、特異な点の集まりである。そしてわれわれは、このような観点から文化を扱うよう義務づけられている。文化に特化した学問領域である文化史と人類学が、これほどまでにエスノグラフィーに依拠しており、壮大な理論と包括的な一般化にこれほどまれにしか依拠しない理由はこれである。本章で行ってきているように文化の研究を正当化しようとするとき、そして生活の他の形態と区別しているときには、文化について一般的に語ることも有効かもしれない。しかし、その分析から離れるときには、一般的な観点は特殊性と入れ換わらなければならず、問題の詳細には綿密な関心が払われなければならない。

「エスノグラフィー的なもの」が、文化とそれへの影響を議論するにあたって適切な形態であるということは、この点で困難を生み出すことになる。私は、文化形態が刑罰形態を生み出した仕方を論じたい。しかし、前章で採用したような広汎な理論的観点からこの問題に取り組むことはできない。その一方で、文化の特徴と一般的傾向が、どのようにして無数の仕方で現代の処罰を形成するのかについてのエスノグラフィー的な説明を与えることも、ほとんどできない。そのような研究はモノグラフの課題であり、全体の適切な見取り図に類似した何かを作るためには、多くのモノグラフが必要だからである。多くのモノグラフを提示するかわりに、ここでは特殊な心性と文化に関する知覚がどのようにして刑罰実務の歴史に跡を残したのかを示すため、簡潔で図示的な例示をいくつか示し、その後、感受性の問いに戻る。この問いには、より広汎でより詳細に取り組むことになるだろう。

文化形態の特徴は、自然世界と社会世界の相違点に沿って現われることである[13]。実秩序に存在するとされる相違点が取り上げられ、洗練され、文化的意味を与えられる。そしてこれらの相違点は、自然なものや既存のものを再検討するプロセスに含まれる区別に意味を与え、それによって「われわれにとっての」意義を再定義する。以上のように、神話と意味という洗練された寄せ集めの構築物は、たとえば出生と死という決定的に重要な要素を飼い馴らす機能を果たすが、すべての文化は、ある種の意味を与えるような観点からそれらの要素に対処できるようにしてくれる。それとまったく同様に、年齢、地位、ジェンダー、人種の違いは、

---

[13] M. Douglas, *Natural Symbols: Explorations in Cosmology* (Harmondsworth, 1973); M. Douglas, *Purity and Danger: An Analysis of the Concept of Pollution and Taboo*を参照。

ほとんどの文化で重要な位置にある。そしてそれらは、特徴的な仕方で洗練されており、「若年・年配」、「高・低」、「男・女」、「黒・白」ということは、特定の文化で、特定の仕方で定義された認識枠組の中に場所を占めるということであり、それらの違いは、当該の文化によって生み出されたある期待、能力、理解の中に置かれている。

　処罰の歴史と実務を検討すれば、これらと同じ文化上の区別と意味が刑罰の圏域で作用しており、それらの点に見合うように刑罰実務を組み立てていることが明らかになる。わかりやすい例を一つ挙げよう。すべての近代刑罰システムは、成年犯罪者と少年犯罪者あるいは児童犯罪者を区別する。そして「少年司法」のプロセスは、若年者の特別な特徴についてのきわめて多様な文化的推定を呼び起こす。現実の真の性質を単純に反映しているように思われるそのような区別は、現代の文化の心的構えの内側に留まるかぎり、明白なものであり必要なものである。しかし、これらの今日の推定の外に一歩踏み出せば、そして問題を歴史的に眺めれば、年齢の「自然な」区別は、他の時代の他の文化によってきわめて異なって理解されてきたことが明らかになる。少年期と思春期に関してわれわれが持つ特殊な概念や、これらの概念に含まれる無垢性、可塑性、依存性、無能力性といった概念は、比較的近代に発展したのであり、18、19世紀に出現した[14]。それ以前には、成人と子どもの区別は異なった形で理解されており、大人と子どもの心理的距離はより小さく、はるかに早期の発達段階を主に指していた。したがって、17、18世紀には、12歳や14歳の若年者が鞭で打たれ、収監され、流刑に処され、さらには処刑されることはしごく普通のことだった。青年期と児童期に関する近代的な概念が刑法と刑罰実務を今日当然とされる形で再編成し始めたのは、19世紀中葉以降になってからのことだったのである[15]。

　ここでの目的にとって重要な点は、文化上の一般的傾向が時とともに変わること、そしてこれらの文化的発展が、処罰の一般的傾向に直接的な影響を与える傾向にあるということである。アメリカとイギリスの19世紀中葉から後期にかけての「児童救済者」(訳注2)にとって、若年者が成人と同じように有罪判決を受け収監される

---

[14] L. Stone, *The Family, Sex and Marriage in England, 1500-1800* (Harmondsworth, 1979); P. Aries, *Centuries of Childhood: A Social History of Family Life* (New York, 1965); J. Gillis, *Youth and History: Tradition and Change in European Age Relations* (New York, 1975)を参照。
[15] 少年司法の歴史に関してはSutton, *Stubborn Children*を参照。

ことは、きわめて衝撃的なことだった。なぜなら、それは、彼らや他の人びとが抱えていた児童期に関する文化上の考え方に、公然と反対するものだったからである。それは、法と文化の露骨な矛盾を示すスキャンダルとなり、その矛盾は改革のためのキャンペーンの目標となり、最終的には立法府が、矯正院、少年裁判所を設立し、若年犯罪者に対して福祉志向的なアプローチを定めることで解決された。もちろん、これらの改善を求める運動には他の次元もあり、その次元には、職業上の利害、地位の競合、政治上の利害が含まれていた。しかし、心から感じられた文化的確信が刑罰上の変化をもたらすのに決定的に重要な役割を果たしたことには、ほとんど疑いがない[16]。

　ジェンダー差に基づく区別もまた、刑罰実務を組み立てるのに重要な役割を果たした。ビーティーやシュピーレンブルクなどの歴史学者は、17、18世紀の女性犯罪者が、男性犯罪者とはやや異なって処遇されていたと指摘している。彼女らは性の違いという理由から寛大に扱われることもあれば、特徴的な形態の制裁の対象となることもあった。そのような特徴的な制裁としては、17世紀ヨーロッパで女性の処刑として好まれた形態である鉄環絞首刑や火あぶりなどがある。火あぶりは、魔女として有罪宣告を受けた女性の末路だった。女性犯罪者は、現代でも、女性役割と病理に関する伝統的な概念を反映したジェンダー固有の仕方で扱われる。近年には、司法が有するこれらの「ジェンダー的」側面を報告する研究が増えつつあり、それらは、「女性の地位」に関する概念が、どのようにして女性犯罪についての犯罪学の理解、処刑と判決の実務、そして最も明らかなこととして、女性用の刑務所や懲治監で採用される特別な統治体制と態度に影響を与えたかを示している[17]。刑罰プロセスのあらゆる段階で、女性がどのようなものであるのか、そして彼女たちがどのように振る舞うべきかに関する文化的理解が、誤った行いに対する適切な反応を定義し、女性と少女に対する処罰を構造化するよう作用している。もちろん男性犯罪者についても、まったく同じことが言える。彼らは「男性性」という文化枠組の中で理解され処罰される。この程度は、女性が「女性性」と

---

[16] 政治的・専門的利害を強調する少年司法の説明にはA. M. Platt, *The Child Savers: The Invention of Delinquency* (Chicago, 1977) を参照。
[17] Carlen, *The Women's Imprisonment*; E Freedman, *Their Sisters' Keepers: Women's Prison Reform in America, 183-1930* (Ann Arbor, 1981); H Allen, *Justice Unbalanced* (Milton Keynes, 1987); C. Smart, *Women, Crime and Criminology* (London, 1976); P. Carlen and A. Worrall (eds.), *Gender, Crime and Justice* (Milton Keynes, 1987); A. M. Morris, *Women, Crime and Criminal Justice* (Oxford, 1987) を参照。

いう観点で理解され、処罰されるのと変わらない。しかし、女性性の文化のすべてが今日の女性運動（経済的・政治的次元が含まれるにせよ、これは何よりもまず**文化**運動である）の激しい挑戦にさらされているというまさにその理由から、今や女性に関する社会の刑罰実務が文化の恣意的な慣習によってどのように形成されてきたかを、かつてよりも明確に理解することができる。

　18世紀、さらには19世紀にいたるまで、階層秩序的な社会文化の一部を形成していた身分と社会的地位の差は、刑法と刑罰実務の差へと翻訳されていた。そのため、貴族は、庶民とは異なって（たとえば、鞭で打たれるかわりに罰金を支払うことによって、絞首刑にされるかわりに断頭刑にされることによって、異なる条件で収容状態を過ごすことによって）処罰されると予測することができた[18]。そして18世紀のイングランドに関するヘイの著作の議論で見たように、地位とコミュニティ内の立ち位置の問題は、刑罰による処遇がそれぞれ異なることの正統な根拠とみなされていた（そしてこの処遇の分化は、内部と外部、地元民とよそ者、高位と低位との区別にも適用された）。もっと近年になってからすら、イギリス文化とアメリカ文化でよく見られる人種差別は、黒人が刑罰システムで受ける処遇と白人のそれを分離している[19]。そのような区別は、平等主義的で民主的だと自称する20世紀イギリスやアメリカの法文化ではもはや望ましくなく、刑罰実務を規制する立法府に、建前上は存在しない。とはいえ階級と人種の差は、より微妙でより見えにくい仕方で作用しつづけている。もし女性運動とフェミニスト犯罪学者が、ジェンダー固有の流れに沿って刑罰実務を現在組み立てている公的な区別を消去することに成功すれば（そしてこのことが起こりつつあることを示す徴候がすでに存在する）、これは何よりも文化運動が、その観点に従って刑罰の形態をどのように形成するかについての顕著な事例となるだろう。その一方で、偏見は、そのような差別が違法になった後にも、人種集団、民族集団、地位集団に対して刑罰を与える際の処遇に影響を与える。そのような偏見が非公式に作動し続けることを根絶しようとする際に遭遇する困難は、文化上の一般的傾向が根深い性質を持

---

[18] ソーストン・セリンの『奴隷制と刑罰システム（*Slavery and the Penal System*）』という研究は、西洋社会の階層化における長期的な変化が、かつては奴隷のためのものだった刑罰を最初は下層階級の自由人に科し、最終的には社会的地位に関係なくすべての犯罪者に科すようになったと主張している。
[19] 19世紀アメリカの南部における黒人の処遇に関してはAyers, *Vengeance and Justice*を参照。現代の刑務所におけるラディカルな統合についての疑問に関してはJacobs, *New Perspectives on Prisons and Imprisonment*, ch. 4を参照。

つことと、急速な変化に対して抵抗することを証明している。

3．宗教、人道主義、その他の文化形態

　刑罰政策に影響を与えた文化の力について歴史学者が語るとき、彼らが考えている力は、宗教と人道主義であることが最も多い。18、19世紀の刑罰改革者の働きに言及しているときには、とりわけそうである。というのも、宗教的確信と人道主義的な感受性は、それらの集団の動機と改革プロセスの理解において、決定的に重要な役割を果たしたからである。感受性の問題を除けば、刑罰実務の歴史を通して宗教が、犯罪者の扱われ方を形成するに際しての主要な力だったことは明らかである（感受性については次章で論じる）。デュルケムの著作に関する私の議論は、古代社会と「原始的」な社会集団の宗教的感受性が、どのようにして刑罰プロセスに完全に宗教的な意味をしばしば付与したか、そしてそれによって処罰が傷つけられた神への必要な犠牲として理解されていたことをすでに示した。そのような文化で犯罪は、罪、汚れ、危険と関連づけられ、処罰という行為は、償いのプロセスと同時に、社会の汚れた分子の儀礼的浄化となる。もちろん、中世以降、西洋の法システムは、宗教的権威・概念とますます分離した。しかし、以前の宗教的文化に関わる何かがいまだ残っており、宗教信念は、中世から現在にいたるまでつねに、処罰の実務と進化を形成する重要な力だった。

　最もよく報告されている事例だけを挙げよう。中世のローマカトリック教会が、刑罰技法を多く発展させたのは明らかである。その技法は、世俗国家によってその後借用された。教会裁判所は、前に見たように、血の制裁[訳注3]が聖職者の地位と信念とは相容れないという理由から、独自の収容施設を発展させ、その一方で修道会の精神修行は、独房収容と告解の規律という実務を誕生させた。遅くとも18世紀にはヴァチカンの監獄が、ヨーロッパとアメリカ両方の監獄設計のモデルになっていたことは、確実である。それとほとんど同様に、ピューリタンによる改革は、まず16世紀オランダの懲治場で、その後19世紀初期のクエーカー監獄で、世俗的な収監の発展に寄与し、独房収容と生産的な労働の組み合わせが確立した（生産的な労働は、精神的な救済を生むとみなされていたと同時に、苦しい身体刑ともみなされていた）。多くの古い監獄建築や、中でも精神的再生と宗教的な霊感によって行われる改善のために在来型建築法を採用した懲治監に、宗教的遺産の跡が刻まれているのを見ることができる。ニュージャージーのトレントン

監獄の独房に見られるミニチュア版聖堂のような設計には、アーチ型の天井、壁の高い所にある小さな窓、身をかがめて入る扉がある。この宗教的な想像力は、監獄設計に宗教が影響を与えたことを示す建築上での残余物として、この収監用の懲治監モデルに続いた他の多くの建築と同様、今日も残っている。

監獄改革と刑罰政策に対するこの宗教的影響は、イグナティエフや他の人びとの著作が示すように、19世紀を通して強力であり続けた[20]。福音派は、イギリスとアメリカで改善を求める運動の先頭に立ち、収容状態の条件を改善し、被収容者の釈放を援助し、仮釈放などの代替的な実務を発展させた。この運動は、教会を基礎とする禁欲社会が資金を融通した伝道任務という形態から始まったが、今日においても教会と宗教集団は、刑罰改革を訴えたり、援助を必要とする犯罪者に援助を提供したりする人びとの先頭に立っている。刑務所教誨師の精神的・司牧的伝道の影響力は今日では限定的であり、しばしばソーシャルワーカーの役割と区別がつかないとはいえ、刑務所生活の一部を担い続けている。

処罰に対する宗教の影響が観察者にとってこれほど明らかである理由の一つには、宗教的な文化システムが明確に言葉にされているということがある。宗教には、自らの信条、神学、言語、ならびにそのような用語で自らのアイデンティティを確保する教会、幹部、信者のコミュニティがある。より世俗的な時代に目を戻せば、刑罰領域における宗教的な信念の影響を見出すことはとりわけ容易であり、手近に「プロテスタント」、「カトリック」、「クエーカー」、「メソジスト」、「福音派」などの特徴的な用語が存在する。これらの用語は、われわれの分析目的に容易に用いることができる。しかし、この領域で重要であり、分析に含まれるべき他の文化形態も存在する。そのような形態は、他の形態と区別するのが宗教ほど簡単でなく、宗教とほとんど同様の意識的な仕方ではっきりと述べられてこなかった。そして処罰に対するそれらの影響は、見分けるのがかなり難しい。しかし、もし刑罰実務のとる特殊形態と文化一般へのその影響を理解したいならば、そのような文化形態を探求することが重要である。

時とともに変化し、それにしたがって刑罰実務に影響を与えてきた文化形態の一つの重要な例は、「正義」という概念である。歴史的に言えば、自らの行動を方向付けるためにその用語を使用してきた歴史上の行為者はとりわけ、この用語が、通常、時間とは無関係で不動の認識枠組であり、そのため正義の要求は適切に

---

[20] Ignatieff, *A Just Measure of Pain*.

理解されればつねに同じだろうとみなしてきた。このように、正義という考えは、文化を越えた歴史の外にあるもの、すなわち変化や慣習によって影響を受けないある種の絶対物だと考えられてきた。しかし、以前の世代の人びとが、正義への祈りは絶対的な価値への訴えであると信じていたとしても、この価値が要求するものは何か、そして正義は何を暗示するのかという概念が、時間とともに重要な仕方で変化してきたことは明らかである。正義が変化しないものであると理解されていたというまさにその理由から、正義がどのようなものになるかを定める慣習のあらゆる変化は、ゆるやかで隠されたものであることが多い[21]。にもかかわらず、刑事司法の歴史学者は、正義について考え、それを確立する際に依拠するそれぞれの感受性における重要な変化を明らかにし始めている。そしてこれらの概念の変化は、刑罰実務とその進化の重要な決定要因であり続けている。

　17、18世紀のイングランドにおける刑事裁判所と刑罰実務に関するジョン・ビーティーの綿密な研究は、ある正義の概念をいくぶん異なるものへと徐々に移行させ、刑罰実務をその後変えた変化プロセスを明確にしている。17世紀の大陪審制の人格主義的で非常に自由裁量的な意思決定プロセスと、判決と恩赦といった決定的に重要な問題に決定を下す役人によって行われるほとんど差別的な正義を記述した後、ビーティーは、これらの手続きが濫用や不規則性とはほど遠く、実際には当時主流だった正義の概念のまさに忠実な再現だったと主張する。したがって、たとえば陪審員の一人が有罪宣告を受けた人の知り合いで、その人の性格についての見方をすでに持っていたり、あるいはその事件に個人的な利害関係があったりという事実も、陪審員となることを妨げ、不適格にする理由にはならなかった。というのも、「陪審員は、狭く抽象的な正義の概念への関心に基づいて法を管理することに専念していたわけではなかった。むしろ、国家の強制権力の可変的で個人的な適用によって社会の秩序と調和を維持するという、より一般的な狙いの追求に基づいていた」からである[22]。同様に、性別や性格に応じてある犯罪者を他の犯罪者よりも軽く扱う傾向は、正義の失敗を示すものでもなければ、「正義において、一人に対して割り当てられるものはすべての人になされなければならないという確信の欠如」を示すものでもなかった[23]。

---

[21] 革命的な社会集団は時として、革命以前の正義の概念を明示的に拒否し、それを偽物と呼び、意識的に異なる正義の概念をその位置に据える（たとえば、「社会主義的」な実体的正義を「ブルジョア的」な公的正義の場に据えるように）。
[22] Beattie, *Crime and the Courts*, p. 403.

しかし、これらの古い正義の概念は、啓蒙的理念の隆盛とそれを発生させた社会政治上の変容が生じた後の19世紀初頭までに、いくぶん異なるものにかわった。古い実利的な関心と個人主義的なスタイルは、正義の遂行に際してのより形式合理的なアプローチに徐々に道を譲り、そこでは、法における統一性、均等性、平等性、規則の厳格な適用が刑事司法の手続きを支配するにいたった。正義の原則を確立するのにふさわしいとかつてみなされていた方法が、今では、少なくとも社会において次第に重要さを増していくある集団と、彼らの不満を言葉にした改革者たちにとっては、スキャンダル的で不当なものになった[24]。実際、当時の支配的な文化と精神上でのしきたりは、別のものへと徐々にかわった。そしてこれらの新しい感受性の広範な影響力は、少なくとも知的階級と中層階級において、実務上の変化を引き起こそうとする重要な起爆剤になった。この「精神的地殻変動」をビーティーは「1800年までの際立って多くの意見には、人間の平等、個人の価値、全人間の裁判所の前での公平で平等な処遇の権利という感覚をより密接に反映する刑罰政策を支持する準備ができていた」と要約している[25]。

　また、これは正義の概念が通過した最後の変化というわけでもなかった。19世紀から20世紀にかけての転換期には、新たな概念が啓蒙時代の厳格な古典主義と形式上の正義に挑戦し始めた。その新たな概念は、形式上の平等、均等性、厳格に適用される一般規則をそれほど強調せず、そのかわりに、実利的な結果、個人化された考慮の必要性、専門家の柔軟性の価値を重視した。この新しく、より実利的な正義の概念（これは古典主義的な概念が、自由主義と市場経済という概念に結びついたのと同様に、社会民主制と福祉主義の政治と結びついていた）は、それ以降、文化という編み目の中に重要な要素として存在している。つまりこれは、いまだ堅固な自由主義の伝統の中で、対話と相互作用の継続的なプロセスを通して維持されている要素なのである。さらに、他の著作で詳細に描写したように、これらの福祉主義的な正義の概念には影響力があり、20世紀の刑罰政策の一連のシステムの日々の運営にとって、測り知れない重要性を持つ実務上の変化をもたらしてきた[26]。要するに、個別化された判決と平等の要請の衝突や、処罰したいという陪審員の欲求と、援助するというソーシャルワーカーの関心といった、現代の

23　Ibid. 439.
24　19世紀イギリスの競合的な社会集団と競合的な正義の概念のつながりに関してはR. McGowan, 'The Image of Justice and Reform of the Criminal Law in Early Nineteenth Century England'を参照。
25　Beattie, *Crime and the Courts*, p. 631.

刑罰実務で発生するやっかいな競合とジレンマの多くは、実際には、近代文化で隣り合わせに存在する、矛盾した正義概念の現われなのである。これらの二律背反を解決できないこと、あるいは刑罰実務を完全に安定したものにできないことは、刑罰に関する政策決定者のせいではない。それは、近代社会の文化的多元性と政治コミュニティ一般に認められている複数の正義概念が存在することの帰結なのである。

　文化上の正義概念が時とともに変化し、それにしたがって刑罰実務に影響を与えてきたのと同様のことが、犯罪や犯罪性の本質の概念にもあてはまる。犯罪学の考え方の歴史は、犯罪者を描写し理解するために使用される用語の重要な変化を示してくれる。そしてもちろん、犯罪性の性質についての文化上の概念は、この人間についての認識枠組の移行に社会がどう取り組むかに影響を与えてきた。歴史研究からのいくつかの例が、この論点を例証するのに有用だろう。

　17世紀にピューリタンが多く住んでいたマサチューセッツの刑事司法に関するトーマス・ゼーマンの描写は、そのコミュニティで犯罪者が、プロテスタント神学の与えた精神上の認識枠組を通して、どのように理解され対処されていたかを描写している[27]。個々の犯罪者は、罪人とみなされ、彼らの邪悪な活動は意志の個人的失敗の証しになるだけでなく、人間条件の悲惨さの証しともみなされた。その結果、そのコミュニティでの罪に対する適切な社会的反応は、懲罰を求めるものでもあると同時に、救済を求めるものでもあった。犯罪者は、「法」の名のもとに、また魂の救済のために罰せられなければならなかった。ピューリタン的な刑罰儀礼は、少なくとも理論上は、犯罪者を孤立させ、のけ者にすることを意図してはいなかった。そのかわりに、儀式の用意やそれにともなう公布、説教、告白は、犯罪者と信者のコミュニティのあいだに、密接なつながりを明示することを意図していた。見物人は、もし相互援助と道徳的奨励という義務を果たすことにお互い失敗していたとすれば、彼ら自身も罪に誘惑されていたかもしれないと感じさせられた。言い換えれば、罪人つまり犯罪者は、「他者」とはみなされず、ある種のプロテスタント的な典型的人間、すなわちすべての人の心に眠る邪悪さ、そしてすべての魂が絶えず警戒を怠ってはならない邪悪さの可能性を示す生ける例とみなされた。この概念と一致するように、それぞれの公的儀式の結果は、敵を滅ぼすことで

26　Garland, *Punishment and Welfare.*
27　Zeman, 'Order Crime and Punishment: The American Criminological Tradition'.

はなく、罪滅ぼしをし、後悔している罪人を再び受け入れることを狙ったものだった[28]。

ビーティーの研究が17世紀のイングランドに見出した犯罪者の概念は、宗教的伝統の痕跡のいくつかをいまだ残してはいるが、次第に世俗的な道徳用語で表現されるようになっている。ここで犯罪者は、道徳的な堕落ともみなされるが、この悪意と堕落は、意志の失敗や罪深い魂よりも生活の仕方に関連する。人間は、労働と家族を無視し、酒を飲み賭け事をし、邪悪な嗜癖へとはまり込んで、責任の道からさまよい出る結果、堕落するようになった。犯罪者は、「ある種の悪意の見習い期間」におり、「そこで彼らは、軽微な過ちから、きわめて重大な犯罪へと進み、結局は救済を越えたところにまで到達してしまった」と広く信じられていた[29]。したがって、裁判所の主な関心事は、犯罪者の性格、危険性、コミュニティでの立ち位置を判断することであり、その根拠に基づいて絞首刑に処せられるべき常習的な犯罪者であるか、さもなければ二度目のチャンスを与えられるに値する人であるかを決定することだった[30]。犯罪者が嗜癖によって形成されるとするこの概念は、17、18世紀の哲学的・心理学的著述でも、明確に繰り返されていた。以上のように、ロック（J. Locke）のいう感覚印象によって形成される人の機械的概念と、ハートリー（D. Hartley）の物質主義的心理学（その両方が、近代監獄の統治体制の設計に影響を与えた）は、ある程度は法的実務ですでにとられていた常識的な考え方を、科学の立場から再確認するものだったのである[31]。

19世紀の中盤までには、ベッカリーア、ベンサム、ミル（J. S. Mill）の著述が、それとはわずかに異なる犯罪者の概念、すなわち、人の推論能力と利益・効用を計算する能力を強調する概念を文化的に流通させていた。犯罪者についてのこの快楽主義的な概念は、以前のロックの概念と並んで、この時期の刑法典を形成す

---

[28] 近世のイングランドの罪と犯罪の関係に関する類似した説明にはSharpe, *Crime in Early Modern England,* 1550-1750, p. 6; esp. Faller, *Turned to Account*を参照。この著作は次のように述べている。「犯罪者の性質や動機の問題が発生するときに強調されるのは、遵法的な大多数の人びとと比べた犯罪者の本質的な差異ではなくその類似性だった。犯罪の根底的な原因は人間の堕罪であると何度も記されている。そしてすべての人間が等しく原罪から生まれたのであるから、犯罪者は他の人から多少異なっているに過ぎないというのである」(p. 54)。シンシア・ヘラップは次のように示唆している。「宗教の下位の文脈が最終的に侵食されたことは、犯罪者が犯罪者として再定義されること、そしてすべての犯罪者が異邦人として再定義されることを可能にした」(Herrup, S. 'Law and Morality in Seventeenth Century England')。
[29] Beattie, *Crime and the Courts,* p. 421.
[30] Ibid. 436.
[31] これに関してはIgnatieff, *A Just Measure of Pain*; Bender, *Imagining the Penitentiary*; Evans, *The Fabrication of Virtue*を参照。

る際に重要な役割を果たし、抑止的な方策に最上の地位を与え、すべての合理的個人が法に従う自由を持つことを強調した。さらにその後の20世紀初頭には、新しい科学的な犯罪学が、犯罪者を異常な人間類型とみなす概念を提示した。この人間類型は、遺伝的・心理的・社会的要因によって形成され、ある程度犯罪行為への生来的な傾向に抵抗できないとされた。これらの新たな概念は、ここでも刑罰実務を再構築した。それによって、性格査定の公的プロセスが判決の重要な付随物となり、専門家制度と統治体制が、「嗜癖者」、「飲酒者」、「サイコパス」、「逸脱者」といった性格類型を扱うよう発展した。

　この最後の例は、近代社会において、犯罪の性質や犯罪者といったある文化的なテーマが、「科学的」様式、すなわち真理と特別な関係性を持つと主張する「知」や言説として考えられるようになったことを示している。刑罰実務は、19世紀以降、そのような多様な知識によってますます科学的犯罪学、刑罰学、心理学、医学などの形をとるよう影響されてきた。これは、フーコーが「知によって再定義」される処罰について語るとき、彼の念頭にあったものである。ここでの私の目的にとっては、そのような知を、時空間の外に位置する明白な真理とするかわりに、正義の概念、宗教的伝統、そしてここまで言及した他のすべての文化的テーマと並んで考慮されるべき特別な文化形態とみなすことが有益である[32]。

　「科学」は、組織化された宗教と同様、文化形態の中で最も明確な特徴を持つことが多い。まさにその理由から、これらの言説のいくつかが近代刑罰に対して与えた影響を、ある程度詳細にたどることが可能になっている。確かにこれは規律的言説が刑罰制度に対して与える影響を検討したときフーコーが始めた試みではあるが、ロバート・ナイ（R. Nye）、ジョン・ベンダー（J. Bender）、そして私などのフーコー以外の人びとがこの導きに従い、刑罰の圏域の言説に対して与えたその影響の見取り図を描いてきた。そのような言説の中には、先祖がえりに関する医学理論、優生学、科学的犯罪学、そしてこれも18世紀の小説を特徴づけるものであるが、個性という一つの哲学概念がある。これらの研究がそれぞれ教えてくれる叙述は、複雑できわめて特殊なものである。それらを要約する試みはここでは行わないが、そのような研究のすべてを通じて繰り返される特徴、すなわち上のような研究が実務に言及する際に「科学的な」考え方の特徴が及ぼす影響をたどれ

---

[32] このように述べることは、これらの言説が真実だという主張を否定するものではまったくなく、それらの言説が意識的に作り出され練り上げられた文化形態であるとみなすというだけのことである。この刑罰という文化形態は、「科学」と名付けられた文化的生活の圏域内で生み出されたものである。

る場合、文化という圏域がやっかいなまでに複雑であり、それがいかに多層決定されているかを明らかにすることが多いという特徴を強調することには価値がある。どのような意味でも特殊な文化形態は、多様な競合する文化形態との闘争、妥協、同盟関係というプロセスを通すことによってのみ刑罰実務に影響を与え、働きかけるにいたる。そしてそれは、刑罰の圏域における制度上の一般的傾向に適合するよう、使用文脈の中で再検討される傾向にある。このように広い観点で特殊な知識、価値体系、文化形態が刑罰の傾向に対して与える影響を示すことは簡単な問題であるかもしれないが、そのうちの一つが他のものに影響を与えるにいたる実際のルートと、その影響の正確な性質を特定することは、しばしば困難である。

4. 刑罰文化と社会環境

　問題を以下のように描写することで、本章の関心を要約できるだろう。刑罰の圏域を構成する種々の実務、日常業務、手続きは、つねに「刑罰文化」とでも呼べるような近接的な意味枠組内で行われる。この刑罰文化は、刑罰学理論、蓄積された経験、制度上の知恵、そして刑罰機関の活動に枠組を与え、彼らがなすことに意味を添える専門的な常識のゆるやかな混合物である。それは局限的で制度的な文化、つまり生活の特殊な形態であり、それ自体の用語、認識枠組、象徴を有している。刑罰文化は、近接的で意味深い文脈を形成しており、刑罰実務はそのような文脈の中に存在する。上で主張したように、刑罰実務を変容させようとするあらゆる外的力、あるいは外的決定要因は、それが法であれ、政策上の指令であれ、あるいは何らかの経済的・文化的な合理性であれ、それが効果的となるには、まずこの刑罰文化を変容させなければならない。

　この刑罰文化の主要な「担い手」であり、文化上の概念を刑罰活動へと変容させるのに最も多く寄与する行為者は、もちろん刑罰システムの「実施者」、すなわち裁判所、刑務所、保護観察所、これらの統括部局に配置される人員である。その帰結として、つねに刑罰実務の鍵となる決定要因は、裁判官、看守、役人が受ける訓練、教育、社会の中で行われる早期教育である。しかし、これらの専門家は、つねにより広い文化的文脈内で教育を受け、課題を遂行する。そしてそのため彼らは、世論や政府によって下される風土に影響される。その結果、あらゆる社会における特殊な刑罰文化はつねに、広く行き渡った（あるいは近年広く行き渡るようになった）社会的態度と伝統からなる文脈一般によって左右されるはずであ

る[33]。

　ここでの関心は、この刑罰文化を、それを内包する社会環境一般と結びつける関係性を素描すること、そしてとりわけ、ある文化的主題がどのように「処罰」と「社会」の両方を貫流しているのかを示すことである。この課題の一部は、刑罰文化の特殊な側面を外的な社会的力の生産物として説明した以前の章で達成されている。その課題を達成するために、私は「劣等処遇」、「平等」、画一性、均等性、「監視と規律の原理」などの用語について論じ、ルッシェとキルヒハイマーやフーコーなどの理論家は、それらの用語を権力と経済のネットワーク一般に結びつける際、刑罰文化を敷衍し、それを社会生活の構造によって根拠づけたのである。だがこれらの説明は、刑罰文化を社会構造へとそのような仕方で直接的に結びつけるにあたって、刑罰がその中に存在する媒介的な文化枠組の多くを説明から取り残しがちであり、彼らの理論的アプローチにあてはまらない宗教的な信条、あるいは人間的感受性といった文化生活の形態をとりわけ取り残す傾向にある。本章と次章では、その除外されたものを、いかに埋め合わすことができるかを示すことにする。

　ここで描写された一般的な立場は、要約すると、刑罰実務は、文化形態一般によってそれ自体支えられており意味あるものとされている特殊な刑罰文化の中に存在し、この刑罰文化の形態は転じて、社会の中で営まれる物質生活と社会活動の一般的傾向に基づいているという立場である。正義の概念、犯罪の概念、宗教の形態、年齢・人種・ジェンダーなどに対する態度、すなわち刑罰に見られる主要な文化的主題が、独立して発展したものではなく、それ自体で孤立した信念として成立しているわけでもないと述べる必要はほとんどない。文化的テーマは、すべての文化的要素と同様に、信念体系一般と心性の網と関わり合っており、そのテーマは、既存の考え方と理解の仕方に折り合いをつける能力をもとにして、判断と信用性を引き出しているからである。また、これらの文化的テーマが物質的生活と社会活動の根拠づけられた構造の媒介変数に依存していることを再び強調する必要もない。だが、文化形態が、有形である実務に「依存している」、あるいは「支えられている」と述べるからといって、それらが他のものの単なる反映であるとか、それらの内在的特徴が他の場所で完全に決定されると示唆しようというわけでは

---

[33] 刑罰に携わる専門家（特に裁判官）の教育的訓練の重要性、刑事司法のエリートと世論の風潮の関係に関してはDownes, *Contrasts in Tolerance*を参照。アメリカの刑務所の看守の職業文化に関してはJacobs, *New Perspectives on Prisons and Imprisonment,* ch. 6を参照。スコットランドの刑事司法が作用する文化枠組に関してはCarlen, *Women's Imprisonment*; Young, *Punishment, Money and Legal Order*を参照。

ない。文化圏における言説、象徴形態、心的表現には、それ自体独立した実在性とそれ自体の内在的な力動がある。常識の感受性、神学の議論、正義の原理、フェミニスト的イデオロギーの要求、犯罪学の言説は、ここまで見てきたごく一部の文化形態だが、これらはすべて独自の論理を示し、心的な働きと創造的で知的な働きを通して発展したものである。したがって、刑罰文化が社会環境の中に存在し、より広い文化的・構造的力によって支えられ制限されていると述べることは、刑罰の圏域自体の中で行われている創造的な働きを否定することではない。

　刑罰の圏域で発展した特徴的な文化的構築物に注意を払うとき、この点はもっと説得的に主張されることになる。監獄建築やパンと水という食生活、クランクと手押し車と縄の回収(訳注4)、密接行進法(訳注5)と絞首刑への行列、絞首台とさらし台と電気椅子、そして言うまでもないが被収容者の副次文化とそれが作り出す言語、役割、関係は、それらが外的な力にどれほど多くを負っていようとも、何よりもまず刑罰の圏域の中で生み出された構築物であり、刑罰文化を具体化するものである。刑罰学的な目的のために使用されるよう発展したそれぞれの特殊な要素は、何よりもまずその刑罰上の状況の必要性と意味によって、そして刑罰に携わる行為者と機関をどのように用いるかに応じて、形成されることになるだろう。それぞれの刑罰上の事実の具体的な細部に含まれているものは、刑罰という場と刑罰の目的についての叙述であり、その叙述を生み出した刑罰文化についての叙述である。しかし、刑罰制度が真空に存在したことは決してなかったというまさにそのことから、刑罰の圏域を越えて刑罰制度の特殊な形態と意味を描き出し、刑罰文化を外の世界の枠組や認識枠組とつなぐ結びつきを明らかにすることができる。このように、刑罰の意味に関する分析は、生活の他のあらゆる形態の文化的分析と同様に、刑罰実務を覆う特殊な意味に関する詳細なエスノグラフィー的な描写に関するもの、そして刑罰文化以外の社会生活で支配的な感受性という、より一般化された概念のあいだを行きつ戻りつするという問題に関わるものになるだろう。

(訳注1) 心性（mentality）とは、ある時代の人びとが共有する何らかの態度や価値観を指す。フランスのアナール学派で重要な位置を占める分析概念。
(訳注2) 19世紀後半以降、少年法の設立に役割を果たした児童救済運動の推進者。「人道主義的」な立場から、犯罪的・非行的な児童に対する刑罰ではなく、教育や訓練の重要性を強調したとされる。
(訳注3) 死刑や身体刑などの苛烈な刑罰を指す。
(訳注4) 過去の刑罰で使用されていた刑罰方法。
(訳注5) 隊列を組んで進む際、前の人との間隔をできるだけ詰めて歩調を合わせる方法。

第10章

処罰と感受性
「文明化された」制裁の系譜学

1. 感受性の社会的構築

　前章では、学問形態と信念体系に焦点を当て、文化の認知的側面を主に扱った。特定の処罰の仕方は、これらの学問形態と信念体系を通して、公式化され理解される。だが前に述べたように、文化の適切な説明は、心性と思考形態のみではなく、感受性と感じ方についての説明でもなければならない。文化は心的仕組を成員に与えることによってのみではなく、それが生み出す精神的構造と人格類型によっても分化する。もちろん感情、感受性、情動の構造は、人類の基本的な心理的力動に基づくものである。人間という有機体は、文化が単純に内実を流し込む空の容器ではない。歴史学者や人類学者が示してきたように、人類の基本的な衝動と感情は、社会化と社会関係の多様な形態ごとに異なって発展するが、このことは、「人間の本質」が普遍的な傾向ではなく、文化がその本質に多様な仕方で働きかけたことの歴史的結果なのではないかと思わせる[1]。すべての文化は、ある形態の感情表出を奨励し、他の形態の感情表出を禁止する。したがって文化は、情動の特徴的な構造とその成員の側の特殊な感受性の発展の一因ともなる。個人が経験する気持ちの範囲と洗練、個人の感受性と不感受性、感情の力の程度、満足と禁止の特徴的な形態は、文化ごとにかなりの多様性を示しており、それらは、特殊な文化形態と実務が、人間の心やその発展の構造にきわめて多様な仕方で関わることを示すのである[2]。

　感受性がどのように構築され、それらが時間とともにどのように変わるかという

---

[1] 文化が未完成の人間という有機体を「完成させる」仕方、したがって種の進化と個人の形成の両方において「人間の本質」の生成に内在的に関わる仕方に関してはGeertz, 'The Impact of the Concept of Culture on the Concept of Man'; 'The Growth of Culture and the Evolution of Mind' を参照。両論文はGeertz, *The Interpretation of Cultures*に再録されている。

問いがここでは重要である。なぜならその問いは、処罰と直接に関わるからである。ここまで犯罪と処罰が、公衆とそれらに関わる人びととの側で感情的反応を喚起する問題だということを見てきた。恐怖、敵意、攻撃、憎悪という気持ちは、犯罪者に対する適切な反応を定義するにあたって、憐み、同情、許しと競合する。さらに、処罰が攻撃の使用あるいは苦痛と苦悩の付与を前提とする以上、どの処罰を採用するかは、広く行き渡った感受性が許容可能な攻撃の形態と許容不可能な攻撃の形態をどのように区別するかによって、そして苦痛の光景に対する文化的態度によって影響を受けるだろう。

　私は以前、刑罰政策は今日において道徳的な問題や完全に社会的な問題としてではなく、運用上の目的のための手段として考えられる傾向にあると主張した。だが刑罰方策は、何が感情的に許容可能かに関してわれわれが持つ概念と一致しなくては、考慮されることすらないだろう。ほとんどの刑罰政策の実務上の運用は、すでに許容可能とみなされる方策と、当然のものとみなされる道徳性に依拠するという理由から可能となっている。「許容可能性」という重要な問いは議論されることが少なく、ある程度忘れられているかもしれないが、それはなおも重要な問いである。このように述べたからといって、政府と刑罰機関がつねに良心的であるとか、処罰を用いるにあたって便宜より道徳を優先していると述べているわけではない。刑罰機関は、明らかにそのようなことをしていない。だが政治的決定は、つねに慣習と感受性を背景にして下される。それらは少なくとも通常の場合、公衆によって何が許容されうるか、あるいは刑罰システムの職員によって何が実施されうるかという限界を設定するだろう。そのような感受性は、何があまりに恥知らずで人の気分を害するものであるか、何がそうではないかをしっかりと考慮するよう命令するなどして、政府の行うきわめて不道徳な事柄に対してすら、「適切性」について考慮するという課題を強制するのである。

　したがって、採用し得たかもしれないにもかかわらず、「考えられない」という理由だけで除外されている処罰（拷問、四肢切断、石打ち、公開鞭打ちなど）がきわ

2　この多様性を立証する議論と事例研究にはR. Harré (ed.), *The Social Construction of Emotions* (Oxford, 1986); P. Hirst and P. Woolley, *Social Relations and Human Attributes* (London, 1982)を参照。ハレの編集本に収められた論文は、感情が多かれ少なかれ完全な社会的構成物であり、社会活動と社会的役割という文脈に適合するように学習された行為の形態であると主張する。ハーストとウーレイは、ノルベルト・エリアスとジグムント・フロイトと同様に、内在的な心的力をより重要視する。この心的力は、社会的訓練によって覆われ、社会的コードの中でしか表出されないとしても、社会関係によっては完全に決定されることのない力である。

めて多く存在する。それらはありえないほどに残虐で「野蛮な」もの、つまり近代的な文明化された人間の感受性とはまったく調和しないという印象を与えるので除外されている。これはしばしばある種の直観的な判断として経験され、そのような判断は、広く行き渡った感受性に依拠し、刑罰政策の領域における可能性に外的な限界を画す。この境界線はたいていの場合語られず、すべての人が当然とみなすほどに不可視なものであり、何らかの著しく常軌を逸した提案が一線を越えるか、さもなければ他の時代や他の場所からの傍証が、その線が他のところでどのように異なって引かれていたかを示したときにのみ、見ることができ明らかになる。したがって、処罰は、部分的にはわれわれの感受性の特殊な構造によって決定されていること、そしてこれらの感受性はそれ自体変化と発展の対象であると述べることは明らかではあるが、われわれが容易に忘れてしまうことを想起させてもくれる。以下では、これらの近代的な感受性の正確な性質を検討し、それがどのようにして特殊な形態をとり、どのような帰結をもたらしたのかを問い、今日のわれわれの処罰の仕方に対してその近代的な感受性が与えた示唆を探求していくつもりである。

　処罰を評価するために用いられる語彙の中には、感受性を表現する用語と区別が多く存在する。われわれは、ある処罰（それはたいていの場合、他の国家や他の時代の処罰である）が、「人の気分を害するもの」、「嫌悪感を引き起こすもの」、「野蛮なもの」、「粗野なもの」、あるいはアメリカ憲法修正第8条（訳注1）の文言を用いて「残虐で通常でないもの」だと語る[3]。同様の仕方で、われわれは「人間的な」刑罰を「非人間的な」それと対置し、許容可能な「厳しい」方策を、許容不可能な「残虐さ」と混同してはならないと強く主張する。しかし、洗練された感受性という考え方を特に捉え、この種の議論における参照点として頻繁に用いられる万能な用語が一つ存在する。それが、「文明化」という概念である。刑罰が「文明化」されている、あるいはされていないと言うことは、近代的な西洋人が自らのものと考える感受性に合致しているかどうかで刑罰を測定しているということである。「文明化」は、近代的な西洋社会が誇る意識的な気持ちの洗練と、他の社会が行うとされるより苛烈でより原始的な方策のあいだにある根本的な区別を伝えるためによく使われる用語である。このように、「文明化」という用語は、われわれの文化において

---

[3] L. C. Berkson, *The Concept of Cruel and Unusual Punishment* (Lexington, Mass, 1975)を参照。

多様な含蓄を持つ強力に喚起的な概念である。

「文明化」という大きな概念と、改革された刑罰システムの特殊性が結びつくことを最初に指摘したのは、18世紀の啓蒙主義的な批判家である。彼らは当時のヨーロッパの法システムが、文明化されていると主張するあらゆる社会で許容されるべきでない処罰の方策をいまだに採用していると抗議した。以来、「文明化」という基準は、刑罰の批判者と弁護者双方によって刑罰を評価するために用いられてきた。そのような例としては、社会の刑罰方策が、その文明化の指標と尺度であるという多く引用されてきたウィンストン・チャーチル（W. Churchill）の宣言、あるいは同じように、「国家の文明化の基準は、その監獄の扉を開けてみると判断できる」というドストエフスキー（F. M. Dostoevsky）の見解がある[4]。

もちろんレトリック的に使用されるとき、「文明化」という概念は、自分と他の人びとを区別するためのつまらない自民族中心的な方法ともなり、そのため、最悪の形態の階級差別あるいは人種差別や自国家優越思想と結びつくこともある。だが以下で見るように、この概念を、はるかに中立的で、非評価的で、**分析的な**意味にとること、つまり近代的な西洋社会に特異で、文化的・心的変化の長い発展プロセスの結果を表わす感受性と態度の特殊な編成を描写するために用いることもできる。この後者の意味にとれば、「文明化された」処罰という概念は、文化的・歴史的意義を持つことになる。そして、その概念が持つ他の概念とは異なる特徴は、刑罰の圏域で作用する近代的な感受性の輪郭を特定するための方法を提供してくれる。

ノルベルト・エリアスの著作、とりわけ1939年に最初に出版された『文明化の過程』という二巻本での説明は、そのような探究を導いてくれる[5]。この歴史研究の中でエリアスは、西洋的な感受性が中世後期からどのように変化してきたかについて詳細な描写を行い、歴史資料が明らかにする態度と行為の微細かつ特殊できわめてゆるやかな多数の変化の根底にある多くの広汎な発展傾向を特定している。そしてエリアスは、この変化傾向とその典型的な変化の方向を描写した後、感受性と個人の心理の変化を、社会組織と相互作用の形態におけるより広い変

---

[4] F. M. Dostoevsky, *The House of the Dead* (Harmondsworth, 1985). チャーチルの宣言は、「犯罪と犯罪者の処遇に関する大衆の気分と気質は、あらゆる国の文明化の最も確実な試験である」(Hansard, col. 1354, 20 July 1910)。

[5] N. Elias, *The Civilizing Process,* i. *The History of Manners* (Oxford, 1978); ii. *State Formation and Civilization* (Oxford, 1982).

化と結びつける説明解釈を提示する。だが残念なことにエリアスは、彼の描写する広汎な発展の中に、処罰がどのように当てはまるのかをほとんど述べていない。彼は、騎士の中世世界における絞首刑の位置について簡潔な見解をいくつか提示しており（それは「騎士の生活の道具立てに不可欠だった。それはとりたてて重要なものでもないかもしれないが、ともかくとりたてて不快なものでもなかった」[6]）、また、最初の頁で「司法による処罰の形態」は、「文明化」が主として言及する社会事象の一つだと記しているが[7]、これ以上具体的なことには何も言及していない。とはいえ、近代的な感受性の発展と特徴に関するエリアスの分析が、処罰の研究にとって大きな重要性を持つことはまったくもって明らかであると思われる。処罰の研究は、ここまで主張してきたように、何が「文明化され」ており、何がされていないかという概念によって大きく影響される社会生活の圏域についての研究だからである。

　以下では、エリアスの著作の主なテーマを提示し、それらが刑罰制裁と刑罰制度の歴史的発展を理解する上でどのように役に立つかを示す。その際、近代的な感受性と、現代文化の統制と儀礼によって生み出された恐怖、不安、禁止の特徴的な構造に主に焦点を当てたい（だがこの心的・文化的な次元は、社会組織と社会発展に関するエリアスの一般理論の一側面でしかないと記しておくべきだろう。この一般理論は、ウェーバーやデュルケムのような壮大な規模で構想され、これら二人の著述家の主張の多くを統合する試みである。予測できることではあるが、エリアスは「文化」、さらには「心理学」すらをも、社会生活と社会組織という根底から分離することを拒んでいる）。その後、現代的な感受性と現代的な処罰形態の相互作用を分析し、批判していく。そのような分析によって、処罰をよりよく理解するだけではなく、他の社会学的説明が見過ごしがちな刑罰変化のいくつかの重要な駆動力を特定することが可能になるかもしれない。

2．ノルベルト・エリアスと文明化の進歩

　エリアスの著作で文明化という概念は、「人間の振る舞いの特殊な変形」を指す[8]。彼が描写する「振る舞い」には、男女の個別の行動ならびに文化慣行、儀礼、

---

[6] Elias, *The History of Manners*, p. 207.〔邦訳 p. 398〕
[7] Ibid. 3.〔邦訳 p. 68〕

制度が表す集合的な振る舞いが含まれる。それぞれの場合、彼は振る舞いそれ自体やそれが示す詳細な特徴のみに関心を寄せているわけではなく、そのような振る舞いが前提とする基底的な心的・社会的な構造と、これらの行動が他の構造を維持するために相互作用する仕方に、関心を寄せている。この著作が実証を強調しているとはいえ、そして礼儀作法と振る舞いの詳細な説明を与えるためのエスノグラフィー的な関心を有しているとはいえ、その研究の真の目標は、実証的なものではなく構造的なものであることは確かである。それは何にもまして、心的構造の変化とその社会的相互作用の構造の変化との関係性についての分析である。

　文明化というエリアスの概念において頻出する「特殊な変形」とは、中世から現代にいたるまで、西洋の人びとの振る舞いと感情生活に影響を与えた長期的な変化プロセスのことである。もちろん、中世社会に特徴的な行為から現代のそれを区別する行為の様式に、大きな変化があったことはよく知られている。文明化というその概念はまさに、慣習と礼儀作法において中世と現代が対照的であることから、中心的な意味を引き出すのである。だがエリアスの寄与は、以前の時代に存在していた行為の規範と情動の一般的傾向を正確に物語る大量の歴史資料を非常に上手く使うことによって、この変形の移行と段階を詳細に描き出したことにある。エチケットマニュアル、教科書、フィクションの著作、絵画、教示や描写のための他の多様な書類の綿密な読解という手段によって、エリアスは中世以降の多様な集団に広く行き渡っていた行為形態を再構成できた。彼は、これらの「マナーブック」の内容の経年変化を追い、たとえば以前の版では明示的に要求していた礼儀作法が、新しい版では当然のこととみなされていること、あるいはかつては大人に向けて教えられていた規範が、子どもへの教示となることを示すことによって、文化規範のますます増大する要求によって行為がどのように徐々に変化し洗練されていったかを示すことができた。同様にエリアスは、そのような資料と規範の寄与をたどることによって、礼儀作法がどのように一つの社会集団から別の集団へと徐々に拡散したのかを示すことができた。著作の中心となる大量の資料源は、その時代の人びとの日記、小説、訴訟、旅行記、絵画といった、より直接的な記述を行う傍証によってもさらに補完される。これらすべてを、社会の期待と実際の人間行為についての手掛かりとして検討しているのである。

8　Ibid. 51.〔邦訳 p. 137〕

エリアスは、振る舞いに関する規範の変形、そして結局は振る舞いの変形を、社会生活と個人生活のいくつかの異なる圏域において探っている。テーブルマナー、身体の機能に関する態度、唾を吐くことや鼻をかむことに関する適切な方法、寝室での行為、洗濯と清潔さの癖、攻撃性の表出、大人と子どもの関係性、女性の前での男性の行為、目上の人や見知らぬ人に対する適切な対処方法。これらすべてのことが、重要な変化を通過する。エリアスは、それらの変化を豊かでしばしば魅力的に、そして詳細にいたるまで描写する。彼は、この大きな変化の中で、すべての動向に一定の秩序性と方向性を与える発展の頻発傾向と原理が多く存在することを見出す。典型的には、文化における文明化の過程には、社会によって個人に科される統制の堅固化と分化、行為の洗練、そして適切な行為がますます多くのことを要求するようになるにつれて、心理的禁止の水準が上昇することを含んでいる。そのため、「文明化」という考え方は、**過程**を表わすものと考えられる。それには、他のあらゆる過程と同様に、歴史学者が理解しようとしなくてはならない原因と結果の両方を含む。

　エリアスは、『文明化の過程』の二巻で、これらの発展の傾向が、最初は宮廷社会での社会的相互依存と、その後にはブルジョア的な市場社会での社会的相互依存の拡大とどのように結びついたか、そしてそのような相互依存的な社会が成員に要求し教え込む計算、自己統制、他の人への気づかいの増大によって、どのように発展傾向がもたらされたかを示している。中世の騎士戦士社会から16、17世紀の比較的平和な宮廷社会へと少しずつ歴史が動くにつれて、暴力は中央機関に独占されるようになり、それによって通常の社会関係で表現される攻撃性の水準は減少し、社会生活が行われるにあたっての平和と安全の水準は向上している。同じ時期に、社会的地位と階層の区別は、文化上の業績、話し方、礼儀作法にますます左右されるようになっている。このような移行はとりわけ宮廷で顕著だったが、その宮廷では、人びとは丁寧さと洗練さを入念に提示すること（これは社会上の劣位者から自分を区別するためにも有用だった）によって、目上の人の寵愛と好意を得ようと競っていたのである[9]。

　その後、18、19世紀における市場社会の発達と文化的要求水準の上昇にと

---

[9] Elias, *The History of Manners,* p. 217〔邦訳 p. 409〕を参照。話し方、礼儀作法、エチケットの社会階層の区別を表現するための使用に関してはT. Veblen, *The Theory of Leisure class* (London, 1971); P. Bourdieu, *Distinction: A Social Critique of the Judgement of Taste* (London, 1985) の古典的な研究を参照。

もない、貴族エリートの礼儀作法は勃興しつつあったブルジョア階級へとおよんだ。ブルジョア階級の自己抑制と本能的な克己心のための心理的能力は、すでに市場の規律とブルジョア的な生活と宗教が有していた上昇志向によってよく発展していた。20世紀までには、「文明化された」規範やあらかじめ指定された行動についての文化的拡散は、包括的な市場と一連の相互依存によって、社会機能の分化と「文明化」が大衆の政治生活の基礎となることによって、そして生活基準の上昇と一般人口の教育の向上によって、社会のほとんどの部分に及んでいた（もっとも、規範と礼儀作法における微妙な差異が、社会内そして社会間の特色でありつづけていたことはもちろんである）。このように「文明化」は、社会発展と社会組織の特殊な歴史によって西洋社会で生み出された文化編成として説明される。それは、進化プロセスの特殊で移ろいやすい結果である。そのプロセスは、社会的に決定されてはいるが、どのような意味でも避けえないものではないく、それが依拠する社会組織と相互依存の形態が、戦争、革命、大きな危機で弱まったときには、すぐに後戻りしうるものなのである[10]。

2-1 文明化の心理的付随物

　社会学に関するエリアスの主張は本質的に興味深いものの、その主張よりも社会心理学に関する彼の主張の方が、ここでのわれわれにとっては重要である。エリアスは、精神に関するフロイトの理論を歴史化するという大胆で独創的な試みの中で、文化的要求と社会関係における変化が結局、関与する個人の心的組織、特に衝動と感情の構造に影響を与えると主張する。彼は次のように述べる。「……社会的行動規範は具体的な形で人間の心に刻みつけられているので、いわばそれは個人的自我の恒常的な要素となる。そしてこの要素は、全体としての個人的自我同様、当然、社会的行動規範や社会構造の変化に絶えず対応しつつ変化するのである」[11]。人類は、良心と社会環境が彼らに課す恐怖、不安、禁止を徐々に内在化し、文化的生活の要求に見合うよう直観的な衝動の表出を多かれ少なかれ効果的に禁止する超自我を発展させる[12]。このように、文化の変化には心的な

10　Elias, *The History of Manners*, p. 125〔邦訳 p. 267〕を参照。またp. 140〔邦訳 p. 290〕も参照。ここで彼は、20世紀の社会的慣習の「おおらかさ」とゆるみが、すぐれて強固になり、当然のものとみなされるようになったことによって「文明化された」行為基準が可能となったと説明する。「それはいったん確立された基準の枠内でのひとつのゆるみにすぎない」。
11　Ibid. 190〔邦訳　p. 367〕

付随物、すなわち「文明化の精神的過程」がともなう[13]。それには、個人の性格構造における変化、特に自己統制、内在化された抑制、そして恐怖、恥、繊細さ、恥辱といった禁止による不安の増大が含まれる。以下ですぐに示すが、この心理的変形という事実は、近代社会における処罰の方法に重要な影響をもたらす。そのためある程度詳細に、この変化に関するエリアスの説明をここで論じておくことが有益だろう。

　長期的な文明化の過程における人類の心理上の変化は、子どもの成長過程の変形のように、人格と行為の全組織に影響を与える。この過程の中で個人は、自らと関わる新たな仕方、他の人類に関わる新たな仕方、物理的・社会的実務に関わる新たな仕方を発展させるようになる。社会の中で暴力の使用を独占し臣従者を支配する中央権力の出現に続いて、そしてより洗練された社会上の礼儀作法と他の社会内の行為者により多く関わることを要求する行為コードの発達にともなって、より多くの自己抑制を自らの行為に課すことが個人にとって必要不可欠となる。攻撃性、あるいは確かにあらゆる種類の本能的な感情をあからさまに示すことは、法の力あるいは社会的な配慮によってますます禁止される。(部分的には無意識的な条件づけの問題となる) 社会的学習のプロセスを通じて個人は、本能的な衝動と感情から距離をとり、それらの表出を統制する能力を発展させる。この統制は、宮廷人や企業家が「情念を隠す」か「気持ちに反して行為する」ときのように、ある程度は意識的である。だが時として、内在化された不安の構造、つまり超自我は、この自己抑制を多かれ少なかれ無思考的で自動的なものにする。文化の要求 (そしてもちろん政府の権威あるいは両親の権威による力の威嚇) の圧力の増大のもとで、暴力、におい、身体的機能、多形的なセクシャリティなどを率直に楽しむことは、個人の無意識の中で大部分抑圧される。この抑圧の作用は、個人の心の中で「情動の見えない壁」を設定する。それによって個人の心は、本能的な衝動と内在化された統制の対立的な相互作用へと引き裂かれる。この抑圧が成功しているかぎり、個人の感情と行為はより均等に秩序化され、より無意識的になり、衝動

---

[12] エリアスの説明には、生物学的に与えられた感情が社会的に抑制されるという点を強調しているように思われる個所もある。実際これは、彼が他のところでは回避している深刻な単純化である。活動と関係性の社会的文脈が、個人内の感情状態を明らかにし、抑制し、規制する仕方について語るほうがより正確だっただろう。これらのコード化された社会的教示が基本的な心的・生理的プロセス(衝動? 本能?)とどのように相互作用するかは、熟考と論議の対象となるにとどまっている。私の議論が時に依拠するこの問題についてのフロイト的説明には、他のものと同様、大きな疑惑が向けられている。
[13] Elias, *The History of Manners*, p. xii.〔邦訳 p. 58〕

と統制という二極のあいだの激しい振幅は少なくなる。そのため個人は、社会慣習を維持するように訓練され、心理的に準備を整える。そして時とともに、これら慣習はより多くのことを要求し、さらに多くの抑制と辛抱を求め、繊細さと感受性の閾値をますます高める傾向にある[14]。

　社会上の礼儀作法は、何よりも個人が他の個人に接触する仕方についてのものであり、そのため、人間関係を支える心理構造もまた、文明化の過程によって重要な変化にさらされる。この長期的な変化のあいだ、個人は他の人の行為を考慮に入れて自らの行為を調節することを望むように、そしてその調節をうまく行うようになり、一般的に他の人びとを自分と同様、尊敬と気づかいに値する人間だとますます考えるようになる。他人の気持ちに対する礼儀作法と感受性がこのように洗練されることは、最初は社会内の優位者に対する尊敬のしるしであり、暴力が最初は諸侯の軍隊の優越権力を認めることによって断念されたように、優越権力に対する服従の行為として意識的に、そして道具的に行われる。だが世代がかわるにつれて、他の人びとに対するこれらの振る舞い方は徐々に道具的な側面を失い、個人自身が正しいと感じる振る舞い方になる。その後には、そのような礼儀作法は他の人といるときの適切な行為を示すものとして社会上の同等者、さらには社会上の劣位者に対してすら採用されるようになる。最終的には、個人はこれらの規範を社会上の慣習とみなすことをやめ、他の人びとがいないときにすら、それらに従うようになるだろう。行為を規制する社会的条件づけと社会的力はそれほどまでに強くなるのである。

　エリアスは、感情と感受性は他の人びとの気持ちと意図に沿うように統制づけられてきたが、その統制が最も急速な発展を遂げたのは宮廷社会のエリート集団においてであると強調する。宮廷の社会状況で見られる技能、すなわち情事と陰謀を通して自らのあり方を操作するために必要とされる計算と自己統制のための洗練された技能は、お互いについて、そして自分自身について個人が持つ理解の向上をもたらした。この向上の程度は、エリアスがこの時代を人間行為に対する真に「心理的な」アプローチの最初の発展の時代とみなしたほど大きかった。自他の自我の綿密な検討を道具的に行うことは、マキアヴェリ（N. Machiavelli）の著述を考えれば明確に理解できる。マキアヴェリの著述は、宮廷社会の心理的方向

---

[14] 多くの論点と同様に、ここでエリアスの文明化過程に関する説明は、フーコーの規律とその影響に関する説明と重なる。

性のわかりやすい表出である。一方で、この時期の人間主義的な著述を考えれば、そして人類の相互的な根本的同一性を強調するエラスムス（D. Erasmus）とモンテーニュ（M. de Montagne）からヴォルテール（Voltaire）へといたる長い流れを考えれば、文明性というこれらの規範が最終的に導いた、個性と人格の個別性への尊敬といった価値をも理解できる。騎士の中世世界では、相互の戦争という内輪もめがあり、「……人間同士の同等視は欠けている。すべての人間は『平等』であるという考え方などは、この時代の生活には微塵も存在しない」[15]。しかし宮廷社会の発展とともに、「個々の人間の行為や人格構造がこんな具合に変化するように、それに応じてある人間が他の人間を観察する仕方も変化する。人間が他の人間について持つイメージはよりニュアンスに富み、刹那的な感情からより自由になる」[16]。相互的な同一性と個人間の理解は、このような仕方で徐々に現われ、その後に続く啓蒙と、実務上の人道主義と功利主義という民主的運動への道を開くのである[17]。

　同様の文明化過程の一部として、大きな世界に対して個人が持つ心理的な方向性は後にはある変形を、すなわち17世紀の科学革命とそれ以後起こった科学と技術の継続的な発展を最終的に引き起こした変形を通過する。短期的な情動の自制と自己統制の高まりは、ちょうど複雑な計算への必要の増進が、探求といっそう「科学的な」態度という技能を発展させたように、世界に対するいっそう「客観的」で、非感情的で、偏りのないアプローチを可能にする。「全体的な行動様式と同様に、物事や人間に対する観察も、文明化の動きの中では、情動に左右されないものになる。『世界像』も、少しずつ、あまり直接に人間の願望や恐怖に規定されなくなる。そしてそれは、『経験』とか『経験上の知識』と呼ばれるもの、すなわちみずからの法則性を持った一連の編み合わせによってますます強く方向づけ

---

[15] Elias, *The History of Manners*, p. 209.〔邦訳 pp. 398-399〕
[16] Elias, *State Formation and Civilization*, p. 273.〔邦訳 p. 395〕
[17] 人道主義的な感受性の社会的基礎に関する（エリアスの説明を補完し、いくつかの点で洗練させる）重要な説明にはT. J. L. Haskell, 'Capitalism and the Origins of Humanitarian Sensibility', *The American Historical Review,* 90 (1985), 339-61, 547-66を参照。ハスケルは、市場社会が原因と結果の長い連なりをよりよく特定しうる知覚の形態を促進したと主張する。このことは転じて、ひとりの個人が他の人びとの苦痛に道理にかなった同情をするという責任感を拡大した。このことは、道徳活動の効果が及ぶ範囲の広がりという結果を生んだ。同時に、「市場は、行為のある程度計算的で、適度に主張的なスタイルを示す人びとの前に、手で触れることのできる報酬を積み重ねていくことによって、一方ではより抑制されていない礼儀作法を持つ人びとや広くいきわたった規範と比べて高すぎたり低すぎたりする攻撃性の水準にその行いを調節する人びとを負けさせることによって、性格を変化させた」(p. 550)。

られるようになる」[18]。実際この科学的態度は、エリアスが16世紀以降から起きたとする「合理化」の過程と同様[19]、文明化という概念が言及する心理的・文化的変化の一般的な過程の派生物である。その後これらの多様な仕方で文明化の過程は、高い感受性を持つ個人を生み出す。その個人の心理的構造は、抑制、自己統制、禁止によって大きな負荷がかけられている。しかし同時に、この過程の別の側面は解放的でもある。というのも、個人は即時的な感情の奴隷になるのをやめ、世界と他の人びとに対する統制され規律だった態度をとることが、いっそう可能になるからである。

2-2　気分を害する出来事の私秘化

　礼儀作法と文化儀礼の発展に際してエリアスが鍵とする特色は、私秘化の過程である。それによって、生活のある側面は、公的な闘技場から姿を消し、社会生活の舞台裏に隠されるようになる。セックス、暴力、身体的機能、病気、苦悩、死は、徐々に恥辱と嫌悪の源泉になり、核家族、プライベートな洗面所と寝室、監獄の独房、病院の病室といった多様な私的領域へとますます移されるようになる。この過程の背後には、人間行為のより動物的な側面を粗野で教養のないものの徴候であるとして抑えつける傾向がある。そのような行為は、嫌悪をもたらし礼儀作法にそぐわないものと定義され、個人はそのような振る舞いを優位者の前で示すことで不快な思いをさせないようにと教え込まれる。最後にはこの文化的な隠蔽は、より一般的でより深いものとなる。他の人びとがあからさまに苦悩を感じていたり、排便をしていたりという身体的機能を示している光景は、徹底的に嫌悪感をもたらすものになり、公的な場では禁止されることになる。新しくより私的な飛び地が「舞台裏で」徐々に発展するが、そのような活動がより思慮深く行われうるのは、そのような場所においてである。その活動は、他の人びとの視界から隠され、恥と恥辱の雰囲気をしばしばまとう。このような例を一つ挙げれば、家族の寝室は、そのような私秘化された空間の一つとして現われる。エリアスは以下のように述べる。

---

[18] Elias, *State Formation and Civilization,* p. 273.〔邦訳 p. 396〕。この新たな認知スタイルが、どのようにして道徳的感受性における感受性をもたらす助けとなったかについての分析にはHaskell, 'Capitalism and the Origins of humanitarian Sensibility', pp. 342 ff.
[19] Elias, *State Formation and Civilization,* p. 276.〔邦訳 p. 398〕

寝室は人間生活の中で、「最も個人的・私的」な領域のひとつである。たいていの身体的行為と同様、「睡眠」も社会的交際の舞台裏に次第に身を潜めるようになった。人間の他の多くの機能の場合と同様、睡眠のための、社会的に認められた唯一の特別地帯としては、家庭だけが残されることになる。家庭の持つ可視的・不可視的な壁は、個人の生活における「最も個人的なもの」「最も私的なもの」、抑え難いこのいわば「動物的衝動」を他人の目から隠してくれるのである[20]。

　エリアスがはっきりと述べているわけではないが、行為を舞台裏に押し込むこの文化的傾向は、明らかに抑圧という心的過程の付随物である。それによって本能的願望は、無意識的なもの、夢想と空想の中で私的に、そして罪悪感をともないつつ楽しむものになる。行為を舞台裏に押し込む文化的傾向と抑圧という心的過程は、ともに発達するが、この両者はつねにより多くのことを要求しつづける文化的要求基準の結果でもある。この要求は、繊細さ、感受性、嫌悪感の閾値を継続的に上昇させる。また、この過程が起こるのは、「私的な」振る舞いの領域だけというわけでもない。近代的で国家によって支配される社会の鍵となる特徴の一つは、もはや暴力が毎日の公的生活の許容されうる側面ではないことである。しかし、エリアスが指摘するように、社会における暴力は消え去るわけではではなく、「舞台裏」、つまり兵舎、兵器庫、国家の監獄小屋に、緊急事態に備えて蓄えられる。そしてそれは、潜在的犯罪者に対して、つねに存在する国家規範と禁止によって課される脅威であり続ける。そのため「……この蓄積された暴力から絶えず平均化された圧力が個々の人間の上にのしかかってくる。この圧力は完全に習慣化しているし、個々の人間の行動や衝動のあり方がごく幼少のときからこうした社会構造に基づいて規定されてきているから、しばしばそれが感じられないことが多い」[21]。このように、どの観点から見ても最も文明化されている社会が、それにもかかわらず文明性の抑制が何らかの理由から放棄されたときに世界戦争、核攻撃、虐殺という巨大な暴力を爆発させることがあるのは、少しも皮肉なことではない[22]。

---

[20] Elias, *The History of Manners*, p. 163.〔邦訳 p. 327〕
[21] Elias, *State Formation and Civilization*, 239.〔邦訳 p. 345〕。国家暴力とそれが毎日の意識において占める場所に関してPoulantzas, *State, Power, Socialism*を参照。

動物性を示す他の徴候と同様に、暴力、苦痛、肉体的苦悩の光景は、近代的な感受性にとって、高度に気分を害し嫌悪を引き起こすものになった。その結果、それは可能であるときには、いつでも最小化される（もっとも、皮肉なことに、暴力のこの「抑圧」は、実際には他の人びとの権威づけられていない暴力を妨げるほどに大きな国家暴力の能力を前提とするのだが）。そして暴力が使用され続けるときには、公的な闘技場からはたいていの場合取り除かれ、多様な仕方で消去されるか偽装される。それはしばしば、非人格的で専門家的な仕方で行動する軍隊、警察、刑務所職員などの専門家集団の独占物となり、その行動が生起させる恐れのある感情を弱めるのである。

　そうであるならば、エリアスの「文明化」という考えは、道徳的改善というホイッグ史観的な叙述とはまったく似ておらず、世の中に見出される悪い行為と人間が行う悪の量がある種、世俗の上で減少していると示唆してもいない。むしろ、「人道主義的な刑罰改革」に関するフーコーの説明、すなわち、新たな監獄は「より寛容」であるわけでも「道徳的に優れている」わけでもなく、権力、知、身体の新たな編成を表わしているとの主張を想起させる。それとほとんど同様に、エリアスの文明化に関する説明は、ある社会的・心的な変化が、どのようにして文化的生活の編成と特徴を変形させたかについての分析である。この新たな編成では、「自己」と「他人」、「愛」と「暴力」、「公的」と「私的」といった特定の鍵となる要素の位置づけ（そして確かに性質）はまったく異なる。そして彼の関心の焦点は、この社会学的・歴史的相違点である。つまりこの変化が良い方向に向かっているか悪い方向に向かっているかを判断するというのは、エリアスが設定した問いではない。

　われわれが「文明化」と同一視する感受性、制止、文化儀礼のこの発展は、長い時間におけるあらゆる長期的な過程と同様に、非直線性と振幅をともないつつ行われる。だがエリアスは、「典型的な文明化曲線」と呼ぶものを発見する。これはこのゆるやかな発展における特徴的な段階を効果的に要約してくれる。そこで、この発展曲線の例を全文引用することで、この節を終えたい。これは、テーブルマナーと動物の肉を切り分ける社会的に認められた方法に関する彼の議論からの引

22　エリアスは、文明化された禁止がある特定の状況ではすぐに失われてしまうことをよく知っていた。そのような状況とはたとえば、戦争や自然災害が通常の社会関係を破壊するとき、あるいはそうでもなければ「国家の安全保障に対する脅威」が緊急事態を生み出し通常の行為の連なりを停止させたと言われるときのことである。そのような状況では、「文明」の「防衛」が文明化された行いの放棄を引き起こすこともある。彼の著作はまた、敵の「非人間化」が、対立する社会集団の非文明化された扱いにとってどのような意味で重要な必要条件であるかをも示している。

用である。

　不快なものを会食者の目につかぬようにするという、ますます強まっていくこの傾向は、ごくわずかの例外はあるが、丸ごとの動物を切り分けることについても見られる。……この肉の切り分けは、かつては直接的に、上流階層そのものの社会生活に属していた。それから、このような光景は次第に不快なものと感じられる。肉の切り分けそのものはなくならない。なにしろ、動物を食べるときには、それを切り分けなければならないからである。しかし、不快なものとなったものは、社交生活の舞台裏に移される。それの専門家が店や調理場でその仕事を行う。不快になったもののこの排除の模様、この「舞台裏へ移すこと」が、われわれが「文明化」と名づけているものの全過程にとっていかに特徴的であるかは、これからも繰り返し示されるだろう。それは次のような曲折をたどる。動物の肉の大きな部分または丸ごとを食卓で切り分けること、死んだ動物を見ることに対する不快感の増大、切り分けの仕事を舞台裏の専門的な職分にまかせること、これが文明化のたどる典型的な過程である[23]。

　この引用は、エリアスの議論の多くを上手く要約し、重要な点をいくつか明らかにしている。しかしそれはまた、処罰の歴史が、エリアスの特定した一般的な発展傾向にどれほど密接に従っているかを示唆するのにも有用である。刑罰史の大まかな歩みを心に留めつつこの引用文を読めば、多数のきわめて意義深い類似点がすぐに目にとまる。つまり懲罰の作法は、16世紀から20世紀という上の引用文が示しているのと同時期に、きわめて類似した一連の変化を通過してきたのである。すでに見たように近世には、死刑と身体刑が公開で行われ、司法による殺人の儀礼と犯罪者の苦悩の提示の両方が、社会生活でよく見られる要素になっていた。その後17、18世紀には、この見世物の光景は、とりわけ社会上のエリートのあいだで嫌悪を引き起こすものとして規定され直され、死刑は徐々に「舞台裏」へと、たいていの場合は監獄の壁の後ろへと追いやられた。続いて犯罪者に対して暴力をふるうという考え方は、それ自体嫌悪感を引き起こすものとなり、身体刑と死刑は大部分廃止され、収監などの他の制裁にかわった。20世紀後半までに

23　Elias, *The History of Manners*, p. 121.〔邦訳 pp. 260-261〕

処罰は、特殊技能者と専門家によって多かれ少なかれ公衆の視界から離れた（刑務所や懲治監といった）飛び地で行われる、いくぶん恥ずべき社会活動となった。

この例は、文明化された感受性の起源としてエリアスが特定する文化的・心的変形が、処罰の制度を形成する際して重要な役割を果たしたかもしれないことを証明する助けとなる。もしわれわれが彼の著作で特定された特殊な現象の現実性（とりわけ「良心」の増大と暴力的な行為への抑制の増加、人間どうしの同一視の増大、苦痛と苦悩への感受性の高まり、私秘化と衛生化へ向かう広汎な文化的傾向）を認めるならば、刑罰史あるいは処罰の社会学の説明の中に、そのような変数を含めるよう義務づけられることになる。もちろん処罰を決定する際に感受性が果たす役割は、排他的な役割というわけではまったくない。エリアス自身が示すように、つねにこれらの精神的・文化的な現象は、社会構造、階級闘争、組織形態に左右される。そしてこれらすべてが、刑罰実務の形成に寄与すると予測されうる。しかし、もし社会構造、階級闘争、組織形態に実在性と影響力を認めるのであれば、エリアスが特定する文化現象を、あらゆる処罰の社会理論の中に現在作動している要素として含まなければならない。以下では、感受性の変化と処罰の形態の変化を結びつける相互関連をいくつか探求し、近代刑罰とそれを支えている感受性の構造に関する議論で本章を終える。この検討は、ピーター・シュピーレンブルクの著作を検討することと、刑罰史のある側面を説明するために彼がエリアスのテーマをどのように使用しているかを検討することで始める。

3．シュピーレンブルクの刑罰の歴史

シュピーレンブルクの『苦悩という見世物（*The Spectacle of Suffering*）』は、公開処刑の没落を感受性の長期的な変形と関連づける特定の（エリアス的な）テーマを提示している。シュピーレンブルクは、エリアスの著作の広い概略を保持しながら、処刑台の消滅と感受性の高まりの両方を、国家権力の成立とその臣従者を平和にし、領土中に法と秩序の安定した形態を与えるという国民国家の能力が増大したことについてのより広い議論の中に位置づける。シュピーレンブルクは、公開処刑と国家権力を威嚇的なものとして提示することが、歴史のどこかの時点で国家の維持にとって必要な要素でなくなったという点に関して、フーコーなどの他の著述家に同意する。だがシュピーレンブルクは、フーコーとは対照的に、決定的

に重要な意味で、国家の発展と刑罰史のつながりを媒介する感受性の変化に説明を集中させる。彼は、社会の組織形態における機能的変化が刑罰発展の背景条件と基本条件となるとはいえ、感受性の変化とそれが生み出した態度が刑罰改革の近接的な文脈と刑罰変化の誘因になったと主張している。

シュピーレンブルクは、1650年から1750年のあいだにアムステルダムで採用された刑罰方策の詳細な描写と、当時ヨーロッパで使用されていた刑罰方策のより一般的な説明を提示する。重大な犯罪者に対して最もよく下された絞首台を使用するという判決には、(鞭打ち、烙印づけ、首の周りに縄を巻きつけられて行われる象徴的なさらしものとなどの) 死刑以外の刑罰、(一般的に死の最も不名誉な形態だった縛り首、しばしば女性犯罪者の末路だった鉄環絞首刑、殺人者と社会的地位をある程度持っていた犯罪者の通常の結末だった斬首などの) 死刑、くわえて(車輪の上での八つ裂き、焚刑、水刑などといった) 死刑の延長が含まれた。舌に穴をあけること、目を潰すこと、耳と手の切除などの四肢切断も知られていたが、これらが最もよく下された刑罰だったことは一度もなく、そのまれな使用も17世紀に急速に減少した。これらの処刑の形態は、権威の勢力と暴力の使用を独占するというその主張を鮮やかに想起させる役に立っていたが、それらの形態に加えて、死の瞬間をみずからすすんで越えた犯罪者〔つまりすでに自殺した犯罪者〕に対して科されるさらなる責苦が存在した。死体の損壊、自殺に対する処罰、遺体をさらすことは、王の立法あるいは新たな都市の権威が持つ至高の性格を表明するため、定期的に採用された。据え付けの絞首台は、石でつくられ、都市のすそ野に置かれていたが、それは、その場所が「法の都市」であることをその都市の住民と旅行者の双方に伝える機能があった。兵士はその前を通り過ぎる際に敬礼をするように義務づけられており、都市を包囲する軍隊はしばしば、都市の権威に対する攻撃の一部としてそれを攻撃した。

これらの残虐な事柄が行われる公開儀式は、町の治安判事によって、そして少なくとも初期段階には市長によっても執り行われた。大勢の群衆には、豊かな人も貧しい人も、親も子も含まれ、彼らはこれらの死刑を見るために喜び勇んで出かけた。そして「判決の日」の頻繁さを考えれば(中規模の町であるブレダでは1700年から1795年のあいだに224回処刑が行われた)、処刑は大半の人びとにとってなじみ深い光景だった[24]。驚くことではないが、処刑台は特異な神話と迷信を庶民のあいだに生み出した。しかし、その暴力への反感が重要な要素になったこと

はない。同時代の絵画の傍証を信じるならば[25]、都市の端にある野原でさらしものにされ腐った遺体を見ることすら、その近くに住む人びとにとって、一定の関心しか呼ばなかったようである。これはすべて「苦痛をあからさまに与えることを許容する社会を前提とし」、「有罪宣告を受けた人の苦悩に対する肯定的な態度あるいは無関心を」表わしているとシュピーレンブルクは述べる[26]。

彼の主張は、治安の水準が低く、個人がたいていの場合武装していてすぐに怒り、封建的な戦士のエートスと名誉の作法の残滓がいまだに支配する16、17世紀の社会にあっては、暴力に対する一般的、あるいは深く根を張った嫌悪感が存在しなかった、というものである。「不信心な者が大地を覆うことがないように、素早く頭を切って、離す」[27]。この見解の荒々しさと粗野な力は、疑いもなくマルティン・ルターのもの（彼は権威を「神の絞首刑執行人」とみなしていた）だが、シュピーレンブルクによればこの見解は、暴力を当然のように受容する当時の普通の心性を反映したものなのである。

もちろん処刑人の犠牲者〔すなわち処刑される犯罪者〕の運命が、憐れみ、同情、怒り、嫌悪の心情をかきたてることもあった。その犠牲者が特に不幸だったり、その罪に関して潔白だったりすると考えられるとき、そしてその犠牲者が個人的な知り合いである場合には、より優しげな関心が示された。とりわけ地方から出てきた放蕩者は、このような関心を示したが、エリートと大衆の側では、普通の財産犯やそれに類似する者に対して特段の同情は存在しなかった。シュピーレンブルクは、「強盗、偽造犯、ポン引きといった逸脱者は、見物人の心に慈悲をもたらさなかった。なぜなら、見物人には人間としての同情がなかったからである」と主張する[28]。しかし、これは論点を誇張しすぎているかもしれない。むしろ、ビーティー、ゼーマン、マスールが示唆するように、たいていの場合処刑される犯罪者は、よそ者で、町の人びとに知られておらず、あるいはそうでもなければよく知られた泥棒や再犯者であり、危険で誉められたものではないとすべての階級に思われていた[29]。処罰

---

[24] ラジノヴィッツは1776年に行われたイギリスでのある処刑に、縛り首を見物するためにおよそ30,000人が出席したと報告する。そして彼は、80,000人もが1767年のムーアフィールズの処刑に出かけたと示唆している（*A History of English Criminal Law,* i. 175, n. 45）。

[25] エリアスも、かなりの無関心さで犯罪者の腐った遺体を許容できる中世後期の人びとの能力を記している。「騎士の生活からの光景」の章を参照。*The History of Manners,* pp. 204 ff.〔pp. 396以下〕

[26] Spierenburg, *The Spectacle of Suffering,* p. 54 and p. 13.

[27] Spierenburg, *The Spectacle of Suffering,* p. 33より引用。

[28] Ibid. 101.

が必要であるとか、当然であると考えられる場合には、そのはなはだしい暴力という事実が、それを見物した人びとの平静さを特に害することはなかったのである。

17世紀初頭以降、暴力を許容する感受性と社会関係は、数世紀のあいだ続いた過程の中で徐々に変わり始めた。根本的な態度の変化は、18世紀中期ごろまでにオランダと他の場所で発生したように思われる。そして1800年以降、この移行によって、暴力、苦悩、他の人びとの運命に対する現代の感受性であると認められるようなものが形づくられ始めた。シュピーレンブルクは、処刑に関連する目撃者報告、文学的記述、書類を用いて、暴力的な公開処罰に関するこのような変化と「嫌悪感と不安の確証可能な表出」の出現の増加をたどる[30]。この感受性の発展は、17世紀の軽度の曖昧さから、18、19世紀の自己主張的な人道主義と感傷主義へと成長した。これは何よりもまずエリートの特徴だった。「良心の編成」と礼儀作法の洗練は、「礼儀正しい社会」、すなわち彼らの礼儀正しさを誇りに思い、文化と文明を持っていないということで彼らよりも下の人びとを軽蔑するようになった上層・中層階級の特色だった。支配者が正義の残酷な執行から喜びを感じることをやめ、そのような光景から身を退いた後にも、長く下層階級の群集が「終わりまでイベントに魅力を感じ続けている」ということは[31]、下層階級の文明化されていない性格の徴候と考えられた。この訓育された感受性はきわめて緩やかに、エリートから広がり、大衆階級の態度を支配するようになっていった。

シュピーレンブルクによれば、支配集団のあいだで暴力の光景を見たときの嫌悪感あるいは恥辱の感覚が発展するにつれて、支配集団は徐々に処罰を私秘化させ、苦悩の提示を減少させた。1600年以後、四肢切断刑と切断刑の使用は激減した。17世紀には処刑台を見ることへの反感が増大することによって、使用された後に撤去できる仮設の木製建築が石製の処刑台にかわった。訴訟においては伝統的に拷問が用いられていたが、18世紀半ばまでには、この拷問もこの態度の変化の影響を受け、拷問の擁護者すらもが彼らが擁護する手続きに対して、(ルイ15世がダミアンの処刑に関する説明によって涙を流したのとほとんど同様に)嫌悪感の気持ちを提示するよう義務づけられていると感じるようになった[32]。6つ

---

[29] Beattie, *Crime and the Courts*; Zeman, 'Order, Crime and Punishment: The American Criminological Tradition'; Masur, *Rites of Execution*.
[30] Spierenburg, *The Spectacle of Suffering*, p. 184.
[31] Ibid. 196.
[32] McManners, *Death and the Enlightenment*, p. 383.

の国家が1754年から1798年のあいだに拷問を廃止したことを考えれば、このことは（数世紀にわたって存在した議論を繰り返した）啓蒙主義的な考え方の帰結というよりも、これらの批判者に力を与えた感受性の変化の帰結である。遺体をさらすこともまた、多かれ少なかれ処刑の慣例的な付随物となったのち、18世紀に撤廃された（1650年から1750年までのアムステルダムでの390件の死刑判決のうち、214件が遺体をさらすことを含んでいた）。1770年には、アメルスフォールトの治安判事は、犯罪者の腐敗した身体を「旅ゆく人びとにとって恐ろしいもの以外のなにものでもない」光景であると考え、道ばたに遺体をさらすことをやめた。それによって、潜在的な犯罪者の抑止よりも見知らぬ人の感受性により大きな関心を示したのである[33]。

19世紀初頭までには、以前あった残虐な行為はほとんど消え去っていた。だがこれは、公開処刑に対する感受性がより広がり、声に出されるようになることを妨げはしなかった。シュピーレンブルクによると、「……エリートは新たな段階に到達し、処刑台の上の有罪宣告を受けた人に一定程度、同一化した。これらの繊細な人びとは、身体的苦悩の光景を嫌った。たとえそれが有罪者のそれであってもである」[34]。1870年までにヨーロッパのほとんどが公開処刑を最終的に廃止したとき（フランスは例外で、公開処刑を1939年まで維持した）、このような感受性は、数世紀も前に始まった文化プロセスの「政治上の結論」になった。そしてフーコーが主張するように、公開処刑がその時点までに統治の支配的戦略内で機能的効用を失っていたと主張するにしても、それが廃止された理由の一部には、身体的暴力の公開が、影響力のある人びとの感受性に対する下品な侮蔑と考えられるにいたったこともある。このように文化の変化は、懲罰方策の変形をもたらす政治変動とともに行われたのである。

シュピーレンブルクの著作が処罰の社会学に対して持つ重要性は、その著作が、刑罰実務と刑罰制度を形成するにあたって、効果的な役割を果たした現象を特定したと主張していることである。もし彼がこの点で正しいならば、これらの現象に焦点を当てることは、探求の領域を重要な点で広げることになるだろう。具体的には、フーコーの著作によって近年に定められた傾向、つまり処罰を、政治秩序の戦略的考慮によってほとんど排他的に形成されたものとみなす傾向に対する

---

33 Spierenburg, *The Spectacle of Suffering*, p. 191.
34 Ibid. 204.

反論となるだろう。すでに示唆したように、フーコーが処罰を権力 - 知という技術として強調して描き出し、この発展を主に政治の面から説明することは、処罰についての過度に合理的で過度に計算的な考え方を生み出している。フーコーの説明では、処罰の主要な決定要因は社会統制の要求だが、対してエリアスとシュピーレンブルクの著作は、安全への配慮と処罰の道具的使用が、許容されうる処罰の形態と程度に明確な限界を課す文化的・心的力と、つねにどのような緊張関係にあるかを示している。その意味で、彼らの著作は、刑罰に関する概念を深化させ、より複雑なものとしてくれるのである。

4. 感受性の歴史

とはいえ、感受性という問いを議論するに際して、いくつかの注意事項を示しておく必要がある。感情的態度と基底的な心情は、それ自体としては観察できない。そして、少なくとも心理学の実験室の外では、言明と行動の分析から感受性を推察することしかできない。そのような推察にひそむ危険とは、つねに誤読がありうることである。たとえば、より低俗でより道具的な動機を偽装するために用いられる気持ちのレトリックが事柄それ自体だと誤って思い込んでしまうかもしれない。もちろんこれは、修正主義的な歴史学者がこの領域の歴史記述に関して行った批判である。また感受性における変化は、社会慣行の変化からも推察されうる。だがこのことは、前者の観点から後者を説明しようとすれば、循環性の問題を生み出すことになる (たとえば、シュピーレンブルクが公開処刑の減少を感受性の増大の傍証として引用するように)。動機と気持ちについての議論はつねに確定されていないため、実証するのが難しい。これは歴史的な研究の場合、そしてとりわけ情動と動機という深層構造を持つ感受性を論じる場合にそうである。われわれが扱っているこの感受性は、社会への影響を通してのみ知ることができる。したがって、感受性の変化が処罰の再構築に際しての原因作用であるとするあらゆる主張は、刑罰改革者と「啓蒙された」観察者によって表明された心情とレトリック以上の傍証によって支持されなければならない。

また、エリアスの命題を採用するには用心する必要もある。というのも、あらゆる大規模な解釈と同様に、彼の命題に対して詳細な批判と修正を行うことが可能だからである。ここまで述べてきたように、エリアスは、近代的な感受性の構造に

ついては間違っていないかもしれないが、中世と近代の人格類型の対照性を誇張してしまうことも多い。彼は、近代的な感受性がどのように形成されたかに関する歴史的説明の中で、「社会的相互作用の編成」と文化的慣習の力をあまりに強調しすぎており、フーコー、マルクス、ウェーバーによって強調された規律的・経済的・官僚主義的制度の重要性を過小に評価している、と言われるかもしれない。さらに歴史資料についての彼の読解には、疑問を呈することが可能である。というのも、彼が特に依拠する文書の多くは、実際のところ、論争を巻き起こすものだからである。それらは、礼儀作法を改善することに関心があった人びとによって書かれており、したがって誇張と歪曲を受けがちである。だがこれらの論点に、そしてその他の論点に説得力があると認めるにしても、近代性についてのエリアスの主要な主張はこの批判を越えることができ、そして特に近代的な感受性の発展と特徴に関する彼の主張は真剣に受け止められるに値すると、私には思われる[35]。

　エリアスの主張の利点を検証する一つの方法は、他の探求の領域と社会生活圏の傍証を見ることである。人間感情と禁止の構造ほどに基本的なものにおける変化は、刑罰制度に対してのみ影響を与えるのではなく、多様な範囲の社会慣行にも影響を与えると予測できるだろう。実際のところシュピーレンブルクの著作は、この種のはるかに広い傍証を与えてはくれない。そしてエリアスの権威に、あまりに多く依拠する傾向にある。しかし、異なる領域における他の社会史の研究者の著作は、処罰とその他の多くのものに影響を及ぼす文明化の過程に関する広汎な命題を、そして大部分説得力のあるものと思わせる大量の支持的傍証を提供してくれる。

　たとえばガー（T. R. Gurr）によって行われた歴史研究の調査は、13世紀から20世紀のイングランド社会での暴力犯罪の水準が長期的に見て大きく減少したことを示唆する強力な傍証を提供し、「暴力への敏感化の増大」と「攻撃的な行為

---

[35] エリアスの著作に対する批判的な文献は今ではきわめて多岐にわたる。その要約にはR. van Kireken, 'Violence, self-Discipline and Modernity: Beyond the Civilizing Process', *The Sociological Review,* 37 (1989), 193-218. その中でも特にエリアスが行った歴史資料の読解についてのベンジョ・マソによる議論を参照。エリアスによるフロイトの概念の使用への批判にはC. Lasche, 'Historical Sociology and the Myth of Maturity: Norbert Elias' Very Simple Formula', *Theory and Society,* 14 (1985), 705-20を参照。エリアスによく見られる進化論主義への批判にはA. Giddens, *The Constitution of Society* (Oxford, 1984) を参照。「文明化された」行いと国家形成のあいだには何らの関連もないとする人類学的議論にはD. Smith, 'Norbert Elias — Established or Outsider?', *Sociological Review,* 32 (1984), 367-89; *Theory, Culture and Society,* 4: 2, 3 (1987)('Special Double Issue on Norbert Elias and Figuration of Sociology')に集められた論文を参照。

への内的・外的統制の増加という発展」がこの減少を説明するにあたって鍵となる要因であると指摘する[36]。同様に、ローレンス・ストーン、キース・トーマス（K. Thomas）、ジョン・ビーティーによって行われた近世のイングランドに関するより詳細な調査は、16、17世紀の日々の生活において頻繁に見られた暴力が、より攻撃的でない社会関係と残酷さや残忍さの忌避の高まりに、18世紀から19世紀のあいだに徐々に道を譲ったと指摘している。

　この議題に関する重要な論文の中でビーティーは、「危害を加える身体的暴力は、過去3世紀のあいだにイングランド（そしておそらくヨーロッパと北アメリカでも）での日常生活では際立って少なくなり」、近世の人間は残忍な行為の帰結に無関心だったわけではないが、「公的な舞台と私的な舞台の両方で権威を維持し、もめごとを解決するための許容可能な手段であるとして、残忍な行為をはるかに受け入れていた」と主張する[37]。自らの研究と異なる領域で行われた他の歴史学者の研究を要約しつつ、ビーティーは16、17世紀に「家族と職場、学校と軍隊における規律が、……近代的な感受性にとっては衝撃的なほどの身体的強制によって」、どのように「維持されていたか」を示している[38]。また彼は、この時期に動物、犯罪者、奉公人、徒弟、子ども、さらには妻すらもが、どれほど「ほとんど注意を向けられず異議も唱えられもしない」無頓着な残酷さで扱われていたかを示してもいる[39]。近世の感受性が多くの暴力を許容できたことを示す強力な傍証は、17、18世紀の刑罰システムが、身体刑と切断刑という形態の刑罰にきわめて大きく依拠していたという事実、そしてそのような暴力が組織エリートと公衆的大衆によって明らかに受け容れられていたという事実から得られる。ビーティーが指摘するように、処刑台、刑罰のための台、鞭打ち台、さらし台という重要な特徴は、公衆が積極的に参加することで効果を維持しており、もし人びとがそのような苦悩の光景に深い反感を抱いていたのであれば、そのようなものに対する大衆の執着はありえなかっただろう。見物人の群集がさらし台に固定された犯罪者に襲い掛かるときのエネルギーと熱意（彼らは時として役人がずっと見ている中で犯罪者を殴りつけ石打にした）

---

[36] T. R. Gurr, 'Historical Trends in Violent Crime: A Critical Review of the Evidence', in N. Tonry and N. Morris (eds.), *Crime and Justice,* iii (Chicago, 1981), 291-353.
[37] J. M. Beattie, 'Violence and Society in Early Modern England', in A. Doon and E. Greenspan (eds.), *Perspectives in Criminal Law* (Aurora, 1984).
[38] Ibid. 36.
[39] Ibid.

は、この点に関する禁止と感受性の奇妙な欠如を示唆している[40]。

ビーティーは、さらに「政策の道具としての暴力」が、「家庭により近い場所で行われる暴力の経験と許容」におそらく依拠していたであろうと主張し、人びとの態度が、家庭、家族、学校、職場における暴力の経験によって形成されたにちがいないと示唆する傍証を示す。それらの場所では、身体的虐待と酷使が、「法によっても世論によっても、ほとんど抑止されていなかった」[41]。この示唆は、16、17世紀の児童養育と教育実務において鞭打ちと他の体罰が広く用いられていたことに関するローレンス・ストーンの説明と、妻への暴力と児童虐待が広く行き渡っていたことを示唆する裁判所記録によって、さらに進められる[42]。残酷さに対する広く行き渡った不感受性が存在していたことを示す他の重要な傍証は、風習的なスポーツと娯楽に関する研究と動物に対する近世の態度に関するトーマスの著作からのものである。これらは、身体的暴力、血の飛び散り、苦悩の付与が、スポーツや娯楽の役に立つとして楽しまれていた様子を明らかにしている[43]。

これらの暴力的な文化的・心的特色の見取り図を描いた歴史的著作は、感受性の「文明化」についてのエリアスの命題を広く支持するような方法で、感受性が18、19世紀にどのように変形したかについても検討している。1700年から現在までの時期に、暴力に関する心情が変化し、あらゆる種類の残酷さに対する反感が増し、人間の関係と行為の性質を変化させた気持ちの新たな構造が出現したことについては、歴史学者のあいだで完全とまではいかずとも一定の同意が得られている[44]。そのような変化の外的な傍証は、態度の基底的な変化を示唆するように思われる法的・社会的実務の変動から引き出される。このように、18世紀に刑事裁判所は、以前は無視していた暴力行為（脅迫、過失、路上での喧嘩など）を起訴し、処罰し始め、暴力に対する感受性の増大と公共の場での暴力の使用を認め

---

[40] Ibid. 39.
[41] Ibid. 41-3.
[42] Stone, *The Family, Sex and Marrige,* p. 120.「……16世紀あるいは17世紀の家庭では鞭打ちは当たり前の方法だった。これは子どもがかわいらしく従順である時にたくさん甘やかすことによって緩和され埋め合わされていたことに疑いはない。報償と処罰の両方が心理的な形態をとるよりもむしろ身体的な形態をとっていた」。妻への暴力と児童虐待の傍証に関してはBeattie, 'Violence and Society'を参照。
[43] K. Thomas, *Man and the Natural World: Changing Attitudes in England 1500-1800* (Harmondsworth, 1984), pp. 143-50.; R. W. Malcolmson, *Popular Recreations in English Society, 1700-1850* (Cambridge, 1973) も参照。
[44] 対立する観点にはA. Macfarlane, *The Justice and the Mare's Ale: Law and Disorder in Seventeenth Century England* (Cambdrige, 1981), pp. 1-26, 173-98を参照。

ないと暗に示すようになった[45]。同様に、家庭や学校での身体的な折檻に関する慣習的な意見も1750年以降、目立って移行した。そして夫が有していた体罰を用いる権利は、徐々に疑問が呈されるようになり、最終的には否定されるにいたった。また教育においても、子どもの意志は情け容赦のない体罰によって屈服させる必要があるという見方が和らぎ、そのような考え方から移行したことを示す傍証が存在する[46]。18世紀の終わりまでには、体罰に対する反対は、「最も軽蔑される男、すなわち普通の兵士に対する同情を喚起する」までに発展し、軍隊における鞭打ちに反対する強力なキャンペーンを生み出すまでになった[47]。これらと同様の良心から行われた反対には、他の動機や利害が混ざっていることもあったが、何にせよ19世紀の一連の改革運動を導いた。この改革運動は、血のスポーツ[訳注2]、動物の虐待、子ども・徒弟・犯罪者・狂人への虐待、奴隷貿易、そして文明化された感受性に対する他の形態の侮蔑を禁止しようとした。多くの場合、それらは法、世論、さらには実際に行われていた実務における変化を確保することに成功した。そして法制度が（20世紀中に繰り返し失敗したように）公衆の態度と歩調を合わせることに失敗したとき、その失敗に続いて対立が起こることは避けられず、法の規則と個人の良心の衝突を導いた。その例に、「財産犯が絞首刑にされる危険があるときに彼らを起訴することをためらったロンドンの店主と商人」、あるいは同様に犯罪者が処刑されることを望まず、法によって要請される評決のかわりに「良心の評決」をもち出した裁判官と陪審員がいるが、これらの例が後世の作り話ではないことを示す十分な傍証が集められている[48]。

　これらの変化の中で生活していた上層・中層階級が、時として礼儀作法と感受性のこの変形に意識的だったことも明らかである。ビーティーは、18世紀の「はなはだしさと非道徳性」から、1820年代のロンドン社会に彼が見た「文明性」と「礼儀作法の洗練」への文化的移行を目にしたと主張するフランシス・プレース（F. Place）の自伝に注目している[49]。そして18世紀中に「気持ちを持つ人間」が新たな文化上の理想として登場し、文芸的・社会的エリートはそれを見習うようになった。

---

[45] Beattie, 'Violence and Society', pp. 48 ffを参照。
[46] Ibid. 51. J. H. Plumb, 'The New World of Children in Eighteenth Century England', *Past and Present,* 67 (1975) も参照。
[47] Beattie, 'Violence and Society', p. 51.
[48] Ibid. 56. T. A. Green, *Verdict According to Conscience: Perspectives on the English Criminal Trial Jury,* 1200-1800 (Chicago, 1985).
[49] Beattie, 'Violence and Society', pp. 53-54.

「1720年代までには、『善意』と『慈善』が文芸の語彙において最も好まれる言葉となった。人間の本質には、他の人びとの苦痛を不快なものとする何かが存在するとウィリアム・ウォーラストン（W. Wollaston）は述べた。『苦しんでいるあらゆる人間、さらにはあらゆる動物について見聞すること（そしてほとんど伝聞すること）は嘆かわしいことである』」[50]。トーマス、ストーン、そしてこの時期の他の歴史学者によれば、18世紀中盤には、「優しい心根の礼讃」、「新たな態度と感情の急出現」、そしてこの自意識的な心情は、文学的な発露と嘆きの爆発においてだけではなく、「人間の置かれている状態を改善し、世界における真の身体的残酷さの量を減らす」よう固く決心し、そのようなものとして自らを表現した[51]。ローレンス・ストーンは、近年の大量の研究文献をレビューして、「すべてのことが18世紀の残酷さと暴力に対する態度の変形を示している」という結論を述べている[52]。同様に19世紀の後半50年の暴力犯罪の減少に関して、ガトレル（V. A. C. Gatrell）は、「宗教、教育、環境的改善の『文明化』効果についての大規模な一般化という観点から、この減少を説明……せざるをえない」という結論を述べている[53]。

このように、文明化の過程にきわめて類似した何かが確かに発生し、感受性における変化と、究極的には社会慣行における変化をもたらした、という立論を支持する歴史的傍証がかなり多量に存在する。さらに、この変形の過程が、処刑台を使用した処罰の長期的な減少のための説明の一部とならなければならないというシュピーレンブルク特有の主張は、この領域における最も包括的で詳細な研究を行ったジョン・ビーティーの発見から、強い支持を受けている。ビーティーは18世紀のイングランド刑罰システムで発生した変化に関する長い説明を結論づけ、次のことを見出している。

> 処刑による威嚇に根本的に依拠していた刑罰システムへの支持の衰退は、意見と心情のいくつかの流れの合流から説明できる。一定程度それは、人間と動物に対する身体的暴力と残酷さをますます忌み嫌うようになり、あらゆる種類の身体刑に反対する運動の中で、さらには、血のスポーツと暴力的な習慣娯楽を

50　Thomas, *Man and Natural World*, p. 175.
51　Ibid. Stone, *The Family, Sex and Marriage*, pp. 163-4.
52　Stone, *The Past and the Present Revisited*, pp. 303-4.
53　V. A. C. Gatrell, 'The Decline of Theft and violence in Victorian and Edwardian England', in Gatrell *et al.* (eds.), *Crime and the Law*, p. 300.

撤廃するためのキャンペーンに中で作用しているとみられるヨーロッパとイングランドにおける意見についての広汎な運動の結果だった。死刑反対の背後に存在していたのは心的な地殻変動だったのかもしれない……。1800年までには、文明化された社会では刑罰の残酷さと不均等さを根本的に不当で許容できないとして非難する意見が目立つようになっていたのである[54]。

5．処罰の文明化

　上で述べられたような有力な傍証を手に入れた以上、われわれには、感受性という事実、エリアスが描写する方向性のようなものにおける歴史的変形、これらの現象が刑罰システムの構造と発展に直接的な影響を及ぼすという命題を真面目に考える理由がある。処刑台を使用した処罰の減少をたどる際、そしてそれを変化する感受性と結びつける際、ピーター・シュピーレンブルクはこの種のアプローチがどのようにして歴史的理解を深化させうるかを示した。しかし、文明化の過程に関するエリアスの解釈には他の側面がある。この側面は、とりわけ近代処罰の理解にとって価値を有しているように思われるので、さらなる研究によって発展させられなければならない。

　まず、エリアスが描写する私秘化の社会的過程は、処罰の歴史のきわめて重要な傾向を描き出しているように思われる[55]。上で述べたように、処罰が社会生活の「舞台裏」にますますおかれるようになった社会活動の一つだったことは、確実である。中世と近世に大部分そうだったように、公的空間とすべての人に見えるように開かれた毎日の生活の一側面となるのではなく、犯罪者の処罰は今日、公衆の視界から離れた特別な飛び地で行われる。長い時間をかけて処罰の可視性は劇的に減少してきた。その減少は、絞首台が公的な広場から監獄の壁の背後へと移されたことに見られるだけではなく、19世紀初期に公開で行われる職務から除外されるようになったこと、犯罪者を裁判所へ移送する際に用いる護送馬車の窓が黒くなったこと、そして20世紀における処罰の最も小さな徴候（手錠、受刑者の服装、あるいは電子タグであれ）ですらも公衆の目から隠しておこう、という配慮

---

[54] Beattie, *Crime and the Courts*, p. 631.
[55] 混乱を避けるために、ここで使用される「私秘化」という用語は、刑罰制度の管理や運営を国家機関から営利企業へ委譲するという「民営化」とは関係がないことに留意してほしい。

にも見られる[56]。これらの公開の見世物は他のものにかわり、刑務所、矯正院、留置場といった閉じられた施設からなるネットワークが発展してきた。これは文字通り「舞台裏」にあり、犯罪者の処罰を専門家に委任することを可能にした。彼らの活動は高い壁の背後に隠されている。罰金、保護観察、仮釈放、コミュニティ奉仕といった「非施設的な」制裁に関してすら、処罰の運用は本質的に、専門家あるいは準専門家的な行為者によって公衆の視界の外で行われる非公開の業務である。

犯罪者は、それ以外の逸脱的な多くの集団と同様に、今日では日常的に通常の社会生活の圏域から締め出される。そして犯罪者が示す「問題」は、公共の意識に対して与える影響を注意深く統制する別個の制度環境において、つまり「場外」で処理される。人間が消費するために動物を屠殺するという職務のように、犯罪者に苦痛と疎外を科すという職務はいくぶん恥ずかしいもの、居心地の悪いものとなっている。それは、近代的な公衆にとって啓発的なものと感じられるような光景ではないが、とはいえ必要不可欠と思われる活動である。そのためわれわれの感受性は、この苦痛に満ちた営みを社会の周縁と社会意識の中のほとんど見えない場所へと移動することによって守られるのである[57]。

処罰における文明化の過程は、刑事実務と刑罰言語の浄化においても見ることができる。苦痛は、もはや野蛮な荒っぽい形態によって加えられることはない。身体刑はほとんど消滅し、自由の剥奪あるいは財産の没収といったより抽象的な苦痛をともなう形態にかわった。上で見たように、処罰において明らかな攻撃性と敵意は、情念を持たない専門家の運用上の日常業務によって隠され、否定される。彼らは苦痛や苦悩を加える者としてではなく、「制度を運営する者」と自らをみなすのである。同様に、処罰の言語の意味は、明らかに粗野なものではなくなり、婉曲的な用語で述べ直された。そのため監獄は「矯正施設」に、看守は「職員」に、そして受刑者は「被収容者」、さらには「居住者」になった。これらすべてのことは、

---

[56] 国家による死刑執行の形態の変化に関してはJ. Lofland, 'The Dramaturgy of State Executions', in H. Bleakley and J. Loftland, *State Executions Views Historically and Sociologically* (Montclair, NJ., 1977) を参照。

[57] しかしこれは絶対的な規則というわけではない。そして特にコミュニティ内での制裁は、一定程度公衆の目に見えるものである。コミュニティ内での制裁が、コミュニティでの奉仕活動、公的な労働プロジェクト、通常の地域活動との統合を含んでいるからである。しかし18世紀後半の公的労働とは異なり、犯罪者は制服や鎖つきの鉄球をつけていない。彼ら、そして彼らに対する処罰はほとんど目に見えないが、このように処罰を見えにくいままにしておくことには多大な労力がかかっている。

いくぶん不快な活動を昇華させ、大衆や専門家の感受性にとって、より許容可能なものにしたのである[58]。

　もちろん、これらの変化をもたらすにあたって作用していた他の力も存在するだろう。19、20世紀に政治的・経済的・組織的発展が、どのように類似した種類の方向へと処罰をおし進めたかはすでに見てきた。しかし、これらの結果が、ある部分では、精神的・文化的な性質の新たな側面への適合であることは否定できないように思われる。「文明化の過程」というエリアスのきわめて広汎な概念の主張は、その概念がきわめて異なる領域と社会の「水準」に発生した変化過程の相互依存を捉えようとしていることであるのは、確かである。エリアスの著作では、ウェーバーが論じる「合理化」の過程が、デュルケムが述べる社会組織の構造における変化やフロイトが記述する人格の構造と、どのように調和するかを見ることができる。社会、その制度、その個別の成員はつねに歴史的であり、編成の結果である。それらが、何か一つの決定要因やその編成がつねに必要とする何らかの法律の生産物であることは、決してない。

　文明化の過程は、犯罪者に対する同情の拡張（あるいはシュピーレンブルクがいくぶん洗練されていない仕方で述べたような「人間内同一化」）、すなわち、犯罪者の境遇を徐々に改善し、科される処罰の強度を軽減するという発展において、刑罰システムに最も明瞭に働きかけたように思われる。デュルケムは、犯罪者についての認識が増大したことは、個人が互いと同様に価値あるものと考えられ、したがって情け深く扱われるべきであると考えられるようになることの結果だと述べる。エリアスは、これとおおむね同様の方法で、近代的な感受性の許容量の増加を指摘する。この感受性は、他の人の側に立ち、社会上の劣位者や敵にすら配慮を拡大する。文明化された意識にとって強力なものは、暴力の制止と苦悩に直面した際の嫌悪感であり、その人間が、人に危害を加えた犯罪者だったとしても、「苦しんでいるあらゆる人間について聞くことは耐えがたい」ことである。処罰の強度の徐々にではあるが否定できない軽減、受刑者と犯罪者に対する慈善の拡張、20

---

[58]　「われわれの時代での苦痛の付与は……冷静で効率的で衛生的な操作へと発展してきた。サービスを提供する側の視点から見れば、その苦痛の付与はドラマでも悲劇でも強い苦悩というわけでもまったくない。苦痛を与えることは、ある主要な理想と折り合わない。しかしそれは、価値観の葛藤から無邪気にも、そして夢遊病的に断絶することによって行われることがある。処罰の苦痛は、それを受ける者に残される。言葉の選択、勤務上の日常業務、労働の分業と反復。これらすべてのことが便宜を付与するものとなっているのである」。(Christie, *Limits to Pain*, p. 19). 刑罰学の婉曲話法の一覧にはCohen, *Visions of Social Control*, pp. 276-8 を参照。

世紀の社会福祉方策の準備、大半の国家での刑務所条件の改善、さらにはいくつかの国家での受刑者の権利の法的認知。これらすべてのことは、一般的な感受性における動向の側面として理解できるかもしれない（もっとも、修正主義的な歴史学者が強調してきたように、心情からの要求**および**統制の促進あるいは確実な収容という目標に見合う方法で、刑罰を改革することはしばしばありえたのだが）。

　しかし、処罰におけるすべての「文明化」過程の中で、犯罪者への同情の促進と刑罰条件の改善は、もしかすると最も発展していないものであるかもしれない。刑罰の改革とより人間的な方式を200年求め続けてきたにもかかわらず、多くの刑務所は、外部世界の一般的な生活基準と比較すると、不潔で無慈悲な場所であり続けている。刑期の平均的な長さは、多くの場所で伸び続けている。何千人もの犯罪者がいまだに軽微な犯罪のかどで刑務所へ送られている。そして、死刑はアメリカのいくつかの州でいまだに行われている。この理由の一部は、処罰の私秘化と制度化といった文明化過程の別の側面が、一般の人びとから犯罪者の接触を切り離すことによって、同情の作用を弱める傾向にあること、したがって犯罪者の疎外と周縁化を増大させ、彼らの状況について人びとが持つ知識を制限し、同情と同一化の拡張を禁じていることである。だがより重要なことに、処罰の改善は、安全の維持、抑止の必要性、劣等処遇への関心、そして特に、最も「文明化された」社会においてすら継続している犯罪者に対して広く行き渡った懲罰を求める敵意への強力で競合的な関心と対立している。犯罪者は、人びととの同情と同胞感を得ようとするすべての集団の中で、しばしば最も弱い訴求力を持つものと考えられる。これは、彼らが能力に欠けている、不適合である、彼ら自身社会的不正義の犠牲者である、とみなされたりするのではなく、公衆に危険を与えようとする者として描かれるときに、とりわけそうである。このように、処罰には「文明化」以外の道具的考慮が働いており、「文明化」の過程によって処罰がどの程度軽減されるかを強く制限している。

　近代社会における処罰に対してとられるさまざまな態度の社会的基礎を解明しようとすることは、複雑な研究課題だろう。そこには合理的な対立が間違いなく存在する。その対立は、処罰を求める熱意を軽減しようという試みが、抑止、安全、強い非難の適切な水準を維持する必要によって制限されるはずだと示唆する。われわれの感受性がどれほど洗練されようとも、それが、社会において根本的に必要とみなされるものに勝るのはまれだろう。さらに、世論のあらゆる合理的基礎は、

たいていの場合、政治的集団の傾向によって歪曲される。その傾向は、イデオロギー的な用語で犯罪と処罰を表現し、社会上の危険あるいは権威の必要という比喩とこれらの問題を結びつけ、政治上の説得という目的のために事実をゆがめて表現する[59]。また感受性は、異なる社会集団間の態度の多様さを表面化させると同時に、社会ごとに不均等に発展しがちであるという重要な事実がある。社会のエリートから始まり、大衆へと滲み出すという洗練過程に関するエリアスの一般モデルは、高社会階層と感受性の発展が相互に関連するということを示唆しうる。そして、この証拠のいくつかを次のような事実の中に見出すことができるかもしれない。すなわち、刑罰改革者が上層・中層階級の出身だったこと、アメリカとイギリスの世論調査では社会階級を下るにつれて懲罰的態度を明らかに示す傾向にあること、さらには、時として労働組合や同業組合の運動が犯罪者の条件を改善するために一般にほとんど寄与しておらず、それらが劣等処遇を求める態度を最も声高に擁護する人びとだったという事実の中に見出すことができるかもしれない。しかし、そのような相互関連は、どのような意味でも一般的なものではなく、恒常的なものでもない。そして、ヨーロッパや北アメリカの社会のエリートが、改革の努力を庶民に邪魔されたようなことはまったくなかった[60]。厳しい処罰と苛烈な統治体制を強調する「大衆権威主義的な」態度の指導的な擁護者は、たいていの場合、保守的な傾向を持つ政治家であり、それを支持する支配階級の人びとだったことは確かである。

6．懲罰に関する両価性と無意識の役割

　文明化の過程が処罰を部分的にしか改善できなかったのには、しかしながら、別の理由もある。これは、安全あるいは抑止の必要性に関する合理的考慮とはあまり関係がなく、むしろ不合理性と関係する。この不合理性とは、上の問題に関して公衆が持つ思考を支えることがあり、犯罪と処罰への感情的に重みづけされた

---

[59] 「法と秩序」問題のイデオロギー的使用に関する研究にはHall et al., *Policing the Crisis*を参照。
[60] 刑罰問題についてのアメリカとイギリスの世論調査に関する傍証の議論にはJacobs, *New Perspectives on Prisons and Imprisonment,* ch. 5; M. Hough and H. Lewis, 'Penal Hawks and Penal Doves: Attitudes to Punishment in the British Crime Survey', in Home Office Research and Planning Unit, *Research Bulletin,* 21 (1986)を参照。より広域での調査にはN. Walker and M. Hough (eds.), *Public Attitudes to Sentencing: Surveys from Five Countries* (Aldershot, 1988)を参照。

魅力と時には権威主義的な刑罰政策のレトリック的な主張に対する根深い感情を生み出すものである。ここで言及しているのは、すでに第3章で間接的に言及された、他の人びとが受ける処罰に関する心理的な両価性である。これは「文明化された」感受性の特徴であると言われることもあるが、エリアスもシュピーレンブルクも少なくとも処罰に関しては、これを明示的に論じてはいない。しかし、両価性という事実とそれが処罰に対して与える含意のいくつかは、彼らの理論的主張とそれらが依拠するフロイト的分析から引き出すことができる。

　人間は文明化の過程の中で（社会的水準と個人的水準の両方で）本能的な衝動や、とりわけ攻撃性を抑圧（あるいは昇華）する。しかし、この抑圧のプロセスは、そのような衝動を完全に消滅させるわけではない。まさに20世紀の戦争とホロコーストが明らかにしているように、文明は本能を放棄すること、あるいは法を制定して本能を排除することに成功してはいない。そうではなく、本能は、適切な行為と意識の圏域に入り込むことを禁じられ、無意識の領域へと押し込められたのである。フロイトとエリアスのどちらも、抑圧された本能と無意識的な願望は、夢と個人的な夢想生活において、あるいはそうでもなければ心的葛藤と非合理的な行為の形態において存在しつづけ、その本能や願望を表出しつづけると強く主張する。このように文明は、本能的欲求と内面化された超自我による統制とのあいだの根本的な葛藤を個人の中に作り上げる。この葛藤は、心理的・社会的生活に意味深長な影響を及ぼす。そのため、社会による制止が、攻撃性あるいはサディズムといったある快楽の自制を要求するにせよ、これはつねに部分的な自制にすぎない。無意識的な願望が残るからである。エリアスは、どのようにして社会が「要請の欲望要素を、……不安の助成によって次第に強く抑圧し始める」か、「いっそう正確に言えば、そうした欲望要素を『個人化』し、個人の内面、『秘所』へ押し込め、逆に不満・嫌悪・不快などの陰性の情感のみを、……社会的公認の感情として育成し始める」かを描写する[61]。このように文明は、われわれすべてを無意識的な偽善者とする。そして何らかの問題が、真摯で合理的に考慮された態度ではなく、無意識的な葛藤に根を持つ高度に緊張した感情をしばしば喚起することを確実にするのである。

　エリアスは、「文明化された」社会的態度の背後に存在する抑圧された感情の

---

[61] Elias, *The History of Manners,* p. 142.〔邦訳 p. 293〕

底流にあるものが何なのかを示している。彼は、道徳的命令の表現にしばしばともなう攻撃的な語調について論じる。この例でエリアスは、何か不快なことをした子どもに対する大人の反応に、特に関心を寄せている。しかし、犯罪者に対する「正義感の強い市民」の反応についても、同様の方法で考えられるかもしれない。

　このような状況においては、成人は子どもに対して行為に関する要求を正当に理由づけえないし、ともかく十分には説明できかねるのである。成人は多かれ少なかれ自発的に、社会的に基準に従って行動するように教育されている。基準に反する他の一切の行為、成人の社会では当然と思われる禁止や抑制を侵害するような一切の行為は、危険なものと感じられ、また、かれに課せられた抑制の価値を損なうに等しい行為とみなされている[62]。

ここでエリアスはフロイトの抑圧理論に接近しつつ、逸脱によって喚起された「情念的反応」としてデュルケムが描き出した現象のはるかに完全な心理的説明を示唆している。エリアスは以下のように述べる。

　道徳的要求が主張される際にしばしば見られる攻撃的脅迫的な厳格さは、社会的行動基準がすでに多かれ少なかれ、いわば「第二の天性」となったすべての人びとの不安定な精神的均衡が、禁止の何らかの違反によって陥る不安を反映している。すなわちそれは、かれら自身の衝動処理の仕組みや、それと同時にかれら自身の社会的存在、ないしはかれらの社会生活の秩序がほんのわずかでも脅かされるのを感じるや否や、人びとの心の中に目覚める不安の徴候である[63]。

このように、犯罪者によって提示される「脅威」、そしてこの脅威が喚起する恐怖と敵意には、その犯罪者が示す実際の安全への危険だけではなく、深く無意識的な次元が存在する。このように「犯罪恐怖」は、非合理的な根拠を露呈し、しばしば処罰を求める不釣り合いな（あるいは「恐怖に対抗するための」）要求へと導く（皮肉なことに、犯罪を――少なくとも犯罪物語という形態で――**楽しむ**われわ

---

[62] Ibid. 167.〔邦訳 p. 333〕
[63] Ibid.〔邦訳 p. 333〕

れの心理的能力は、最も冷酷で恐ろしさが沢山つまった話や犯罪がかき立てる恐怖を強めることになる話を目立たせるようメディアを導く。このように魅力と恐怖が結びつけられた感情は、犯罪報道と犯罪のスリルという媒介物を通して互いに強化しあう)。

　このように犯罪者の行為は、それが提示する真の危険との均等を失うほどの復讐心に満ちた敵意的な反応を喚起することがある。その行為が、他の人びとがそれを自制するために多くのエネルギーを費やし、多くの内的葛藤を通過するようなものであるときには、特にそうである。さらに、第3章で述べたように、犯罪者が時として遵法的な市民の無意識に提示される願望を実際に行動に移しているという事実は、なぜ犯罪が多くの人に対して大きな魅力を持つのか、犯罪文学、犯罪報道、切り裂きジャック、チャールズ・マンソン、ムーアの殺人鬼、ゲイリー・ギルモアなどといった人物(訳注3)によって喚起される恐怖をともなった関心がなぜ広範な訴求力を持つのかを説明するかもしれない。

　また、他の人びとに対して科せられる処罰は、自らの衝動を文化による抑圧に従わせる個人にとって、そして刑罰システムが無意識的な攻撃性のための社会的に認可されたはけ口だと考える人びとにとって、満足を獲得し秘密の快楽を得るための手段となることがあるかもしれない。フロイトは、超自我が処罰の脅威を感じる子どもにおいて(エディプス葛藤期に)発達することを重視する[64]。そしてエリアスは、(今日では他の社会的権威からの)処罰についての同様の脅威が、高度の自己抑制を維持するために必要な不安を保たせ続けていることを明らかにしている。これらの内面化された統制は、フロイトが「罪悪感」と呼んだものを個人内で生み出すことで作用する。個人は、本能による願望が社会的にふき込まれた良心と衝突するときに罪悪感を覚える。フロイトによればこの罪悪感は、「処罰への欲求として現われ」、そのため苛烈な超自我と罪悪感に覆われた自我のあいだに、ある種のサド・マゾヒスティックな緊張関係を生み出す[65]。この精神分析学的な洞察をフロイト自身が、犯罪学の圏域へと翻訳し、「罪悪感からの犯罪者」、つまり

---

[64] S. Freud, *Civilization and Its Discontents* (New York, 1962), p. 71〔邦訳pp. 136-137〕を参照。
[65] *Civilization and Its Discontents*, p. 71.〔邦訳p. 136〕。フロイトの論文「マゾヒズムの経済論的問題」も参照。そこで彼は次のように述べる。「超自我のサディズムと自我のマゾヒズムは互いに補い合い、一丸となって同一の結果をもたらすのである。思うに、このように考えないかぎり、欲動の抑え込みが一頻繁にあるいはこうも広範囲にわたって一罪責感をもたらすこと、そして人が他者に対する攻撃を抑制すればするほど、良心はよりいっそう厳格で過敏なものとなることは理解できない。」S. Freud, *On Metapsychology,* vol. xi of Pelican Freud Library (Harmondsworth, 1984), p. 425〔邦訳 p. 299〕に再掲。

無意識的な願望と過度に苛烈な超自我が生み出す、罰されたいという欲求を感じる個人が存在すると1915年に主張した[66]。犯罪学者はこの独特な示唆を、疑惑をもって扱ってきており、犯罪者のごく少数にのみ当てはまる動機であるとみなしている。しかし、むしろ「罪悪感からの犯罪者」のかわりに、「罪悪感からの処罰者」について語ることの方が、より重要であるかもしれない。というのも、自分自身の反社会的な願望に対する無意識的に懲罰的な態度が、そのような禁止された欲求を実際に行動化した人びとに対して投影した懲罰的な態度へと及ぶかもしれないからである。同様に、「文明化された」社会の犯罪者を「締め出し」、彼らを「視界の外および心の外に」おく傾向は、「動機づけられた忘却」、つまり個人の知覚しえない願望と反社会的な欲求を抑圧することと、社会的にある種等価であると解釈できるかもしれない。

　もしこれが正しいのであれば（いずれにせよ、これを証明することは無論きわめて困難である）、文明化された感受性と高められた自己統制が育成されることは、懲罰性へと向かう傾向も含むことになる。本能的な攻撃性が厳格に統制され、個人がしばしば処罰しようとする社会において、犯罪者の法的処罰は、攻撃性をあからさまに表出するための回路を提供し、他の人びとの苦痛によって得られるある程度の快楽を是認する。この見方は誇張されるべきではないとはいえ、より広い文化的・歴史的な文脈に置かれる必要がある。犯罪者を嫌うことは市民の義務であるというジェームス・フィッツジェームス・スティーヴンス（J. F. Stephens）の意見は、今日では反動的で不快なものと考えられ、通常これはわれわれが19世紀後半以来どれほど変わったかを示すために引用される。同様に、アメリカ社会の多くの人は、アメリカの刑務所の外にむらがり、殺人者の処刑に喝采を送る群衆の光景が恥ずかしく不快な社会病理の表出であると考える。それにもかかわらず、基底的な感情の両価性は残っている。その両価性が、処罰に対するわれわれの態度を形成し、また、変形した感受性の文明化効果が刑罰の圏域内で完全に表出されることを妨げているのである[67]。

---

[66] S. Freud, 'Criminality from a Sense of Guilt', in 'Some Character-Types Met with in Psychoanalytic Work', in id. *Collected Papers,* ix, ed. J. Riviere (New York, 1959; 1st pub, in *Imago,* 4 (1915-16)).

7．現代の処罰と近代的な感受性

　19世紀後期における身体刑と死刑によって喚起される問題を、いくつか論じることで本章を閉じたい。というのもこれらは、近代的な感受性が現代の刑罰システムの実務を組み立てるためにどのように作用するかを、他のものよりも明瞭に示しているからである。単純な問いが投げかけられるかもしれない。「身体刑はなぜ今日使用されていないのだろうか」。これに対する回答があまりに自明なものに思われないようにするため、そのような身体刑という方策を支持するために用いられることのある有力な刑罰学の議論をいくつか指摘することには価値がある。端的に言って、もし犯罪者が当然の報いとして受けるべき厳しい処遇を科すために法的制裁が予定されているならば（この狙いは1970年代、1980年代には処遇と更生についての関心にかわった）、身体刑はこの目標のための明白な手段であるように思われるだろう。さらに、もし抑止あるいは応報を求めているならば、苦痛を身体に直接与えることには、刑罰学から見れば、競合する方策以上に多数の重要なメリットがある。身体刑は、収監（これは費用が高額すぎ、管理するのが困難で、多数の犯罪者を同じ屋根の下に集めることで、収監とは別の問題を作り出してしまう）や罰金（これは犯罪者の財力に応じて効果が変動し、払えない人びとにとっては犯罪習慣を頻繁に生むことになってしまう）と異なり、安価にでき、正確に調整でき、副作用を最小化でき、ほどよく効果的で統一的に行うことができる。少なくともこれらの意味では、近代刑罰の戦略に含まれる政策のありうる選択肢として身体刑を考慮する有力な理由が存在するものの、刑罰学者は概してこの可能性に言及すらせず、近代的な計画の上で身体刑は選択できない。そのかわりに、身体刑は、歴史上の事実であり、時として反動的な政治家によって劇的な効果を求めて再び想起されるが、よりたいていの場合、以前の刑罰システムが、われわれ自身のものほどには文明化されていなかったことの傍証として引用される[68]。

　これはなぜなのか。もちろん回答は、われわれの近代的な感受性、あるいは少

---

[67] 残念なことにこのような点についての精神分析学的な文献は、分析的に粗雑で説得力に欠ける。K. Menninger, *The Crime of Punishment* (New York, 1968); G. Zilboorg, *The Psychology of the Criminal Act and Punishment* (London, 1955); A. A. Ehrenzweig, *Psychoanalytic Jurisprudence: On Ethics. Aesthetics and 'Law'* (Leiden, 1971); Alexander and Staub, *The Criminal, the Judge and the Public* を参照。犯罪と処罰の心理についてのより綿密な特徴づけは、たとえばフォーラーの『有効活用（*Turned to Account*）』などの文学的説明に見出せる。ニーチェが「ルサンチマン」と呼んだものの役割を強調する処罰することの社会心理学の比較研究にはS. Ranult, *Moral Indignation and Middle Class Psychology* (New York, 1964)を参照。

なくとも、政策決定に影響力を持つ社会の人びとの感受性が、物理的暴力と身体的苦悩を嫌悪することに慣れているからというものである。はなはだしい暴力、意図的な粗野さ、身体的苦痛と苦悩の付与、これらすべてのことは、多くの人びとにとって許しがたいほどに侵襲的で、文明化された国家の公的政策と法制度内には正当な場所を持たないものと感じられる。過去100年間にほとんどの法的システムは、そのような身体的方策をあとかたもなく廃止し、軍隊と刑務所の規律における鞭打ちの使用、ついには、少年犯罪者の処罰において鞭打ちや「杖うち」を廃止した。その同じ感受性は、学校で軽微な体罰を使用することをも違法とし、子どもを規律づける際に身体的なしつけをすることを親に禁じた。このように、身体的痛みと苦悩をあからさまに与えることは、多くの人に不快な印象を与えるものであり、公的な政策からますます排除されるようになっているのは明らかである。

しかし、暴力と苦痛の付与に対するこの禁令が一般的なもの**でない**ことは、強調しておく必要がある。むしろ逆に、現代の何らかの処罰がどのような影響を人に与えるかについての理解が特定の形態をとっているかぎりにおいて、いまだに苦痛の付与を政府の施策が許可し、世論が許容しているのは明らかである。たとえば収監された経験がある人々は、とりわけ長期間の刑務所への収容が、急性の精神的・心理的苦悩を生み出しうるとよく知っている。それはまた、身体の悪化と認知的・社会的技能の衰えをもたらすこともある。そしてそれは、頻繁に受刑者の家族に深刻な感情的・経済的悩みを引き起こす[69]。見知らぬ人と小さな居室を共有しなければならないという社会的な格下げは、近代的な文明化された社会では、それ自体が人を粗野にさせ、非人間化させるような処罰である。このような処罰は、イギリスでは、プライバシーと個人的安全の欠如を含むだけでなく、しばしばその人の身体的機能を他の人の前で行い、排泄物を「汲み取って捨て」なくて

---

[68] グレーム・ニューマンは近年『公正と苦痛（*Just and Painful*）』（New York, 1985）で身体刑の復活を主張して犯罪学界を驚かせた。ニューマンはこの主張を提示するに際して、近代的な感受性や「文明化された」考え方に慎重に適合させようとした。つまり使用される方法は、正確に測定され医学的に管理され、長期にわたる負傷を生じさせないような電気ショックである。レビューを行ったほとんどの人は強い怒りをあらわにした。ジョナサン・サイモンによる分析的なレビューは、その主張が時代錯誤的で、近代的な社会慣行（そして私が近代的な感受性と名付けるもの）とは歩調を異にしていると論じた。J. Simon, 'Back to the Future: Newman on Corporal Punishment', *American Bar Foundation Research Journal* (1985), 927 ff.

[69] S. Cohen and L. Tyler, *Psychological Survival: The Experience of Long-Term Imprisonment* (Harmondsworth, 1972); L. S. Sheleff, *Ultimate Penalties: Capital Punishment, Life Imprisonment, Physical Torture* (Columbus, Ohio, 1987); Sykes, *The Society of Captives,* ch. 4の「拘禁の苦痛」に関する章を参照。

はならないことを含む。だがこれらの苦痛は、われわれの感受性を大きく害することはなく、公共政策の一部をなすことが認められている。なぜなら、それらは身体的なものではなく精神的・感情的なものであるから、即時的にではなく長時間をかけて人を蝕むものであるから、公衆の視界から取り除かれているから、そしてそれらは単なる「自由の喪失」として法的に偽装されているからである。「文明化された」社会の要求と一致させるために、苦痛の経験は「舞台裏」（これが刑務所の壁の背後であれ、あるいは受刑者たちが彼らの感情的な悩みを隠すための「外観」の背後であれ）へと恭しく誘導されるのである。

　ノーヴァル・モリス（N. Morris）は、かつて次のように述べた。身体刑が「非感情的」なものとされれば、つまり、もしそれがその攻撃性と性的な色合いを奪われ、非個人化され、官僚化されれば、人はそれをありうる刑罰方策とみなすかもしれない、と。彼の見方では、これはありえないことで、そのため身体刑を採用するかという問題が提起されることはなく、彼は身体刑を完全に否定する。だがそう述べたとき、彼は重要な論点に触れていた[70]。身体刑にともなう問題は、まさにモリスの述べたような仕方で非感情的なものにされた刑務所、罰金、監視などの他の刑罰方策と異なり、それにともなう暴力を否定できないことである。鞭打ちといった粗野な方策によってにせよ、電気ショックといったより洗練された形態によってにせよ、人類に対する苦痛の付与にはつねに苦悩の直接的な証拠が見出される。そこに含まれる残虐さが見逃されることはない。苦痛によるみじろぎ、あるいは激しい苦痛の叫びは、暴力という事実を知らしめ、それを目に見えるものとする。一方で、刑務所にいる被収容者の精神的な苦悶とゆるやかな退行は、観察するのがはるかに難しく、はるかに見過ごされやすい。禁令とされる身体刑と、日常的に用いられる収監などの他の処罰のあいだの決定的に重要な相違点は、本質的にどれくらいの苦痛と粗野さがそこに含まれるかではなく、その暴力がどのような**形態**をとるか、それがどの程度公衆の感受性を侵害するかという問題である。近代的な感受性には、一定の選択傾向がある。それはある形態の暴力を知覚することとその暴力を避けることにきわめて慣れている。だが同時に、近代的な感受性には、特定の盲点、あるいは同情の限界があり、そのため別の形態の暴力は、それほど明らかに示されたり経験されたりすることがない。したがって、日常的な暴力と苦

---

[70] モリス教授のこの非公式の発言は、「法律学校における制裁」に関する講義で行われた。*New York University*, 8 Nov. 1984.

悩は、それが目立たず偽装されているような条件下では、あるいはどのようにか視界から離されているような条件下では、許容されることがあるのである。

　運動家は、そのような感受性の及ばない領域が存在することをよく知っている。彼らは、直接的には見ることのできない苦悩、あるいは「われわれのような人びと」と関わるわけではない苦悩のあらゆる形態を無視することが一般的な傾向である中で、公衆の無関心を克服し、海外の飢饉や祖国での貧困に人びとを気づかせようと苦闘しなければならないからである。そのような領域は、動物への残虐さに対する態度の変化についてのキース・トーマスの著作でも取り上げられている。ここで彼は、その態度の変化という関心事が、つねに高度に選択的でそれぞれ異なっていたことを示す。すべての動物に同情を平等に拡張するのではなく、関心と保護を得たのは、苦痛を受けたときに叫び鳴く動物や、見た目や行為において最も「人間的」に見える動物であることが多かったのに対し、（魚や爬虫類や昆虫といった）他の種は人間の温かさや関心を引き起こさない傾向にあった。まったく同様の選択傾向が、刑罰の圏域でも作用しているように思われる。今日それは、依然として採用されている巨大な暴力を日常的に偽装するような仕方で組織立てられている。公衆が受刑者やその家族の苦悶を聞くことがないという理由から、新聞や素人犯罪学の言説が犯罪者を「異なり」、完全な人間以下のものとして提示するという理由から、そして刑罰による暴力が一般的に浄化されており、状況に依存し可視性が低いという理由から、われわれの文明化された感受性としばしば粗野な処罰の日常業務との対立は、最小化され、より許容できるものとされる。このように近代刑罰は、その実務に備わり続けている暴力を否定するような仕方で、制度的に秩序立てられ、散漫に表現されるのである。

　このような特徴、すなわち、今も続いている刑罰での暴力への傾倒と、公衆が持つ感受性の限界の両方を示す特徴を明確に示す例は、「許容可能な」死刑の方策を見つけようという近代の試みの歴史である。この歴史は、フランス革命と処刑を行うための方策としてギロチンを導入したことから始まる。というのも、ギロチンは、犯罪者に一切の不必要な苦痛を科さずに命を終わらせる人道主義的（で「民主主義的」）な機械として設計されたからである。以来、政府と国家は、その粗野で苦痛に満ちた側面を同時に隠しつつ、この究極的な暴力行為を遂行するための新たな方策を発見しようとしてきた。最初の関心事は、死が一瞬のものとなり、個別の処刑人の技能に左右されないですむ手段を発展させることだった。落とし戸

式絞首台、銃部隊、そしてまさにギロチンはそのためのものである。その後、その動向は、19世紀後半と20世紀に電気椅子やガス室といった洗練された技術装置へと向かった。それらの技術装置には、命を奪う行為から距離をとり、その行為を非人間化し、一人の人間が他の人間を意図的に殺すのではなく、技術的・科学的な施術にするという効果があった。実際のところ、殺すことが正しいのかどうかという道徳的な問いは、美的な問いへと、つまり法的殺人はその粗野な側面を偽装するような仕方で上品に行えないのだろうかという問いへと変換されるにいたった。これは死刑に関するイギリス王立委員会などの公的団体の文言に見ることができる。その文言は、以前の方策の「不面目で」「野蛮な」付随物を避けるような、「ふさわしく」、「人間的で」、「品位ある」方策の必要性を強調している[71]。

一人の人間を殺すという決定の重大さを考えると、品格と体裁の問いに悩むことは倒錯的で不条理だと強く思えるかもしれない。しかし、刑罰のこれらの上辺が、近代の世論に対して司法による殺人を受容可能にする際に決定的に重要だったことは、政治生活の事実である。このような、公衆の感受性を害さずに殺すことのできる方策の探求における最高点は、アメリカのいくつかの州で現在使われている「致死注射」かもしれない。この殺人の技法は、麻痺剤と致死量の「超即効性のバルビツル酸塩」を組み合わせて犯罪者の静脈に注射することである。その支持者によれば、この方策にはほとんど苦痛がなく、「代替的でより快い処刑方策」となる[72]。それは、執行人ではなく医療職員によって行われる準医療的手続きであり、もちろんその形態は近代的な健康管理という日常業務的な治療のための実務を手本にしている[73]。イギリス王立委員会が表現したように、そのような方策は、「執行人を用意することを促進するかもしれない」。なぜなら、「執行人に必要とされるものは、処刑ではなく慈悲の行為だと表現されうる」からである[74]。

法的殺人を安楽死の一形態として表現するというこの試みは、アメリカにおいて過去10年間に一ダース以上の州で採用されてきた。実際、執行人を処刑の光景のときにその犠牲者から隔てることが、さらに促進されてきた。それは、有罪宣

---

[71] この引用文はF. E. Zimring and G. Hawkins, *Capital Punishment and the American Agenda* (Cambridge, 1986)からのものである。本節の多くの資料はジムリングとホーキンスの研究に依拠している。
[72] この表現はBritish Royal Commission Report on Capital Punishment, 1949-53からのものである。Zimring and Hawkins, *Capital Punishment and the American Agenda*から引用。
[73] 実際、アメリカ医学協会は、外科医が死刑執行に参加してはならないという立場を最終的には採用した(ibid. 114-15)。
[74] Ibid. 113.

告を受けた人から技術者を離し、壁に開いた小さな穴から致死量の薬を処方することを可能にするブロック塀を建設することで進められてきた。手術を待つ患者のようにストレッチャーに革で縛られた犯罪者は、匿名的に、医療的手続きという偽装の下で、その作用の効果をすぐには見ない技術者によって、死へと送られる[75]。この奇妙で、実際いささかぞっとさせられる光景は、近代処罰の私秘化、浄化、近代処罰自体の暴力の注意深い否定といった重要な特徴の多くを要約し、近代的な感受性が懲罰的行為に要求する形式上の特質を示している。

　ジムリング (F. E. Zimring) とホーキンス (G. Hawkins) は、この方策を採用した州が、興味深いことに死刑を長いあいだ執行していなかったか撤廃していた後、1970年代後期あるいは1980年代に死刑を再導入した州であることが多いと示している。これらの州が直面した問題は、多くの人びとが電気椅子とガス室が時代錯誤的で、近代的な感受性には適合しないと思うようになっていたことである。「20年間の不使用……は、部屋や椅子を公的な政策の道具ではなく、ろう人形館の展示物にした。そのため、積極的な執行政策を維持するためには、今日の制度と価値に調和しないということがそれほど明らかではない手段が要請された」[76]。このように「治療的」薬物と医療化された手続きを用いることは、許容可能なほどに「近代的な」執行様式を生み出す試みである。しかし、ジムリングとホーキンスが主張するように、これは多くの点で失敗してきた。この方法が実際に使われてみると、苦痛をともなわない安全な執行など不可能であることが明らかになり、致死注射が犯罪者を死に送る他の現代的な方策と同じくらいおぞましいものであることが示された。さらに、アメリカで死刑が存続していることは、それがどのような形態で実現されようとも、端的に文明化されていないという印象を多くのアメリカ人に与える。というのも、ほとんどすべての他の発達した民主制社会はこの実務に頼ることを長い間やめているからである。

　ジムリングとホーキンスの主張によると、死刑が1980年代になっても維持された理由は、道徳に関するアメリカの感受性の何らかの特異な背景ではなく、アメリカ司法の特異性である。一つの水準では、死刑は多くの州立法府による象徴的な反発的な反応によって維持された。州立法府は、1972年のファーマン判決でこの

---

[75] その描写にはAmnesty International, *United States of America: The Death Penalty* (London, 1987), pp. 114-25.
[76] Zimring and Hawkins, *Capital Punishment and the American Agenda,* p. 122.

方策を連邦政府と最高裁判所が「違憲」と宣言して干渉したことに強く憤っていた。これらの州は、新たな死刑規則を制定することで、地方独立の申し立てを主張したのである。だが別のより根本的な水準で、死刑は、犯罪に対する強硬路線キャンペーンの強力な象徴であり、転じて、アメリカ社会の多くの社会的恐怖と人種的・階級的な緊張関係を要約したものである。このように、死刑は刑罰政策の道具的側面ではなく、特殊な政治の象徴として維持されてきた。死刑判決を受けながら実際には執行されないままでいる膨大な数の犯罪者が存在していることが、その証拠である。死刑がアメリカで巨大な大衆的支持を受けているように思われているからといって、アメリカが他の国家と異なっているわけではない。というのも、他のほとんどあらゆる国が、死刑を維持しているかぎり、そしてたいていの場合廃止した後にも長い年月のあいだ、世論は死刑を支持しているからである。死刑の廃止は、つねに大多数の公衆の反対を押し切って行われるが、一旦政府が死刑を廃止すれば、世論はそれにしたがって徐々に変化し、他の政策を文明化された社会において利用可能な「究極的」方策であるとみなすようになることが多い[77]。しかし、世論を変化させることは、死刑の単なる法の上での廃止以上のもの、すなわち絶えざる公衆教育と道徳上の指導力をも要請する。多くの廃止国では、死刑はそれが政治的に有用とされるときにはいつでも喚起される強力な象徴として、生きつづけているのである。

　この最後の論点は、独立した力と現実性を持つ感受性が、いずれにせよどれほど政治プロセスと社会的力によって形成され、影響を受けるかを示すのに役立つ。社会制度が、人びとの集まりに心情教育を施し、気持ちの洗練、そして他の人びととの権利と苦悩への感受性の増大をもたらすのと同様の仕方で、他のより保守的な政策はこの文明化の過程を巻き戻し、攻撃性、敵意、身勝手さを政治生活の圏域で解き放つことがある。このように、文化・政治の力は、その対象となる社会集団に、感受性と感じ方を生み出そうとする。ほとんど同様の仕方で、刑罰に関する社会の感受性は、徐々に高まるか、そうでなければ政府が示す先例と政策的説

---

[77] Ibid. pp. 14-22. 死刑を廃止した国は世界規模で見ると依然として少数派であると付け加えておくことが重要であるかもしれない。近年のアムネスティ・インターナショナルの報告書 *When the State Kills: The Death Penalty v. Human Rights* (London, 1989) によれば、すべての犯罪について死刑を廃止したのは35か国、「通常の」犯罪（つまり軍事的な違反、裏切り等を除く犯罪）について廃止したのは18か国、過去10年間で死刑を執行しておらず事実上の廃止国であると考えられるのは27か国である。まとめると、これらの廃止国は、世界のすべての国の44パーセントを占めるにすぎない。

得という手段によって衰えるかである。

　批判者と改革者が公衆の感受性に対して（あるいは少なくとも支配的エリートに対して）働きかけようとしてきた重要な方法の一つは、刑罰制度において隠されている粗野さと苦悩を見えるようにすること、つまり暴力を舞台裏から引き出し、それによって公衆の意識と衝突させ、公衆の良心を揺さぶることを可能にすることである。ジョン・ハワードは、監獄の見えざる暴力、汚らしさ、苦悩を示すことによって、そしてそれに耐える受刑者と罪人の人間性を強調することによって、同時代人たちの感受性に意図的に衝撃を与えた。同様の仕方で、19世紀の監獄改革は、婦人参政権論者、良心的兵役拒否者、政治的反体制派が自分で収監を経験し、彼らの経験をその友人たちに伝えたときのように、しばしば刑罰の真の性質と受刑者たちが「自分たちのような人びと」であることもあるという事実を、中流階級の世論に伝えられるような出来事を求めてきたのである。

　もし感受性が処罰のとる形態に確かに影響を与えるのであれば（直接的あるいは排他的にでは決してないとはいえ、感受性が処罰に影響を与えていることは明らかに思われる）、二つの帰結が後に続くはずである。一つ目は理論的な帰結である。すなわち、刑罰形態あるいは刑罰史のあらゆる分析は、感受性についての問題を分析に含めなくてはならないということである。われわれは感受性に関する傍証を「単なるイデオロギー」としてルッシェとキルヒハイマー、さらにはフーコーがそうしがちだったような仕方でしりぞけるべきではない。二つ目は実践上の論点である。すなわち、刑罰改革者の伝統的な道具である文化闘争、曝露ジャーナリズム、道徳的批判には、確かに刑罰変化をもたらす一定程度の影響力があるということである。刑罰形態は、客観的な社会構造**および**文化枠組に埋め込まれている。政治的主導権、道徳的主張、感受性の涵養、文化上の教育はすべて、社会の刑罰制度の細部と統治形態を形成するのに役割を果たす。たとえ階級関係あるいはその排他的な制度、その運用上の合理性、そしてその道徳的多元性の社会インフラを変化させる可能性が目の前にあるとみなせはしないにしても、刑罰の圏域における道徳的・文化的闘争の影響を観察することはできる。社会制度は、構造主義的な社会学が考えるよりも柔軟なものであるかもしれないのである。

(訳注1) 残酷で異常な刑罰を禁止したもの。1789年に連邦議会によって提案され、1791年に批准された。
(訳注2) 流血をともなうスポーツを指す。格闘技や闘鶏などを含む。
(訳注3) すべて歴史上有名なアメリカとイギリスの殺人者。

第11章
文化的主体としての処罰
文化形成における刑罰の役割

1. 処罰と文化の生成

　ここまでの処罰と文化に関する議論の中で、心性と感受性の形態の変化によって刑罰実務と言説が形成されてきた様子を強調してきた。私の関心は、社会の文化がどのようにしていくつかの象徴的主題、意味の布置、文化一般を構成する特定の感じ方に刻み込まれるようになったかを示すことにあった。議論の多くは、歴史学の用語を用いて行われ、刑罰学的な推論過程、経済的利益、権力の戦略だけでなく、われわれが文化と呼ぶ価値、意味、感情の編成もが、刑罰変化の源泉と刑罰形態の決定要因であることを示そうとしてきた。言い換えれば、そして諸変数の相互作用と決定要因の複数性に対して当然向けられるべき考慮を含めて、第9章と第10章は、「文化」が処罰の「決定要因」であると示してきた。

　処罰という現象を権力ゲームあるいは統制の露骨な戦略という問題へと還元するよう社会学理論と歴史解釈が強いられているとき、上で示唆されたような原因を明確にするよう強調することには、ある程度の価値がある。それが一般的な意味で述べられたときには、どれほど自明なものであるように見えたとしてもである（文化が処罰を形成する助けとなることを、本当に否定する人がいるだろうか）。しかし、「処罰」と「文化」をつなぎとめる関係の記述として、この形式は議論の半分しか伝えていない。それも、もしかするとあまり興味深くない方の半分であるかもしれない。実際に、文化的意味の広汎な傾向は、疑いもなく処罰の形態に影響を与える。しかし、処罰と刑罰制度が、包括的な文化を形成する助けとなり、その条件の生産と再生産に寄与していることも、また真実である。それは二方向の過程、つまり相互作用的な関係性である。そしてもし原因と結果、あるいは決定のベクトルという観点から考えれば、矢印は同時に原因と結果両方の方向へと向かうはずである（とはいえ、それらは等しい大きさを持つ必要も、同じ平面に描かれる必要も

ない）。処罰は、あらゆる主要な社会制度と同様に、広汎な文化上の一般的傾向によって形成される。それはその起源を別のところに持つが、それ自体の局限的意味、価値、感受性をわずかではあるが際立った仕方で生産し、それらは支配的文化というブリコラージュ(訳注1)を形作る。このように刑罰制度は、文化に関して言えば、「原因」であると同時に「結果」でもある。

　この二方向の関係性は、社会科学でいまだに時として広く行き渡った原因性の機械論的観念を当惑させるかもしれないが、これは、一般的なものと特殊的なもののあいだの構築的相互作用以外のなにものでもない。この場合その相互作用とは、刑罰という局限的文化と全般的な文化傾向とのあいだの相互作用のことである。フーコーが刑罰の関係は政治権力の表出であるだけではなく、政治権力による積極的な制定とその拡張でもあると強く主張したとき、彼はこの相互作用に接近していた。私は、これとほとんど同様の仕方で、刑罰制度は文化上の意味を積極的に構築し拡張すると同時に、それらを反復する、あるいは「再確認する」と主張したい。処罰を他のところで制定された文化上の一般的傾向の受動的な「表出」、あるいは「反映」と考えるのではなく、処罰を文化関係と感受性の能動的な生産者とみなすよう努めなければならない。以上のように、本章の狙いは、刑罰実務が文化一般を作ることにどのように寄与するかという点を示すこと、そしてその寄与の性質と意義を示唆することである。

　処罰は、すべての社会慣行と同様に、社会活動あるいは文化上での記号付与作用という視点から見ることができる。処罰には、「何かをする」制度として原因-結果という観点からアプローチすることもできれば、「何かを言う」制度として、それが何を意味するかという観点からアプローチすることもできる（このことが暗示する区別は、疑いもなく、現実的なものではなく分析的なものであり、明らかにするよりも多くのことを隠してしまうかもしれない。だがこの区別は、現在の分析とは異なる分析様式を描写してくれる）。刑罰学者は、かなりの程度、処罰を社会活動という観点から分析する傾向にあり、その活動によって即座に影響されるものに対する直接的な効果という観点から、その実務の影響力をたどることに関心を寄せてきた。処罰は、刑事施設への収容を行い、監視し、財産を剥奪し、そうでなければ犯罪者を規制し、統制する一連の実務とみなされる。そして刑罰学者の課題は、これらの活動の直接的な効果を測定すること、制裁を科された犯罪者の集まりに対する刑罰方策の改善、抑止、無害化という結果をたどることとなる。

このように典型的な刑罰学の研究は、直接的な社会行動の形態とみなされる処罰の測定と評価である。

　しかし、従来の社会学においても、処罰がより大きな人びとの集まりに向けられていること、つまり潜在的な犯罪者や公衆一般に対して訴えかけること、そしてこの点に関して言えば、処罰が行動方策や物理的活動によってのみ作用するのではなく、象徴、記号、公示、レトリック装置という手段によっても作用することは認められていた。刑罰のこれらのより広い効果をたどることに取りかかっている刑罰学者もわずかながら存在し、彼らは「一般抑止」の証拠や判決が公衆の満足あるいは不安の程度に影響を与えていることを示すものを探してきた。だが全体として言えば、刑罰学者は、この種の研究に含まれる避けられない不明瞭さに不服を感じてきた。正確な測定の困難さ、信頼できるデータの欠如、刑罰に関する変数を他の態度を形成する力から孤立させることが不可能であるということが、ほとんどの刑罰学者と犯罪学者の研究をより近接的かつ接触しやすい刑罰学的効果に限定させてきたのである。

　従来の刑罰学の関心事を考えれば、そしてその学問分野が自らに課した実践的な課題を考えれば、処罰のより広い社会的・文化的効果に関わり合うのを差し控えることにも合点がいくかもしれない。刑罰学に関する堅固な情報源を作り上げることは、それだけでも十分に困難であり、かなり狭い限界の中で作用する専門家の努力を正当化するという帰結を見れば、十分に重要なものである。しかし、社会における刑罰の（犯罪者に対する直接的な効果以外の）一般的役割を理解しようとする処罰の社会学にとって、そのような一切の差し控えは見当違いで自己破壊的なものとなるだろう。ここまでわれわれは、処罰の社会学を形成する多くの文献が、犯罪者たちにかぎらず社会関係一般に刑罰方策がどのように影響するのかを問いながら、刑罰のより広域での帰結をたどる試みであることを見てきた。このような研究は、処罰を他の圏域に対して測定可能なほどの影響力を及ぼす社会活動とみなし、原因 - 結果という観点から行われることもある（たとえば、刑罰制裁と労働市場に関する量的調査）が、より頻繁には、このアプローチの変種はより解釈学的な分析方法と結びついている。そのような場合、処罰は、たとえば（ヘイあるいはパシュカーニスの著述のように）イデオロギー的メカニズム、あるいは（デュルケムやミードのように）道徳的伝達とみなされる。そして、このより解釈学的なアプローチを採用するに際して、処罰の社会学はしばしば詳細の正確さ

第11章　文化的主体としての処罰

や根拠のある分析を、より思弁的で印象的な解釈の含蓄深さや洞察ととりかえる。これは良い効果をもたらすこともあれば、もたらさないこともある。

　私は、刑罰慣行を文化生産の主体として、あるいは社会内での記号付与作用の形態として分析しようとする際、しっかりとした傍証ではなく例証によって支えられる解釈上の宣言が行われるだろうと、そして私の理論的主張が利用可能なデータを越えるだろうと気づいていた。このことが言い訳や謝罪を要求するならば（そしてこのことがそう要求するのであれば、近代的な社会理論の多くも同様である）、私の答弁は必要性に関するものである。なぜならば私がそのような手法を選択したのは、私が追求している現象の性質が、少なくともこの議論の段階では、そのような方策を不可避のものとするからである。

2. 刑罰は意味を伝達する

　本章が追求する示唆は、刑罰に関わる実務・言説・制度が、生産プロセスにおいて能動的な意味を果たすということである。その生産過程を通して、共有された意味、価値、そして究極的には文化が、社会において生産され再生産される。処罰は、他のものにもまして、伝達的なものであり、教育を意図したものである。処罰は、実務と公示という媒介を通して、われわれが世界に意味を与えるために使用するいくつかの認識枠組と区別を働かせるのである。

　文化とは一言でいえば、価値、概念、感受性、社会的意味のことである。これは社会活動を包み込み、それを意味あるものとする自然の大気のような形態で存在するわけではない。むしろ、それらはわれわれの社会慣行と制度によって能動的に産出・再産出される。そして処罰は、この生産的・再生産の過程の中で役割を果たす。処罰は、共有された認識枠組と権威づけられた分類を生産することで社会を構築し支える多くの制度の一つである。この認識枠組と分類を通じて、個人は互いと自分自身を理解する。刑罰実務は、それ固有の仕方で、組織化を行う文化枠組を提供する。刑罰実務の公示と活動は、人びとが行為を評価し、経験を道徳的に理解するために使用する解釈のための枠となる。このように刑罰は、二つの異なる意味で規制的な社会内のメカニズムである。つまり刑罰は、社会活動という物理的な媒介物を通じて直接的に行為を規制する。だがそれはまた、記号といういくぶん異なる媒介物を通じて、意味、思考、態度、そしてそれらを基にし

た行為を規制しもするのである。

　処罰は、日常的な活動の中で、基本的な道徳・政治上の認識枠組と、われわれの象徴的宇宙を形成する助けとなるような区別の仕方を教え、明らかにし、劇的に表現し、権威によって制定する。処罰は日常的に出来事を解釈し、行為を定義し、活動を明示し、価値を評価し、そしてそのようにした後、これらの判断を犯罪者と公衆という聴衆の双方に強制的に当てはめ、法律の権威をもって犯罪者に制裁を加える。刑罰実務のこの表出的・象徴化的機能は、すでにある程度認識され理解されている。ジョエル・フェインバーグ（J. Feinberg）などの哲学者の思想においてのみではなく、裁判官や刑罰に携わる実務者の実務においてもである。彼らは、刑罰実務の公示や活動が広い観衆に及び、多くの人に対して象徴的な意義を持っているということに、はっきり気づいている[1]。しかし、刑罰のこの表出的性質が議論されるとき、フェインバーグの著作においてすら、注意の焦点はたいていの場合、刑罰制裁が明らかに、そして自ら意識しながら伝える強い叱責、非難、スティグマという目につきやすい記号に絞られる。探求されずに残っているものは、刑罰がより広く、より根本的な社会的意味の生産に関わるその仕方、つまり非難の即時性を越え、他の対象や他の象徴について語るその仕方である。

　ここで行いたいと思い、以下で探求したい示唆は、刑罰が犯罪と処罰についての意味を伝達するだけでなく、権力、権威、正統性、普通性、道徳性、人間性、社会関係、そしてこれらと接触する他の問題の多くについての意味をも伝達するということである。刑罰に関する記号と象徴は、権威に関する制度的言説の一部である。これは、われわれの道徳的・政治的理解を組織立てようとし、心情と感受性を教育しようとする。それらは善と悪、正常と病理、正統と非正統、秩序と無秩序についてどのように考えるべきかに関して、一連の連続的で反復的な教示を与える。記号と象徴は、それらの判断、非難、分類を通じて、どのように判断し、何を非難し、どのように分類するかをわれわれに教え込む（そして説得する）。そしてそれらは、そのようにするための一連の言語、決まり文句、語彙を供給する。これらの記号付与的実務は、社会的権威をどこに位置づけるべきか、秩序とコミュニティをどのように守るべきか、社会上の危険をどこに認めるべきか、これらの問題についてどう感じるべきかを教える。その一方で、刑罰的象徴の喚起的効果は、

1　Feinberg, *Doing and Deserving*.

われわれの心の中で考慮と連想の連鎖を次々に作用させ、処罰という職務を政治、道徳、社会秩序についての問いと結びつける。まとめると、刑罰の実務、制度、言説は、すべて**記号を付与する**のである。そしてそれによって伝えられる意味は、犯罪と処罰が持つ即時性を越えてより広く、より遠くまでおよぶ問題に「ついて語る」。このように刑罰は、文化的な語法、あるいはもっと上手く言えば、文化的演技である。それが異なる社会集団によってきわめて異なる仕方で「読まれ」、理解されることに疑いはない。そしてこの（文学批評家が呼ぶように）「受容」という決定的に重要な問題に関してわれわれが持っているデータは、情けないほどに不十分である[2]。しかし、処罰が社会に及ぼす効果を理解したいのであれば、逸脱を抑圧し沈黙させるというその消極的な能力とならんで、意味を生産し「正常」を産出するこの積極的な能力をたどるよう義務づけられるのである。

　この方向の探求に向かうことによって、本書の以前の章で論じられた土台をある程度たどり直していることに気づいてはいる。マルクス主義、エリアス、そしてとりわけデュルケムに関する以前の議論は、刑罰儀礼と刑罰実務が社会の観衆の理解と感受性を形成することによって社会内での態度に影響を与えることができ、実際に与えていることをすでに示唆していた。ある意味で、「イデオロギー」と「集合的表象」といった概念は、客観性、コミュニティ、社会関係という文化的な構築物を暗示している。そして、処罰がイデオロギー的側面を持っているとみなされているという点で（ヘイ、パシュカーニス、ホール（S. Hall）などを参照）、あるいは道徳的機能を持っているとみなされているという点で（デュルケム、エリクソン、ガーフィンケル（H. Garfinkel）などを参照）、これらの他の分析は、以下で行いたい指摘に言及している。しかし、これらのマルクス主義的な議論とデュルケム的な議論は、すでに示したように、理論枠組のなかにおかれており、その枠組によって制限されている。イデオロギーというマルクス主義的概念は、文化・思想という圏域で階級支配を明らかにするために用いられてきた。だがそれは、文化・思想以外の概念をほとんど明らかにしてはいない。その一方で、刑罰に関する記号というデュルケムの概念は、社会が分裂しているという認識を欠いている点で、あまりに「集合的」である。それと同時に、刑罰に関する記号が、集合意識のどこかにすでに存在するものの単なる繰り返しにすぎないとする点で、単なる「再提示」にとどまって

---

[2] この問題についてのいくつかの議論にはN. Walker, *Sentencing: Theory, Law and Practice* (London, 1985), pp. 101-4を参照。

いる。一つの説明、すなわちデュルケム的概念は、刑罰が独立したレトリック的性質を持つという認識を一切欠いており、もう一方、すなわちマルクス主義的概念は、刑罰がつねに階級利益の表出のためのレトリックであるとみなしてしまっている。

　フーコーの著作の中には、（特に彼が近世における「処刑台の意味」、そしてその後18世紀のある改革者によって示唆された刑罰の「記号論的な」様式について論じる際）処罰のレトリック的性質に関して、より積極的で豊かな議論を提示し始めているものもある。だが、近代刑罰に関する彼の議論では、記号の分析は、科学的犯罪学あるいは更生を志向する刑罰学の言説の分析へと道を譲ってしまう。言説は主に、規律づけのプロセスで機能する権力 - 知という道具的形態として扱われる。その結果、刑罰に関する実務と宣言のより広い象徴的意義は、大部分探求されないままに残されることになる。

　これらの重要な問題を明瞭に、そして不必要な制限なしに扱うため、私は刑罰上の記号付与作用という問題を取り上げることを選び、当該の問題にとって適切な概念を使用しつつそれを明示的に扱うことを選択した。そしてデュルケムと一部のマルクス主義者の機能的な説明のように、刑罰がどのような効果をともなうのか、刑罰がどのように伝達されるのかは明白だと前提するのではなく、われわれの知識の状態にとって適切な仕方でこの問題に言及していく。それはつまり、いくつかのきわめて基礎的な調査という手段によって言及するということである。そのような目標に向けて、以下の単純な問いを提起したい。どのように、そしてどのような手段によって、刑罰実務はその意味を明らかにし、伝達するのか。処罰にとっての社会の観衆とは何か。刑罰実務はどのような種類の意味と認識枠組を伝えるのか。これらの意味はどのようにして時とともに変化するのか。そして最後に、ここまでのことが正しいのであれば、なぜ処罰はこれほどまでに強い情感を呼び起こす表出的な社会制度なのか。

3．刑罰はどのように記号付与を行うか

　刑罰という複合体を構成する様々な活動を、その伝達的あるいは記号付与的な側面を検討するという観点から詳しく調査するとき、われわれの注意は、制度が公衆に向けて処罰を公開するという実務に直ちに引きつけられてしまう。過去のこのような実務は、公共の場で、眺めている群衆の前で執行されるすべての制裁を

含んでいた。たとえばさらし台、むち打ち荷馬車、さらし台、処刑台、あるいは多様な種類の公的奉仕と公的な恥づけなどである。その他に含まれていたものには、公開告白という儀礼となかば公式に公衆に売られたブロードサイド(訳注2)があった。その両方は、より明示的な用語で道徳メッセージを言葉にした。これらの公開処罰が伝えようとしていたのは、この道徳メッセージだった。もちろん今日では、刑罰制裁は、公開の場で執行されることはまれである。しかし、公衆の消費のために意図的に計画され、社会の聴衆のために伝達される刑罰実務の要素がいまでも存在する。特に、司法の判決を公示することや、判決の言渡しの際に付け加える裁判官の多くの発言が想起されるだろう。これは犯罪者にのみ向けられるのではなく、新聞や傍聴人を通して被害者、潜在的な犯罪者、公衆全体にも向けられる公示あるいは遂行的宣言である。20世紀の後半においては、18世紀と同様に、判決の瞬間は「人びとに向けられた時」であると理解されている。したがって、ある裁判官の発言とそれを生んだ状況に関する説明を伝えずに発行される新聞はほとんどない。

　また、刑罰制度は、別の状況や方法を用いて、広い聴衆に向けて語りかけることもある。公示される政府政策は、公衆に向けて刑罰実務を描写し正当化するために書かれる。刑事司法プロセスに含まれる多数の機関が作成するあらゆる年報や、特殊なスキャンダルを調査するため、あるいは新たな改革に根拠を与えるために設立される調査委員会の報告にも、同じことが当てはまる。それほど権威的でないとはいえ、同じくらい多くのものを生み出す刑罰表現の形態には、刑罰改革者や批判者の著作、くわえて今日では学者の著作がある。刑罰システム、その哲学的根拠あるいはその内在的な問題と変化の必要に関する学者の説明は、しばしば多くの観衆を集める。そして時として、なかば公的な地位へと登りつめる。もし当局が彼らの発見あるいは改革の勧めを受け入れると選択した時には、とりわけそうである。これらの報告などは、正統性を持った文章で書かれた刑罰実務の公的表現となり、しばしば事実の描写、説得を狙ったレトリック、制度によるプロパガンダとを混ぜ合わせてつくられる。そして、歴史学者と社会学者が刑罰の記号付与的（あるいは「イデオロギー的」）側面を検討する時、彼らが最初に手を付けてきたのはたいていの場合、これらの文章である。

　しかし、公衆に消費されることを正式に意図した発話行為、遂行、出版物のみを分析することは、刑罰の最も重要ないくつかの記号付与的な側面を無視してし

まうことになる。具体的には、それは、制裁プロセスの道具的・作用的要素として機能するだけではなく決定的に重要なレトリック的・表現的役割も果たすあらゆる実務と言説を無視することになってしまう。もし処罰によって伝えられる文化メッセージを理解したいのならば、時たま行われる格式ばった公的宣言だけを研究するのではなく、日々の実務の実践的で反復的な日常業務を研究する必要がある。というのも、これらの日常業務には、意味形態と象徴形態の特徴的な一般的傾向が含まれているからである。これらは、特殊な手続きが採用され、技術言語が用いられ、あるいは特殊な制裁が科されるときには、つねに固定化されて表出される。政策書類、委員会報告書、方針の宣言に注意が向けられるとはいえ、刑罰の圏域において意味の特殊な枠組（フーコーであれば「真理の統治形態」と言うかもしれない）を作り出すために最も多く寄与するのは、制裁という日々の日常業務と制度実務である。そして刑罰に埋めこまれ、その中で表わされる価値、意味、概念を発見するため、まず最初に見るべきなのは、これらの実務的な日常業務である。

　だとすれば、道具的活動と象徴的活動のあいだ、そして「社会活動」と「文化的意味」のあいだに引かれている従来の区別は、ここではほとんど役に立たないように思われるだろう。というのも、これらの分析上の分割は、現実には存在しない分離を暗示しているからである。つまり前に見たように、刑罰において道具的であることは象徴的であること**であり**、処罰という社会的行為は、それがどれほどありふれたものであろうとも、同時に文化的意味の表出でもある。この文脈で用いるにふさわしい用語は、「記号付与的な実務」（これは広範囲にわたることもあれば、そうでないこともある）と「実務的レトリック」という考えであるかもしれない。それら両方の用語には、言語と活動、精神と身体、理想と現実という人工的な分割を越えるという長所がある。何にせよ気づくべき重要なことは、それがどんな種類のものであれ、**すべての**実務が記号付与的な実務だということである。それが他に何を行おうとも、社会生活における最もありふれた形態の行為ですらも、表出、象徴作用、意味深い伝達の源泉でありうる。またすべての活動は、意志表示の行為でもある。そしてすぐに論じるように、公的な刑罰実務は、とりわけ社会的・文化的意義という要素を持っているのである。

　実務的な刑罰作用の日々の形態内に象徴的意味が存在するということは、判決という実務を考察するとき、最も容易に観察される。「判決を言い渡す」にあたって、裁判官は繰り返し道具的な作用を行う。これには、その後に続く法的プロセスを

起動する効果がある。つまり彼（女）は、発話行為（「3年の拘禁刑に処する」）を行うのであるが、これには、刑事施設への収容という手続きを権威づけ、開始させるという実務的な効果がある。このように判決という活動は、犯罪者を扱うための道具的プロセスにおける作用的な要素である。だが判決の公示は、法廷を越えて広い聴衆（あるいは聴衆たち）によって読まれ理解されうる象徴的宣言でもある。

　最低でも、判決はすでによく知られたメッセージを繰り返すことになる。たとえば、法的システムは犯罪的な暴力行為を非難し、それを厳しく罰するだろうというメッセージを繰り返す。そのような場合、「3年の拘禁刑」という制裁は、その犯罪者に対する社会的な譴責がある水準をとるよう指示し、その譴責の意味を、それが通常理解されるであろう仕方に固定する。このように「拘禁刑」は、真の犯罪性のスティグマあるいは悪評という記号を付与する。また「3年」は、譴責が中程度の厳しさを示し、利用可能な最大限と最小限のあいだに調節されるよう、メッセージを修正しもする。もしこのような種類の判決が、当該の違反にとっての処罰基準であれば、それが内包する象徴的宣言が、大衆の側での批判や検討を呼ぶことは少なく、メッセージの意義も同様に意義の単なる再確認となる可能性が高い。だが伝達の重要性は、それが内包する象徴メッセージが予期されないものであるか、何らかの仕方で議論を呼ぶものであるとき、劇的に高まる。したがって、たとえば、もし特に極悪なレイプに対して3年の拘禁刑が科せられれば、その相対的な寛容さは女性の権利の中傷を象徴するもの、あるいは巻き込まれた個別の被害者の価値を貶めるものと受け取られるかもしれない。そして、家父長的な態度や伝統と一致する男性と女性の関係についての何らかの理解の仕方と、男性と女性の相対的な価値を暗示する（あるいは「象徴する」）ものとみなされるかもしれない。その一方で、もし飲酒運転や株式市場でのインサイダー取引で有罪となった人に同じ判決が与えられれば、きわめて異なった政治的・社会的メッセージが暗示されることになるだろう。それは、そのような行いとそれに対する国家の態度として、現況で当たり前とされる評価をかき乱すことになる。

　この例から、判決が道具的プロセスの歯車であると同様に、いくぶんかの重要性を持つ記号付与的な実務だということが明らかになっただろう。裁判所がとりうる多種多様の制裁は、犯罪者に対処するための技法の一覧表というだけではない。それは社会の聴衆によって一般的に理解される観点から、具体的な意味を伝えるために使用される記号の体系でもある[3]。それぞれの具体的な制裁は、認識可能

な象徴作用をともなう。そのため、あらゆる固有の文脈で、懲役はあることを、罰金は別のことを、保護観察は何か別のことをというように、それぞれ異なることを意味する。このように、判決が言い渡されるときにはいつでも、裁判官は意味の表出のための従来の仕組を自覚的に活用し、多少の差こそあるが意義の象徴的伝達に関与している。

　刑罰が記号付与を行う別の手段は、実務において使用されている言説と刑罰学的知識によるものである。フーコーが『監獄の誕生』で示したように、そして私が『処罰と福祉』で立証しようとしたように、「犯罪学」、「優生学」、「ソーシャルワーク」などの固有の言説は、刑罰制度の中で作動しており、異なる統治体制が採用する分類、査定、改善、無害化という実務を組織立てるための役に立っている。これらの多くは、制度の内部に存在し、技術的な書類や専門家の決定に現れる。そのため、それらの特定の言説は、限定的なレトリック的意義を持つものとして考察されるかもしれない。だが繰り返しになるが、それら特定の言説が可能にした上記の技術的言説と実務は、機能を果たす物言わぬ機械であるだけではない。技術的な言説と実務はケネス・バーク(K. Burke)が強く主張するように、しばしばまったくの「情報」、「知識」、「科学」とみなされることもあるとはいえ、ある種の「雄弁術」でもある[4]。

　刑罰システムが犯罪者と犯罪性に関する特殊な概念、受刑者を分類する固有の仕方、動機と改善についての固有の心理学を採用するとき、あるいは刑罰システムが犯罪者について記述し犯罪者の行いを特徴づけるための特殊な語彙を使用し始めるとき、そのような概念と語彙が専門的な実務家の制度内の活動に封じこめられたままになることは決してない。そのかわりに、それらは、社会一般に戻り、頻繁に通念になり、一般的に普及するようになる。「先祖がえり」、「知的障害」、「最重度の障害者」、「逸脱者」、「クレプトマニア〔窃盗癖〕」、「サイコパス」、「職業的犯罪者」は、わずか数年のあいだ公的に使用されただけで、急速に流通する通貨のような語彙になった。「処遇」や「更生」という関連する語彙も同様である。これらは意味のある対象がないまま使用される、単なる実体を失った語彙ではない。というのも、それらが広く使われる言葉として採用されたことは、社会上での態度

3　これに関してはP. Q. Hirst, 'The Concept of Punishment' in id. *Law, Socialism and Democracy*を参照。またFeinberg, *Doing and Deserving*も参照。
4　K. Burke, *A Rhetoric of Motives* (Berkeley, 1969).

を徐々に変化させる多様な思考法を生み出すか、あるいは少なくとも、犯罪や人間の行いについて考えるための動機の語彙や新たな説明のための言語を利用可能にするからである。さらに、後に見るように、処罰という職務をなかば科学的な用語で表現すること、そして刑罰実務をそれにしたがって組織立てることは、国家とその権威、犯罪者と他の市民に対するその関係性についてのイメージを刺激する。実際、近代的な刑罰制度で科学的な言語と更生を求める制度の形態が公式に採用された理由は、時としてそれらが暗示する実務を完全に履行しようという欲望よりも文化の象徴作用によるものだと、かなりの説得力をもって主張されてきた[5]。公式レトリックと制度の実情を比較したことのある人ならばわかるように、「政策」は操作のための実務の水準よりも、公的表象の水準により多く存在するのである。

そのため、刑罰実務と言説は、それがどれほど単調に、あるいは道具的に見えようとも、同時に文化一般と関連する仕方についての記号を付与するものでもある。確かに刑罰政策の形式と制度的統治体制の管理についてどのような情報を持つかは、刑罰に関わる職員が形式と管理の象徴的な一致をどれほど意識しているか、彼らの実務が解釈されるであろう仕方を統制することにどれほど努力するかに大きく左右される。しかしここで決定的に重要なのは、公衆に向けて刑罰という出来事を伝え、表現する多種多様の媒介物である。そしてこれらの媒介物は、独自の原動力と営利的な関心を持つため、ニュースとしての価値と編集に際しての利害が、幅広い公衆や聴衆に効果的に伝達される刑罰メッセージを制限し選択するのが普通である[6]。

刑罰の圏域で見られる公的表象と文化の象徴作用のさらなる源は、刑罰制度という実際の組織と刑罰に関わる職員の外見である。パット・カーレンがかなり詳細に示したように、法廷で活用される構造的・空間的・時間的な配列と当事者の位置は、一定の象徴的意味を伝える。その象徴的意味には、裁判という行いにおいて、ある程度の重要性がある[7]。同様に、刑務所職員が制服を着用し、保護観

---

[5] たとえばSmith and Fried, *The Uses of the American Prison*を参照。
[6] 刑事司法の観点からのメディアの役割に関してはEricson *et al.*, *Negotiating Control: A Study of News Sources*; id., *Visualizing Deviance: A Study of New Organization* (Toronto, 1987); S. Cohen and J. Young (eds.), *The Manufacture of News: Deviance, Social Problems and the Mass Media* (London, 1981)を参照。
[7] Carlen, *Magistrates' Justice*.

察官が着用しないという事実は、印象と社会的意味の差異を伝えると同時に、着用者の自己概念についても何かを暗示している[8]。この差異は重要であり、多く議論されている。ならびに、おおむね同様の仕方で、少年法廷や児童聴取の備品や配列は、通常の法の場からそれを象徴的に分化させるように計画されている。

　少なくとも近代刑罰システムにおいては、監獄の外的イメージ作用と施設建築における象徴的な表現形式が、物理的な外観というこの象徴作用の最も重要な例の一つである。つまり、これは、公衆の目に最も直接的にさらされ、監獄の建築技師や設計技師がたいていの場合、投影されるイメージを統制し、良い効果を生み出すようにそのイメージを使うように気を配る近代処罰の物理的な側面である。ロビン・エヴァンズ（R. Evans）とジョン・ベンダー（J. Bender）による監獄建築に関する近年の研究は、監獄の前面、入口、門衛所に使用される様式と装飾に主要な変質を生み出すなど、建築の慣習と表象の語彙が時とともにどのように変化してきたかを示している[9]。ニューゲート監獄は、18世紀に公衆に向けて提示されたものであり、旧来の都市が持つような門を持っていた。そしてこれは、こじき門と開いた窓にいる受刑者という目に見える外観によって彩られていた。このような活人画に描かれるような種の外観は、その後、収容の意味に関する視覚的な表現を投影するように明示的に計画された恐怖建築というきわめて異なるイメージに道を譲った。この表現形態は、とげ、飾り付けられた鎖、有罪判決を受けた者の銅像といった装飾的な細部で覆われたぞっとするような前面、あるいは閉じられた霊廟にも似た外観を採用することによって、収監が恐怖に満ち、それを避けなければならないというイメージを物理的に伝えた。この外観は、収容にともなうかもしれない埋葬や生きながらの死という象徴作用を物語ったのである。

　エヴァンズが指摘するように、現在の文脈において特に興味を引くこととは、多くの19世紀の監獄のために設計された犯罪抑止のための監獄の前面の建築様式が、内部で行われていたことの現実を実際には偽っていたということである。監獄の内部は改革され比較的に人間的な統治体制を設定していた一方、外面の壁は

---

[8] 制服の社会的意義に関してはA. Giddens, *The Nation State and Violence* (Oxford, 1985), p. 114を参照。
[9] Evans, *The Fabrication of Virtue*; Bender, *Imagining the Penitentiary*. 他の有用な研究にはP. Q. Hirst, 'Power/Knowledge: Constructed Space and the Subject', in R. Fardon (ed.), *Power and Knowledge: Anthropological and Sociological Approaches* (Edinburgh, 1985); N. Johnstone, *The Human Cage: A Brief History of Prison Architecture* (New York, 1973); P. Dickens, S. McConville and L. Fairweather (eds.), *Penal Policy and Prison Architecture* (Chichester, 1978); the United Nations Social Defence Research Institute, *Prison Architecture* (London, 1975) がある。

土牢、鎖、廃墟というゴシック的な印象をいまだに暗示していた。エヴァンズは次のように述べる。「拘禁刑についての主たる表象として城と足かせが長く使われたことは、当時の規律の現実とは何の関係もなかったし、またそのように意図されていたわけでもなかった。それらは、監獄の大衆的でメロドラマ的なイメージを大衆に再び示すことによって過去の恐怖を永らえさせつつ、意識的に人を騙すための抑止物として活用されていた」[10]。その後、改革された監獄（そのうちのいくつか、たとえば、ニュージャージーのトレントン州立監獄の古い入口やアムステルダム懲治場の門では今でも見ることができる）のはっきりと象徴的な建築（これは「喋る建築」とも呼ばれる）は、ペントンヴィルの「行う建築」と呼ばれるものにその後、道を譲った。ペントンヴィルは「純粋に機能的な」設計のために紋章や図像を排した建築であり、内在的な監獄統治体制の規律的で改革的な論理とそのシステムの共通基盤となった独房検査という原理に適うものだった[11]。それ以来、監獄は、外的な提示に関心を寄せる象徴的なモニュメントではなく、「因果応報」の原理に基づいた道具的装置として設計された。そしてこれを設計したのは、しばしば建築家ではなく刑罰に関わる行政官であった。だがすでに示唆したように、それでも記号付与は起きがちであり、新たな監獄の空白の建築ですらも、すぐに収容の雄弁な象徴となった。エヴァンズは「……それ以来［イギリスの］すべての新たな監獄の大枠となったジェブの急進的な居室区画は、それ自体が直接的で強力な喚起物となった。とはいえ、彼は監獄を設計する際、その外観に何らの重要性を認めてはいなかった」と指摘する[12]。ニコラス・タイラー（N. Taylor）が主張するように、ヴィクトリア朝期の大量の監獄は、エドモンド・バーク（E. Burke）が「崇高なるもの」として描き出したものの最も重要な例である。これは「恐怖」、「不明瞭さ」、「果てしなさ」、「沈黙」という性質が結合し、見る者に強力な畏敬の効果を生み出す美的なものである[13]。

今日でも、19世紀に出現した機能性を求める論理に従って刑務所は建設されている。そして刑務所の外装は一般的に、安全、束縛、匿名性という目的に役立つ

---

10 Evans, *The Fabrication of Virtue*, pp. 225-226.
11 客観性の構築における建築の役割に関する興味深い議論にはHirst, 'Power/Knowledge: Constructed Space and the Subject'を参照。
12 Evans, *The Fabrication of Virtue*, p. 4.
13 N. Taylor, 'The Awful Sublimity of the Victorian City: Its Aesthetic and Cultural Origins', in H. J. Dyos and M. Wolff (eds.), *The Victorian City: Images and Realities,* ii (London, 1973).

よう設計されており、思慮深い表現や注意深く解釈された表現のために設計されているわけではない。しかしそれにもかかわらず、これら無言の機能的な建造物は、雄弁でよく理解された象徴作用を映し出す。その象徴作用は、揺るがすことのできない権威、蓄積された権力、極端なものを統制し沈黙したままそびえたつ刑務所の能力について語っている。刑務所の屋上で抗議する被収容者という光景が公衆と当局双方にとってこれほど不快なものとなるのは、制度による権力と秩序という穏やかなイメージが、それによって覆るというまさにその理由によってである。

刑務所の象徴権力の痕跡が最も露骨に、そして最も広く見ることができるのは、文学、演劇、幻想の圏域においてであると言い足せるかもしれない。とはいえ、そのような効果は、一般的に社会科学が持つ測定のための道具ではとらえられない。文学、演劇、幻想が示唆する刑務所のイメージや感情と意味からなる複合体は、これらの隠そうとしながらも喚起的である建造物が存在する中で200年以上維持されてきたため、今では文化に埋めこまれたものとなっている。それは非常に深く埋めこまれているため、近年の「刑務所」は、刑罰政策の特色であるのと同じくらい、文化的想像力の基礎的な比喩にもなっている[14]。

4．聴衆に関する問い

ここまで主張してきたように、刑罰実務が記号付与的な実務ともみなされるべきだとすれば、そしてその記号付与的な側面が時としてレトリックという形態で統制され公的な使用に付されるのであれば、その刑罰実務についての意図的な聴衆についての問いが重要になる。どのような形態であれレトリックは、つねに説得し、同一化を生み出し、その受け手を態度や行動へと動かすための試みである[15]。その帰結として、一般にレトリックは、特定の種類の人びとを特定の状況で誘導するであろう言及形態を採用し、具体的な聴衆を心にとめつつ定式化される。どのようなレトリックであろうと、それが成功するためには、まず聴衆の側に認知を生み出さなければならない。つまりその聴衆は、レトリックの関心事を認知し、レトリックの言語に慣れ親しみ、話者がもっぱら自分に向けて言及していると感じなけれ

---

[14] 『刑務所を想像する (Imagining the Penitentiary)』の中でジョン・ベンダーは「刑罰的収容が直截的な経験の圏域から取り除かれたこと」が「処罰の創造への投影」を結局どのように刺激したかを描写している。
[15] Burke, *A Rhetoric of Motives*, p. 41〔邦訳 p. 86〕を参照。

ばならない。そのためレトリックは聴衆を何らかの仕方で変容させようとしているとはいえ、その一方で、予測される聴衆とその特徴が、記号付与的な実務が採用する一般形態を形成するに際して、決定的に重要になるかもしれないのである。

　ここまで見てきたように、刑罰の圏域には記号付与的な実務が発生する多様な状況と、それらが語りかける多様な聴衆が存在する。刑罰方策によって伝えられるメッセージの最も近接的な受け手はもちろん、有罪宣告を受けた犯罪者たちである。彼らは、判決を受ける法廷とその後制裁を受ける際の両方において、処罰によって「教訓を教えられる」行列の先頭にいる。判決の言い渡しにしばしばともなう裁判官の非難の訓戒と簡潔で「わかりやすい」言葉は、このメッセージが最初に伝えられる様式であり、ここまで見てきたように、判決それ自体が一定の意味を伝達する。これは個別の犯罪者に対して明瞭に示される。収容施設に（あるいは保護観察所に、あるいは何か他の刑罰を受ける状況に）一度入れば、犯罪者は別の幅広い聴衆、つまり被収容者という聴衆の一部になる。この聴衆は、「クライアント」、「患者」、「受刑者」、「居住者」とまったく多様な仕方で呼ばれ、当局の側では、被収容者との伝達的関係性に入るための努力が多かれ少なかれなされることになるだろう。

　ハワードなどの監獄改革者の元の考えにおいては、受刑者は道徳的勧め、垂訓、説教を通して、自らの行動の罪深さと処罰の正しさに確信を持つまで継続的に働きかけられる必要があった。同様に、20世紀における更生の支持者は、犯罪者が治療を求める関係性に参与し、それを通して、普通の社会生活によりよく適う規範と態度を学習することができるようになることを強く願った。実際には、大半の刑事施設、さらには多くの非収容的な方策が、これらの発展した説得形態を履行することに失敗してきており、改革者が予測した道徳のレトリック的そして伝達的関係を非常に欠いていた。実際、刑事施設の元の意図から見れば、あるいは刑務所の道徳的有効性についての公衆のなかなか消えない信念から見れば、ほとんどの近代刑務所の内的な統治体制は、際立って「道徳的色合い」を欠いており、服従と規律という基本的な要請を超えて、美徳や道徳を徐々に教え込もうとすることはほとんどなかったのである[16]。

---

[16] 19世紀の監獄の道徳的垂訓と向上説話はごく普通のことだった。司祭の慰問、宗教的説教、聖書の読解も同様だった。20世紀においても、ボースタル式感化院と少年院は、道徳的・宗教的真実の伝達をきわめて重視していた。ほとんどの近代監獄において、これは大部分消滅し、気晴らしのためのテレビや映画が道徳にとってかわった。

とはいえ、これらの施設は、被収容者という聴衆に具体的なレトリックを用いて働きかけることは避け得なかった。そのレトリックが、受刑者を根本的には数えられるべき身体、管理されるべき対象として処遇する統治体制の用いる非道徳的で人間性を奪うようなレトリックだったとしてもである。施設における日常的な実務は、それがどれほどありふれたものであっても、その対象となる人びとにとって一定の意味を帯びる傾向にある。そして裁判官、公衆、懲治監の改革者が犯罪者を刑務所に送ることでどのような意味を伝えようとしていたにせよ、刑務所の内部にいる人にとっての収監の意味を固定するのに最も多く寄与したのは、内的な統治体制の日々の実情である[17]。もしこの統治体制が正当で、公平に運用されており、面倒見がよく人道主義的であるならば、刑務所の被収容者がたいていの場合手におえないほどに疑い深い聴衆であるとはいえ、文明の教訓を受け手がいくぶんか学習することもありえるだろう。しかし、よりしばしばそうなのであるが、もし刑務所の統治体制がその良い意図を偽って伝え、運用上の便宜の名のもとに不正義、恣意性、無関心、野蛮さを持つ方策を可能にするのであれば、この特殊な聴衆にきわめて激しい復讐心と反抗心を抱かせる可能性が高い。当局が伝えたいと願うあらゆる道徳メッセージは、偽善という記号、自己矛盾、あるいは単純に法的システムとそれが依拠するすべてのものからそのメッセージの受容者がすでに疎外されているという理由によって、無効になってしまうだろう。

　有罪宣告を受けた犯罪者は、処罰の実務レトリックにとって最も近くにいる聴衆であり、その実務に直接関わり、説得しようとしていることが目につきやすい対象であるが、処罰を身近に体験する別の聴衆も存在する。それは刑罰の専門家、つまり刑罰システムに勤務しそれを作動させるすべての職員という聴衆である。驚くべきことかもしれないが、刑罰の象徴的・イデオロギー的効果を扱う処罰の社会学的説明は、この集団を無視しがちであり、そのかわりに犯罪者、労働者階級、刑罰的表象によって働きかけられる対象集団としての「公衆」について考えることを好んできた。しかし、システムを運営する専門家が、近代刑罰をめぐる政治において最も大きな単一の利害集団となるのは事実である。そして刑罰政策と制度実

---

[17] 収監が作り出す収容と剥奪の雰囲気のなかでは、生活の最も些細で瑣末な側面すら大きな重みを科せられることがある。刑務所の食料の質、小さな特権の分配、職員の声の調子、他の被収容者の風変りな収容、わずかな財産的価値を持つ私物、これらすべては強力な感情の焦点となり、深刻な対立の原因となることがある。同様に、監房のレイアウトと備品、ラジオ・テレビ・電話の利用可能性、刑務所の衛生設備、家族訪問の行為などは、被収容者にとって重要であり、これは、「中」にいたことのない人びとにとって正しく理解することは困難である。

第11章　文化的主体としての処罰　　321

務という観点から見れば、彼らはシステムに最も大きく関与する者であり、最も大きな影響力を持つ者である。刑罰に関わる職員は、彼らが運用する犯罪者と同様に刑罰実務の細部に捉えられており、これらの実務がとる形態によって影響を受ける。

専門的な「処罰者」は、彼らが処罰する人びとと同様の仕方で、刑罰形態と刑罰関係によって定義される。そのため、特殊な制裁の象徴作用的・レトリック的な内実は、これらの施設の幹部や一般職員にとって決定的な重要性を持つ。このように、福祉あるいは矯正主義という言語によって言い表される刑罰方策は、刑罰機関を「援助的な専門家」の一つとし、この役割に見合った地位、公的イメージ、キャリアを想起させることになる。これがほとんどの国で更生を求めるエートスが刑罰機関に広く支持された理由の一つである。その一方で、より懲罰的なレトリックは、それらの方策が持つコミュニティ内処罰や監視の形態としての役割を強調して、保護観察や仮釈放などの方策を再定義することもあり、そうすることによって、ソーシャルワークの「エキスパート」を、「援助的専門家」ではなく、単なる監視機関や警察機関へと変容させてしまうよう脅かすこともある[18]。

処罰を表現する支配的な語法は、このように処罰される人びとの性質のみだけではなく、刑罰プロセスに雇用されている人びとの性質をも決定することが多い。宗教的な語法を用いることは、刑罰機関の仕事に特定の福音主義的な性質を添え、治療的な語法を用いることは、刑罰機関に矯正のための機関という役割を担わせるだろう。一方で管理的スタイルは、管理者、行政官、官僚制度の職員として、関わっている人びとを定義するだろう（もっとも、これらの枠組の中に分業の余地はある。ある刑務所においては、一般職員は単なる守衛あるいは保安職員である一方、宗教的あるいは改善的役割を遂行するのは刑務所長、教誨師、「専門家」であるかもしれない）。もちろん業務上の役割の定義には、レトリックや語彙の問題だけではなく、資格、訓練、給料、機能、地位のすべてが含まれる。しかし、刑罰システムに関わる業務集団の多くは、完全に安定しているわけではなく、不確実な地位にあり、労働の統治体制が急速に変化しつつあるのを感じている。そのような状況で、刑罰に関わる職員は、刑罰方策が表出され定義される仕方に大きな

---

[18] これはアメリカではある程度すでに起こっている。1988年のHome Office Green Paperである*Punishment, Custody and the Community* (Cmnd. 424) が履行されていれば、イングランドとウェールズに同様の変化をもたらしていたはずである。

利害関係を持つことになる。

　もちろんこの専門家の聴衆は、統一された聴衆というわけではなく、そこに含まれる多種多様な集団の派閥的な利害と意見を異にする自己概念によって、しばしば分けられている。ジェイコブがステートヴィル州立刑務所に関する説明で示したように、矯正に関わる専門家に有利に働くレトリックと刑罰に関する治療的な概念は、平の看守にとっては彼らの地位に対する脅威と感じられるかもしれない。同様に、刑務所の看守という聴衆に対して権力と指導権といったきわめて異なる記号を付与するという理由から、受刑者に対する恣意性や不正義を象徴する行動も行われるかもしれない[19]。だがその内部での差異や込みいった関係性がどうあれ、刑罰に関わる専門家が、刑罰の表現とレトリックに対して決定的に重要な聴衆となることに疑いはない。政策文書が起草される時、あるいは新たな制度の統治体制が工夫される時、いつでも考慮に入れられる主要な事項の一つは、刑罰機関が、実務上の帰結**および**象徴的意義の両方の観点から、これらの発展をどのように受け取るかということである。適合的な用語が使用されること、その言語が利益当事者にとって適切で許容可能なものであること、そして文書や実務が最も直接的に関与する集団の士気あるいは自己概念に消極的な影響を与えないことを確実にするために、大きな注意が払われる。社会学者が別の文脈で時おり述べてきたように、刑罰の圏域における「イデオロギー」の主要な機能の一つは、刑罰制度で勤務する人びとの支持と士気を維持することである。そして刑罰実務が（以前に議論されたような仕方で）専門化、技術化、私秘化されればされるほど、それはより多くの文書とレトリックを生産するが、その第一の聴衆はそのシステムの職員なのである[20]。

　刑罰的レトリックが向けられる第三の主要な聴衆は、通常「一般聴衆」と呼ばれる。これは特に開かれた民主主義的な社会では、ある意味で刑罰に関するすべての象徴作用にとっての究極的な聴衆である。なぜなら、すべての司法的処罰は国家活動であり、潜在的には大衆の審査にさらされるからである[21]。それは出来事か

---

[19] Jacobs, *Stateville*.
[20] 別の聴衆は、刑罰システムの周縁に存在する多種多様な改革集団ならびに、犯罪学者と研究者である。彼らは多くの情報をもち、ますます影響力を持つようになっている。近代的な政策決定プロセスはしばしばそのような集団とある程度相談を行い、公的な宣言はより強力なロビイストのイデオロギーと関連するような観点から言い表されるかもしれない。M. Ryan, *The Acceptable Pressure Group: A Case-Study of the Howard League and R. A. P.* (Farnborough, 1978); P. Rock, *A View from the Shadows* (Oxford, 1986)を参照。

ら距離をおいたところにいる聴衆でもあり、彼らはしばしば媒介（とりわけ新聞、そして「通念」）を通して接触する。この媒介物とは、大衆に情報を与えるのではなく、彼らを感化されやすいものにし、そして細やかな詳細よりも大ざっぱなイメージ作用に影響されやすくするものである。政策広報が公開されるとき、あるいは刑務所の塀と裁判所の実務がそれを見るすべての人に対して可視化されるときのように、伝達がこの広い聴衆に直接向かうこともある。しかし、その伝達は媒介され間接的であることの方が多い。そのため制度の統治体制あるいは技術的政策の指令は、より身近な聴衆を対象とする。しかし、たいていの場合、それらに適切な象徴的な形態を与えることに気が配られる。なぜなら、それらは大衆一般にその後伝えられるかもしれないからである。これが明らかに困難であるとき、近代的な刑罰制度は、情報と表現の拡散に対する統制力を確保しようとする傾向にある。これはたとえば、新聞と公衆のアクセスを制限することによって、受刑者の手紙を検閲することによって、あるいは公式説明を確実に利用可能な情報の唯一の権威づけられた情報源とすることによって行われる。

　日常業務上の刑罰実務では、特定の公衆を頻繁に見定め直接語りかける。そのため、たとえば裁判官は、「犯罪者集団」と考えられるものに頻繁に語りかけ、その集団に一定のメッセージを伝えようとする。つまり抑止のためのメッセージは、例外なく「見せしめのための」判決という装置を通じて表出される。同様に、大臣や官僚は、テロリスト、飲酒運転をする人、麻薬密売人、警察官の殺害者などといった犯罪者や潜在的な犯罪者の集団に対して、時おり自らの意図を宣言する。表面的にはこれらの宣言は、特殊な聴衆を狙う直截的な抑止のための威嚇であり、その宣言が効果的になることもある。しかし、その宣言は異なったより多数の聴衆、すなわち「一般大衆」に向けたきわめて意図的な遠回しの伝達であり、脅威ではなく安心を表現するための伝達である。

　犯罪に対する特定の態度を伝える公的な宣言は、それが言語的であれ実務的であれ、見物している公衆に幅広い意味を伝達しもする。政府・官僚・司法は、もちろんこのことによく気づいており、自らと政策を広範な聴衆に向けて表現するべく、このように遠回しな仕方で公衆に繰り返し語りかけている。近代社会に存在

21　近代社会で刑罰制度が民営機関あるいは企業によって所有され管理される際にも、民営機関は国家の権威によって委任された法的に科される刑罰制裁を行う。このような意味で、司法による処罰は、その運用が他に委任されても、「国家活動」に留まる。

する社会上の分化を考えれば、「一般大衆」はきわめて分割された聴衆であることが多く、多種多様な人びとの集まりは、レトリックの特定の形態に対する受容性の点でそれぞれ異なるはずである。特定の政策、表現の様式、処罰の言語は、聴衆という人びとの異なる部分に訴えかける。そして近代の政治家は、訴えかける対象である聴衆の恐怖、不安感、偏見と関連づけるために、「法と秩序」という司法による統制を操作することに習熟している。そのため、公的になされる刑罰表現は、たとえば、そのような宣言に最大限の公然性を与える総選挙という文脈において、全体としての大衆に「受け取られる」こともある。しかし、それは聴衆をさらに分割し、民族・階級・イデオロギーをさらに極化するという効果を持つことが多い。

5．刑罰実務はどのような種類の意味を伝えるか

　ここまで法的処罰という事実には、明確に理解される内在的な意味がともなうことを見てきた。確かに処罰の定義の一部は、譴責、非難、強い叱責を伝えることであると主張される。だがここで、処罰がその社会の聴衆に広める他の意味をいくつか指摘したい。

　処罰のプロセスの中で、刑罰制度は非難し、釈明の記録を保持し、責任を負わせるという実務を確立する（そしてそれに権威を与える）。これらの制度は、戦略的に自らの実務を模範や見せしめとして提示し、どのような行いや人が、誰によって、そしてどのような観点から責任を問われるのかを示す。このような方法の数は、少なくとも潜在的には、対立して存在する道徳の数とおおむね同じであるが、既存の刑罰制度はその中から特定の形態の責任に権威を与え、そのようにすることによって特定の形態の道徳秩序と道徳の概念に対する違反のそれぞれを認可する。これは周縁的な活動でもなければ専門家の活動、つまり犯罪者のためだけの司法にとどまるものでもない。それは文字通りの「法」、つまり社会が持つ権威づけられた声である。その法は、力と権威を公然と使用することによって、根底的な用語と関係性を制定し、それらの型を社会生活の行いに押し付けるのである。

　あらゆる刑罰関係と刑罰権力のあらゆる行使の中で明らかなように、社会的権威、（犯罪的）人格、コミュニティ秩序、社会秩序の性質に関する概念が存在する。処罰は、これらを防衛し再産出しようと試みる。犯罪者に責任を問い、判決を言い渡し、制裁を科す時にはいつでも、権威・人格性・コミュニティの姿はそれに

関連する言葉と行いによって、(象徴的に) 表現され、(物質的に) 制定される。このように処罰は具体的なものであり、公的な基本的価値の現実的な立証である。逸脱者が処罰をどのように解釈しようとも、処罰は、現実が公式に存在する仕方、そして存在するべき仕方の劇的で遂行的な表現である。そして処罰は、例示、反復、実務の制定という手段によって、権威、人間性、コミュニティのこれらの形態が実際に制定されたものとなるような社会上の統治体制を構築する助けとなる。

すでに強調したように、刑罰はこの「真理の統治体制」、この社会的に構築された世界を単独で生み出すわけではない。他の構造、実務、(経済的、財政的、文化的な) 象徴的形態も結局のところ、世界形成の複雑で蓄積的な過程であり、その過程で中心的な役割を果たす。しかし、処罰はすでに制定されたものを単に繰り返し伝えるだけではない。法とその制裁の実務は、文化秩序の産出の際に構築的な役割を独立して果たす。他とは異なる制度として、処罰は具体的な意味の枠組を伝える。この枠組は、他の社会上の表現とともに作用するが、それらに還元することはできない。これらの埋めこまれた概念をより詳細に検討すれば、このことがもっと明瞭にわかるかもしれない。

5-1 社会的権威の叙述

まず最初に、社会的権威が処罰において姿を現わし、表現される仕方をみよう。処罰の行為と制度において、国家あるいは何らかの種の支配的エリートは、自らの公的印象、そして部分的には自らの本質を意識的に構築する。処罰がとる形態、処罰が正統性を申し立てるための象徴、処罰がその意味を表現するための言説、処罰が採用する組織的形態とその源泉。これらすべてのことが権威の特殊な様式、つまり処罰する権力の一定の特徴を描き出すことが多い。

フーコーとデュルケムの両者は、絶対主義的国家が軍事的勢力の提示とともに神権と権威の喚起という手段によって、どのように処罰という行為において自らを「絶対的なもの」として表現し、再産出するかを示した。処罰の実施は、この政治的な文脈においては、多くの儀式の一つであり、そこでは主権者と臣従者の距離が測定され、権威の優位性が明らかにされる。公開処刑は、劇場での見物のような形態をとり、そこでは主権権力の純然たる力が有罪宣告を受けた人の身体に対して明示的に提示されると同時に、主権と神のあいだのきわめて重要な関連が強化される。これは生命と死に対する主権権力の提示によってのみではなく、(公的

に広報される判決、犯罪者の儀礼化された告白、牧師の祈りと祝祷という）宗教的な言語と象徴作用によっても行われ、主権者の法を神の意志そして現実の自然な秩序と結びつける。このような形態の処罰では、権威は絶対的なもの、神聖さを維持し社会的に優位なものとして組み立てられる。

　社会的権威は、19世紀のリベラル国家の刑罰実務では異なった姿を現わす。ここでの集約的なモチーフは、「権力」や「信仰」というそれではなく、「法」というモチーフである。19世紀の処罰の言語では、国家は社会契約、社会的に権威づけられた権利の保持者、そして法の下での義務の執行者という具象によって表現される。この枠組内で処罰は、主権的行為ではなくなり、法に従って国家がその条文を厳格に順守するよう見張りつつ遂行される契約的義務になる。処罰は、主権的意志の刻印を帯びた人格的なものではなくなる。その処罰が示唆する権威は、個人的なものではなく制度的なもの、つまり君主の規則ではなく法の支配である。この刑罰様式で好まれる制裁は、刑務所や罰金といった制裁がそうであるように、非暴力的で規制されていて、統一的であり、統制され法で認められたように執り行われるものである。それらが象徴する権力は、その仕方において依然としてきわめて強力であるとはいえ、用意周到で明瞭に定義されており、厳密に制限されている。それは正当に制定された法の権威を有しているのである[22]。

　最後の例を挙げよう。刑罰福祉的、あるいは「矯正主義的な」実務と20世紀の刑罰は、やや異なる姿と統治のための様式を示している。それらは、処罰のかわりに正常化と更生に、厳格な統一性のかわりに個別化された処遇に、そして法と法の上での認識枠組よりも専門知識と科学に焦点を絞る。これらに焦点を絞ることは、国家とその権威を法的な用語によってではなく福祉主義的な用語によって再定義することにつながることが多い。ここでのレトリック的な表現は、市民に配慮し、生活を改善する資源を持ち、個人的な行いと社会上の行いの規制に包括的な責任を負う国家という表現である。保護観察の実務において、犯罪者に対するソーシャルワーク、受刑者への治療的カウンセリングにおいて、そして処罰に関するこの更生主義的な概念を推進するすべての政策宣言において見られるのは、法と契約によって定義された限定的な用語によってではなく、より包括的で支持的で、さらには治療的な役割を通して対象となる主体と接するような国家である。こ

---

[22] Garland, *Punishment and Welfare*, chs. 1 and 2を参照。

の記号付与システムの象徴作用内で、社会的権威は医者や行政官が示す専門的優位性によって特徴づけられる。そこに映し出されるのはある社会福祉的な国家の姿、つまり優越的な専門知識と合理性という根拠に基づいて援助し配慮し、そして必要なときにはその対象に対して統制を及ぼすという力量と望みを持つことで定義される社会福祉的な国家の姿である[23]。

　処罰が実施される形態は、このように特定の仕方で政府権力と社会的権威について考えるようにわれわれを導き説得する。18世紀の公開処刑の見物人、19世紀の懲治監の参観者、20世紀の矯正施設の観察者は、すべて処罰する権力と国家権力の意味をかなり異なった仕方で解釈する傾向にある。彼らは異なるレトリックを読み、異なる象徴形態に遭遇し、処罰という行為を体系立て合法化する異なる方法を経験するだろう。そしてこれらの記号と象徴を受け入れることは、「権威」が彼らに対して、そして特定の社会に対して持つ具体的な意味を形成する助けとなるだろう。

5-2　個々の主体の叙述

　社会学者と歴史学者は近年、刑罰制度がどのようにして社会で確立された権力と社会的権威の具体的な形態を象徴し、部分的には構成するのかを探求し始めている。しかし、刑罰がその記号付与的でレトリック的な実務を通じて、どのように個々人の主体性を構築したかについてはあまり調査されていない。もちろん刑罰制度が扱う犯罪者を再構築し構成し、あるいは実際のところは打ち負かしてしまう仕方に関して、多くの分析がなされている。そしてこの領域における組織に関する最良の描写の多くは、非協力的な被収容者に刑罰制度が投影した人間性についての理想化された考え方の描写を取り上げている。しかし、主体の構築における刑罰の関与ははるか遠くへ及び、より広範囲の人びとに効果を及ぼすと気づくのが重要である。刑罰実務、言説、制度は、主体性という特殊な概念を持ち、一定のアイデンティティの形態を権威づける。刑罰は、日常業務上の実務において、そしてより哲学的な布告において、次のような一定の観念を映し出す。すなわち、人であるとはどういうことか、どのような種類の人が存在するのか、そのような人とその人の主体性はどのように理解されるべきかという観念である。個人に責

---

[23]　Ibid., chs. 1 and 8.

任を問う手続きを通じて、刑罰は標準的な主体性の性質と、個々の行為主体と個人の行為とのあいだに保持されていると一般に想定される関係性を定義する。このようにして、たとえば近代的な裁判所は、一般に個人は自らの行動を決めることができ、選択肢、意志、意図、合理性、自由などを持つと強く主張する。そして裁判官はたいていの場合、この観点から犯罪者を扱い続ける。同様に、刑罰の制度は、この主体性と行いに関する個人の統制能力がどのような時に破綻しているとみなされるかを取り決める。たとえば、狂気、責任の減衰、誘因、情念などといったものを通してである。そのため裁判所の定義に従うと、正常ではない犯罪者は、裁判所が認知できるような仕方で逸脱者とならなければならない。法的な社会空間において、他のアイデンティティを公式に利用することはできないのである。

　刑罰は日常業務上の実務において、人についての推定を詳細に説明し、それらの推定に制度上での現実性を与える[24]。裁判所に出廷する個人は、語りかけられ検討され、標準的な人と標準的な属性について法が持つ明示的な概念にしたがって理解される。その個人の現実がどうであれ、法は前もって定義されている特殊な仕方で個人を見、それにしたがって判断をしたがる。刑務所、少年院、保護観察といった制度も、人に関する何らかの概念を当然のものとみなし、これらを制度が出会う実際の被収容者やクライアントに投影し、同様にその投影された概念を当然のものとする。このように刑罰は、それが対応する多種多様な対象を、権威主義的で影響力のある仕方で仕立てあげる。標準的なアイデンティティに関する概念（あるいは複数の概念）は、法と法的手続きにおいて固められ、主要な文化上での重要性を持つことになる。その概念は人びとに期待されるものであり、社会的・法的に認可され日常業務上で実施される。このような観点から見れば刑罰は、権威づけられた「他者」として作用する。それによって、その「他者」は、それと関係を持つ個別の自己を定義することができ、刑罰は、他の人びとに関する理解と自分自身に関する理解にとっての基本的な模範となるのである[25]。

　繰り返しになるが、以上のことが具体的な歴史的事例でどのように働くかを考

---

[24] Cf. Goffman, *Asylums*, p. 164.〔邦訳 pp. 190-191〕「まさしく組織の社会的仕組自体に、構成員に関する完全に包括的な考え方——すなわち単なる構成員としての彼に関する考え方ばかりではなく、その背後に人間存在としての彼に関する考え方——が、組み込まれているのだ」。
[25] このように、刑事司法で時として用いられる女性の「不合理的な」印象に対してフェミニストがこれほど批判的である理由は、それらの印象が内包することのある差別的刑罰処遇よりも、一般的な女性を再生産する助けとなる、より広い文化的アイデンティティと関係する。Allen, *Justice Unbalanced*を参照。

察すれば、これをもっと明瞭に理解できる。トーマス・ゼーマンは、17世紀のマサチューセッツに住んでいたピューリタンの処罰が、どのように被告（と「標準的主体」）を特徴づけたかを記述している。そのような人は、善悪を選択でき、自らの魂の状態に責任を持つ自由な道徳的主体と理解された。人間主体に関するこの理解の中では、霊的な態度が行いの一義的な決定要因である一方、物質的状況はより小さな決定要因であり副次的なものだった。このように、「神」と「法」に反抗することを選んだ犯罪者は、罪人（これがすべての男女の運命としてある程度定められていたことは確かである）であり、彼らをそれに見合うように処罰することができた。だが犯罪者の魂は、処罰という行為においてすら考慮の対象とされ、刑罰儀礼は贖いと救いという個人の行為を奨励するよう計画されていた。さらに前に見たように、犯罪者の罪深い主体性は、見物する公衆の主体性と明らかに同種のものと表現されていた。刑罰機関は、被告人とそれを見るコミュニティの側に「罪の真の光景」を生み出し、それによって人間の条件と人間主体の欠陥のある性質の真実を明らかにしようと励んだのである[26]。

啓蒙時代の曙から18世紀の終わりごろにかけて、ヨーロッパとアメリカで次々と新たな法典と刑罰実務が誕生した。これらが採用した人格の内的力と特徴についての概念はより世俗的なものだった。法律に表われるこの啓蒙主義的な主体は、多種多様な仕方で、つまり「理性」とならんで経験によっても形成される習慣を持つロック的な生物体として、合理的に快楽と苦痛のあいだで駆け引きを行う功利主義的な計算者として、道徳感覚という能力によって導かれる道徳的行為者として形成され、懲治監と改善を目的とする統治体制の細部は、これらの異なる概念に見合うよう注意深く作り変えられた。そのため、たとえば1830年代のアメリカのモデル的な州立刑務所の統治体制は、他人と話す機会を与えられない孤独な収容の期間を拡張し、新たな受刑者をその対象としたことから始まった。これは、感覚的剥奪のある種の延長となった。しかし、この処遇は当初から個人を規律づけるためにのみ計画されたわけではなく、彼らを犯罪へと引きずっていったすべての邪悪な思いと悪い連想を文字通り削ぎ落とし、それによってある種のロック的な白紙状態を再び生み出すよう計画されていた。この再構築された主体は、その後

---

[26] Zeman, 'Order, Crime and Punishment: The American Criminological Tradition'. ハーストは、中世の異端審問が個人を彼らの（異端的で）私的な思考に完全に責任を負うようにさせ、それによって主体性、その深さそしてその責任に関する特殊な概念を高めたと述べる。Hirst, *Law, Socialism and Democracy*, p. 156.

完全に統制された環境下に置かれ、そこでは（労働、教育、道徳的教示といった）権威づけられた望ましい印象のものだけが経験され、（怠惰、他の受刑者、外部世界といった）すべての望ましくない印象を与えるものは徹頭徹尾、人目につかないようにされていた[27]。

　ハワード、ベンサム、ペンシルバニアのクエーカー教徒が設計した他の監獄統治体制は、主体が通常どのように作られ、そして刑罰実務の中で主体がどのように作り直されうるかに関して少々異なった考えに依拠し、それを示していた。しかし、これらの相違点にもかかわらず、改革された法典の中心的な認識枠組は、自由で合理的で責任能力を持ち、自らどのような行動をするかを決める主体という考えだった。19世紀の大半を通じて、裁判所に出廷する個人がどれほど無力で責任能力がなく社会的に不利な状態にあるとしても、彼らは啓蒙主義的な主体であるかのように扱われた。法律における啓蒙主義的な主体のかわりとなる認識枠組は、精神錯乱者、狂人、主体でないものだけだった[28]。そして、すでに見たように、この絶えず繰り返される、個人は自由な主体であり自分がすることに責任能力があるという命題は、巨大な権力の文化的メッセージであり、今日でもその地位を保ち続けているメッセージなのである。

　この古典的な法律上の主体は、19世紀の終わりにかけて、そして20世紀の多種多様の時点において、それにかわる主体像と人間像に合流する。自由な主体とともに、刑法は人格の他の認識枠組を認める（そして、それを確立する助けとなる）にいたったが、この人格の認識枠組が責任能力の減衰と個人的行いに対して及ぼした影響力は、しばしば不完全なものだった。このようにして、刑罰制度は、「変質者」、「知的障害者」、「酩酊者」、「習慣的犯罪者」、「最重度の道徳障害」、「サイコパス」といった認識枠組の創出を目撃し、適切と思われるような認知と特殊な処遇の手続きを活用してきた。そのような認識枠組は、それほどしばしばというわけではないにしても、ちょうど犯罪者が「俺は常習犯罪者（あるいは酩酊者やサイコパス）さ。だから自分ではどうしようもないんだ」と言うように、あるいはジャン・ジュ

---

[27] 独居制の熱心な支持者であるジョン・クレイ師は、「独房での数ヶ月が受刑者を」どのようにして「奇妙なまでに感化されやすくするか」について記録した。「このため教誨師は、筋骨たくましい人夫を子どものように泣かせることができる。教誨師は彼が望むほとんどあらゆる仕方で受刑者の気持ちに働きかけることができる。そして彼は彼の思考、願望そして意見を患者の心にいわば焼き付けることができ、患者の口を教誨師自身の表現と言語でいっぱいにすることができる。」C. Emsley, *Crime and Society in England 1750-1900* (London, 1987)から引用。
[28] 19世紀における法主体と狂気に関してR. Smith, *Trial by Medicine* (Edinburgh, 1981)を参照。フーコーの『狂気の歴史』は、理性の時代、人格という概念、狂気という概念の関係を論じている。

ネ (J. Jenet) にならって「私は泥棒か？ それも結構！」と言うように、真正のアイデンティティの基盤となることもあったが、よりしばしばそれらは、それらが適用される人びとによって忌避され覆される規定となった。とはいえ、それがより重要なのは、制度の問題を大きく越えてはいるが、そのような認識枠組が、便宜的な文化枠組に要素となるということである。その枠組は、標準的な主体がそれを使って、異常さとそれを生み出す条件について考えることを可能にするのである。

このような認識枠組は、社会における周縁的な人、やっかいな者を特定しそれを理解すること、そして制度化された実務と関与に一致するような仕方で理解することを可能にする。さらに、逸脱的・病理的な主体性の範囲を拡大して定義することによって、これらの新たな認識枠組は、逸脱規範に関する概念を微妙に修正する。今では刑罰実務（ならびに精神分析、ソーシャルワーク、教育制度など）が描き出す欠陥のある自己というこれらの印象は、次のような近代的傾向に寄与してきた。その傾向とはすなわち、自己を専門家によって維持され修繕されるべき機械とみなし、道徳的選択よりも病理学の観点から、以前には「邪悪」として知られていたものを再考するという傾向である。

主体性、人間性、個人的アイデンティティ。これらすべては社会的・文化的に構築されたものである。そして、この構築がどのように行われるかを描写するすぐれた歴史学的・文化人類学的な文献が、今では存在する[29]。それらはきわめて広範囲におよぶ社会制度、象徴、認識枠組、実務によって形成され、世界の特定のあり方を教え、押しつけ、涵養する。刑罰は、この「人びとを作り上げる」過程で役割を果たし、主体性、自己、アイデンティティ、そしてそれらを理解するために用いられる心的枠組を形成する助けとなる。上で強調したように、主体性を産出するこれらの実務は、犯罪者や被収容者だけではなく、それよりもはるかに広い公衆に影響を与える。というのも、逸脱的アイデンティティを構成する際、刑罰は「正常である」とはどのようなことか、標準的な主体性とはどのあるべきかに関する判断を与えるからである。われわれは皆、裁判所と刑罰制度の「前に引き出される」。それはつまり、これらの制度がわれわれの社会生活においてきわめて目立つ必要

---

[29] たとえばM. Mauss, 'A Category of the Human Mind: The Notion of the Person, the Notion of Self,' in M. Mauss, *Sociology and Psychology* (London, 1979); M. Carrithers, S. Collins, and Lukes (eds.), *Concept of the Person: Anthropology Philosophy, History* (Cambridge, 1986); Hirst and Woolley, *Social relations and Humans Attributes,* ch. 6; Heller et al., (eds.), *Reconstructing Individualism: Autonomy, Individuality and the Self in Western Thought*を参照。

不可欠の要素だということである。刑罰という象徴によって問われているのは「犯罪者」というアイデンティティだけではない。「遵法的な市民」というアイデンティティも、部分的には同じ象徴の枠組から生まれるのである[30]。

5-3　社会関係の叙述

　刑罰実務に見られる象徴的形態の最後の例として、刑罰は個人が社会で他者と接する（あるいは接するべき）方法に関するイメージを提供しつつ、社会関係の一定の概念を表出して映し出すということが指摘できるかもしれない。

　もちろん刑罰が社会関係を形成する助けとなる一つの仕方は、その関係が従わなければならない行為の基準を明確に規定することである。規制と禁止を通して、刑法は許容されるであろう種々の個人的行いと社会関係の限界を定め、そのようにして、許される行為が行われうる境界線を定義する。だが刑罰は、社会関係が行われる境界線を単に見張り、維持するだけではない。刑罰はこれらの関係自体の本質と性質を定義する助けともなる。実務と象徴的形態を通して、刑罰実務は個人をお互いと社会の中心的制度につなげるような結び目に意味と定義、ならびにある色合いと色調を与える助けとなるのである。

　これは刑罰実務が犯罪者と「社会」のあいだの、あるいは犯罪者と国家のあいだの一定の関係性を象徴する仕方において、きわめて明瞭に見られる。処罰するという行為に際して鍵となるこの関係性と用語は、政治的責務の実務的教訓となるようなものを詳細に説明する。前に見たように、処罰する者と処罰される者の結びつきは、君主と忠誠心のない家来、法治国家と社会契約に違反した市民、あるいは福祉国家と配慮・改善の必要がある個人のあいだの関係性といったように多種多様に表現されてきた。だがそれがどのような姿をとろうとも、処罰に見られるものは、処罰する者とされる者のあいだの基本的な社会関係、それが暗示する相互責務、そしてそれを理解するための用語と象徴という特徴である。

　記号付与の別の水準では、刑罰の実務は、犯罪者と被害者、そして確かに犯罪者とコミュニティの他の成員との関係を示唆しもする。つまり、たとえばコミュニ

---

[30] ここで示した例は、この過程が発生する仕方の単なる概略である。実務では、刑罰に表出される主体性の姿は、微妙なもの、複合的なもの、変化に富むものである。異なる制度、異なる制裁、異なる手続きといったすべてのことは、人格のわずかに異なるイメージを提供する。罰金、保護観察、少年院、重警備統治体制、精神科での治療命令などは、わずかに異なる種の主体性をそれぞれ示唆することがある。

ティは犯罪者に対して責任を負うもの、逸脱的な成員（彼らが存在することを認識し、折り合いをつけなければならない）との継続的な関係性を持つものとされる（そして、そのようにレトリック的に描写される）。この種のコミュニティ関係と責務は、ある宗教コミュニティにおいて明示的に喚起されてきたが、今日においても犯罪者とコミュニティの関係は、「コミュニティ内での矯正」という特定の形態を想起させることもある。またそのかわりに、犯罪者を遠く離れた者、つまりアウトロー、あるいは差異と排除の関係性（あるいはもしかすると非‐関係性）を示唆し、完全な人間とみなさない「犯罪者類型」と特徴づけることもある。

同様に、あらゆる特殊な事例での犯罪者と被害者との関係は、そのコミュニティの二成員が本質的に社会的なつながり（これはどれほど欠陥があろうとも可能であるならば修復するに値するつながりである）を持つものとして組み立てられることがある。そのような関係性は、近代刑罰システムの周縁で発展するいくつかの調停計画と和解計画によって、そして刑法的な手段よりも民法的な手段によって紛争を解決することを切望する改善プログラムによってのみ暗示され映し出される[31]。そのかわりに、そしてより普通には、この関係性は見知らぬ人との出会い、すなわち二人の別個で無関係の個人間の偶有的な出会いであって、和解よりも保障と処罰に訴えるものとして描き出される。そのような状況で個人の関係は、個人間のものではなく国家との関係として示される。そして法は、コミュニティ生活の表出というよりも、見知らぬ人を規制するための一連のルールとして自らを描き出すのである。

犯罪と犯罪者を扱うためにとられる方策を通して、そして独自の実務の枠組を作るための語法を通して、刑罰は社会関係の崩壊をどのように理解するべきかを教えもする。その実務に埋めこまれる犯罪学の概念は、社会悪の根源を、それが罪、貪欲、欠陥の多い生い立ち、個人の病理であれ特定し、その悪がどのようなものであるのかを描き出す。さらにこれらと同様の刑罰方策と概念は、そこで採用されるのが怒り、正義心からの憤激、同情、無関心であれ、逸脱的な行為を前にしてとるにふさわしい感情的態度を想起させることがある。前に見たように、刑罰形態は、思考と気持ちの広く行き渡った（あるいは新興の）規範からつくられる。それらは具体的な心性と感受性の実務的な体現である。刑罰実務の日常業務の

---

[31] Christie, *Limits to Pain,* ch. 11; M. Wright and B. Galaway (eds.), *Mediation and Criminal Justice: Victims, Offenders and Community* (London, 1989)の各論文を参照。

中で、刑罰はこれらの感受性を社会へと再び反映し、そのようにして社会が表出するように定められた態度を生産し維持する助けとなる。

　これらの仕方で刑罰は、その特定の社会で社会関係がどのように構成されているか（そして構成されるべきであるか）を表出する。それは、社会が持つ秩序の源泉と危険の淵源を、そして社会を束ねる原理と社会を分裂させるよう脅かす原理を指し示す。法、信仰、道徳が社会を結び合わせるということが権威づけられた見方であるとき、これらの結びつきが刑罰プロセスの中で強調されるだろう。もし社会化が家族生活、教育、市場関係、労働と産業の問題とみなされれば、これらの形態も処罰の言語と実務において象徴され提示されることになるだろう。この観点から見れば、刑罰は、「社会」が実際にどのようなものであるかに関する認識を示し、これらの用語で社会生活を構築する助けとなるのである。

5-4　他の表現

　ここで描かれた刑罰の象徴的レトリックの粗描的な説明は、網羅的な描写や詳細な描写を意図したものではない。上で行ったことは、刑罰が繰り返し示す意味と、それが示す仕方をいくつか指摘するということだけである。物事の性質において（これは「ほとんどあらゆる社会慣行の多義的な可能性を考えれば」を短縮した言い方であるが）、刑罰に関する象徴は、刑罰以外の物事について語ることもある。具体的な制裁あるいは制度は、新たな連想と広範な言外の意味を帯びることがある。刑罰に関する象徴は、それが用いられる文脈に応じて、あるいは偶発的な連想によっても、バスティーユが社会の圧制の象徴だけではなく革命の象徴となったのとほとんど同様の仕方で、そしてローマの刑罰システムで使用された十字架が人類に対するキリストの関係性を表わすにいたったように、きわめて変化に富んだ偶有的な意味を伝えるための比喩と象徴になることがある。

　詳細な事例研究のみが、どのようにして具体的な刑罰政策が特殊な他の物事について「語る」ようになるにいたったかをたどることができる。そしてロバート・ナイなどの歴史学者やスチュワート・ホールなどの社会学者の著述が、参照と象徴的連想のこれらの連鎖のいくつかを詳細に敷衍し始めている。とはいえ、処罰のレトリックの範囲と意義、そして文化制度としてのその役割の見取り図を描けるようになるまでには、もっと多くのことがなされる必要がある。しかしながら、刑罰が歴史的に、そしてまた最近においても、象徴的意味に富み、広範なレトリック的使

用を維持することができたということには、ほとんど疑いがない。

6. 処罰の意義

　これはなぜなのか。なぜ処罰はそのような象徴的な重要性と力を明らかに有しているのか。なぜ処罰は人びとが注意を向け、人びとがそれから意味を引き出すような社会生活の領域となったのか。

　ジョルジュ・ギュルヴィッチ（G. Gurvitch）やメアリー・ダグラスなどの社会学者であれば、処罰は社会的緊張と社会的葛藤の舞台という地位を占めるという理由から、このような象徴化的な権力を有していると考えるかもしれない[32]。処罰は結局のところ、社会の例外と矛盾が直接的に扱われ、法と逸脱がともに最も可視的にされる場、清浄さと危険が劇的に交わる点である。刑罰制度は、深遠で扱いにくい種類の人間と道徳的問題、社会関係の移ろいやすさ、社会化の限界、人間悪のつきなさ、社会生活の不安定さを扱う。そして人類学者が示してきたように、社会と人間存在の扱いにくい問題は、文化がこれらの困難な経験の領域を統制し、それに意味を与えようと励む中で、神話、祭礼、象徴の発展の豊かな土壌になる。西洋社会の最も重要な文化的な人工物には、古典的演劇、伝統的宇宙観、キリスト教などの宗教、精神分析学といった別の思想が含まれるが、処罰は、人間存在の元型的な特色として、その文化的な人工物のいくつかの中に際立って現われる。このように犯罪者を処罰するという実務は、すでに意味を付与され、自らを象徴的使用へと容易に供する文化空間の内側で行われる。

　さらに、これまでの章で示したように、処罰の制度は、他の主要な社会上の領域や制度と直接的に関連し、社会を束ねる権力・交換・道徳・感受性の回路と結びつく。この意味で処罰には、マルセル・モース（M. Mauss）が「全体的な社会的事実」と描写したようないくつかの性質がある。処罰は、社会生活の一領域であるが、それは処罰以外の領域ともかかわり、処罰それ自体からだけではなく、他の領域との関係からもその社会的意味を引き出し、直接的な機能にとどまらない象徴的な深さを有するものである[33]。

---

[32] Douglas, *Purity and Danger*; G. Gurvitch, 'Social Control', in M. Douglas and W. Moore (eds.), *Twentieth Century Sociology* (New York, 1945).
[33] モースは、「全体的な社会的事実」という概念を『贈与論』(New York, 1967)で概説している。

処罰には、シルズが社会の「中心」と呼んだものの描写も当てはまるように思われる。これは、処罰が社会的宇宙で鍵となる地点、つまり権力が表出され、アイデンティティが創出され、社会関係が培われ、生か死の決定がなされる戦略的な地点となるということである[34]。前に見たように、そのような「中心」の性質、ならびに社会秩序の基礎としてのその内在的な重要性は、その「中心」をカリスマ的なものとする。それらは、処罰が物事の秩序における鍵となる場所を占めるということと、権威的な仕方で物事を起こさせる処罰の能力のおかげで、社会成員の注意と想像力を惹きつける。このように、処罰する過程に注意を引きつけるのは、単なるエンターテインメントだけではない。その大半がその対極にある日常業務である。むしろ制度が重要だと知覚することと制度が大きな出来事というドラマを活用することができることによって、その過程は注意を引くのである。この説明は、ある悪名高い犯罪者の「反カリスマ性」を説明する助けとして使用できるかもしれない。犯罪者が社会秩序のこれらの力と個人的に遭遇することは、そうでなければまったく欠いていたであろう魅力を、彼らの生活に与えるように思われる。

また、この現象に心理的な側面があることも間違いない。すでに示唆したように、社会の中の社会化された成員は、たいていの場合、処罰とその脅威によって感情的な訓練を受ける。その結果、成員に残されるものは、その問題への持続的な感情的傾注である。犯罪と処罰というドラマは、本能的衝動とその抑圧のあいだの「真の」精神的葛藤を実演する。これはほとんどの大人がある程度経験することである。そのようなわけで、刑罰に関する象徴は、個人の記憶や連想と特殊な仕方で共鳴し、そうでなければ湧きあがらなかったであろう態度と執着を生み出すように思われる。政治家が頻繁に見出すように、刑罰的レトリックは「説得するために良いもの」にもなる。なぜなら、それは個人がよく経験する根深い不安と両価的な感情のいくつかにまさに触れるからである。

今日の刑罰（いつの時代の刑罰にとってもそうだったことは確かであるが）によって映し出される意味は、多数存在し、変化に富んでいる。そのレトリックと記号付与的な実務は、結合し、注意深く編集されたメッセージというよりも、音とイメージの密度の高い不協和音となる（とはいえ、いたるところで明瞭な一般的傾向が出現し、支配的なテーマが鳴り響いているが）。私が論じた基本的な表現ですらも、

---

[34] Shils, *The Constitution of Society*. Geertz, 'Centers, Kings and Charisma: Reflections on the Symbolics of Power'も参照。

実務ではしばしば困惑をもたらすまでに混じり合っている。刑罰の圏域の多種多様な地点で、「道徳的人間」、「経済的人間」、「心理学的人間」というイメージ像が見られ、人間性とその働きに関する別個の概念を反映するような異なる手続きや行為者がめまぐるしく現われる。ある法廷では社会契約的な国家が処罰をする一方、別の法廷では福祉国家が援助を執り行っているかもしれない。刑罰的レトリックは、刑罰それ自体のように、長い歴史的伝統の生ける体現である。その中で主張がなされ、差異が維持される。その意味の多数性はこのように、その歴史的発展の反映である。そこでは一つの戦略、語彙、概念が、上へ上へと積み重なる。以前のスタイルのすべての痕跡が抹消されるわけではない。その結果は、ある種のモザイク模様あるいはパリンプセスト(訳注3)であり、そこでは古風なものと現代的なものが共存することができる。

しかし、現代の刑罰によって伝えられる意味の多様性は、歴史的な産物、つまり近代社会にうまく適合していないものであるだけではない。逆に、刑罰実務の象徴的な多様性、異なる語法をそれが利用すること、そして矛盾し曖昧なメッセージを反映するその傾向には、現代的な共通基盤がある。そうであるのは、多元性と道徳的多様性、競合的な利害と対立的なイデオロギーなどの特徴を持つ社会の中に、現代の刑罰が存在するからである。そのような文脈では、広範囲にわたる異なる聴衆にまったく同時に訴える必要があるという理由から、刑罰が広範囲にわたるレトリック上の同一化と象徴的形態のモザイク模様を提示することが発見されるのも当然である。

刑罰制度が記号付与を行い、意味を反映する多くの仕方をここで議論する際、受容と反応という問題よりも、記号付与という問いに焦点を当ててきた。この問題に関する信頼に足るデータが今日存在していないという単純な理由から、その聴衆を態度と行動へと動かす刑罰的レトリックの力量に関する真の評価は提示されていない。もしこの問いが研究された時には間違いなく、刑罰的レトリックの効能性が、聴衆、文脈、連想の鎖、反復の頻度などによって変動するのが見出されることになるだろう。

刑罰に関わる政策決定者には、自らのイメージがどのように解釈されるかを統制する力量がある。この力量についても論じてこなかったが、これは取るに足らない問いというわけではない。というのも、レトリックの訴求力についての刑罰史には、失敗し、処罰が「誤った印象を生み出してしまった」多くの例が存在するからである。

しかし、私は、そのような実務にも確かに効果があること、その実務の意味はある程度統制されうること、そして社会に及ぼす結果は意義を持たないものではないことを示唆したい。つまり、処罰の仕方とその行動を自らに向けてどのように表現するかに応じて、われわれ自身の存在の仕方は異なったものになる、と考えてみたい。今このように述べるからといって、文化編成の過程において処罰が一義的な、あるいは随一の制度であると示唆しているわけではない。概して、家族、学校、仕事場、メディアは、処罰よりも重要である。だが文化と主体性は、数えきれない遭遇と経験からできた複数の要素で構成される創造物である。そしてその成立の過程では、刑法と処罰の制度が、確かに重要な役割を果たすのである。

　もしここまでのことが確かであれば、これは処罰と刑罰制度についての考え方も改めることになるはずである。われわれは、刑罰政策を計画する際、社会の周縁にいる人びとをどのように扱うか、つまりその人びとを抑止するか、改善させるか、無害化するか、そしてもしそのようにするならばどのようにしてか、について決定しているだけではない。また、刑罰学の目的のための権力資源あるいは経済資源を単純に効果的になるよう配列しているだけでもない。同時に、文化的・政治的アイデンティティにとってきわめて重要となり得る仕方で、自らと社会を定義してもいるのである。社会の刑罰的レトリックの重要な部分は、社会がどのような見通しを想起するかに応じて採用される。この見通しは、ユートピア的なものであることもあれば悲観的なものであることもあるし、贖罪的なものであることもあれば絶望的なものであることもある。そしてその見通しは、それが描き出す社会の性質について、正確な見取り図を描くこともあるし、不正確な見取り図を描くこともある。しかし、それがどのような色調を持ち、真実とどれほど近いかはともかく、そのような見通しを想起させることは、相当の重要性を持ったレトリックになるだろう。

　刑罰実務によって映し出される表現は、犯罪者に向けた威嚇だけではない。それは主体性、権威の形態、社会関係を生み出す助けとなるような積極的な象徴でもある。ミシェル・フーコーを言い換えれば、処罰は「社会」を抑制したり、規律づけたりするだけではない。処罰はそれを生み出す助けともなるのである。

　（訳注1）その時々に存在する様々な制度や意味などが寄せ集められて生まれた社会編成を指す。
　（訳注2）一枚刷りの大判新聞。18世紀、19世紀のイングランドでは主に公開処刑に際して、行商人や売店で販売された。
　（訳注3）書いたものを消してまた書けるようにした古代の羊皮紙。

第12章
社会制度としての処罰

1. 理論の必要性

　本書の冒頭部分で、狭義の「刑罰学的な」処罰に関する研究と、広義のより社会学的なアプローチを区別した。このアプローチは、「処罰」がまさに何を含むか、それがどのように働き、それが何を意味し、事柄の社会図式のどこにあてはまるかを明らかにしようとしつつ、刑罰制度を遠くから眺め熟考することに関心を持っている。今では完全に明らかになっただろうが、私が採用した立場は後者のものであり、その結果として生まれたものは、刑罰学でもなければ刑罰哲学の研究ですらなく、処罰という制度を中心とする社会理論の研究である。

　処罰ほど堅固で実践的な社会生活の領域において、このように「理論」を追求することは、すこし場違いであるように思われるかもしれない。処罰の論点が明白で、刑罰システムがきわめてありふれた問題によって悩まされているときに、理論構築を求めるどのような需要が存在するのだろうか。処罰の目的が、そしてその実践上の欠陥が誰にとっても明らかであるときに、なぜ解釈などに頼るのか。これに対する一つの回答は、まさにこの日々の処罰の問題にある「明白さ」、そして解決されることを頑固に拒み狼狽させるような事実こそが、より根本的な種類の探求へと駆り立てるからだ、というものである。人は処罰というやっかいな問題に直面すると、矛盾、失敗、自らを破壊するような政策のせいでこれほど分裂した制度をどのように理解するべきなのかと問うよう導かれる。この制度、そしてその問題を整える力とそれに対抗する力は何なのか。なぜ制度は、比較的安定していると同時に、大きな問題を含むことがあるのか。

　私の見方において同様に説得力のある他の回答は、「理論」が現実からのある種の逃げではないと主張することである。適切に追求されれば、理論的主張は、明瞭さと、追いつめられた実務家にはしばしば手に入らないパースペクティヴの広さをもって実務の現実世界について考えることを可能にする。理論的主張は、

使い古された凡庸な思考と「通念的」な知覚から逃れるチャンスを与えてくれる。刑罰は他のあらゆる制度と同様に、それらを自らの周りに保護殻のようにして作り上げている。理論は、思考と行動のこれら既存の習慣を疑問に付し、それらの代替案を探し求める分析のための道具と考え方を発展させることを可能にする。

　理論的研究は、問題についてのわれわれの考え方を変化させること、そして究極的にはわれわれが問題を扱う実践上の仕方を変化させることを求める。これ自体、説得という手段によって人びとを行動へと動かそうとするレトリックである。その説得は、分析、主張、証拠の力によって達成される[1]。したがって理論構築は、行動の一形態でもあるし、「実践」の形態であるとすら言えるかもしれない。とはいえ、その媒介物は、象徴という媒介物であり、その効果は、究極的にはこの象徴行動が、人びとと制度が実際に行動する仕方に影響を与えることができるかに左右されるだろう[2]。理論が行動の形態として成功するのは、何よりもまず人びとが物事をどのように知覚するかを変化させること、そして彼らが物事に対して活用する態度を変化させることができたときである。結論となるこの章で行いたいことは、ここでなされてきた理論的研究が、処罰について別の仕方で考えるよう、われわれをどのように導くかを示すことである。つまり、何よりもまずそのすべての複雑性を理解しようとする分析家として、そしてその後には、重要なこととして、われわれが少なくとも部分的には責任がある制度についてより真剣に、そしてより深く考えたいと願う市民として、この制度について別のどのような仕方で考えることができるだろうかと示すことである。

　処罰の社会学の観点から言えば、本研究は特定のテーマを画定したり、単一の流れの解釈を追求したりすることを狙ったものではない。そのかわりに、本研究は、現象に関する複数の要素で構成された見取り図を構築するという努力のもと

---

[1] これは合理的主張の理想、科学的理想である。だが「よい学問」の説得力が論理展開と傍証にのみ依拠すると考えるのは素朴にすぎる。社会科学におけるレトリックの役割に関してはH. White, *Topics of Discourse: Essays in Cultural Criticism* (Baltimore, 1978); H. White, *Metahistory: The Historical Imagination in Nineteenth Century Europe* (Baltimore, 1973); C. Geertz, *Works and Lives: The Anthropologist as Author* (Stanford, 1988); J. Cliford and G. E. Marcus (eds.), *Writing Culture: The Politics and Politics of Ethnography* (Berkeley, 1986); J. Gusfield, *The Culture of Public Problem: Drinking-Driving and the Symbolic Order* (Chicago, 1981)を参照。犯罪学におけるレトリックに関してはD. Garland, 'Politics and Policy in Criminological Discourse: A Study of Tendentious Reasoning and Rhetoric', *International Journal of the Sociology of Law*, 13 (1985), 1-33を参照。

[2] ルイ・アルチュセールは、「理論」と「実践」の絶対的な分割という考えを回避し、理論構築の意味を行動の形態として捉えるために、「理論的実践」という用語を生み出した。K. Burke, *Language as Symbolic Action: Essays on Life, Literature and Method* (Berkeley, 1966)も参照。

で、刑罰を多数の異なる角度から探求し、それがたいてい知覚されるときよりも完全で三次元的なイメージを示唆するために異なるパースペクティヴを重ね合わせている。この分析は、多数の理論的伝統の主張をもとに組織立てられている。そのそれぞれは、社会あるいは社会制度に関するより広い理論内で言い表されている処罰について、特定の解釈を提示する。しかし、これらの理論に対する以上のようなアプローチは、彼らのアプローチによってではなく私の試みによって決定されてきた。私は「社会」について思考するための概念枠組としてこれらの理論を用いようとするのではなく、そのかわりに処罰についての特殊な解釈の一つ、つまりその妥当性を、それを生み出した一般理論から切り離すことのできる解釈の源泉として使用しようとした。ここでの私の目的にとって、デュルケム、フーコー、マルクス主義者などの理論は、処罰の社会的役割と意義についての洞察の源泉となり、その作用と効果についての事実を生み出すもの、すなわち丸ごと受け入れるしかない変更不能な世界観というよりも、選択的に生かすことのできる資源となってきた。

　一つの説明的パースペクティヴから別のパースペクティヴへと進みつつ、私はそのそれぞれがどのようにして現象について少々異なる問いを投げかけているか、どのようにそのそれぞれが異なる側面を追求しているか、どのように異なる決定要因を明らかにするか、異なる関連の概略をどのように描いているかを示そうと試みた。もちろん時として、別々の理論家が同じ問題に言及しており、それを異なる仕方で解釈しているだけのこともある（マルクス主義者とデュルケム主義者が、刑罰方策の編成における国家と大衆心情の役割について同意しないように）。そのような場合、最良の説明のためにこの不同意を論じ尽くし解消しようと、あるいは私自身の代替的な説明を発展させようと試みた。また別の場合、たとえばフーコーが近代刑罰システムの道具化され合理化された特徴を強調する一方で、デュルケムは際限のない表出的・感情的・非合理的な要素を指摘するときにするように、ある理論家が複雑な現象のある側面を重視する一方で他の理論家は異なる側面を強調している。このような場合、私はそれぞれの解釈が近代刑罰を構造化する多種多様な力の弁証法的な相互関係を考慮にいれつつ、それらの解釈が別の解釈によってどのように変更されうるかを示そうと試みてきた。また別の場合には、ある理論家の理論的説明の検討を逃れたように思われる刑罰の要素を、他の理論家が特定することに成功していることもある。たとえば、フーコーは権力‐知技法

を、デュルケムは見物人の役割を、ルッシェとキルヒハイマーは労働市場の役割を、あるいはシュピーレンブルクは変化する感受性を特定することに成功している。これに対する反応として、私は刑罰の異なる要素と側面が複雑で内在的に分化した全体を形成するよう、どのようにして接続させられうるかを示唆しようと、そしてこれらの異なる要素が構造的に配列され相互関連するいくつかの仕方を指摘しようと試みた。

　私は研究を通じて、どのようにすれば異なる解釈を別の解釈やわれわれが手にしている事実の傍証と比較して考えることができるかを示し、そのような比較を通じて解釈を上書きし、さらに発展させ、他の解釈を修正し洗練させるべく、その解釈のそれぞれを用いようとしてきた。他の人が相互に排他的で敵対的なアプローチとみなしてきたものを「互いに深めあう相互的な法解釈」にしようと試みた[3]。実際、私は現在、断片として存在している社会的・歴史的理論を、広い範囲を含んだふさわしく包括的な処罰の社会学の概略を示唆するために組み上げてきた。

　もちろんそのような試みには、恣意的な折衷策へと容易になり下がってしまう危険がある。「処罰と社会」について異なる理論家によってなされる主張を生かす際、関心の同一性が実際に存在しないとき、それをあまりに容易に想定してしまうことがある。そして相互に矛盾する前提、曖昧な概念、研究対象の移行の学問上の錯綜に終わることがある。同時にすべてのことに言及しようとすることによって、透明性や確信をまったく持たなくなってしまい、結局何にも言及せずに終わってしまうことがある。だが私は、これらの危険を意識しながらも、折衷案の論理的不条理さに陥ることなく、多元性の説明力を示唆しようとしてきた。理論的・イデオロギー的に相互に矛盾する「社会」に関する普遍理論を加え合わせようとしていたわけではない。また、これらそれぞれの伝統が目立たせるきわめて異なる試みを同時に追求しようと試みたわけでもない。そのかわりに、私はこれらの著作をある試みのためにつなぎあわせようとした。その試みとはすなわち、刑罰に関するバランスのとれた社会学的説明の構築である。この試みをその著者たちは誰も予測していなかったが、すべての著作をその試みに寄与するよう用いることができる。

　私は、この試みの中心にある部分として、処罰の社会的基礎、機能、効果に関する多数の単純な問いを設定した。これは、それぞれのアプローチが何らかの仕

---

[3] Geertz, *Local Knowledge,* p. 234.〔邦訳 p. 390〕

方で言及する問いである。そして、それらの問いにどう答えられるかを示唆するために多種多様な理論と歴史についての説明を活用するにあたって、これらの問いをその調査の最中、眼前にしっかりと留めおこうとした。この基盤の上で解釈のあいだを行きつ戻りつすることによって、刑罰の複雑な見取り図を示すこと、そして普遍的な枠組のどれにも縛られることなく、これらすべての理論の洞察を生かすことが可能になったのである。

2．刑罰という出来事と刑罰制度の多層決定

　この試みに終始一貫して流れている明示的な主張は、もしわれわれが刑罰の歴史的発展と近年の作用を理解したいならば、多元的で多次元的なアプローチを必要とする、という主張である。もし処罰の社会学（この言葉によって私は、特定の研究に理論的指針を与えることのできる一般的な要因群を意味している）が存在するならば、マルセル・モースがパースペクティヴの合成と合併の必要性について語ったときに支持したような類の社会学であるべきである。それは、バランスがとれ完成されたイメージを提供するように努める社会学、より狭い焦点を持った研究が発展させてきた断片的な見方の再構築であるべきである[4]。
　この主張は、処罰の分析における還元主義に対する警告と言い換えることもできる。還元主義という言葉で私が意味するのは、それが「道徳」あるいは「経済」であれ、「国家統制」あるいは「犯罪統制」であれ、なんらかの単一の原因作用の原理、あるいは機能的目的の観点から刑罰を説明しようとする傾向のことである。単一の説明原理を探すかわりに、われわれは複数の原因作用、複数の効果、複数の意味という事実を把握する必要がある。すべての社会的経験と同じように、刑罰の圏域では特殊な出来事や発展がたいていの場合、多元性を持つということに気づく必要がある。その多元性とは、相互に交わり合って最終的な形態を形成する原因作用の多元性、その人の判断基準に応じて機能的と見られることもあれば非機能的と見られることもある効果の多元性、そして当該の行為者と聴衆に応じて変動する意味の多元性のことである（とはいえ、ある意味、あるいはこの問題について言えば、ある原因と効果が、その他の意味、原因、効果よりも優勢になる

---

[4] Mauss, *The Gift*, p. 78.〔邦訳 p. 443〕。「社会学者がいささか過度に諸要素を分離し、抽象化をはかってきたというのは致し方ないことだったにしても、今となっては社会学者も、全体を再構成するようつとめる必要がある」。

こともある)。分析の狙いはつねに、単一の通念へとすべてを還元するよりも、原因、効果、意味の多様性を捉え、その相互作用をたどることであるべきである。

これとの関連において、まずフロイトが発展させ、その後、歴史学者、政治科学者、社会学者が取り上げた「多層決定」という概念が特に有用である。なぜなら、その用語は上で述べられたようなことについての理解を含んでおり、それを単一の理論的用語で捉えるからである。ピーター・ゲイ (P. Gay) が説明するように「多層決定」とは、多様な原因（多様な、であって無限のではない）がすべての歴史的出来事の形成に関わり、歴史的経験におけるそれぞれの構成分子が、多様な（無限ではない）機能を持つはずだとする分別ある認識である[5]。多層決定というこの概念は、「凝縮」（同じ対象の中でのいくつかの力と意味の融合）や「多義性」（対象が持つ、複数の意味と解釈を支持する能力）といった他の関係する概念とともに、この概念が分析を改善し、理解を深めるだろうという信念のもと、処罰の社会学を多かれ少なかれ単一の解釈から、より多次元的な枠組へと動かすために本書では用いられてきた。

歴史学者にとって、「複雑性を求め……それを弱める」という指令は、つねに学問的実践の中心であり、処罰に関する多くの歴史でこの原理が実演され、よい効果をもたらしたことが見て取れる[6]。ジョン・ビーティーは、近世のイギリスの刑罰変化に関する彼の該博な研究を要約しながら次のように述べた。

　……処罰における変化が、単純で一次元的な効果から生じるわけではないということはほぼ確実である。ある瞬間にある社会が採用する処罰の形態は、多種多様な利害と意図によって形成される。処罰の形態は、しばしば反目しあう考慮事項にならざるをえないものが、反応しあうことによって生じる。そのような考慮事項には、法の枠組、技術的に可能なもの、犯罪という一見したところ明瞭な問題の光のもとで見れば望ましい、あるいは必要と思われるもの、社会が許容しそれに費用を払ってもいいと思うものが含まれる。なぜ処罰の一つの方策が、時間が経つにつれて見放され、他のものに道を譲るのかということは、複雑な問いである。なぜなら、刑罰方策は、より大きな社会的・文化的な文脈の中で進化するからである。この文脈は、何が許容でき、何ができないかという

---

[5] P. Gay, *Freud for Historians* (New York, 1985), p. 187.
[6] Ibid.

限界を、知覚のおよばないような仕方で作り変えるのである[7]。

　社会学者はリスクを承知で、このことを忘れ去る。だがたいていの場合は、より一般的な社会理論を発展させるという努力、批判点を痛烈にするという努力、あるいは単純に何らかの明白な説明原理に言及することによって経験の混沌を飼い慣らすという努力のために、このことを忘れ去るのである（歴史学者も時おり同様にする）。このようなことが発生するとき、そして単一の解釈が現れるとき、それらの解釈を、それ自体で独立している総合的な説明というよりも、他の解釈と並んで位置づけられるべき特殊な寄与とみなすことが重要である。

3．社会制度としての処罰

　このようなアプローチを処罰の研究で確立するためには、われわれは単なる方法論的な至上命令以上のものを必要とする。また、現象についての適切な概念的イメージ、つまり私が強調してきたような種類の複雑性とそれが要請するような種類の分析それ自体を示唆する理論的叙述や研究対象の表現を必要とする。最近では、刑罰に関するわれわれの理解を確立するために頻繁に用いられる多数の概念がある。処罰は、道具的な目的のための手段となるある種の技術装置ともみなされる。犯罪統制の刑罰学はそのように考えることを選んだようである。また処罰は、国家と犯罪者のあいだの強制的な関係性ともみなされる。これは、刑罰に関する多くの批判研究の根底にある中心的なイメージである。さらに処罰は、法的手続き、権力の形態、階級支配の道具、集合的感情の表出、道徳的行動、儀礼的な出来事、特定の感受性の体現とも表現される。そして以前の議論で見たように、これらのイメージのそれぞれは、現象のある側面、その特徴についてのある真実を捉えている。その側面は銘記されるべきである。しかし、そのイメージは、それが光を当てるのと同じくらいものを焦点から取り残すような断片的な仕方で、それを行ってしまうのである。

　私は、これらの断片的なイメージへの代替案として、あるいはそれらを配置するための背景や枠組を与える装置として、社会制度という概念を処罰についての思

---

[7] Beattie, *Crime and the Courts*, p. 470.

考の手段として用いるべきだと提案したい。刑罰は、単一の出来事あるいは単一の圏域とみなされるべきではなく、むしろ社会制度、それもわれわれが何度も出会ってきたように、ある種の構造の複雑性そして意味の密集性を定義上内包する社会制度とみなされるべきである。そのようなイメージは、なるほど確かに抽象的であり、すでにきわめて「社会学的」である。物事をこのような仕方で見ることができるのは、「社会制度」に関する発展した理解と、他とは異なる特徴の察知という基盤を通じてのみである。しかし、これはすでに用いられているすべての概念的イメージにある程度当てはまる。われわれは「目的のための手段」としてしか、あるものを想像することができない。なぜなら、われわれはそのような観点から考えることをすでに学習しているから、そしてこのような考え方に親しんでいるので、そのイメージ像と比喩を、世界を眺めるためのレンズとして使用してしまうからである。処罰を社会制度と考え、何よりもまずこれらの観点から見取り図を描くよう学習することによって、われわれは、単一の万能なイメージでこの現象の複雑性と多面的な特徴を叙述する方法を獲得することができる。それは、処罰の他のイメージをこの全般的な枠組内に位置づけることを可能にする一方で、社会行動と文化的意味のネットワーク一般に結ばれるものとして刑罰を見ることの必要性を示唆するのである。

　社会制度には、とりわけ家族、法律、教育、政府、市場、軍隊、宗教が含まれるが、この社会制度は、高度にパターン化され組織立てられた一連の社会慣行である。それらは、繰り返し生じる何らかの必要性、関係性、対立、問題に対処するべく社会に定着した手段である。そして、それらは、社会関係が道理にかなって安定し、分化するためには、秩序立った標準的な仕方で管理されなければならない。それぞれの制度は、社会生活の特定の領域をもとに組織立てられ、その領域における人間の行いのために、規制的で標準的な枠組を提供する。一般に、そのような制度は、長い時間をかけて徐々に進化する。そのためしばしばそれらの現在の特徴は、それらが遂行する現代の機能によってと同じくらい、歴史と伝統によって形成される。発展した社会制度は事実上、特定の社会圏における必要性の充足、紛争の解決、生活規制のために用いられる既存の枠組となる。緊張関係を管理し、対立する力を調停し、何らかの必要なことを行うための手段として発展した以上、社会制度は多くの場合、自らの内部に利害の矛盾と多元性の痕跡を内包している。社会制度が規制しようとするのはこれである。ジョン・アンダーソン（J.

Anderson) が述べるように、制度は特殊な対立の光景であるのと同様に、多様な目的のための手段でもある。そのため、それぞれ特殊な制度が、多数のしばしば相互に矛盾する対象となるものを結合させ、しばしば敵対的になる利益集団の関係を組織立てるさまを見ることになるのは驚くことではない[8]。

　社会生活の特定の側面に向けられており、固有の必要性と問題を持つ以上、それぞれの制度には、内在的な独自の合理性と物事を行う独自の仕方がある。これを独自の制度文化と呼ぶこともできるだろう。この制度文化は、それが発展させてきた知識、技法、標準的規則、働きの手続きの蓄えをもとにして生まれる。概して制度の成員あるいは関係者は、彼らがその中で作用するときにはこの制度の論理に導かれており、制度枠組が使用するよう命じる用語によって、一切の問題の枠組をつくるよう義務づけられる。このように、ある問題を法的・道徳的な問題として扱うこと、家族問題や市場の力についての問いとして扱うこと、そしてもちろん、刑罰問題としてそれにアプローチすることは、その問題をきわめて異なる考え方と行為の仕方へと、つまりそのそれぞれをその特徴的な言語、規範、原理の対象とすることである。ある意味で、それぞれの制度における場は、一つの環境設定（裁判区）から他のところへと移動する人ならば誰でも容易に経験するように、それ独自の特徴と役割、約款と規則に支配された関係性を持つ他とは異なる世界を誕生させるのである。

　しかし、これらの制度世界は、全面的に自己充足的なわけではない。それらは、他の世界へと開かれ、それら固有の圏域をはるかに越える社会的ネットワークと関連している。それぞれの制度は、それを取りまく社会的力に影響を与え、それによって影響を受けながら、より広い社会の中の領域に特定の場所を占め、日常業務の中で社会環境と接する。制度は、他の制度と外部世界に結びつき、経済・政治・文化・技術の力によって影響を受ける。その一見したところの自律性にも関わらず、その一つひとつは、社会的力の集合体の中に存在し、効果的な環境を形成する価値と社会的配列によって構造立てられている。このように社会制度は、複雑で自立しているが、それはまた、より大きな社会構造の構成要素でもある。その一つひとつの社会制度は、社会領域におけるある種の合流点になる。それは独自の特殊

---

[8] J. Anderson, *Studies in Empirical Philosophy* (Sydney, 1962)とパスモアによる序文を参照。この考え方が、社会制度の過度に機能的な見方を回避していることに注意してほしい。社会制度は、歴史と継続している対立の産物である。機能的なメカニズムのみの産物であるわけではない。

な規範と実務のための環境設定であるのと並んで、広範囲にわたる力が収束する場所でもある。

　この種の現象を理解するため、もっと正確に言えば刑罰を理解するために、われわれは複雑性、対象となるものが複数存在すること、そして多層決定という観点から刑罰を考える必要がある。機能するシステムでもある歴史的な出現物として、そしてまた他の形態と他の社会関係に依拠する他とは異なる生活の形態として、刑罰を考える必要がある。われわれは刑罰を**制度**としての統合という観点から、ならびに**社会**制度としての関係性という観点から見ることを何らかの形で学ばねばならない。そのような考え方は、ある程度の困難をともない、より還元主義的なアプローチの簡潔さが生む優美さを欠くことは確かである。しかし、ある思考の形態は、それらの対象にとって適切であるときにのみ有用になる。そして、刑罰の複雑性を認める処罰の社会学は、その条件を満たす概念とイメージを発展させなければならないのである。

4．理論の限界

　処罰がここまで描写されてきたような意味で社会制度であること、社会的・歴史的力の集まりによって条件づけられていること、それが独自の制度的枠組を持つこと、そしてそれが広範囲にわたる刑罰的・社会的効果を生み出す一連の規則的・記号付与的な実務を支えること、これらはみな本研究で述べてきたことである。しかし、上のようなことを述べれば処罰の一般理論ができる、というわけではない。そのような理論を生み出すには、道徳的・政治的・経済的・文化的・法的・運用的・刑罰学的条件が刑罰の圏域に収斂し、刑罰の形態を形成する仕方を示す（これは私がここまで示してきたことである）だけでは足りない。また、法を執行すること、人びとを規制すること、政治的権威を現実のものとすること、心情を表出すること、連帯を強めること、分裂を強調すること、文化的意味を伝達することを刑罰方策が行うのに、どのように役に立つかを示してもまだ足りない。これらのことを越えて、相互に関連する力のモデルを構築しなければならない。そしてそのモデルは、ある程度時間の経過を越えて恒常的な、諸々の力の相互関連の正確な一般的傾向を見定め、通常の原因プロセスを特定し、決定と構造化の原理を明らかにするものでなければならない。

そのようなモデルを社会科学の研究に見出すことができる。その中でも最も注目に値するのは、マルクス主義的な伝統である。だがそのようなモデルは、社会プロセスと歴史的な結果を理解するための方法として、ますます説得力を失っている。マルクス主義的な伝統によれば、社会は閉じられた有機的なシステムであり、行為主体、偶有性、歴史プロセス上の偶然に与えられる余地はほとんどないが、これは19世紀の科学主義の遺物である。現代の社会についての思考においては、これらの普遍理論と厳格なモデルは、より開かれたプラグマティックな理論形成に道を譲っている。それらのモデルは、絶対的な法則や構造的必然性を探究するのではなく、社会・歴史的経験の多様性を解釈しようとしている。

処罰の社会学に、この種の一般理論は必要なく、刑罰の原因、形態、結果の単一の理論モデルを組み立てようとするあらゆる試みは、誤った判断だろうと私は考える。そのように考える理由の一つは、「処罰」が単一で統合的な実体として存在するのは、それが、刑罰制裁を管理するよう司法によって定められた制度の圏域に縛られているという限られた場合においてのみだからである。その圏域の境界線が多かれ少なかれ確定され、特定可能になることがある。われわれは、その時はじめて、その構成、機能、刑罰に関わらない制度との関係などについて、注意深く語ることができるのである（その時とは、単一の方策を持った刑罰政策を進め、このような一連の複雑な実務と手続きに一定の一貫性を組み入れることを政府に可能にする時でもある）。しかし、その他のほとんどの点に関して言えば、「処罰」は生成的な用語とみなされなくてはならない。その用語は、制度的な複合体の一部を、偶然に形成する異なる要素の集合を意味する。「刑罰システム」は、特殊な機関、官庁、装置、規則、手続きと信念、方略、レトリック、表現で構成される。電子タグを説明するのと同じようには電気椅子を説明できないように、刑務所を生み出す特殊な条件は、仮釈放業務を誕生させた条件とは異なる。そして、外的な圧力の影響（たとえば、懲罰を求める「法と秩序」政治）は、刑罰の他の領域ではきわめて異なる影響の原因となるかもしれない（そのため社会労働という制裁が減少する一方で刑務所が拡大するかもしれない）。刑罰政策は、外的・内的な多種多様な力に反応して、それ自体つねに変化する。これは多様な機関、制度、制裁を活用するが、それ自体が持つ、政策決定と意思決定プロセスに関わる用語による説明を必要ともするのである。

もちろん、刑罰を時の経過とともに形成する広汎な構造化の傾向が存在する。

その傾向については、世俗化、合理化、文明化、商品生産の発展、国家の誕生などを論じた時に見た。しかし、これらの用語と関わる処罰の理論的モデルは、ほとんど凡庸と言ってもよいほど抽象的なものである。大規模な歴史上の力は、前もって決定された歴史的な帰結の中で「自ら働く」ことがないのと同様に、理論において複製される安定した相互作用には収まりきらない。実際、「合理化」や「文明化」といった壮大な力は、歴史的な解釈の外には存在しない。むしろ、大小さまざまな無数の出来事を研究し、これらの分析のための道具という手段によって理解し特徴づけるのは、歴史学者であり社会学者なのである。したがって、理論的な「モデル」がこの領域で役に立つのは、具体的な歴史、実証的研究、具体的な分析があわさった時のみである。

　処罰を形成することが多い決定要因と機能的要請を、実証的研究や理論的考察を通じて知覚できたからといって、刑罰の発展がある特定の事例において今後どのようになってゆくのかを予測できるというわけではない。「多層決定」は、広範囲にわたる力が同じ結果を求めて、同じ方向へむけて円滑に流れていくというわけではないと示唆する。その考え方は、恒常的な葛藤、緊張、妥協の存在を暗示し、その帰結は前もって切り出された鋳型で画一的に形成されるというよりも、個別の事例においてユニークだと示唆する。そのため刑罰史は、ウェーバーが述べたように「歴史的な個体」によって作り上げられる。刑罰に関わるあらゆる出来事、つまり判決、統治体制の形成、あるいは法による刑罰政策の制定を形成するにあたっては、多数の競合する力が働いている。広範なイデオロギー的野心は、即物的な財政の制約と逆の方向に向かうかもしれないし、政治的な便宜が既存の感受性と対立するかもしれない。安全欲求の知覚は道徳の知覚とは異なるかもしれないし、ある集団の職業的利害が他の集団の利害と競合するかもしれない。何らかの一つの価値観を追求することは、一般に他のいくつかの価値観の侵害を引き起こすのである。これらの雑然とした状況は、政策の決定や執行に関わる人びとによって行われる闘争、交渉、活動、決断といった手段によってある特定の帰結へと解消されてきた。そのため詳細な歴史研究のみが、その跡をたどることができる。すべての時点に妥当する目的の階層秩序や原因の優先順位は存在しない。刑罰が示す特定の形態を「決定する」一連の力や考慮事項を記述することを可能にする目的の階層秩序は、決して存在しないのである。

　私が論じてきたような理論研究は、刑罰政策がその中で発展してきた従来の規

定や構造に警鐘を鳴らす。それらの従来の研究は、刑罰と社会生活の他の圏域や社会制度のネットワークの中で刑罰が果たす機能的役割とを結びつける相互関連を指摘しており、そうでもなければ気づかれず、政策決定者自身ですら意識していなかった制度の力動、特徴、効果を明らかにできる。しかし、これらの規定状況がどのようにしてある特定の瞬間に合流し、行動の方向性を形成し特定の出来事を定義づけるのかを決定できるのは、実証研究のみである。理論は実証的な探究を導き分析する解釈道具であって、実証的な探究の代替物ではない。

　この研究で試みてきたことは、社会学の理論的道具が処罰の多種多様な側面を理解する助けになると示すことである。ここまで見てきたように、社会理論の異なる伝統は、それぞれ特化した概念語彙という形態になった特定の道具を与えてくれる。それらの道具は、社会生活の特定の側面や次元を解明するように設計されている。そしてわれわれは、これらの解釈のための語彙が、処罰を理解するにあたって役に立つこと、投げかけられている問いや説明されるべき特徴によっては多かれ少なかれ有益にもなることを理解してきた。そのため、ある状況やある人びとにとって（たとえば、法が強制的に課せられる優越権力に過ぎないような集団にとって）、処罰はむきだしの権力の行使であり、フーコーやマルクスによって提示されたような語彙で理解するのが最良である。しかし別の時点で、そして他の人びとにとっては（これは同じ社会の同じ刑罰システムの中であるかもしれないが）、処罰は道徳的コミュニティや集合的感受性の表出であるかもしれない。そこでは刑罰制裁は、共有された価値観が個別に侵害されたことに対する権威づけられた反応であるかもしれない。このような状況下では、権力とイデオロギーという語彙は、エリアスやデュルケムによって明らかにされた別の関心事を踏まえて調整する必要がある。私の研究の目的は、これらの伝統の壮大な統合を果たそうとすることでもなければ、ある種の包括的な理論モデルを構築することでもない。その理由は上で述べた通りである。私の目的はそれよりもむしろ、処罰を多様な仕方で理解する多くのパースペクティヴと語彙をいかに扱えるかを示すこと、ならびにこの解釈の多様性を基礎づけ、それらがどのように関連し合うかを示すことができる刑罰についての概念を粗描することである。

　型にはまった社会理論を好む人びとや、すべての問いに回答を与えることのできる単一の語彙が存在すると信じる人びとにすれば、この分析スタイルではあまりにも多くのことが研究されないままになっていると映るかもしれない。もう一歩先

へ進んで、これらの密接に関係しあう解釈を単一の叙述にまとめあげることが必要であると、つまり処罰は「何にもまして」(あるいは「その根底において」)、たとえば「権力」あるいは「統制」についての叙述であるというようにまとめ上げることが必要である、と思われるかもしれない。確かにそのようなアプローチは、すべての原因、効果、処罰の作用を、身体への権力、意味への権力、経済力、技術力、抑圧的権力、制度的権力といった観点から特徴づける。間違いなくそのような分析は、レトリック的な力やラディカルな色調を帯び、関連する制度に対する何らかの激しい論争の基礎となることができる。だが分析的な観点から見れば(フーコーについての議論で見たように)、そのような対応は明らかに無益である。それらの対応は、道徳的権威、感受性、文化といった事柄の重要性を深く掘り下げることをせず、刑罰権力を基礎づけ、それを可能にする多様な社会的条件を見えにくくしてしまいがちである[9]。

5．この概念のいくつかの帰結

だとすれば、私の議論で問題になるのは、刑罰に関するあらゆる研究の根底には処罰を複雑な社会制度と考える決断がなければならないということである。私が留意していること (ここまで使ってきた用語では完全に伝えきれていないかもしれないが) は、「全体的な社会的事実」というモースの考え方といくぶん似たものである。その「全体的な社会的事実」は、その表層を見れば自己充足的であるように見えるが、その実、社会生活の基本的な圏域の多くに入りこんでいる[10]。モースが描き出した贈物の交換を旨とする制度と同様に、処罰はその日常業務的な実務において、社会関係と文化的意味の網の目を凝縮するように何らかの形で考案された特徴的な社会制度なのである。

表層的に言えば処罰とは、犯罪者を扱うための装置、すなわちその範囲が定められ独立した法律上・運用上の実体である。しかし処罰はまた、われわれが見てきたように、国家権力の表出、集合的な道徳性の宣言、感情表出の乗り物、経

---

[9] 皮肉なことにこの「ラディカル」な運動は、政治的な観点においてすらも無益である。というのも、その運動が処罰の別の次元を分離すること、あるいはそれを支える別の社会的な力を特定することへの失敗は、対立闘争を開始させる導きとして十分でなく、それらの闘争がどのような多くの方略を採用すべきかを指示するものとしてもほとんど不十分だからである。国家権力を相手に競合するための方略は、大衆文化を変化させるための方略や感受性を鋳なおすための方略とは大きく異なるはずである。

済的に条件づけられた社会政策、現行の感受性の体現、文化的エートスを提示し社会的アイデンティティを生み出す一連の象徴である。刑罰は、社会上の組織形態の要素、社会関係の一側面、個人心理の合成物であると同時に、社会構造のすべての層を合流させ、具体物を一般物に関連づける流れ、すなわち境界を持つ中心のようなものである。犯罪者を処遇することで他の人びとの生活が乱されないようにするというのが刑罰の表面に現われることである。しかし実際のところ、刑罰の表面で目に付くものの下にあるのは、われわれの社会の性質、社会を構成する多様な関係性、そして社会の中での可能な生活と望ましい生活を定義する社会制度なのである。

　刑罰についてのこのように発展した考え方には、私の考えるところでは、処罰や刑罰政策についてのわれわれの考え方にとって重要な含意がある。処罰の社会的な次元を明らかにすることによって、そして刑罰制度が内包する多様な内的葛藤や社会的帰結を示すことによって、処罰の社会学はこの領域における政策の評価、哲学的考察、政治的判断に、より適切な実証的基礎を提供する。現状のままでは、処罰の評価は制度上の有用性という狭い観点にやすやすと陥ってしまう。われわれは処罰を、単純な手段のための単純な目的（その目的とはたいてい犯罪統制であるが）と考えすぎ、刑罰制度が持つ他のすべての側面を瑣末なものとしてしまいすぎるのである。したがって、たとえば収監あるいは仮釈放、はたまた更生のための政策、さらには死刑に関して言えば、答えられるべき問いが、犯罪統制の道具としての技術的能率性に関連するものであるかのようにして言及されることがあまりに多い。そのため、それらの評価は何よりもまず、再犯、抑止、あるい

10　エヴァンズ＝プリチャードが『贈与論』の序章で述べているように、理解のためにモースがとった考え方は、社会現象をその全体性において見るというものだった。「『全体的』はこの論文の鍵となる言葉である。彼が検討する未開社会の交換は全体的な運動あるいは活動である。それらの運動は同時に、経済的・法律的・道徳的・美的・宗教的・神話的・社会形態学的な現象である。それらの意味は、それらを複雑で具象的な現実体としてみなすときに把握することができる。そしてもしそれらの運動を理解しようとして何らかの制度を研究するときに便宜のために抽象化を行えば、研究の最後において一度取り去ったものを再び置き直さなくてはならない」(pp. vii-viii)。残念なことに、「全体的」（これは社会の全側面の複雑で機能的な相互関連を暗示する）そして「社会的事実」（これはまったくもってあまりに実証主義的である）という言葉の含意は、過度に使用されているとはいえ有益な考え方である「社会制度」というモースの用語よりも多くの問題を抱えている。「全体的な社会的事実」というモースの考え方は、あまり分化しておらず意識が断片化されていなかった前近代的な社会に存在する制度の意義を捉えようとしたものであると強調する必要があるかもしれない。そのような状況において、社会的な行為者は、「贈物」をモースが描写したような「全体的な」仕方で経験する。しかし機能的に分化した近代社会において決定的に重要な点は、「全体的な社会的事実」が未開社会で経験されるような仕方では経験されないかもしれないということである。

は関連する犯罪率の測定に依拠することになり、社会的慣行としての全体的価値の判断には依拠しなくなってしまう。しかし本研究を通して論じてきたように、刑罰制度を単一の刑罰学的目的によって動かされる道具手段とみなそうと主張しているかぎり、刑罰制度を理解できる見込みはまずない。つまり、これらの観点から刑罰制度を評価しようとする傾向は、方向を誤った非生産的なものであるように見えるのである。

　重要な例示を想起し拡張するために、近代社会の刑務所という事例をとりあげるのがいいかもしれない。すべての批判的な報告が想起させるように、この施設は犯罪統制という目的、つまり基本的な存在理由とされる目的を達成するのには、明らかに失敗している。ほとんどの受刑者は改善せず、新たな世代の犯罪者は抑止されないままであり、全国の犯罪率は減少してはいない。これらすべての基準から見れば、刑務所は非効率的な道具である（とはいえ、刑務所の代替案の大半に比べて、それほど非効率ではないと付け加えておく必要もある）。このことは刑務所が**何にも**成功していないということではないが、このような失敗という余剰部分を抱えていることによって、刑務所は社会の評論家や刑罰の改革者に深刻な混乱を招いている。フーコーなどの理論家は、監獄の失敗はある暗黙の政治的な意味で「権力にとって有用」にちがいないと考え、ストーンのような歴史学者はその有用性を失った「遺物のような制度」であると考える。犯罪学者は政策の「非合理性」に絶望し、政府は犯罪学者の研究による発見とそれが示唆する制度の失敗に注意を払うよう切望する。しかしこの議論は、ある重要な意味で誤っている。そして収監という「難問」は、これらの分析の出発点が誤っていることから生じているだけである。

　刑務所にせよ他のあらゆる刑罰制度にせよ、それらはそれぞれの道具的目的を達成することができる能力のみによって支えられているわけではない。頻発するユートピア的な期待と何人かの改革者の誇張された主張があるとはいえ、単純な事実は、処罰のいかなる方策も急速な改革なり犯罪統制なりを遂げたことは一度もないし、これからもないだろうということである。すべての処罰は、この意味においてはつねに「失敗する」。なぜなら、すでに指摘したように、安定した不変の根拠に基づいて適切な行為を促進することができるのは、主流にある社会化プロセス（つまり内面化された道徳性と義務感、非公式の誘因や遵法に対する報酬、相互期待と相互依存の実践的・文化的なネットワーク）のみだからである。処罰を「統制」

として理解するかぎり、処罰はこれらのより信頼できる社会的メカニズムの強制力を持った予備策、つまり通常の統制と統合のためのこれらのネットワークを通じて道を踏み誤った人びとを管理することしかできない予備策にとどまる。処罰は、大々的に「成功すること」が絶対にできない運命にある。なぜなら、遵法を導くほとんどの条件、あるいは犯罪と逸脱を促進するほとんどの条件は、刑罰制度の力がおよばないところにあるからである。

　犯罪統制の失敗を指摘し、これらの失敗を改革についての議論の俎上に乗せることは、批判家によってこれからも行われるだろう。しかし社会学者や歴史学者にとって、これら同様の議論を行い、刑務所は刑罰学の失敗、つまり何らかの暗黙の政治的方略、さもなければ歴史の死んだ手として存在しているだけのものであるという結論を引き出すのは、まったくふさわしくないだろう。すべての複雑な制度と同じように、刑務所は多数の目標を追求すると同時に、広範囲にわたる力によって現状を維持している。犯罪統制、すなわち犯罪者を改善し犯罪率を減らすという意味での犯罪統制は、これらの目標の一つであることは確かだが、決して唯一の目標というわけではない。ここまで見てきたように、刑務所は無害化のための効果的な手段でもある。無害化は、犯罪者を社会から時にはきわめて長い期間、安全に排除することであり、他の制度やコミュニティにとってはあまりにやっかいな個人を閉じ込めておくことである。より軽微な刑罰とは異なり、無害化は、犯罪者の協力という意味ではそれほど多くのことを必要とせず、そのため反抗的な個人を場合によっては強制力によって処理できる。死刑、強制追放、流刑がそれほど一般的に用いられない中、刑務所はほとんどの近代刑罰システムにとって究極的な刑罰であり、有無を言わせぬ強制的な制裁の最後の手段である。そして最も重要なことに刑務所は、人びとを（受刑者を厳しい処遇の対象とし、苦痛を課し、受刑者を傷つけることによって）処罰する方法であり、近代的な感受性やあからさまで身体的な暴力に対する慣習的な抑制とおおむね共存可能である。身体刑が非文明的で、あからさまな暴力が不当とされるようになった時代の中で、刑務所は人に対する次のような暴力、すなわち、十分に思慮深い仕方で報復を科すことを可能にし、「認められないもの」をほとんどの人びとにとって文化的に許容可能なものにする、狡猾でその時々に応じて用いられるような暴力である。収監刑があまりに寛容になりすぎているという示唆（これは情報をきちんと集めた著作ではほとんど共有されていない見方である）がなされることもあるが、刑務所がそこに送

られたほとんどの犯罪者に真正の苦難、深刻な剥奪、個人的な苦痛を課すことにきわめてよく成功していることは、広く受け入れられている。

　刑罰学的な目標という観点で見れば、刑務所はその目標の多くに同意しており、そのうちのいくつかの目標の観点で見れば、「機能している」か「成功している」。とはいえ、その他の観点で見れば、それほど機能しているわけでも成功しているわけでもない。またフーコーらが行ったように、刑務所の失敗は何らかのかたちで「有用である」と論じる必要もない。刑務所が頻繁に犯罪性を強化し再犯を生み出しているという事実は、当局によって求められた「有用な」帰結でもなければ、何らかの暗黙の「方略」の一部でもない。その失敗は、応報、無害化、排除といった他の目標を追求するにあたって許容されるコストであり、収監という方策を頻繁に使用することにともなう高額な財政コストを政府が呑むのと同様、そのコストはやむなく受け入れられるのである。そのようなコストよりも犯罪者を処罰すること（そしてこの犯罪者を処罰したいという欲求は、公衆の信念、制度の枠組、社会的伝統の安定した要素である）を当局が、そして公衆が重視するかぎり、刑務所は「機能している」制度であり続け、混乱の原因とも時代錯誤的なものともならないのである。

　したがって、そしてこれが私の論点であるが、もし刑務所を制度として理解し、評価したいと望むのであれば、単一の平面で単一の価値観と関連づけて理解したり評価したりしようとすることは、ほとんど無益である（同様の議論は、罰金、仮釈放、社会内処遇などにも当てはまる）。刑務所は単一のものではなく、複雑な制度であると考えられなければならず、そのようなものとして評価されなければならない。そして刑務所の刑罰的・社会的機能とその社会的基盤の性質の多様さが認識されなければならない。このことは、刑務所が当初思ったほどには不合理的でないからといって批判的なアプローチを放棄しなければならない、ということではない。やっかいな個人の統制をもっと人道主義的で望ましい状況で行えるにちがいないこと、排除は配慮を志向する社会では何にしても許容不可能な目標であること、多くの受刑者は公衆にとって真の危険ではなく特定の条件下ではコミュニティに受け入れられるかもしれないこと。このようなことを示すことによって、制度に異議を唱えることができる。最も優れた刑務所の背後にすら見られる真の心理的苦痛を白日の下にさらし、そのような暴力は先祖がえりであり、刑務所が代替したはずの身体刑や死刑と同様に非文明的である、と論じることもできる。また刑務

所のコストは犯罪者に対する懲罰的な心情を表出し応報を行うための手段であるとして、刑務所のコストに異議を申し立て、資金や資源がよりよいもの、たとえば被害者への補償、犯罪抑止計画、基本教育、社会的供給に使われる方法を示すこともできる。実際、制度の理解が制度の望ましい影響と同時に望ましくない影響の微妙さや複雑性を把握すればするほど、投げかけることのできる批判は徹底的で見識が広く、鋭利なものとなるだろう。

　処罰を社会制度と考えることは、刑罰についてのわれわれの理解形態を変えるだけではなく、それについての標準的な考え方をも変えるはずである。そのような考え方は、広範囲にわたる基準に応じて処罰を判断し、われわれが主に社会制度に求めてきた多くの要求と期待を処罰に向けるよう導くにちがいない。このように述べるからといって、社会制度に対してわれわれがつねに採用してきた何らかの普遍的で規範的なアプローチが存在すると示唆しているわけではない。一つの制度には他とは異なる機能と特性があり、それは多様な評価の形態を生み出す。しかしそれにもかかわらず、「家族」や「法」、「制度」や「経済」について考えるとき、そしてそれらを規範に関わる判断の主題とするとき、われわれは処罰について考えるときよりもいっそう複雑な考え方をする。そのように考える場合、その制度を純粋に道具的な基準から判断することが適切だと考えたり、それらの制度が単一の目的のためにあり、社会の特定の部分のみに影響すると考えたりすることはない。そのかわりに、それらの制度は、さもそれが「全体的な社会的事実」、つまりその特徴が社会のアイデンティティと特徴を何らかの仕方で構成するものだと考えるのが普通である。

　この最もよい例は、民主主義社会が、主要な社会制度を成文法という手段で意図的に改革しようとしたときに現われる考え方である。人びとはそのような法令がある程度の効率性をもって「機能する」だけでいいとは（それも決定的に重要なことではあるが）考えず、その道徳的・政治的・経済的・文化的な重要性が考慮されること、そしてこれらのより広い波及効果が次のような強い認識にできるかぎり一致することを要求する。そのような認識とは、自らがどのような人びとであるのか、どのように統治されることを望むのか、そしてどのような社会を作り出したいと望むのかについてである。私が示唆することは、処罰は、他の社会制度と同様の仕方で、そして同様の深さで考察されるべきであるということである。言い換えれば、刑罰学の思考を拡張し、刑罰は、逸脱者に対して権力を行使する制度であると同

時に、そしてそれと同じ手段によって、社会が自らを定義し表出する制度であると考える必要がある。

　処罰をこのように考えることは、近代的な刑罰制度が一般的に採用してきた(そして技術的な刑罰学が繰り返す傾向にあった)狭量で道具主義的な自己像を問いに付すことであり、より社会と道徳に目を向けた、犯罪という出来事に関する認識が必要だと示唆することである。法的処罰には深く社会的な性質があると立証することで、そしてその実務に体現される価値観や執着の対象を明らかにすることで、処罰の社会学は、「刑罰に関する問い」を区画に分け純粋に運用的方法でそれに対処しようとするあらゆる試みを妨げる傾向にある。そのようなアプローチは、刑罰に関わる問題が政治的・文化的生活の多岐にわたる流れをどのようにまとめあげるのかを示すことによって、さらに包括的な社会上の意識の再形成を促し、意識を断片化し認識を狭めようとする近代制度の傾向に反撃する一助となる。このアプローチは、処罰の社会性についての認識、そしてこの専門技能的法制度の表面下に存在する広い意義や意味の深層についての認識を与えてくれるのである。

　このような認識は広く共有されているとはいえ、処罰の運用に参加したいという公衆の望みや公衆がそれに参加する能力を導くとは思えない。そして公衆に処罰の形態の責任をとるようにさせるとも思えない(とはいえ、そのようなことを狙いとする地域運動の団体がイギリスや北アメリカで生まれつつある)。処罰は社会制度ではあるが、犯罪者を処罰する権力は現在国家によって独占されており、国家によって雇われた専門家がその方向を決めている。しかしそれにもかかわらず、本書で述べてきたような観点が国家政策に対する批判者の武器となり、国家の実務や制度上の手続きを改革する努力の助けになることはありうる。具体的に言えば、そのような観点は、処罰の制度が、刑罰学的な目的のための道具的手段というよりも、社会上の価値観、感受性、道徳の表出のための制度とみなされるべきであり、そしてそのように自らなるべきであるという旨の議論(この議論はしばしば聞かれるが真面目に取り上げられることはほとんどない)に力を与えることもできる。刑罰の広い意義に気づくことは、正義、寛容、礼節、人間性、文明性といった価値観の追求が、あらゆる刑罰制度の自己意識の一部になるべきであるという議論を容易にする。

　このような流れに沿ってもう一度整理して考えると、近代社会は刑罰政策に「結果」という意味では多くを求めなくなった。確かに近代社会は、刑罰政策を、可能

であれば最小化されるべき社会政策の一形態とみなすよう求められている。処罰が望ましい有用な結果を生むことができるという功利主義的な啓蒙神話（これは20世紀の更生というイデオロギーによって採用され再生された）があるとはいえ、処罰は喜劇というよりも悲劇という観点から眺めた方がよい。ここまで見てきたように、処罰はあらゆる社会において最終手段として必要なものである。権威が権威的であろうとすれば、最終的には制裁を下さねばならず、充分に危険あるいは反抗的な犯罪者はある程度強制的に扱われなければならない。しかし処罰が時としてどれほど必要不可欠であるとしても、そしてある側面でどれほど有用であるとしても、処罰はつねに解消不能な緊張につきまとわれる。それがどれほど上手く組織立てられようとも、そしてどれほど人道主義的に管理されようとも、処罰は、道徳的矛盾と望まれない皮肉という特徴をつねに持ち続ける。これはちょうど自由の剥奪という手段で自由の価値を裏づけるときのように、あるいは公的に権威づけられた暴力を用いて私的な暴力を非難するときのようにである。国家・社会・被害者・犯罪者の利害は、更生によってであれ、その他の手段によってであれ、改革を熱狂的に望む人びとが主張するように「調和する」ことはないだろう。国家が市民に処罰を科すことには、縮小版の内戦という特性があり、自らを相手に闘争する社会なるものを浮き彫りにする。そして国家が市民に処罰を科すことが時として必要であるにしても、これは必要悪以外の何ものでもない。

　処罰が持つこの悲劇的な特性は、われわれが広く社会学的方法でこの問題にアプローチすれば、いっそう見通しやすくなるように思われる。処罰の社会学は、処罰をその機能面から見て重要な社会制度であると褒めちぎるのではなく、処罰の限界を示唆し、その課題を組織立てる代替的な方法を指摘するために用いられるだろう。何にもまして処罰の社会学は、規律づけられた行為と社会統制を促進するよう意図された政策が、犯罪者を処罰することだけに専念するのではなく、若年の市民を社会化し統合することにも力を注ぐだろうと教えてくれる。これは刑罰政策のするべきことというよりも、社会正義や道徳教育のするべきことである。そして処罰が避けることができない運命だとしても、それを純粋に道具的な事業とみなすのではなく、道徳的に表出的な事業であるとみなすべきなのである。

引用文献

Adamson, C., 'Punishment After Slavery: Southern State Penal Systems, 1865-1890', *Social Problems,* 30 (1983), 555-69.

―――, 'Toward a Marxian Penology: Captive Criminal Populations as Economic Threats and Resources', *Social Problems,* 31 (1894), 435-58.

Alexander, F., and Staub, J., *The Criminal, the Judge and the Public: A Psychological Analysis* (London, 1931).

Allen, F., *The Decline of the Rehabilitative Ideal* (New Haven, 1981).

Allen, H., *Justice Imbalanced: Gender, Psychiatry and Judicial Decision* (Milton Keynes, 1987).

American Friends Service Committee, *Struggle for Justice* (Philadelphia, 1981).

Amnesty International, *United States of America: The Death Penalty* (London, 1987).

―――, *When the State Kills: The Death Penalty v. Human Rights* (London, 1989).

Anderson, J., *Studies in Empirical Philosophy* (Sydney, 1961).

Aries, P., *Centuries of Childhood: A Social History of Family Life* (New York, 1965). 杉山光信・杉山恵美子(訳)『〈子ども〉の誕生:アンシャン・レジーム期の子どもと家族生活』(みすず書房、1980)

Ayers, E. L., *Vengeance and Justice: Crime and Punishment in the Nineteenth Century American South* (New York, 1984).

Barnes, H. E., *The Evolution of Penology in Pennsylvania* (Montclair, NJ, 1968).

Barthes, R., *Mythologies* (London, 1973). 下澤和義(訳)『現代社会の神話』(みすず書房、2005)

Bean, P., *Punishment* (Oxford, 1981).

Beattie, J. M., *Crime and the Courts in England, 1660-1800* (Princeton, 1986).

―――, 'Violence and Society in Early Modern England', in A. Doob and E. Greenspan (eds.) *Perspectives in Criminal Law* (Aurora, 1984).

Beaumont, G., de, and Tocqueville, A. de., *On the Penitentiary System in the United States* (Carbondale, 1964); orig. pub. Philadelphia, 1833)

Beier, A. L., *Masterless Men: The Vagrancy Problem in Britain, 1560-1640* (London, 1985).

Bender, J., *Imagining the Penitentiary: Fiction and the Architecture of Mind in Eighteenth Century England* (Chicago, 1987).

Bentham, J., *An Introduction to the Principles of Morals and Legislation,* ed. by H. L. A. Hart and J. H. Burns (London, 1970; orig. pub. London, 1789). 山下重一「道徳および立法の諸原理序説」『世界の名著 38 ベンサム J.S.ミル』(中央公論社、1967)〔ただし抄訳〕

Berkson, J. C., *The Concept of Cruel and Unusual Punishment* (Lexington, Mass., 1975).

Beyleveld, D., *A Bibliography on General Deterrence Research* (Westmead, 1980).

Bianchi, H., and van Swaaningen, R., (eds.) *Abolitionism: Towards a Non-Repressive Approach to Crime* (Amsterdam, 1986).

Blumberg, A., *Criminal Justice* (Chicago, 1967).

Bottoms, A. E., 'Neglected Features of Contemporary Penal Systems' in D. Garland and P. Young (eds.), *The Power to Punish* (London, 1983). 鯰越溢弘(訳)「現今の処罰制度の見過ごされている諸特徴」小野坂弘(監訳)『処罰する権力:今日の刑罰性と社会的分析』(西村書店、1986)

――― and McWilliams, W., 'A Non-Treatment Paradigm for Probation Practice', *British*

Journal of Social Work, 9 (1979), 159-202.
―― and Preston, R. H. (eds.), *The Coming Penal Crisis* (Edinburgh, 1980).
Bourdieu, P., *Distinction: A Social Critique of the Judgement of Taste* (London, 1985). 石井洋二郎（訳）『ディスタンクシオン：社会的判断力批判』（藤原書店、1990）
Box, S., *Recession, Crime and Punishment* (London, 1987).
Brewer, J., and Styles, J., (eds.), *An Ungovernable People: The English and their Law in the Seventeenth and Eighteenth Centuries* (New Brunswick, NJ, 1980).
Brody, S. R., 'The Effectiveness of Sentencing', *Home Office Research Unit Study,* 35 (London, 1976).
Brown, R., 'The Idea of Imprisonment', *The Time Literary Supplement* (16 June 1978).
Burke, K., *A Rhetoric of Motives* (Berkeley, 1969). 森常治（訳）『動機の修辞学』（晶文社、2009）
――, *Language as Symbolic Action: Essays on Life, Literature and Method* (Berkeley, 1966).
Cain, M., and Hunt, A. (eds.), *Marx and Engels on Law* (London, 1979).
Canetti, E., *Crowds and Power* (Harmondsworth, 1973). 岩田行一（訳）『群衆と権力』（法政大学出版局、1971）
Carlen, P., *Magistrates' Justice* (Oxford, 1976).
――, *Women's Imprisonment: A Study in Social Control* (London, 1983).
―― and Worrall, A. (eds.), *Gender, Crime and Justice* (Milton Keynes, 1987).
Carrithers, M., Collins, S., and Lukes, S. (eds.), *Concept of the Person: Anthropology, Philosophy, History* (Cambridge, 1986).
Castel, R., *The Regulation of Madness: The Origins of Incarceration in France* (Berkeley, 1988).
Chambliss, W. J., 'Functional and Conflict Theories of Crime: The Heritage of Émile Durkheim and Karl Marx', in id. and M. Mankoff (eds.), *Whose Law? What Order?* (New York, 1976).
―― and Mankoff, M. (eds.), *Whose Law? What Order?* (New York, 1976).
Christie, N., 'Conflicts as Property', *The British Journal of Criminology,* 17 (1977), 1-15.
――, *Limits to Pain* (Oxford, 1982). 立山龍彦（訳）『刑罰の限界』（新有堂、1987）
Clemmer, D., *The Prison Community* (New York, 1940).
Clifford, J. and Marcus, G. E. (eds.), *Writing Culture: The Poetics and Politics of Ethnography* (Berkeley, 1986). 春日直樹ほか（訳）『文化を書く』（紀伊國屋書店、1996）
Cullen, F. T., and Gilbert, K. E., *Re-affirming Rehabilitation* (Cincinnati, 1982).
Currie, E., *Confronting Crime: An American Challenge* (New York, 1985).
Dahrendorf, R., *Law and Order* (London, 1985).
Davis, J., 'The London Garotting Panic of 1862: An Moral Panic and the Creation of Criminal Class in Mid-Victorian England', in V. A. C Gatrell *et al.* (eds.), *Crime and the Law* (London, 1980).
De Folter, R., 'On the Methodological Foundation of the Abolitionist Approach to the Criminal Justice System. A Comparison of the Ideas of Hulsman, Mathiesen and Foucault', *Contemporary Crisis,* 10 (1986), 39-62.
Deleuze, G., and Guattari, F., *Anti-Oedipus: Capitalism and Schizophrenia* (New York, 1977). 宇野邦一（訳）『アンチ・オイディプス：資本主義と分裂症』（河出書房新社、2006）
Dickens, P., McConville, S., and Fairweather, L. (eds.), *Penal Policy and Prison Architecture* (Chichester, 1978).

DiIulio, J. J., *Governing Prisons: A Comparative Study of Correctional Management* (New York, 1987).
Donzelot, J., *The Policing of Families: Welfare Versus the State* (London, 1980). 宇波彰『家族に介入する社会：近代家族と国家の管理装置』(新曜社、1991)
Dostoevsky, F. M., *The House of the Dead* (Harmondsworth, 1985; orig. pub. 1860). 望月哲男『死の家の記録』(光文社、2013)
Douglas, M., *How Institutions Think* (Syracuse, New York, 1986).
——, *Natural Symbols: Explorations in Cosmology* (Harmondsworth, 1973). 江河徹ほか(訳)『象徴としての身体：コスモロジーの研究』(紀伊国屋書店、1983)
——, *Purity and Danger: An Analysis of the Concepts of Pollution and Taboo* (London, 1966). 塚本利明『汚穢と禁忌』(筑摩書房、2009)
Downes, D., 'Abolition: Possibilities and Pitfalls', in A. E. Bottoms and R. H. Preston (eds.), *The Coming Penal Crisis* (Edinburgh, 1980).
——, *Contrasts in Tolerance: Post-War Penal Policy in The Netherlands and England and Wales* (Oxford, 1988).
Dreyfus, H. L., and Rabinow, P., *Michel Foucault: Beyond Structuralism and Hermeneutics* (2nd edn., Chicago, 1983). 山形頼洋(訳)『ミシェル・フーコー：構造主義と解釈学を超えて』(筑摩書房、1995)
Duff, A., *Trials and Punishment* (Cambridge, 1986).
Dumm, T. L., *Democracy and Punishment: Disciplinary Origins of the United States* (Madison, 1987).
Durkheim, É., *L'éducation morale* (Paris, 1925). 麻生誠・山村健(訳)『道徳教育論』(講談社、2010)
——, *Moral Education* (New York, 1973).
——, *The Division of Labor in Society,* trans. G. Simpson (New York, 1933). 田原音和(訳)『社会分業論』(青木書店、2005)
——, *The Division of Labour in Society,* trans. W. D. Halls (London, 1984).
——, 'The Dualism of Human Nature and its Social Conditions', in K. H. Wolff (ed.), *Essays on Sociology and Philosophy* (New York, 1964).
——, *The Elementary Forms of the Religious Life* (London, 1976). 山崎亮『宗教生活の基本形態：オーストラリアにおけるトーテム体系』(ちくま学芸文庫、2014)
——, *The Rules of Sociological Method* (New York, 1938). 宮島喬(訳)『社会学的方法の基準』(岩波書店、1978)
——, 'Two Laws of Penal Evolution', orig. appeared in Année sociologique, 4 (1902) 65-95. Repr. as ch. 4, 'The Evolution of Punishment', in S. Lukes and A. Scull (eds.), *Durkheim and the Law* (Oxford, 1983). 織田年和(訳)「刑罰進化の二法則」作田啓一(編著)『人類の知的遺産 57 デュルケム』(講談社、1983)
—— and Mauss, M., *Primitive Classifications* (Chicago, 1963). 小関藤一郎(訳)『分類の未開形態』(法政大学出版局、1980)
Ehrenzweig, A. A., *Psychoanalytic Jurisprudence: On Ethics, Aesthetics and 'Law'* (Leiden, 1971).
Ekirch, A. R., *Bound for America: The Transportation of British Convicts to the Colonies, 1718-1775* (Oxford, 1987).
Elias, N., *The Civilizing Process, i. The History of Manners* (Oxford, 1978; orig. pub. 1939). 赤

井慧爾・中村元保・吉田正勝(訳)『文明化の過程(上)ヨーロッパ上流階層の風俗の変遷』(法政大学出版局、2004)

―――, *The Civilizing Process. Ii. State Formation and Civilization* (Oxford, 1982; orig. pub. 1939). (Published in the USA under the title Power and Civility.) 波田節夫(訳)『文明化の過程(下)社会の変遷／文明化の理論のための見取り図』(法政大学出版局、2004)

Emsley, C., *Crime and Society in England 1750-1900* (London, 1987).

Ericson, R. V., and Baranek, P. M., *The Ordering of Justice* (Toronto, 1982).

―――and Chan, J. B. L., *Negotiating Control: A Study of News Sources* (Toronto, 1989).

―――and―――, *Visualizing Deviance: A Study of New Organisation* (Toronto, 1987).

Erikson, K., *Wayward Puritans: A Study in the Sociology of Deviance* (New Yorkm, 1966). 村上直之・岩田強(訳)『あぶれピューリタン 逸脱の社会学』(現代人文社、2014)

Evans, R., *The Fabrication of Virtue: English Prison Architecture, 1750-1840* (Cambridge, 1982).

Faller, L., *Turned to Account: The Forms and Functions of Criminal Biography in Late Seventeenth and Early Eighteenth Century England* (Cambridge, 1987).

Feeley, M., *The Process is the Punishment* (Beverly Hills, 1979).

Feinberg, J., *Doing and Deserving* (Princeton, 1970).

―――and Gross, H., *Philosophy of Law* (Enrico, Calif., 1975).

Fine, B., Kinsey, R., Lea, J., Picciotto, S., and Young, J. (eds.), *Capitalism and the Rule of Law: From Deviancy Theory to Marxism* (London, 1979).

Foucault, M., *Discipline and Punish: The Birth of the Prison* (London, 1977). 田村俶(訳)『監獄の誕生』(新潮社、1977)

―――, *Madness and Civilization: A History of Insanity in the Age of Reason* (New York, 1965). 田村俶(訳)『狂気の歴史：古典主義時代における』(新潮社、1975)

―――, 'On Attica: An Interview', *Telos*, 19 (1974), 154-61. 嘉戸一将(訳)「アッティカ刑務所について」蓮實重彦・渡辺守章(監修)『ミシェル・フーコー思考集成第5巻』(筑摩書房、2000)

―――, *Power/Knowledge: Selected Interviews and Other Writings 1972-1977,* ed. C. Gordon (New York, 1980)

―――, *The Archaeology of Knowledge* (London, 1972). 慎改康之(訳)『知の考古学』(河出書房新社、2012)

―――, *The Birth of the Clinic: An Archaeology of Medial Perception* (London, 1973). 神谷美恵子(訳)『臨床医学の誕生』(みすず書房、2011)

―――, *The History of Sexuality, i. An Introduction* (New York, 1978). 渡辺守章(訳)『性の歴史1 知への意志』(新潮社、1986)

―――, *The History of Sexuality, ii. The Use of Pleasure* (New York, 1978). 田村俶(訳)『性の歴史2 快楽の活用』(新潮社、1986)

―――, *The Order of Things: An Archaeology of the Human Sciences* (London, 1970). 渡辺一民・佐々木明(訳)『言葉と物：人文科学の考古学』(新潮社、1974)

―――, 'The Subject and Power' in H. L. Dreyfus and P. Rabinow, *Michel Foucault: Beyond Structuralism and Hermeneutics* (Chicago, 1983), 208-26. 山形頼洋(訳)「主体と権力」『ミシェル・フーコー：構造主義と解釈学を超えて』(筑摩書房、1995)

Freedman, E., *Their Sisters' Keepers: Women's Prison Reform in America, 1830-1930* (Ann Arbor, 1981).

Freiberg, A., 'Reconceptualizing Sanctions', *Criminology,* 25 (1987), 223-55.

Freud, S., *Civilization and Its Discontents* (New York, 1962; orig. pub. London, 1930). 嶺秀樹・高田珠樹(訳)「文化の中の居心地悪さ」高田珠樹(責任編集)『フロイト全集２０』(岩波書店、2011)

——, 'Criminality from a Sense of Guilt', in 'Some Character-Types Met with in Psycho-Analytical Work' in id., *Collected Papers,* iv, ed. by J. Riviere (New York, 1959; 1st pub. In *Imago,* 4 (1915-16)). 三谷研爾(訳)「精神分析作業で現れる若干の性格類型」鷲田清一(監修)『フロイト全集１６』(岩波書店、2010)

——, 'The Economic Problem of Masochism' in id., *On Metapsychology,* vol. xi of the Pelican Freud Library (Harmondsworth, 1984). 本間直樹(訳)「マゾヒズムの経済論的問題」同(監修)『フロイト全集１８』(岩波書店、2007)

Gardner, G., 'The Emergence of the New York State Prison System: A Critique of the Rusche and Kirchheimer Model', *Crime and Social Justice,* 29 (1987), 88-109.

Garfinkel H., 'Conditions of Successful Degradation Ceremonies', *The American Journal of Sociology,* 61 (1956), 420-4.

Garland, D., 'British Criminology Before 1935', *The British Journal of Criminology,* 28 (1988), 131-47.

——, 'Durkheim's Theory of Punishment: A Critique', in id. and P. Young (eds.), *The Power to Punish* (London, 1983).

——, 'Philosophical Argument and Ideological Effect', *Contemporary Crises,* 7 (1983), 79-85.

——, 'Politics and Policy in Criminological Discourse: A Study of Tendencious Reasoning and Rhetoric', *International Journal of the Sociology of Law,* 13 (1985), 1-33.

——, *Punishment and Welfare: A History of Penal Strategies* (Aldershot, 1985).

——, 'The Criminal and His Science: A Critical Account of the Formation of Criminology at the End of Nineteenth Century', *The British Journal of Criminology,* 25 (1985), 109-37.

——, 'The Punitive Mentality: Its Socio-Historical Development and Decline', *Contemporary Crises,* 10 (1986), 305-20.

——, and Young, P. (eds.), *The Power to Punish: Contemporary Penality and Social Analysis* (London, 1983). 小野坂弘(監訳)『処罰する権力：今日の刑罰性と社会的分析』(西村書店、1986)

——, and Young, P. 'Towards a Social Analysis of Penlity', in id. (eds.), *The Power to Punish* (London, 1983). 小野坂弘(訳)「刑罰性の社会的分析に向けて」小野坂弘(監訳)『処罰する権力：今日の刑罰性と社会的分析』(西村書店、1986)

Gass, W., 'Painting as an Art', *New York Review of Books,* 35: 15 (13 Oct. 1988).

Gatrell, V. A. C., 'Crime, Authority and the Policeman-State, 1750-1950, 3 vols. (Cambridge, 1993).

——, 'The Decline of Theft and Violence in Victorian and Edwardian England', in id. et al. (eds.), *Crime and the Law* (London, 1980).

——, Lenman, B., and Parker G., *Crime and the Law: The Social History of Crime in Western Europe since 1500* (London, 1980).

Gay, P., *Freud for Historians* (New York, 1985).

Geertz, C., 'Centers, Kings and Charisma: Reflections on the Symbolics of Power', in id., *Local Knowledge: Further Essays in Interpretive Anthropology* (New York, 1983).

——, 'Deep Play: Notes on the Balinese Cockfight', *The Interpretation of Cultures* (New York, 1973).「ディープ・プレイ：バリの闘鶏に関する覚え書き」吉田禎吾ら(訳)『文化の解釈学〈2〉』(岩波

書店、1987)

———, *Local Knowledge: Further Essays in Interpretive Anthropology* (New York, 1983). 梶原景昭ら(訳)『ローカル・ノレッジ：解釈人類学論集』(岩波書店、1999)

———, *Negara: The Theatre State in Nineteenth Century Bali* (Princeton, 1980). 小泉潤二(訳)『ヌガラ：19世紀バリの劇場国家』(みすず書房、1990)

———, 'Stir Crazy', *The New York Review of Books* (26 Jan. 1978).

———, 'The Growth of Culture and the Evolution of Mind', in id., *The Interpretation of Cultures* (New York, 1973).「文化の発達と精神の進化」吉田禎吾ら(訳)『文化の解釈学〈1〉』(岩波書店、1987)

———, 'The Impact of the Concept of Culture on the Concept of Man', in id., *The Interpretation of Cultures* (New York, 1973).「文化の概念と人間の概念への影響」吉田禎吾ら(訳)『文化の解釈学〈1〉』(岩波書店、1987)

———, *The Interpretation of Cultures* (New York, 1973). 吉田禎吾ら(訳)『文化の解釈学』(岩波書店、1987)

———, 'Thick Description: Toward an Interpretive Theory of Culture', in id., *The Interpretation of Cultures* (New York, 1973).「厚い記述：文化の解釈学的理論をめざして」吉田禎吾ら(訳)『文化の解釈学〈1〉』(岩波書店、1987)

———, *Works and Lives: The Anthropologist as Author* (Stanford, 1988). 森泉弘次(訳)『文化の読み方書き方』(岩波書店、1996)

Gerth, H. H., and Mills, C. Wright (ed.), *From Max Weber* (London, 1948).

Giddens, A., *Durkheim* (Hassocks, Sussex, 1978).

———, *The Constitution of Society* (Oxford, 1984). 門田健一(訳)『社会の構成』(勁草書房、2015)

———, *The Nation State and Violence*, vol. ii of *A Contemporary Critique of Historical Materialism* (Oxford, 1985). 松尾精文・小幡正敏(訳)『国民国家と暴力』(而立書房、1999)

Gillis, J., *Youth and History: Tradition and Change in European Age Relations* (New York, 1974). 北本正章(訳)『〈若者〉の社会史：ヨーロッパにおける家族と年齢集団の変貌』(新曜社、1985)

Goffman, E., *Asylums: Essays on the Social Situation of Mental Patients and Other Inmates* (Garden City, NY, 1961). 石黒毅(訳)『アサイラム：施設被収容者の日常世界』(誠信書房、1984)

Grabowsky, P. N., 'Theory and Research on Variations in Penal Severity', *British Journal of Law and Society,* 5 (1978), 103-14.

Green, T. A., *Verdict According to Conscience: Perspectives on the English Criminal Trial Jury, 1200-1800* (Chicago, 1985).

Greenwood, P., *Selective Incapacitation* (Santa Monica, 1982).

Gurr, T. R., 'Historical Trends in Violent Crime: A Critical Review of the Evidence', in N. Tonry and N. Morris (eds.), *Crime and Justice,* iii (Chicago, 1981).

Gurvitch, G., 'Social Control', in id. and W. Moore (eds.), *Twentieth Century Sociology* (New York, 1981).

Home Office, *Punishment, Custody and the Community,* Cmnd. 424 (London, 1988).

Hacking, I., 'Making Up People', in T.C. Heller *et al.* (eds.), *Reconstructing Individualism* (Stanford, 1986).

Hall, S., Critcher, C., Jefferson, T., Clarke, J., and Roberts, B., *Policing the Crisis: Mugging, the*

State, and Law and Order (London, 1978)

Harding, C., and Ireland, R. W., *Punishment: Rhetoric, Rule and Practice* (London, 1989)

Harre, R. (ed.), *The Social Construction of Emotions* (Oxford, 1986)

Haskell, T. L., 'Capitalism and the origins of Humanitarian Secsibility', *The American Historical Review,* 90 (1985), 339-61, 547-66.

Hawkins, G., and Zimring, F., *Deterrence: The Legal Threat in Crime Control* (Chicago, 1973).

Hay, D., 'Property, Authority and the Criminal Law', in id. *et al., Albion's Fatal Tree* (Harmondsworth, 1975)

——, Linebaugh, P., Rule, J. G., Thompson, E.P., and Winslow, C., *Albion's Fatal Tree: Crime and Society in Eighteenth Century England* (Harmondsworth, 1975).

Heller. T. C., Sosna, M., and Wellberg, D. E. (eds.), *Reconstructing Individualism: Autonomy, Individuality, and the Self in Western Thought* (Stanford, 1986)

Herrup, C., 'Law and Morality in Seventeenth Century England', *Past and Present,* 106 (1985), 102-23.

Himmelfarb, G., 'The Haunted House of Jeremy Bentham', in id., *Victorian Minds* (New York, 1968).

Hirsch, A. von, *Doing Justice: The Choice of punishments* (New York, 1976).

Hirst, P. Q., *Law, Socialism and Democracy* (London, 1986).

——, *On Law and Ideology* (London, 1979).

——, 'Power/Knowledge: Constructed Space and the Subject'. In R. Fardon (ed.), *Power and Knowledge: Anthropological and Sociological Approaches* (Edinburgh, 1985).

—— and Woolley, P., *Social Relations and Human Attributes* (London, 1982).

Hough, M., and Lewis, H., 'Penal Hawks and Penal Doves: Attitudes to Punishment in the British Crime Survey', in Home Office Research and Planning Unit, *Research Bulletin,* 21 (1986).

Howard, J., *An Account of the Principal Lazarettos of Europe* (Montclair, NJ, 1973; orig. pub. Warrington, 1789).

——, *The State of the Prisons in England and Wales* (Montclair, NJ, 1973: orig. pub. Warrington, 1777). 川北稔・森本真美(訳)『十八世紀ヨーロッパ監獄事情』(岩波書店、1994)

Hughes, R., *The Fatal Shore: A History of the Transportation of Convicts to Australia, 1787-1868* (London, 1987).

Hulsman, L., 'Critical Criminology and the Concept of Crime', *Contemporary Crises,* 10 (1986), 63-80.

—— and Bernat De Celis, J., *Peines perdues: le système pénal en question* (Paris, 1982).

Ignatieff, M., *A Just Measure of Pain: The penitentiary in the Industrial Revolution* (London, 1978)

——, 'Class Interests and the Penitentiary: A Reply to Rothman', *The Canadian Criminology Forum,* 5 (1982), p. 66.

——, 'State, Civil Society and Total Institutions: A Critique of recent histories of Punishment', in S. Cohen and A. Scull (eds.), *Social Control and the State* (Oxford, 1983).

Innes, J., 'Prisons for the Poor: English Bridewells, 1550-1800', in F. Snyder and D. Hay (eds.), *Labour, Law and Crime: An Historical Perspective* (London, 1987).

Ireland, R. W., 'Theory and Practice within the Medieval English Prison', *The American*

Journal of Legal History, 31 (1987), 56-67.

Jacobs, J. B., *New Perspectives on Prisons and Imprisonment* (Ithaca, NY, 1983).

―――, *Stateville: The Penitentiary in Mass Society* (Chicago, 1977).

Jacoby, S., *Wild Justice: The Evolution of Revenge* (London, 1985).

Jay, M., *The Dialectical Imagination* (London, 1973). 荒川幾男（訳）『弁証法的想像力：フランクフルト学派と社会研究所の歴史：1923-1950』（みすず書房、1975）

Johnston, e N., *The Human Cage: A Brief History of Prison Architecture* (New York, 1973).

Jones, G. Stedman., *Languages of Class* (Cambridge 1982). 長谷川貴彦（訳）『階級という言語：イングランド労働者階級の政治社会史 1832-1982年』（刀水書房、2010）

Kadish, S. (ed.), *Encyclopedia of Crime and Justice,* 4 vols. (New York, 1983).

Kafka, F., *In the Penal settlement* (London, 1973). 柴田翔（訳）「流刑地にて」『カフカ・セレクションⅡ』（筑摩書房、2008）

Kennedy, M., 'Beyond Incrimination: Some Neglected Aspects of the Theory of Punishment', in W. J. Chambliss and M. Mankoff (eds.), *Whose Law? What Order?* (New York, 1976).

King, P. J. R., 'Decision-Makers and Decision-Making in the English Criminal Law, 1750-1800', *Historical Journal,* 27 (1984), 25-58.

King, R., and Morgan, R., *The Future of the Prison System* (Aldershot, 1980).

Kittrie, N., *The Right to be Different* (Baltimore, 1972).

Krieken, R. Van, 'Violence, Self-Discipline and Modernity: Beyond the Civilizing Process', *The Sociological Review,* 37 (1989), 193-218.

Lacey, N., *State Punishment: Political Principles and Community Values* (London, 1988).

Langbein, J., 'Albion's Fatal Flaws', *Past and Present,* 98 (1983), 96-120.

―――, *Torture and the Law of Proof* (Chicago ,1976).

Lasch, C., 'Historical Sociology and the Myth of Maturity: Norbert Elias' Very Simple Formula', *Theory and Society,* 14 (1985), 705-20.

Lea, J., and Young, J., *What is to be Done About Law and Order?* (Harmondsworth, 1984).

Lenman, B., and Parker, G., 'The State, the Community, and the Criminal Law in Early modern Europe', in V. A. C. Gatrell *et al., Crime and the Law* (London, 1980).

Lewis, O. F., *The Development of American Prisons and Prison Customs, 1776-1845* (Albany, 1922).

Lewis, W. D., *From Newgate to Dannemora: The Rise of the Penitentiary in New York, 1796-1848* (Ithaca, NY, 1965).

Lofland, J., 'The Dramaturgy of State Excutions', in H. Bleakley and J. Lofland, *State Executions Viewed Historically and Sociologically* (Montclair, NJ, 1977).

Lowman, J., Menzies, R. J., and Palys, T. S. (eds.), *Transcarceration: Essays in the Sociology of Social Control* (Aldershot, 1987).

Lucas, J. R., *On Justice* (Oxford, 1980).

Lukes, S., *Émile Durkheim: His Life and Work* (London, 1973).

――― and Scull, A. (eds.), *Durkheim and the Law* (Oxford, 1983).

McConville, S., *A History of English Prison Administration, i. 1750-1877* (London, 1981).

Macfarlane, A., *The Justice and the Mare's Ale: Law and Disorder in Seventeenth Century England* (Cambridge, 1981).

McGowan, R., 'The Image of Justice and Reform of the Criminal Law in Early Nineteenth

Century England', *The Buffalo Law Review,* 32 (1983), 89-125.

MacIntyre, A., *After Virtue* (Notre Dame, Indiana, 1981). 篠崎栄(訳)『美徳なき時代』(みすず書房、1993)

McKelvey, B., *American Prisons: A History of Good Intentions* (Montclair, NJ, 1977).

McManners, J., *Death and the Enlightenment: Changing Attitudes to Death among Christians and unbelievers in Eighteenth Century France* (Oxford, 1981). 小西嘉幸ら(訳)『死と啓蒙：十八世紀フランスにおける死生観の変遷』(平凡社、1989)

Malcolmson, R. W., *Popular Recreations in English Society, 1700-1850* (Cambridge, 1973). 川島昭夫ら(訳)『英国社会の民衆娯楽』(平凡社、1993)

Malinowski, B., *Argonauts of the Western Pacific* (London, 1922). 増田義郎(訳)『西太平洋の遠洋航海者：メラネシアのニュー・ギニア諸島における、住民たちの事業と冒険の報告』(講談社、2010)

―――, *Crime and Custom in Savage Society* (Totowa, NJ,1966; orig. pub. London, 1926). 青山道夫(訳)『未開社会における犯罪と慣習：：付 文化論』(新泉社、2002)

Mannheim, H., *The Dilemma of Penal Reform* (London, 1939).

Martinson, R., 'What Works? ― Questions and Answers about Prison Reform', *The public Interest,* 35 (1974), 22-54.

Marx, K., *Capital, i* (London, 1976; orig. German edn. Pub. 1867). 中山元(訳)『資本論』(日経BP社、2011-2012)

Masur, L., *Rites of Execution: Capital Punishment and the Transformation of American Culture, 1776-1865* (New York, 1989).

Mathiesen, T., 'The Future of Control Systems―The Case of Norway', in D. Garland and P. Young (eds.), *The Power to Punish* (London, 1983). 小野坂弘(訳)「統制システムの将来：ノルウェーの場合」小野坂弘(監訳)『処罰する権力：今日の刑罰性と社会的分析』(西村書店、1986)

―――, *The Politics of Abolition* (London, 1974).

Matza, D., *Delinquency and Drift* (New York, 1964). 逸脱理論研究会(訳)『漂流する少年：現代の少年逸脱論』(成文堂、1986)

Mauss, M., 'A Category of the Human Mind: The Notion of the Person, the Notion of Self', in id., *Sociology and Psychology* (London, 1979; orig. pub. London, 1938). 有地亨・伊藤昌司・山口俊夫(訳)『社会学と人類学』(弘文堂、1973)

―――, *The Gift: Forms and Functions of Exchange in Archaic Societies* (New York, 1967; orig. French edn., 1925). 森山工(訳)『贈与論：他二篇』(岩波書店、2014)

Mead, G. H., 'The Psychology of Punitive Justice', *American Journal of Sociology,* 23 (1918), 577-602.

Melossi, D., 'The Penal Question in Capital', Crime and Social Justice, 5 (1976). Repr. In T. Platt and P. Takagi (eds.), *Punishment and Penal Discipline* (Berkeley, Ca., 1980).

――― and Pavarini, M., *The Prison and the Factory: The Origins of the Penitentiary System* (London, 1981). 竹谷俊一(訳)『監獄と工場：刑務所制度の起源』(彩流社、1990)

Menninger, K., *The Crime of Punishment* (New York, 1968). 内水主計(訳)『刑罰という名の犯罪』(思索社、1979)

Messinger, S. L., Berecochea, J. E., Rauma, D., and Berk, R. A., 'The Foundations of Parole in California', in *Law and Society Review,* 19 (1985), 69-106.

Miller, P., and Rose, N. (eds.), *The Power of Psychiatry* (Cambridge, 1986).

Minson, J., *The Genealogies of Morals: Nietzsche, Foucault, Donzelot and the Eccentricity of*

Ethics (London, 1985).

Montesquieu, Baron de, *The Spirit of Laws* (Edinburgh, 1762; orig. pub. 1748). 野田良之ら（訳）『法の精神（上・中・下）』(岩波書店、1989)

Morris, A. M., *Women, Crime and Criminal Justice* (Oxford, 1987).

Morris, M., and Patton, P., *Michel Foucault: Power, Truth, Strategy* (Sydney, 1979).

Morris, N., *The Future of Imprisonment* (Chicago, 1974).

Morris, T., and Morris, P., *Pentonville* (London, 1963).

Newman, G., *Just and Painful: A Case for the Corporal Punishment of Criminals* (New York, 1985).

Nietzsche, F., *The Genealogy of Morals* (in *The Birth of Tragedy and the Genealogy of Morals*) (New York, 1956; orig. German edn., 1887). 木場深定(訳)『道徳の系譜』(岩波書店、2010)

Nye, R. A., *Crime, Madness and Politics in Modern France: The Medical Concept of National Decline* (Princeton, 1984).

O'Brien, P., *The Promise of Punishment: Prisons in Nineteenth Century France* (Princeton, 1982).

Pashukanis, E. B., *Law and Marxism: A General Theory,* ed. C. Arthur (London, 1978; orig. Russian edn., 1924). 稲子恒夫(訳)『法の一般理論とマルクス主義 二版』(日本評論社、1967)

Patton, P., 'Of Power and Prisons', in M. Morris and P. Patton, *Michel Foucault: Power, Truth, Strategy* (Sydney, 1979).

Perrot, M. (ed.), *L'Impossible Prison* (Paris, 1980).

Platt, A. M., *The Child Savers: The Invention of Delinquency* (Chicago, 1977). 藤本哲也・河合清子(訳)『児童救済運動：少年裁判所の起源』(中央大学出版部、1989)

Platt, T., and Takagi, P. (eds.), *Punishment and Penal Discipline* (Berkeley, Ca., 1980).

—— and —— 'Perspective and Overview' in id. (eds.), *Punishment and Penal Discipline* (Berkeley, Ca., 1980).

Plumb, J. H., 'The New World of Children in Eighteenth Century England', *Past and Present,* 67 (1975).

Poulantzas, N., *State, Power, Socialism* (London, 1978).

Pugh, R. B., *Imprisonment in Medieval England* (Cambridge, 1970).

Radzinowicz, L., *A History of English Criminal Law and its Administration from 1750* (London, 1948-86), 5 vols. (vol. v with R.Hood).

Ranulf, S., *Moral Indignation and Middle Class Psychology* (New York, 1964).

Rieff, P., *The Triumph of the Therapeutic: Uses of Faith After Freud* (Chicago, 1966).

Rock, P., *A View from the Shadows: The Ministry of the Solicitor General of Canada and the Making of the Justice for Victims of Crime Initiative* (Oxford, 1986).

Rose, N., *The Psychological Complex: Psychology, Politics and Society in England 1869-1939* (London, 1985).

Rothman, D., *Conscience and Convenience: The Asylum and its Alternatives in Progressive America* (Boston, 1980).

——, 'Prisons: The Failure Model', *Nation,* 21 December 1974.

——, *The Discovery of the Asylum: Social Order and Disorder in the New Republic* (Boston, 1971).

Rusche, G., 'Labor Market and Penal Sanction: Thoughts on the Sociology of Punishment' (orig.

pub. 1933), translated and repr. In T. Platt and P. Takagi (eds.), *Punishment and Penal Discipline* (Berkeley, Ca., 1980).

―――, and Kirchheimer, O., *Punishment and Social Structure* (New York, 1968; orig. pub. New York, 1939). 木原一史（訳）『刑罰と社会構造』（法務府法制意見第四局、1949）

Ryan, M., *The Acceptable Pressure Group: A Case-Study of the Howard League and R. A. P.* (Farnborough, 1978).

―――, *The Politics of Penal Reform* (London, 1983).

Saleilles, R., *The Individualization of Punishment* (London, 1913).

Sartre, J.-P., *Saint Genet: Actor and Martyr* (London, 1988). 白井浩司・平井啓之（訳）『聖ジュネ：殉教と反抗』（新潮社、1971）

Schama, S., *The Embarrassment of Riches: An Interpretation of Dutch Culture in the Golden Age* (London, 1987).

Schattenburg, G., 'Social Control Functions of Mass Media Depictions of Crime', *Sociological Inquiry,* 51 (1981), 71-7.

Schwartz, R. D., and Miller, J. C., 'Legal Evolution and Societal Complexity', *American Journal of Sociology,* 70 (1964), 159-69.

Scull, A., *Decarceration: Community Treatment and the Deviant―A Radical View* (Englewood Cliffs, NJ, 1977).

Sellin, T., *Slavery and the Penal System* (New York, 1976).

Selznick, P., *The Moral Commonwealth,* unpub. *MS* (Feb.1988).

Sennett, R., and Cobb, J., *The Hidden Injuries of Class* (New York, 1972).

Sharpe, J., *Crime in Early modern England, 1550-1750* (London, 1984).

Shearing, C., and Stenning, P., 'From the Panopticon to Disney World: The Development of Discipline', in A. Doob and E. Greenspan (eds.), *Perspectives in Criminal Law* (Aurora, 1984).

Sheleff, L. S., 'From Restitutive Law to Repressive Law: Durkheim's The Division of Labor in Society Revisited', *Archives européennes de sociologie* (European Journal of Sociology), 16 (1975), 16-45.

―――, *Ultimate Penalties: Capital Punishment, Life Imprisonment, Physical Torture* (Columbus, Ohio., 1987).

Shils, E., *The Constitution of Society* (Chicago, 1982).

Simon, J., 'Back to the Future: Newman on Corporal Punishment', *American Bar Foundation Research Journal* (1985), 927 ff.

Skolnick, J., *Justice Without Trial* (New York, 1966). 齋藤欣子（訳）『警察官の意識と行動：民主主会における法執行の実態』（東京大学出版会、1971）

Smart, B., *Foucault, Marxism and Critique* (London, 1983).

Smart, C., *Women, Crime and Criminology* (London, 1976).

Smith, A., *The Theory of moral Sentiment* (Oxford, 1976; orig. pub. 1759). 村井章子・北川知子訳（訳）『道徳感情論』（日経BP社、2014）

Smith, D., 'Norbert Elias―Established or Outsider', *Sociological Review,* 32 (1984), 367-89.

Smith, J., and Fried, S., *The Uses of the American Prison* (Lexington, Mass., 1974).

Smith R., *Trial by Medicine* (Edinburgh, 1981).

Sorokin, P. A., *Sociocultural Dynamics,* ii (New York, 1937). 西村勝彦（訳）『社会文化的動学と進化

主義』(誠信書房、1959)

Sparks, R. F., 'The Enforcement of Fines: The Process from Sentence to Committal', *The British Journal of Criminology,* 13 (1973), 92-107.

Sperber, D., *Rethinking Symbolism* (Cambridge, 1975). 菅野盾樹(訳)『象徴表現とはなにか：一般象徴表現論の試み』(紀伊國屋書店、1979)

Spierenburg, P., 'From Amsterdam to Auburn: An Explanation for the Rise of the Prison in Seventeenth Century Holland and Nineteenth Century America', *The Journal of Social History,* 4 (1987).

────── (ed.), *The Emergence of Carceral Institutions: Prisons, Galleys and lunatic Asylums, 1550-1900* (Rotterdam, 1984).

──────, 'The Sociogenesis of Confinement and its Development in Early Modern Europe', in id. (ed.), *The Emergence of Carceral Institutions* (Rotterdam, 1984).

──────, *The Spectacle of Suffering: Executions and the Evolution of Repression* (Cambridge, 1984).

Spitzer, S., 'Notes Toward a Theory of punishment and Social Change', *Research in Law and Sociology,* 2 (1979), 207-29.

──────, 'Punishment and Social Organisation: A Study of Durkheim's Theory of Evolution', *Law and Society Review,* 9 (1975), 613-37.

──────, 'The Rationalization of Crime Control in Capitalist Society', in S. Cohen and A. Scull (eds.), *Social Control and the State* (Oxford, 1983).

────── and Scull, A., 'Social Control in Historical perspective' in D. Greenberg (ed.), *Corrections and Punishments* (Beverly Hills, Ca., 1977).

Stone, L., *The Family, Sex and Marriage in England, 1500-1800* (Harmondsworth, 1979). 北本正章(訳)『家族・性・結婚の社会史：1500年-1800年のイギリス』(勁草書房、1991)

──────, *The Past and the Present Revisited* (London, 1987).

Sutherland, E. H., *White Collar Crime* (New York, 1949). 平野龍一・井口浩二(訳)『ホワイトカラーの犯罪：独占資本と犯罪』(岩波書店、1955)

────── and Cressey, D. R., *Criminology* (Philadelphia, 1970). 高沢幸子・所一彦(訳)『犯罪の原因』(有信堂、1974)

Sutton, J., *Stubborn Children: Controlling Delinquency in the USA, 1640-1981* (Berkeley, 1989).

Sykes, G., *The Society of Captives* (Princeton, 1958). 長谷川永・岩井敬介(訳)『囚人社会』(日本評論社、1964)

Taylor, I., *Law and Order: Arguments for Socialism* (London, 1981).

────── Walton, P. and Young, J., *The New Criminology: For a Social Theory of Deviance* (London, 1975).

Taylor, N., 'The Awful Sublimity of the Victorian City: Its Aesthetic and Cultural Origins', in H. J. Dyos and M. Wolff (eds.), *The Victorian City: Images and Realities,* ii (London, 1973).

Thomas, K., *Man and the Natural World: Changing Attitudes in England 1500-1800* (Harmondsworth, 1984). 中島俊郎・山内彰(訳)『人間と自然界：近代イギリスにおける自然観の変遷』(法政大学出版局、1989)

──────, *Religion and the Decline of Magic* (London, 1971). 荒木正純(訳)『宗教と魔術の衰退』(法政大学出版局、1993)

Thompson, E. P., 'Time, Work Discipline and Industrial Capitalism', *Past and Present,* 38 (1967), 56-97.

―――, *Whigs and Hunters: The Origins of the Black Act* (Harmondsworth, 1975).

Tombs, R., 'Crime and the Security of the State: The "Dangerous Classes" and Insurrection in Nineteenth Century Paris', in V. A. C. Gatrell *et al.* (eds.), *Crime and the Law* (London, 1980).

Turner, V., *The Ritual Process* (Ithaca, NY, 1977). 冨倉光雄(訳)『儀礼の過程　新装版』(新思索社、1996)

United Nations Social Defence Research Institute, *Prison Architecture* (London,, 1975).

Veblen, T., *The Theory of the Leisure Class* (London, 1971; orig. pub. 1899). 高哲男(訳)『有閑階級の理論：附論経済学はなぜ進化論的科学でないのか』(講談社、2015)

Walker, N., *Sentencing: Theory, Law and Practice* (London, 1985).

――― and Hough, M., (eds.), *Public Attitudes to Sentencing: Surveys from Five Countries* (Aldershot, 1988).

Walters, R. H., Cheyne, J. A., and Banks, R. K. (eds.), *Punishment* (Harmondsworth, 1972).

Webb, R., and Harris, D., *Welfare, Power and Juvenile Justice* (London, 1987).

Webb, S., and Webb, B., *English Prisons Under Local Government* (London, 1987).

Weber, M., *Economy and Society,* eds. G. Roth and C. Wittich, 2 vols. (Berkeley, Ca., 1978; orig. pub. 1920).

―――, *The Protestant Ethic and the Spirit of Capitalism* (London, 1985; orig. German edn., 1905). 中山元(訳)『プロテスタンティズムの倫理と資本主義の精神』(日経BP社、2010)

White, H., *Metahistory: The Historical Imagination in Nineteenth Century Europe* (Baltimore, 1973).

―――, *Tropics of Discourse: Essays in Cultural Criticism* (Baltimore, 1978).

Wiener, M. (ed.), *Humanitarianism or Control? A Symposium on Aspects of Nineteenth Century Social reform in Britain and America, Rice University Studies,* 67 (1981), 1.

―――, 'The March of Penal Progress?', *The Journal of British Studies,* 26 (1987), 83-96.

Wilson, J. Q., and Kelling, G., ''Broken Windows', *Atlantic Monthly* (Mar. 1982), 29-38.

Wright, G., *Between the Guillotine and Liberty: Two Centuries of the Crime Problem in France* (New York, 1983).

Wright, M., and Galaway, B. (eds.), *Mediation and Criminal Justice: Victims, Offenders and Community* (London, 1989).

Young, P. J., *Punishment, Money and Legal Order* (Edinburgh, forthcoming).

Young, W., 'Influences Upon the Use of Imprisonment: A Review of the Literature', *The Howard Journal,* 25 (1986), 125-36.

Zeman, T., 'Order, Crime and Punishment: The American Criminological Tradition', Ph.D. diss., *University of California* (Santa Cruz, June 1981).

Zilboorg, G., *The Psychology of the Criminal Act and Punishment* (London, 1955). 西村克彦(訳)『犯罪行為と刑罰の心理』(一粒社、1960)

Zimring, F. E., and Hawkins, G., *Capital Punishment and the American Agenda* (Cambridge, 1986).

Zysberg, A., 'Galley and Hard Labor Convicts in France (1550-1800)', in P. Spierenburg (ed.), *The Emergence of Carceral Institutions* (Rotterdam, 1984).

監訳者解説

　　　　　　　　　　　藤野京子　　早稲田大学文学学術院

　本書は、処罰を社会学的に検討するものになっている。
　本書で扱う処罰とは、基本的には、法的な処罰である。処罰は学校、家族、仕事場、軍隊などの法システムの外部でも行われるものであるが、これらの法以外の多様な社会状況でなされる処罰については、それらを論じることが処罰の法秩序についての理解を進めるときに限定して扱うこととし、さらに、法的ではないにしても現代の刑事司法でしばしば見られる刑罰の日常業務的な形態に集中してもいない。その理由は、本書の第一の関心が、法によって権威付けられた処罰やその社会的基礎を理解することにあるからである。
　本書で扱っているのは、処罰、それをより正確に言うならば、刑法・刑事司法・刑罰制裁の社会学である。その考察対象は「刑罰学」と共有するものの、処罰の社会学が対象とする変数は、より広範囲に及んでいる。刑罰学は、刑罰制度の中に自らを位置づけ、制度が持つ内在的な「刑罰学的」機能についての知識に到達しようとするのに対して、本書が扱う処罰の社会学は、制度をいわば外から眺め、その制度の役割を幅広い社会のネットワークの中にある一連の特徴的な社会プロセスであると考えるからである。処罰の社会学とは、処罰と社会の関係を探求する思考の集積であり、処罰を社会的な現象と理解し、社会生活におけるその役割を探求することをその目的とする、と著者ガーランドはとらえている。
　処罰を、家族、政府、宗教等と同じく社会制度であるとみなしている。制度とは、社会生活の特殊な領域で繰り返し生じる何らかの必要性、関係性、対立、問題に対処するために徐々に進化しながら社会に定着した高度に組織立てられた一連の社会慣行、すなわち、その領域における人間の行いのための規制的で標準的な枠組を提供するものである。したがって、それぞれの制度とは、それらが遂行する現代の機能によってと同じくらい、歴史と伝統によって形成されるものでもある。さらに、それぞれの制度は、それを取りまく社会的力の影響を受けたり与えたりする

ものである。つまり処罰を、独自の制度的枠組をもちながらも、社会的・歴史的力の集まりによって条件づけられていること、そしてそれが広範囲にわたる刑罰的・社会的効果を生み出すものとみなしている。

　現行の司法による処罰を自明のものととらえて、刑務所を運営し、仮釈放を組織し、罰金を科す最良の方法は何かと考えてしまうきらいがあるが、刑罰システムの制度の根拠は、元から備わっていたものではなく、慣習に基づくものである。司法による処罰も自明な犯罪統制の制度ではないのであって、現行の制度枠組に疑問を投げかけることもできることなのである。そうすることは、犯罪性とは何か、ある行為に対してどのような制裁を下すべきか、どの程度の処罰が適当なのか、処罰に際してどのような感情を表出することが許されるのか、誰が処罰を下すに値するのか、処罰を行う権威の根拠はどこにあるのか、などの根本的な問題を考えることにもつながると論じている。そして、本研究の究極の狙いは、刑罰プロセスが社会・歴史的な文脈によってどのようにして現在の形をとるようになったのか、処罰が持つ社会的意味は何か、など処罰の現実を理解することにあるとしている。

　法的処罰の第一の目的が、通常、犯罪率を減少あるいは抑止するという犯罪統制という道具的目的であるという「目的‐手段という考え方」を、刑罰学者は広く受け入れていよう。しかし、そもそも制度とは、純粋な「目的」という観点からだけでは、決して説明しきれず、より広い文化的認識枠組を体現し再現する社会的な構築物であり、文化様式や歴史的伝統を含んだものであるとしている。たとえば、刑事施設への収容が、犯罪者の改善更生や犯罪減少に対して必ずしも十分な効果を見出せないにもかかわらず、それが存続している理由は何なのか？　その答えは、犯罪者から一定期間自由を奪うこと、犯罪者を一定期間社会から排除すること、さらにはそのような精神的苦痛を科すことで懲罰的な公衆に満足感を与えることができ、加えて、死刑なり身体刑が文化的に許容されない状況においては、それが唯一の手段であるかもしれない、ということである。すなわち、処罰の制度の理解にあたっては、刑罰学的な目的のための道具的手段であるとみなすにとどまらず、処罰の刑罰的・社会的機能とその社会的基盤の性質の多様さを認識し、社会上の価値観、感受性、道徳性の表出のための制度とみなされるべきであると主張している。処罰は、多様な目的や深く蓄積された歴史的意味を体現するものであって、単一の意味や単一の目的に還元することはできないととらえている。刑罰圏域の機能と効果は多様なのである。

表層的に言えば処罰とは、犯罪者を処理するための装置、すなわち境界線が確定され分離された法律上・運用上の実体である。しかし処罰はまた、国家権力の表出、集合的道徳性の宣言、感情表出の乗り物、経済的に条件づけられた社会政策、現行の感受性の体現、文化的エートスを提示し社会的アイデンティティを生み出す一連の象徴である。言い換えると、犯罪者を処遇することで他の人びとの生活が乱されないようにするというのが、処罰の表面に現われることである。しかし実際のところ、処罰の表面で目に付くものの下にあるのは、我々の社会の性質、社会を構成する多様な関係性、そして社会の中での可能な生活と望ましい生活を定義づける社会制度なのである。

　刑罰システムを権力と統制の装置にすぎないと考える傾向が近年強くなってきているが、処罰は権力や統制の行使にしたがって変わっていくが、どのような種類の権力が処罰に含まれるのか、その社会的意味、権威の源泉、社会からの支持の基礎とは何かと問うことも大切であると論じている。さらに、処罰を基礎づける心理的態度やそれを内包する文化枠組を考察すること、処罰に対する社会からの支持や文化的意義がどのようなものであるかに着目することが大切であると主張している。

　論を進めるにあたって、処罰の歴史的基礎、社会で果たす役割、文化的意義を説明しようと試みてきた社会理論家や歴史家の研究を順に検討している。そして、それぞれが提示するそれ特有の問いを特定し探求すること、処罰の基礎や機能や効果についてそれらが何を述べているかを検討すること、処罰の諸側面に可能なかぎり多く光を当てること、異なる解釈を他の解釈と対話させることで、それぞれの理論の相違点を特定しようとしている。

　具体的には、犯罪とは社会が共通に持っている道徳秩序に対する違反、すなわち、集合意識という神聖な規範に対する侵害であること、そして、処罰とは、その違反に対する激怒、すなわち、非合理的で非思考的な感情であると主張するデュルケムの説について検討している。

　また、刑罰手法が、人道主義的な関心からではなく経済的合理性から変わったと主張するルッシェとキルヒハイマーや、法のもと、万民が平等と保護を得られるとされながら、法そのものは、ある階級の利益に資するよう、あるいは、他の階級を統治する道具となっていると言明するパシュカーニスについて論じている。

　加えて、刑罰プロセスに内在する権力関係に焦点を当て、これらの関係が内包

する技術と知に沿って、刑罰方策が個々人を支配して、規律づけ、規範化し、処罰するプロセスを現象学的に説明したフーコーの論を取り上げている。また、18世紀以降、処罰のプロセスが中央政府機関にますます独占され、19世紀と20世紀の刑罰に起こった刑罰プロセスの合理化と官僚化と専門化の結果、受刑者への道徳的判断を避け、純粋に中立的な観点から処遇、客観性をもって、診断的・リスク管理的に刑罰の専門家によって扱われるようになっていった現象にもふれている。

さらに、文化とは、人類がその世界を解釈し整理し、意味深いものとするために使用する概念と価値、認識枠組と区別、考え方と信念体系の枠組のことであるとし、この「文化」が刑罰実務の「決定要因」であると言及している。刑罰文化は独立に発展するのではなく、正義の概念、犯罪の概念、宗教的形態、年齢・人種・ジェンダーなどのとらえ方の影響を受けるとしている。また、ノルベルト・エリアスの研究などを用いて、人類の基本的な衝動と感情についても、社会化と社会関係の多様な形態ごとに異なって発展するとしているとし、処罰の仕方の「許容可能性」が、地域なり時代なりで変わるとしている。

このほか、文化が刑罰を形成するにとどまらず、反対に、刑罰が文化を形成することにも言及している。すなわち、刑罰は、判決を言い渡すなどの行為を通じて、善と悪、普通と病理、正統と非正統、秩序と無秩序についてどのように受け止めるべきかに関しても、犯罪当事者のみならず一般人に対しても伝達的であり教育することを意図してもいる。すなわち、処罰は、すべての社会制度と同様に、環境と関わり合い、相互に構築し合い、社会を作り上げる構成要素でもあるとしている。

処罰という同じ言葉を使っていても、その現象は、単一の実体ではなく、すなわち、均質な物体や出来事ではない。処罰は、複合的に決定される多面的な社会制度なのである。そして、諸家が展開してきたものは、処罰における多面的なプロセスのまったく異なる視点や段階に焦点を当てたものであるとしている。そして、従前は、異なる解釈それぞれについて、相互に排他的で敵対的なアプローチとみなされていたのに対して、本研究では「互いに深めあう相互的な法解釈」にしようと試み、より包括的な社会学を構築することを目指したとしている。刑罰の歴史的発展と近年の作用を理解するためには、多次元的なアプローチが必要なのであって、現存する社会的・歴史的理論の断片を、広範囲にわたる道理にかなった総合的な処罰の社会学の概略を示唆するために組み上げることを試みた、としている。

現代社会における処罰の形態、役割、意味について包括的説明を試みた先駆的な著作と位置づけられる。

　処罰が、理性的な法律運用に基づく犯罪統制の技術であるにとどまらず、権力、社会─経済構造、文化の感受性と相互作用して、その結果、複雑な社会制度になっているとの持論を展開している。そして、社会と歴史の理論への洞察が現代社会の処罰、さらにはもっと広く一般の現代社会の特徴に影響を及ぼすこと、そして、それを統合することが、この複雑な社会制度を理解することにつながり、刑罰政策分野でもより現実的で適切なものへと発展し、政策決定者に寄与すると力説している。

　なお、本書題は、「処罰と近代社会」であるが、なぜ近代なのであろうか。ガーランドにたずねたところ、古代や封建時代などの昔を扱ったものではないからとのことである。そして、当然のことながら、近代に限定することなく、現代をも視野に入れていると言及している。本書で扱ったデュルケム、マルクス、ウェーバーらの近代の研究者が行った分析が今日の諸現象を視野に入れてもあてはまるかどうかを議論したつもりである、としている。すなわち、本書は、近代に限定されず現代にも敷衍できる処罰についての社会学なのである。

　本書の翻訳は、私の研究室の向井智哉氏が一手に引き受けてくれた。わが国の処罰の動向や犯罪に対する公衆の反応などを研究テーマとしていることから、本書に強い興味を抱いたようである。

　翻訳の過程では、藤掛友希氏、関根彩夏氏、平塚将氏が、校閲に協力してくれた。また近藤文哉氏には、歴史学の用語等についてご教示を頂いた。記して感謝したい。

　最後に、本書の刊行にあたっては、現代人文社の成澤壽信代表取締役と木野村香映様が快く引き受けて下さり、貴重な助言・ご尽力を賜れたからこそ刊行にこぎつけたものである。この場をお借りしてお礼を申し上げたい。

◎著者プロフィール
デービッド・ガーランド（David Garland）
1955年生まれ。スコットランドダンディーの出身。エディンバラ大学法学部、シェフィールド大学犯罪学修士課程を修了後、エディンバラ大学社会–法研究（Socio-Legal Studies）で1984年博士号を取得。1979年エディンバラ大学のロースクール講師を皮切りにプリンストン大学、カリフォルニア大学バークレー校等で教鞭をとり、現在、ニューヨーク大学ロースクール及び社会学教授。

法社会学分野の第一人者で、雑誌「処罰と社会（Punishment and Society）」の創立編集者。アメリカ犯罪学会から、セリン・グリュック賞、サザランド賞を受けるなど受賞歴多数。現在、イギリス学士院、エディンバラ王立学院、アメリカ犯罪学会のフェロー。

本書に加え、『処罰と福祉（Punishment and Welfare: The History of Penal Strategies）』（1985）、『統制の文化：現代社会における犯罪と社会秩序（The Culture of Control: Crime and Social Order in Contemporary Society）』（2001）はガーランドの三部作と言われている。このほか、『特別な施設：死刑廃止時代におけるアメリカの死刑（Peculiar Institution: America's Death Penalty in an Age of Abolition）』（2010）、『大量監禁：社会の原因と結果（Mass Imprisonment: Social Causes and Consequences）』（2001）もある。

◎監訳者プロフィール
藤野京子（ふじの・きょうこ）
早稲田大学第一文学部、同大学院文学研究科修士課程修了。テキサス州立サム・ヒューストン大学刑事司法学部修士課程修了。東京少年鑑別所、矯正協会附属中央研究所、矯正局、法務総合研究所等を経て、現在、早稲田大学文学学術院教授。

主著に、『薬物はやめられる!?』（財団法人矯正協会、2007）、『困っている子を支援する6つのステップ』（明石書店、2010）等があり、訳書に、『犯罪理論』（F. P. ウイリアムズⅢ、M. D. マックシェン著、財団法人矯正協会、1997）、『エビデンスに基づく犯罪予防』（ローレンス・W・シャーマン、ディビッド・P・ファリントン、ブランドン・C・ウェルシュ、ドリス・レイトン・マッケンジー著、財団法人社会安全研究財団、2008）等がある。『近代犯罪心理学文献選』の編纂（クレス出版、2016）も手掛けている。

◎翻訳者プロフィール
向井智哉（むかい・ともや）
早稲田大学文学部、同大学院文学研究科修士課程修了。現在、同研究科博士課程在学中。

処罰と近代社会
社会理論の研究

2016年11月10日　第1版第1刷発行

著　者	デービッド・ガーランド（David Garland）
監　訳	藤野京子
訳　者	向井智哉
発行人	成澤壽信
編集人	木野村香映
発行所	株式会社 現代人文社
	東京都新宿区四谷2-10 八ッ橋ビル7階（〒160-0004）
	Tel.03-5379-0307（代）Fax.03-5379-5388
	henshu@genjin.jp（編集部）hanbai@genjin.jp（販売部）
	http://www.genjin.jp/
発売所	株式会社 大学図書
印刷所	シナノ書籍印刷株式会社
ブックデザイン	加藤英一郎

検印省略　Printed in JAPAN　ISBN978-4-87798-652-0 C3036

© 2016 Fujino Kyoko　Mukai Tomoya

本書の一部あるいは全部を無断で複写・転載・転訳載などをすること、または磁気媒体等に入力することは、法律で認められた場合を除き、編著者および出版者の権利の侵害となりますので、これらの行為を行う場合には、あらかじめ小社または編著者宛てに承諾を求めてください。